KB059272

소비의 심리학

소비의 심리학

초판 1쇄 발행 2003년 5월 1일
신판 1쇄 발행 2014년 5월 31일
개정판 1쇄 발행 2021년 5월 20일
          3쇄 발행 2023년 10월 4일

지은이 로버트 B. 세틀·패멀라 L. 알렉 ㅣ **옮긴이** 대홍기획 마케팅컨설팅그룹
펴낸이 오세인 ㅣ **펴낸곳** 세종서적(주)

주간 정소연 ㅣ **기획·편집** 이진아 김하얀
표지 디자인 HEEYA ㅣ **디자인** 전성연 전아름
마케팅 임종호 ㅣ **경영지원** 홍성우

출판등록 1992년 3월 4일 제4-172호
주소 서울시 광진구 천호대로132길 15, 세종 SMS 빌딩 3층
전화 **경영지원** (02)778-4179, **마케팅** (02)775-7011 ㅣ **팩스** (02)776-4013
홈페이지 www.sejongbooks.co.kr ㅣ **네이버 포스트** post.naver.com/sejongbook
페이스북 www.facebook.com/sejongbooks ㅣ **원고모집** sejong.edit@gmail.com

ISBN 978-89-8407-808-6 03320

• 잘못 만들어진 책은 바꾸어드립니다.   • 값은 뒤표지에 있습니다.

Marketing
Timeless
Classic

소비자의 코드를 읽는
15가지 키워드

소비의 심리학

Why They Buy

로버트 B. 세틀 · 패멀라 L. 알렉 지음
대홍기획 마케팅컨설팅그룹 옮김

세종

소비자들의 삶을 더 부유하고 더 좋게 만들고자 노력하는
지구촌 곳곳의 수많은 마케터에게, 또 우리의 독자들에게.

소비자의 구매 심리를
알고 싶다!

마케팅 시스템은 참으로 놀랍다! 수많은 비판에도 불구하고 그것은 선반 위에 놓인 자그마한 펌프식 치약에서부터 차고 안의 고연비 자동차에 이르기까지 주택, 의류, 식료품, 오락, 교육, 정치, 종교적 개념 등등 우리의 삶 전반에 걸친 모든 것을 가져다주었다.

또한 마케팅 시스템은 단순히 소비재의 질과 양의 변화뿐만 아니라 우리의 생활을 아주 다양하게 만들었다.

일과를 마치고 집으로 돌아가는 길에 우리는 차에서 내리지 않고도 햄버거와 감자튀김, 콜라를 살 수 있다. 이런 것들을 별로 좋아하지 않는 사람은 슈퍼마켓에서 열 가지도 넘는 선택 범위 안에서 저칼로리 미식가용 냉동 전채 요리를 살 수도 있다.

만약 이마저 좋아하지 않는다면, 세계 곳곳에서 온 이국적인 과일이나 야채를 사는 것은 어떨까? 그 과일들은 하나같이 신선하고 잘 익었으며 정말 맛있다. 집에 도착해서 사온 것들을 간단히 주서기에 넣거나 만능조리기를 이용하여 처리한 다음 전자레인지에 넣었다 빼면, 곧바로 훌륭한 저녁 식사가 되어 우리 앞에 나타날 것이다.

그러나 소비자들은 이러한 마케팅 시스템을 당연하게 여긴다. 소비자들이 감사함을 느낀다면, 그것은 생산 시스템뿐이다. 수많은 사람이 마케팅 분야에서 일하지만 정작 그들이 적합한 물건을, 적합한 사람에게, 적합한 때에, 적합한 장소에, 적합한 가격으로 판매하기 위해 얼마나 많은 시간과 에너지, 생각, 주의를 기울이는지 깨닫는 사람은 거의 없다. 그럼에도 불구하고 마케터들은 끊임없이 촉수를 곤두세우며 소비자들의 동향을 감시하고, 그들이 원하고 필요로 하는 것을 알아내서 새로운 소비재를 생산해내어 재빨리 소비자들의 손 위에 올려놓는다.

오늘날 시장의 주도권을 쥐고 있는 것은 마케팅이며, 우리가 살아가는 곳은 시장 중심의 비즈니스 세상이다.

시장에서는 엄청나게 다양한 제품과 서비스가 판매되지만, 더욱 다양하고 전문화된 소비재에 대한 소비자들의 요구는 끝이 없다. 소비자들 사이에서는 취향, 선호, 라이프스타일의 다양성에 대한 수요가 급격히 증가하고 있다. 예를 들어 일반 독자층을 대상으로 하는 잡지들은 감소하는 반면, 특별한 관심사를 다루는 전문잡지들의 범위와 다양성은 하루가 다르게 늘어난다.

대량 유통 방식 역시 매스미디어와 같은 길을 걷고 있다. 쇼핑객들의 독특한 니즈(needs)를 충족시키기 위해 백화점이 더 세분화되고 있으며, 전문점은 더욱더 전문화되고 있다.

제품들도 마찬가지이다. 전에는 콜라 하면 코카콜라 하나뿐이었다. 그러나 오늘날의 소비자들은 브랜드에 대해 선호 이상의 것을 원한다. 보통의 콜라를 원하는 사람이 있는가 하면, 무카페인 콜라를 원하는 사람, 무설탕 콜라를 원하는 사람, 심지어 무카페인에 무설탕인 콜라를 원하는 사람들도 있다. 체리맛 콜라까지 나왔다. 다음에는 어떤 제품이 나올까? 기대하시라!

그렇다면 수요에 대한 다양성이 기하급수적으로 증가하기 때문에 마케터들이 이런 추세를 따라잡기 힘들게 되었을까? 전혀 그렇지 않다! 마케팅 시스템은 다른 어떤 조직보다 유연한 대처 능력으로 추세를 따라갈 뿐만 아니라, 소비자들의 다양성과 전문화에 대한 요구를 뛰어넘기까지 한다.

우리가 『소비의 심리학』을 쓴 목적은 마케팅 전문가들이 현재의 수준을 훌쩍 뛰어넘어, 그들의 소중한 소비자들을 이해할 수 있도록 도와주기 위해서이다. 특히 오늘날의 마케팅은 결코 쉽지 않은 작업으로 손꼽힌다. 똑같은 제품을 어떤 사람은 사고, 다른 어떤 사람은 사지 않는 이유를 이해하기란 쉽지 않기 때문이다.

트렌드를 찾아내어 앞으로 몇 년간 어떤 방향으로 나아갈지 예상하는 것 역시 간단한 문제가 아니다.

현실적으로 대부분의 기업체 간부와 매니저들은 각자의 영역에서 충분한 교육과 훈련을 받아왔지만, 소비자행동과학에 대해서 제대로 접해본 사람은 거의 없다. 소비자행동론이나 심리학, 사회학 분야에 대한 학술적 연구논문들이 속속 발표되고 있기는 하지만, 마케팅 실무자들에게 실제로 도움을 주기에는 지나치게 추상적이고 난해하다. 그러나 마케터로서 우리는 소비자의 구매 이유를 밝혀줄 수 있는 개념과 아이디어를 배워야 한다.

우리는 이 책에서 소비자행동론 중 가장 중요하고 실용적인 모델과 개념을 소개하기 위하여, 행동과학 연구자들의 난해한 전문용어를 일반 비즈니스맨들도 쉽게 이해할 수 있는 언어로 바꾸는 작업을 했다. 물론 모든 번역이 그렇듯이 항상 빠뜨리는 것이 있기 마련이고, 또 지나치게 단순화했다는 불만도 있을 것이다.

그래도 우리는 소비자심리학과 사회학의 신비함을 벗길 시기가 왔다고 생각하면서 용기를 냈다. 소비자에 관한 개념과 아이디어가 마케터들에게 정확하게 전달되어 소비자의 구매 심리를 파악하는 데 일조할 수 있다면, 더 이상 바랄 것이 없다. 그리고 마지막으로 이 책에 실수나 누락, 오류 등이 있을 경우 모두 우리 두 사람의 책임인 것을 밝혀둔다.

캘리포니아 주 샌디에이고에서
로버트 B. 세틀과 패멀라 L. 알렉

감사의 글

우리는 마케팅과 광고에 관련된 수많은 경영자, 전문가와 기술자의 도움에 감사를 표하고 싶다. 그들의 눈부신 활동이 이 책에 포함된 많은 사례와 예증을 제공했기 때문이다. 그들은 우리에게 전문 지식과 효율적인 업무 실행에 관한 온갖 사례를 알려주었다. 따라서 그들은 우리로부터 인정과 감사를 받을 자격이 충분하다. 그리고 추가적으로 배경 정보와 통찰력을 제공해준 여러 비즈니스 관련 잡지와 출판물, 또 거기에 소속된 편집자들 및 기자들에게도 감사를 전한다. 또한 우리는 동료인 행동과학 연구자들로부터 많은 신세를 졌다. 그들의 지칠 줄 모르는 노력 덕분에 우리는 지식과 이해의 지평을 계속 넓힐 수 있었다. 마지막으로 존 와일리 앤드 선스 출판사와 편집자 존 B. 마하니, 그리고 모든 직원의 노력과 열정에 깊은 감사를 드린다.

R.B.S.와 P.L.A.

차례

소비의 심리학

소비자의 코드를 읽는 15가지 키워드

key word **1**. 소비자가 원하는 진짜 니즈를 충족시켜라

key word **2**. 소비자 안에 잠자고 있는 동기를 깨워라

key word **3**. 소비자의 성격에 따라 마케팅 방법은 달라진다

key word **4**. 소비자의 지각 프로세스에 맞게 마케팅하라

key word **5**. 소비자는 학습에 따라 아군도, 적군도 될 수 있다

key word **6**. 소비자의 태도와 제품 및 서비스에 대한 이미지를 활용하라

key word **7**. 소비자는 사회적 역할을 연기하고 있는 배우이다

key word **8**. 소비자가 어떤 그룹의 소속인지 파악하라

key word **9**. 집합적 구매 단위인 가족을 주의 깊게 살펴라

key word **10**. 소비자가 사회적 계층 사다리의 어디에 있는지 파악하라

key word **11**. 소비자가 속한 문화의 성격을 파악하라

key word **12**. 생애 단계별로 마케팅 전략을 다르게 적용하라

key word **13**. 심리통계학적 변수들을 살펴라

key word **14**. 인구통계학적 변수들을 살펴라

key word **15**. 실제 시장에서 통하는 소비자의 선택 법칙을 익혀라

소비자를 아는 기업만 마케팅 게임에서 살아남는다

마케팅은 비즈니스 세계에서 가장 도전적인 과제들 중 하나이다. 그것은 타인을 만족시키는 활동이기 때문이다. 대다수의 사람은 자신을 위한 최선의 결정을 하는 데에도 어려움을 느낀다. 사정이 이럴진대, 타인이 원하고 즐기고 고마워하는 것을 예상하고 선택하기란 얼마나 힘들겠는가! 성공적이고 효과적인 마케팅을 하려면, 특별한 능력과 기술이 필요하다. 또 그 이상으로 뛰어난 감수성과 소비자들과의 친밀성이 필요하다.

당신이 한 번도 본 적이 없는 사람에게 줄 선물을 사야 한다고 가정해 보자. 선물 받을 사람의 취향, 선호, 생활양식 등에 대해서 아무것도 아는 바가 없다면, 선물을 고르는 일이 얼마나 힘들겠는가? 그 사람에 대해서 전혀 모른다면, 그가 당신이 고른 선물을 좋아할지 어떨지에 대해서도 알 수 없을 것이다. 당신이 준 선물은 어쩌면 그 사람에게 쓸 모없는 물건일 수도 있다.

소비자의 마음을 사로잡는 방법을 찾아라

마케터로서 판매할 상품의 최종소비자를 제대로 파악하지 못한다면, 아마 당신은 위에서 말했던 모르는 이에게 적당한 선물을 하려는 사람 과 똑같은 처지에 있는 셈이다. 이런 상황에서는 당연히 선택의 폭이 제한될 수밖에 없다. 따라서 당신은 그저 추측할 뿐이고, 그것이 맞아

떨어지기를 기도하는 수밖에 없다. 물론 다른 방법을 써서 쉽게 해결할 수도 있다. 다음의 두 가지 모두 그다지 창조적이거나 효과적이라고 할 수 없지만, 일단 첫 번째는 별생각 없이 대응하는 것이다. 즉 마케터의 입장에서는 저가 전략을 생각할 수 있고, 선물을 사려는 소비자의 입장에서는 알맞은 선물을 생각해내는 대신 돈으로 해결하는 것이다. 두 번째 방법은 주위를 둘러보고 남들이 하는 대로 따라서 하는 것이다.

이번에는 좀 더 쉬운 문제를 풀어보자. 오래된 친한 친구에게 딱 맞는 선물을 고르라고 한다면, 당신은 어느 정도나 힘이 들까? 친구가 받고서 분명 감격할 만한 선물이어야 한다고 해도 아마 당신은 열 가지가 넘는 선물을 생각해낼 수 있을 것이다. 따라서 당신의 최대 고민은 그 많은 선물 후보 중 하나를 골라내는 일일 것이다. 물론 선물과 함께 보낼 메시지도 생각해야 하고, 어떻게 포장할지도 생각해야 한다. 그러나 만난 적이 없어 알지 못하는 누군가를 위해 선물을 고르는 일에 비한다면, 그런 수고는 수고라고 할 수도 없다.

친구를 잘 아는 것만큼 마케터로서 당신의 상품을 살 고객(소비자)들을 잘 안다면, 그들이 환영하고 좋아할 만한 제품과 서비스를 제공하는 마케팅 활동을 훨씬 더 정확하게 할 수 있을 것이다. 소비자들을 잘 이해할수록 제품을 더욱 효과적으로 설명할 수 있고, 그들에게 적합한 제품을 전달할 수 있으며, 구매 시 기꺼이 지불할 용의가 있을 만큼의 가격으로 책정할 수 있다.

마음을 열고 소비자를 만나자

우리는 이제부터 이렇게 중요한 '소비자'에 대한 이야기를 들려줄 생각이다. 당연히 당신은 이미 그들을 만난 적이 있을 것이다. 그러나 그것만으로는 충분하지 않다. 당신이 무관심하게 지나치면서 잘 안다고 여겼던 소비자들은 생각보다 훨씬 더 흥미로운 사람들이고, 또 마케터로서 당신 역시 그들을 제대로 파악하기를 바랄 것이기 때문이다.

우리는 이 책에서 당신이 그들의 집을 방문하고, 그들이 일하는 모습을 바라보며, 그들이 노는 모습을 관찰할 수 있도록 해줄 것이다. 우리는 그들을 동경하고 존중하며, 그것을 표현하기를 주저하지 않으므로 분명히 그들로부터 환영받을 것이다. 또한 소비자인 그들도 우리를 필요로 하며, 우리가 자신을 이해해주고 어떻게 사는지 알아주기를 바란다.

한 걸음 뒤로 물러서서 구경하기보다는 소비자들과 대화해보고, 그들이 무엇을 생각하고 믿는지, 무엇을 좋아하고 싫어하는지, 무엇을 하고 무엇을 하지 않는지 알아나가자. 그들의 니즈, 욕망, 열망에 대해 알수록 우리는 마케터로서 그들이 원하는 사람이 될 수 있고, 그들이 추구하는 것을 이루어내도록 도와줄 수 있다. 소비자의 입장이 되어 자신의 모습과 속해 있는 세계를 어떻게 바라보는지, 또 사물에 대해서 어떻게 배우고 인식하는지, 그리고 왜 그들이 특정한 의견이나 선호를 가지는지 알아보자.

그들의 가족과 친구는 물론이고, 동료들을 알기 전까지는 진정으로 그 사람을 안다고 할 수 없다. 우리는 그들이 실제로 사회활동을 하는 모습을 보고, 그들이 받는 스트레스를 이해하며, 그들이 다른 사람들과의 관계에서 찾는 만족을 진정으로 이해하기를 원한다. 즉 그들의 그림 전체를 볼 수 있기를 바란다. 또한 그들의 생활을 규정하는 기본적인 믿음과, 그 가정을 이해하고 싶다. 그리하면 비로소 그들이 어떻게 선택하고, 왜 구매하는지 이해할 수 있을 것이다.

시장이 원하는 제품을 찾자

소비자들이 원하지 않거나, 혹은 이미 소유한 물건을 팔려고 하는 것보다 그들이 원하고 필요로 하는 상품을 만들어서 판매하는 것이 훨씬 더 쉽고 수익도 높다는 사실은 누구나 잘 알고 있다. 그렇다면 수많은 마케터가 소비자들이 원치 않는 재고품들을 그들에게 억지로 떠넘기다시피 하는 까닭은 무엇일까? 대부분의 마케터가 최종소비자에 대한 이해 없이, 시장이 원하는 제품보다는 자신에게 익숙하고 상투적이며 만들기 편한 제품을 생산했기 때문이다. 그래서 결국 수단과 방법을 가리지 않고 물건을 떠넘기는 '강매'만이 유일한 대안으로 남게 된 것이다.

소비자들이 진정으로 원하고 필요로 하는 제품과 서비스를 판매하는 것이야말로 최선의 방법이라는 데에는 이론의 여지가 없다. 그렇다면 이런 최선의 마케팅을 하기 위해서는 무엇이 필요할까? 가장 중요한 요소는 바로 소비자에 대한 철저한 이해이다.

소비자들은 시장에서 아무런 의미 없이 방황하지 않는다. 소비자들의 선택은 확률 과정(stochastic process)으로 설명될 수 없으며, 그들에 대한 마케팅도 단순한 '주사위 도박'에 의존할 수 없다. 소비자들의 구매 결정이 항상 이성적이고 합리적이지는 않지만, 그 이면에는 언제나 어떤 의미가 담겨 있다. 즉 그런 선택이 합리적으로 설명될 수 없음에도 불구하고, 중요한 것은 소비자가 합리적이라는 사실이다. 따라서 우리는 그들을 이해할 수 있다. 때로는 운이 좋아서 성공을 거두는 마케터도 있겠지만, 그런 사례는 예외일 뿐 하나의 공식이 될 수 없다. 요행은 되풀이되지 않는다. 따라서 시장에 있는 소비자를 잘 아는 마케터만이 오랫동안 계속해서 성공을 거둘 수 있다. 물론 이런 사실을 안다는 것만으로 충분하지는 않겠지만, 성공적인 마케팅을 위한 출발점으로서의 충분조건은 된다고 확신한다.

경쟁적인 태도를 버려라

마케팅에서는 경쟁자, 또는 반대자 등에 초점을 맞추어 적대적인 포지션을 취하는 경향이 있다. 그래서 타깃, 캠페인, 게릴라 전술 등의 군사 용어를 동원하기도 한다. 흔히 해당 업계 내의 다른 회사들이 적(敵)으로 간주되지만, 최악의 경우에는 고객을 적으로 보기도 한다. 그러면서 '돈과 사람을 따로 떼어놓고 생각하기 위해서'라는 그럴듯한 이유를 붙인다. 마케팅이 얼마나 정도를 벗어날 수 있는지를 보여주는 극단적인 경우라고 할 수 있다.

　마케팅 비즈니스 현장을 '전장(戰場)'이라고 표현하는 것은 대단히 부적절한 비유라고 생각한다. 군대의 목적은 적을 섬멸하는 것이지만,

마케팅의 목적은 이윤을 창출하는 것이기 때문이다. 따라서 둘 사이에는 아무런 관계가 없다. 경쟁 회사가 잘나간다고 해도 당신의 회사 역시 잘나가고 있다면, 마케터로서 당신은 개의치 않을 것이다. 이와는 반대로, 경쟁자들이 모두 망할 때 당신의 회사도 마찬가지로 망하고 있다면 이윤은 창출되기 힘들 것이다.

한편 어떤 업계에서는 자신을 포함한 모두에게 해를 끼치는 파괴적인 가격 전쟁과 적대적인 시장 조작이 만연해 있다. 이는 소비자보다 경쟁자들만 신경쓴 최악의 결과이다.

경쟁적인 태도가 가져오는 폐해

만약 소비자가 일정 한도의 구매력만 가지고 있다면, 그가 소비하는 금액 중 당신이 점유하려는 이익을 노리는 모든 사람이 적이 될 수밖에 없다. 당신이 자동차를 판매하고 있다면, 다른 자동차 제조업체만이 경쟁자가 아니다. 경쟁의 범위는 생각보다 광범위하다.

"여보, 우리 이 멋진 차를 살까? 아니면 예전부터 가고 싶었던 해외여행을 떠날까?" 이럴 때 당신의 경쟁자는 누구인가? 대로변에 있는 다른 자동차 대리점이 당신의 적이 아닌 것만은 확실하지 않은가! 항공사나 리조트, 또는 부부가 휴가 중에 가게 될 레스토랑 등이 당신의 몫으로 책정된 금액을 가져가버릴지도 모른다. 그러나 이런 관점 역시 모든 경우를 포괄하지는 못한다. 부부가 해외여행을 포기하더라도 당신에게 차를 구입하지 않을 수 있기 때문이다. 그 대신에 자녀를 공립학교가 아닌 학비가 많이 드는 사립학교에 보낼지도 모른다. 이 경우에는 그들의 아이가 다니려는 사립학교가 바로 당신의 경쟁자이다.

이런 상황 속에서 경쟁 전략에 집착하면 곤경에 빠지게 된다. 육상에 비유하자면 시장은 트랙이고, 수입은 초시계이며, 가장 중요한 것은 기록이다. 같이 뛰는 사람들의 역할은 당신이 더 잘 뛸 수 있게 자극을 주는 것뿐이다. 남들이 아닌 자신과 싸워라! 소비자들에 대해 배우고, 그들이 원하고 필요로 하는 것들, 즉 그들이 기꺼이 구매할 만한 것들을 제공하기 위해서 무엇을 해야 할지 배워라. 당신이 경쟁자들을 쳐다보는 데에만 정신을 판다면, 그 즉시 뒤처지고 말 것이다. 그들이 앞서가고 있다면 당신은 실망할 것이고, 그들과 나란히 달리고 있다면 그들이 보이지 않고 앞만 보일 것이다. 만약 당신이 그들을 멀찌감치 따돌렸다면, 뒤돌아보면서 고소해하지 마라. 당신에게 주어진 레인 안에서 자기가 가진 속도로 최선을 다하면서 자신만의 경주를 하라. 출발선부터 결승선까지.

당신의 고객들에 대해 잘 알고, 그들을 정말로 이해하고 있다면, 경쟁자를 주시하지 않았다고 해서 고객들을 빼앗길 염려 따위는 하지 않아도 좋다.

특별하지 않은 사람은 없다

우리는 때때로 정치에 관련된 '이익집단들'을 비난하곤 한다. 그러나 특정한 이익을 대변하는 것에 대한 비난은 동질적인 일반 유권자들로 이루어진 거대한 집단이 존재함을 가정한 것이다. 그런데 어디에 그런 집단이 존재하는가? 우리는 서로가 가지고 있는 이해관계들이 동일하다고 생각하지 않는다. 하나하나가 제각기 특별하다. 당신은 어떠한가? 남들과 다른 특별한 관심사를 가지고 있는가? 아니면 그들과 공통된 관심사만 가지고 있는가? 우리의 관심사가 특별하고 타인의 관심사도 특별하다면, 공통된 관심사를 가지고 있는 사람들은 도대체 누구란 말인가? 그러한 사람들을 발견한다고 해도, 아마 자신이 그렇다는 사실을 인정하지 않을 것이다!

특별한 남자, 특별한 여자

'보통 남자'와 '보통 여자'라는 개념은 환상에 불과하다. 그러한 사람들이 한때 존재했었다고 치더라도, 오늘날에는 존재하지 않는 것이 확실하다. 현대인은 엄청난 양의 자의적인 소비력을 가진 집단이다. 소비자 대부분은 자신의 취향, 선호, 욕구에 탐닉할 수 있는 충분한 능력을 가지고 있다. 또한 시장에서 여러 가지 선택을 함으로써, 그것들을 추구할 수 있다. 따라서 다양성은 풍부한 데 반하여 공통성은 찾아보기 힘들다.

그러므로 마케터로서 우리는 두 가지 변화에 주목해야 한다. 즉 사람과 시간이 바로 그것이다. 다양한 개인과 그룹이 각기 다른 관심사를 추구하고, 다른 라이프스타일을 받아들이며, 다른 소비재를 구입한다. 그러나 그들은 한곳에 오래 머무르지 않는다. 세상은 눈이 돌아갈 정도로 빠르게 변하고, 어제까지 인기 있었던 것이 내일도 유행하리라는 보장은 할 수 없다.

이러한 상황에서 우리가 할 수 있는 일이란 그다지 많지 않다. 앉아서 불평이나 하면서 매스 마켓(mass market)의 죽음을 애도하거나, 아니면 상황을 재빨리 분석하고 이해하여 우리에게 유리한 방향으로 전개되도록 노력하는 수밖에 없다.

구매에는 반드시 이유가 있다

오늘날에는 세상이 아주 빠르게 변하고, 소비자들 간에도 편차가 매우 심하기 때문에 능수능란한 마케터라도 당황하는 경우가 많다. 다행히도 우리가 소비자들 내부에서 무슨 일이 일어나고 있는지 인식하고, 외부에서 오는 물리적 · 사회적 영향을 인지한다면, 시장에서 나타나는 그들의 행동을 이해하기가 훨씬 더 쉬워질 것이다. 개개인이 내리는 구매 결정은 개인적인 성향과 사회적인 상황 모두를 토대로 이루어진다. 우리는 이 책에서 구매의 이유를 밝혀내기 위해 다음과 같은 틀을 사용할 것이다.

소비자의 니즈, 동기, 개성 등을 자세히 관찰하는 것은 훌륭한 단초를 제공해준다. 그러므로 우리는 우선 소비자의 마음속을 들여다보고, 그들이 자신을 둘러싸고 있는 세상을 어떻게 인식하는지에 주목하면서, 시장에서 그들이 가지고 있는 선택권들에 대해 살펴본 후, 제품과 브랜드, 상점과 서비스에 대한 개념을 정립해나갈 것이다.

그다음에는 소비자의 선택을 결정하는 사회적 역할과 영향, 가정환경에 대해서 알아볼 것이다. 또한 소비는 사회 구조상 소비자의 지위에 따라서도 많이 좌우되므로, 사회 계층이 어떻게 소비에 영향을 미치는지도 알아볼 것이다. 마케터로서 우리는 소비자를 한 번에 한 명씩 상대할 수 없으므로, 그들을 유사한 세그먼트(segment)별로 나누는 요소들을 찾아내야 한다. 생애 단계(life stages), 가족 주기(family cycles), 라이프스타일, 기본적인 인구통계학적 특성이 그 역할을 할 것이다. 이러한 일련의 과정들을 거치고 나면, 우리는 소비자들이 시장에서 선택이라는 행위를 할 때 실제로 어떻게 하는지 배울 수 있을 것이다.

살면서 사람을 공부하는 것보다 더 멋지고 도전해볼 만한 일은 없다고 생각한다. 미시적인 관점과 거시적인 관점을 모두 경험해볼 수 있는 아주 좋은 기회가 바로 여기에 있다. 지금 이 책을 읽는 당신에게 이러한 작업이 재미뿐만 아니라, 금전적인 이익까지 가져다주었으면 하는 것이 우리 두 사람의 바람이다.

1

소비자가 원하는
진짜 니즈를 충족시켜라

NEEDS:
The Constant
Quest for
Satisfaction

재무 분야에 종사하는 사람들에게 투자로 돈을 버는 방법을 물어보면, 한결같이 다음과 같은 대답을 한다. "싸게 사서 비싸게 팔아라." 마케팅 분야에도 이와 비슷한 격언이 있다. "니즈를 찾아서 그것을 충족시켜주어라." 실천할 수 있다면 이 단순한 두 개의 격언이 모두 유효하겠지만, 불행히도 여기에서 중요한 점은 무엇을 해야 할지를 아는 것이 아니라, 어떻게 해야 할지를 아는 것이다.

『소비의 심리학』은 바로 '어떻게'에 관한 책이다.

시장에서 일어나는 모든 소비자의 행동은 자신의 니즈를 충족하려는 행위와 관련이 있다. 그러나 소비자들에게 어떤 제품에 대한 그들의 니즈를 묻는다면, 불완전한 답변을 듣게 될 가능성이 크다. 만약 "당신은 왜 새 차가 필요한가요?"라고 물어볼 경우, 전형적인 자동차 구매자는 "이번에 교외의 주택으로 이사를 갔는데, 시내에 있는 직장까지 통근하려면 꼭 필요해요"라는 '이동'에 대한 니즈를 이야기할 것이다. 그 대답이 사실일지도 모르지만, 그렇다고 해서 그것이 '유일무이한 진리'라고 할 수는 없다.

한 겹만 벗겨보면, 새 차가 실용적인 목적 외에도 수많은 소비자의 다양한 니즈를 충족시킨다는 사실을 알게 될 것이다. 예를 들어 어떤 사람은 회사에서 승진하면서 좀 더 자신의 지위에 걸맞은 고급 차를 소유하고 싶다는 것이 이유일 수 있다. 물론 이런 상황에서 그는 다른 사람들의 시선이 좋지 않을 것이라고 판단하고, 그 이유를 말하지 않는 경우가 대부분이다.

소비자의 니즈부터 분류하라

소비재를 성공적으로 판매하기 위해서는 사람들의 니즈를 충족시킬 수 있는 제품이나 서비스를 만들어서 제공해야 한다. 그러나 소비자의 니즈를 분류해내는 작업은 그리 만만치 않다. 특정한 니즈와 특정한 구매 간에 일대일 대응이 이루어지지 않기 때문이다. 여러 종류의 상품들이 하나의 특정한 니즈를 충족시킬 수도 있고, 여러 가지 니즈들이 하나의 상품이나 서비스에 의해 만족될 수도 있다. 따라서 마케터는 소비자의 니즈를 분류하는 방법을 찾아내야 한다. 소비자의 니즈를 이해하고, 판매로 연결되는 올바른 니즈를 골라내는 방법이 무엇인지 살펴보자.

소비자 니즈에 대한 수직적 접근

미국의 심리학자 에이브러헴 매슬로(Abraham H. Maslow)는 사람들이 근원적인 니즈(욕구)가 만족된 후에 다른 니즈를 충족시키려고 하는 경향이 있음을 발견했다. 그는 가장 근본적인 니즈가 맨 아랫부분을 차지하고, 상위의 니즈가 점차 위쪽으로 향하는 수직적인 계단 구조로 이루어진 5개의 니즈 카테고리를 정리했다.

그림 1-1. 소비자의 수직적 니즈 카테고리

· 자아실현의 니즈

· 위신, 자존, 지위에 대한 니즈

· 사회적 니즈

· 안전에 대한 니즈

· 생리적 니즈

이처럼 사람들은 하위 단계의 니즈가 충족된 다음에야 비로소 상위 단계의 니즈를 충족시키고자 한다. 또한 갑자기 하위 니즈에 불만족이 생기면 상위 니즈를 충족시키려는 시도를 그만두고, 보다 근본적인 니즈를 충족시키기 위해 다시 아래의 단계로 내려온다.

생리적 니즈

경제적으로 부유한 나라의 소비자들은 가장 근본적인 니즈에 속하는 의식주에 관한 욕구를 충족하는 데 어려움을 느끼지 않는다. 비교적 부유한 구매자들은 자신의 근본적인 니즈를 충분히 채워주는 엄청나게 다양한 제품과 브랜드 속에서 살고 있기 때문이다. 그 결과 그들은 근본적인 니즈뿐만 아니라, 더 상위에 있는 다른 니즈들의 충족까지 약속해주는 특정한 상품을 고른다. 이러한 사실로 인해 마케터들은 생리적 니즈에 기반한 마케팅 노력을 하지 않는 경우가 있는데, 이는 잠재적인 기회들을 놓쳐버리는 결과를 가져온다.

대개 성인 대여섯 중 한 명은 우유를 마시지 못한다. 그들에게는 유당 (lactose)에 대한 내성이 없어졌기 때문이다. 아이들은 모두 유당을 분해 하여 소화를 돕는 효소인 락타아제(lactase)를 가지고 있지만, 성인들 중 상당수가 더 이상 몸에서 락타아제를 생산하지 못한다. 그래서 그들은 식사 때 보통 우유를 마시지 않는다. 아마 마실 수만 있다면, 그들도 우 유의 영양분을 섭취하고 싶을 것이다.

이런 사실을 통해서 락트에이드(Lactaid, Inc.) 사는 보통의 우유를 마실 수 없는 성인들도 소화, 흡수할 수 있는 우유에 대한 잠재적인 시장이 존 재함을 알아챘다. 그래서 유당의 함량을 줄인 저지방 우유에 락타아제 효소를 첨가한 락트에이드(LactAid)라는 제품을 개발했다. 그 결과 새로 운 제품으로 각 지역의 낙농회사와 라이선스 계약을 맺었고, 이전에는 우유를 마시지 못했던 수많은 성인을 고객으로 끌어들이면서 우유 시장 을 확장할 수 있었다.

모든 것이 갖추어진 듯한 시장에서도 이처럼 틈새는 있기 마련이 다. 따라서 충족되지 않은 생리적 니즈를 찾아 그것을 충족시켜주면, 대대적인 성공을 거둘 수 있다. 물론 기술 부족으로 인해 제품이나 서 비스를 만들어낼 수 없어서 충족되지 않는 생리적 니즈도 분명 존재한 다. 불치병 치료제가 바로 그런 예이다. 그러나 잊지 말아야 할 것은 진정한 기회는 다른 회사들이 무심코 지나쳐버리는 곳에 있다는 사실 이다. 이런 기회들을 '잠들어 있는 기회'라고 부른다. 독창적인 회사는 이런 잠들어 있는 기회를 발견해서 이익을 거두는 반면, 다가온 기회를 간과한 나머지 회사들은 스스로를 탓하면서 독창적인 회사의 뒤를 부지런히 따라갈 수밖에 없는 것이다.

마케터는 두 가지 관점에서 생리적 니즈를 검토해야 한다. 즉 어떤 것이 지나치고, 어떤 것이 부족한지 세심하게 살펴보아야 한다. 일반적으로 부유한 층에 속하는 소비자들은 근본적인 니즈를 충족시켜주는 제품들이 넘쳐나서 문제이다. 지나치게 높은 칼로리, 너무 많은 '노동절약형' 기구, 과도하게 들어가 있는 식품첨가제 등등은 비만, 운동부족, 성인병, 기타 여러 가지의 문제를 야기한다. '과잉'으로부터 발생되는 부정적인 환경은 새로운 소비자 니즈를 창출하고, 새로운 마케팅 과제를 주며, 오히려 부족한 것이 좋다는 사실을 알아차린 사람들에게 때로는 다음과 같은 새로운 기회의 장을 제공한다.

콜레스테롤과 심장병이 깊은 관계가 있다는 연구 결과가 널리 확산됨에 따라, 콜레스테롤뿐만 아니라 칼로리도 높은 붉은 살코기 종류의 대표격인 쇠고기를 다루는 업체들이 큰 타격을 받았다. 이와 반대로 콜레스테롤과 칼로리가 모두 낮은 닭고기 시장은 크게 확대되었다. 1976년에서 1985년 사이에 1인당 쇠고기 소비량이 20퍼센트 이상 떨어진 데 반하여, 닭고기 소비량은 60퍼센트 이상 증가했다. 이러한 변화는 쇠고기업체에는 우울한 일이었지만, 양계업자들로서는 환상적인 기회였다.

호기를 잡은 양계업체들은 소비자가 원치 않는 성분인 콜레스테롤과 칼로리가 적은 제품을 출시하고, 제품의 사이즈도 다양화하여 새롭게 포장했다. 예를 들어 칠면조는 엄청난 크기 때문에 예전에는 가족이 모두 모이는 명절에나 먹는 음식으로 여겨졌다. 그러나 오늘날 칠면조 고기는 뼈가 있는 것과 뼈를 제거한 것, 연한 색과 진한 색, 전통적인 한 마리 포장에서부터 무게별로 판매하는 것까지 다양한 사이즈와 형태로 구입이 가능하다.

　닭고기가 시장에서 그 어느 때보다 높은 인기를 누리자, 자신의 자리를 빼앗긴 쇠고기업체도 구경만 하고 있지는 않았다. 쇠고기산업협회는 대중의 두려움을 완화해주고, 잘못된 인식을 바로잡으며, 쇠고기의 장점을 부각시키는 프로그램에 수천만 달러를 투자했다. 그리고 방송과 인쇄 매체를 통해 미디어 캠페인을 벌이면서 장 · 단기적 제품 개선 프로그램으로 이를 뒷받침했다. 또 장기간에 걸쳐 가축의 사육 방법을 개선하여, 기름기가 적은 제품의 생산을 가능케 했다. 최근에는 미리 조리된 쇠고기 제품도 출시했는데, 그 제품이 빠르고 간편하며 건강에도 좋다고 광고한다. 양계업자들에게 빼앗긴 자리를 쇠고기업체가 다시 찾게 될지는 아마 시간이 말해줄 것이다.

안전에 대한 니즈

소비자들은 일단 생리적 니즈를 충족하고 나면, 자신이 위험으로부터 안전한지, 그 안전이 유지될 수 있는지에 주의를 기울인다. 꽤 많은 종류의 제품과 서비스가 사람들의 안전에 대한 니즈를 충족시킬 목적으로 판매된다. 예를 들어 보험, 화재 경보기, 가정 또는 차량용 방범 시스템 등이 그러하다. 이런 것들은 안전만을 위해서 만들어진 제품 및 서비스로, 그 밖의 다른 기능은 거의 없는 경우가 대부분이다. 그렇기 때문에 이런 제품의 마케터들은 다른 카테고리의 니즈도 충족시키기 위해서 노력을 기울이곤 한다. 반면에 다른 니즈를 만족시키는 상품을 파는 마케터들은 안전에 대한 니즈를 간과하는 경우가 많다. 자신들의 상품이 안전에 대한 니즈와 직접적으로 관계있다고 생각하지 않기 때문이다.

소비재는 니즈와 긍정적으로 연결될 수도 있고, 부정적으로 연결될 수도 있다는 사실을 잊지 마라. 구입한 물건은 소비자에게 니즈의 충족을 가져다주기도 하지만, 그와 반대인 경우도 생긴다. 우리가 소비자에게 판매하는 물건들 중 대다수는 니즈의 수직적 계단 구조에서 한 니즈를 만족시키는 동시에 다른 니즈를 위태롭게 한다. 예를 들어 고성능 스포츠카는 운전자의 위신과 자존의 니즈를 충족해줄 것이다. 그러나 그 스포츠카가 운전자로 하여금 미친 듯이 빠른 속도로 차를 몰도록 유혹한다면, 결과적으로 그 차는 운전자의 안전에 대한 니즈를 만족시키지 못하는 것이다. 차를 사려는 잠재고객이 이런 생각을 한다면, 과연 그 차를 사겠는가? 정답은 니즈의 계단 구조에 달려 있다. 어떤 니즈가 더 근본적인가? 안전인가, 자존인가? 사람들은 보다 근본적인 니즈를 항상 먼저 떠올리므로 위신이나 자존, 지위 때문에 자신의 신체적 안전을 희생하지 않을 것이다.

팔려는 상품이 계단 구조의 첫 번째 단계보다 상위의 니즈에 초점을 맞추고 있을 경우, 우리는 자사의 제품이나 서비스가 하위 단계의 보다 근본적인 니즈에 어떤 영향을 미치는지를 주의 깊게 살펴보아야 한다. 그때 마케터들은 상위 단계에서 얻는 만족이 하위 단계에서 발생하는 니즈의 불만족을 초과하는 경우가 거의 없다는 사실을 분명하게 깨달을 것이다.

담배, 술, 청량음료, 커피와 같은 제품들은 소비자의 사회적 니즈 또는 위신에 대한 니즈에 어필하며 판매되어왔다. 광고에서 이런 제품들은 개인적인 만족을 주는 것이라기보다 사회적 지위 등을 향상시켜주는 역할을 하는 것으로 묘사되었다. 이런 전략은 최근까지도 대단히 성공적이었다. 그러나 타르와 니코틴, 알코올, 지나친 칼로리, 카페인 등과 연관된 건강 문제가 대두하면서 이런 제품들의 소비는 감소하기 시작했다. 소비자들이 보다 근본적인 생리적 니즈를 충족하기 위해서 이런 제품들로부터 얻을 수 있는 사회적 니즈의 충족을 기꺼이 포기하려고 했기 때문이다.

이러한 변화로 인해 판매가 부진해지자, 마케터들은 니즈의 하위 단계로 눈을 돌렸다. 그들은 소비 과정에서 심리적으로 느끼게 되는 위험을 감소시키기 위해 제품을 보완했다. 그 결과 저타르와 저니코틴 담배, 라이트 맥주, 순한 양주, 다이어트 청량음료, 무카페인 커피 등이 소개되었다. 초기에는 소비자들의 저항이 있었지만, 이런 브랜드들은 오늘날 판매량의 상당 부분을 차지한다. 또한 전망도 밝다. 이 회사들은 니즈 카테고리에서 하위 단계로 시선을 돌림으로써 자신들의 시장을 되찾고, 자사의 위치를 보존할 수 있었다. 이 회사들의 제품은 소비자의 사회적 니즈를 충족해주면서도 보다 근본적인 니즈를 희생시키지 않았기 때문이다.

사회적 니즈

자신에게 타인이 얼마나 필요한 존재인지 깨닫고 있는 사람은 거의 없다. 그러나 소속에 대한 니즈는 인간의 본성이다. 대부분의 사람에게 '혼자'라는 말은 '외로움'과 동의어이다. 극단적으로 반사회적인 중범죄자마저도 독방에 가둔다고 위협하면, 고분고분해지는 것이 보통이다.

소속감을 박탈당한 현대사회의 구성원들은 소외에 대해 더 민감하다. 예전에는 대부분의 사람이 한동네에서 태어나 살다가, 죽으면 그곳에 묻혔다. 그래서 작은 마을 안에 사는 사람들 모두가 서로를 잘 알고 지냈다. 힘을 모아서 함께 일하는 능력이야말로 인간이 오늘날 지구상에서 번성하고 있는 중요한 이유들 중 하나이다. 그러나 현대사회의 생활을 보라. 지리적, 사회적 이동으로 인해 우리는 어릴 적 친구들은 물론이고 가족과도 뿔뿔이 흩어져서 낯선 사람들로 이루어진 거대한 대중 속으로 내던져졌다. 그 때문에 우리가 그토록 진정한 친구를 원하고, 가족의 얼굴을 보고 기뻐하며, 따뜻한 포옹을 바라는 것일지도 모른다.

우리의 사회에서 이러한 사회적 니즈를 충족시켜주는 것을 무기로 해서 팔리는 소비재의 수는 아마 다른 모든 니즈를 바탕으로 한 제품의 합보다 많을 것이다. 판매하려는 제품과 사랑 및 소속감이라는 니즈 사이의 연결 고리를 찾아낸 마케터라면, 그 제품을 판매하기 위해 당연히 연대감을 최우선적으로 내세울 것이다. 다음의 광고는 사회적 니즈를 활용한 사례들이다.

'주말에는 미켈롭'_ 미켈롭(Michelob) 맥주

'도보이(Doughboy) * 처럼 사랑을 말해주는 것은 없습니다.'_ 필즈베리
(Pillsbury) 제과

'신사는 해인즈를 좋아한다.'_ 해인즈(Hanes) 언더웨어

'키스할 수 있을 만큼 가까이 다가가세요.'_ 스코프(Scope) 구강청정제

'친절한 이웃 같은 스테이츠 팜이 있습니다.'_ 스테이츠 팜(States Farm) 보험

　위의 광고에서 볼 수 있듯이 광고인들이 사랑, 소속감, 연대감 등에
집착하는 또 다른 이유는 사람들이 이러한 니즈를 끝없이 갈구하기 때
문이다. 생리적 니즈를 만족시키기는 아주 쉽다. 안전에 관한 니즈 역
시 어떤 면에서는 과충족되는 경향이 있다. 이렇게 충족의 한계점을
넘어서면, 사람들은 어느 정도 위험을 동반하는 자극이나 흥분을 찾는
다. 상위 니즈에서도 이와 마찬가지이다. 과대망상증 환자들이나 권
력, 명예, 위신 등에 계속 집착한다. 위신에 대한 충족이 한계점에 이
르면, 유명인으로부터 얻는 우정이나 연대감 같은 것이 사라진다. 그
러므로 위신이나 자존에 대한 니즈 역시 한계가 있다고 할 수 있다. 그
러나 좋은 친구가 지나치게 많다고 생각하는 사람이 과연 이 세상에
있을까? 또 지나치게 사랑을 많이 받는다고 불평하는 사람이 있을까?
　오늘날의 소비자들은 우정에 대한 한없는 니즈를 가지고 있으며,
연대감을 제공해준다는 상품들을 구입할 충분한 여유도 있지만, 연대

＊밀가루로 만든 인형으로, 필즈베리 제과의 상징이다.

와 우정을 충족시켜줄 전통적인 수단을 보유하고 있지 않다. 이제 왜 그들이 그런 상품을 구입하는지 이해되는가?

소비재는 구입하는 사람들에게 진정한 연대감이나 소속감을 제공해주지 못한다. 오직 인간만이 실제로 그러한 니즈를 충족해줄 수 있다. 그러나 제품과 서비스도 사랑이나 소속감의 획득과 직·간접적으로 관계를 맺을 수는 있다. 사람들의 교류를 유도하고 촉진하는 것들, 예를 들어 레스토랑, 칵테일 라운지, 카드놀이 상품 등은 연대감이라는 니즈의 충족과 직접적인 관련이 있다. 사용자를 더 매력적으로 만들어주고, 다른 사람들로부터 환영받도록 해주는 그 밖의 제품이나 서비스는 연대감과 간접적으로 관련된다. 옷이나 미용 용품, 스포츠 용품, 가치를 인정받은 다양한 최고급 명품 등은 소비자들로 하여금 자신이 좋아하는 사람과 비슷하다는 동질감을 느끼게 해주는 역할을 한다. 이러한 상품들은 그들이 교류하고 싶어 하는 사람에게 더 매력적으로 다가가게 해준다. 사회적 소속감과 직·간접적으로 관련된 모든 종류의 소비재는 그들이 필요로 하는 연대감이나 소속감을 성취할 수 있게 도와주는 상품이라는 점을 내세워 판매할 수 있다.

위신, 자존, 지위에 대한 니즈

사회적 니즈와 마찬가지로, 지위에 대한 니즈 역시 소비재에 의해 만족되지 않는다. 위신, 자존, 지위, 존경, 명성, 인정 등은 타인들로부터 부여받는 것이기 때문이다. 즉 이것은 '사람'과 관련된 니즈이지, '제품'과 관련된 니즈가 아니다. 그러나 이전의 사례들에서도 볼 수 있듯이, 소비자가 구매하여 사용하는 제품과 서비스는 지위에 대한 니즈를 충족할 기회를 증대시키거나 혹은 감소시킬 수도 있다. 따라서 사람들은 타인의 눈에 비치는 자신의 위신을 높여주는 상품에 기꺼이 많은 돈을 지불한다.

사회적으로 가시적인 상품만이 소비자가 남들로부터 존경과 위신을 얻을 수 있게 해준다. 제품이나 서비스가 사회적으로 가시적이려면, 다음의 2가지 기준에 적합해야 한다. 첫 번째, 다른 사람들이 그 제품이나 서비스를 사용한 결과를 인식할 수 있어야 한다. 두 번째, 그것들은 일반적으로 모든 사람이 소유하거나 사용하는 평범하고 흔한 것이어서는 안 된다. 값비싼 맞춤 양복은 남들에게 보여줄 수 있는 동시에 부유한 사람만 입을 수 있으므로, 그것을 입은 사람의 위신을 높여주는 가치가 있다. 이에 비해서 고급스럽고 우아한 속옷은 일반적으로 남들에게 보여줄 수 없으므로, 위신을 높여주는 가치가 상대적으로 낮다. 평범한 일상복 역시 그러한 가치가 낮다. 남들이 볼 수는 있지만, 특별한 것이 없기 때문이다. 대부분의 사람이 그런 옷을 가지고 있으므로, 차별화되지 않는다.

제품을 사용한 결과가 남들에게 인식될 수 있다면, 그 제품이 반드시 가시적일 필요는 없다. 눈이 나빠서 도수 높은 안경을 써야 하는 사람의 경우에는 콘택트렌즈의 사용으로 인상이 좋아져서 위신이 높아진다고 생각한다면, 주저 없이 안경에서 콘택트렌즈로 바꿀 것이다. 콘택트렌즈는 다른 사람들에게 보이지는 않지만, 더 이상 안경을 쓰지 않아도 되는 효과 정도는 소비자에게 인식된다. 사회적 지위를 상징하는 제품도 반드시 가시적일 필요는 없다. 좋은 향수나 고급 카펫 같은 것들은 시각적으로 눈에 띄지는 않지만, 다른 감각으로 인식이 가능하며 사회적 지위를 상징한다.

지위에 대한 니즈는 소비재에만 한정되지 않는다. 서비스 역시 소비자들에게 위신을 제공한다. 예를 들자면 지위를 추구하는 사람들은 오페라나 발레 등을 관람하거나 잘나가는 나이트클럽을 드나들고, 호화로운 리조트에서 여가를 보내거나 골프 클럽 등에 가입하기도 한다. 그들은 서비스 자체를 즐긴다기보다는 자신의 소비 행위가 남들에게 보여지기를 바랄 뿐이다. 바로 '그 장소'에서 '그 사람들'과 어울리면서 '그것'을 하는 모습을 남들에게 보여주고 싶은 것이다. 이와 같은 서비스를 판매하는 사람들은 이런 경향을 간파하여, 그 점을 강조한다. 그들은 일정한 사회적 지위에 도달한 사람이라면, 전형적으로 이용하는 것이라면서 자신들의 서비스를 광고한다.

미국의 자동차 회사들이 자국의 시장을 장악하고 있을 때, GM은 5개로 분류된 자사 모델—쉐보레(Chevrolet), 폰티악(pontiac), 올즈모빌 (Oldsmobile), 뷰익(buick), 캐딜락(Cadillac)—의 가격과 품질과 명성에 엄격성을 유지했다. 특히 그 정점에 있던 '캐디'(캐딜락의 애칭)는 전형적인 사치품이자 신분 상징의 완벽한 본보기가 되었다. 때때로 다른 사치품의 마케터들이 자신의 브랜드를 일컬어 "일종의 캐딜락이라고나 할까요"라고 설명할 정도였다. 심지어 '중고' 캐딜락을 팔지 않는 딜러들도 있었다. 그들은 그 캐딜락을 '재판매' 자동차로 팔았다.

최근 외국의 자동차 회사들이 미국의 자동차 시장을 잠식하면서 메르세데스-벤츠(Mercedes-Benz)와 그보다 한 단계 낮은 BMW, 볼보(Volvo)가 럭셔리카 시장에 진출하기 시작했다. 그들에 맞서 힘껏 싸운 GM은 자동차 구매자의 마음속에 남아 있는 신분 상징의 이미지를 상기시키면서, 캐딜락을 '새로운 우아함의 진수'라고 표현했다. GM이 캐딜락의 이미지 창출에 투자하자, 시장에서 상당한 '자산'이 형성되었다. 그들은 이미지 자원을 활용하면서 '단연 최고라면……그것은 캐딜락입니다'라는 간단한 하나의 문장으로 광고를 내보냈다.

경제학에 기초 지식이 있는 사람이라면, 소비재에 대한 수요곡선이 왼쪽에서 오른쪽으로 내려온다는 사실을 알 것이다. 즉 가격이 낮을수록 판매량은 커진다. 그러나 고급 제품은 이 법칙에서 벗어난다. 미국의 경제학자이자 사회학자인 소스타인 베블런(Thorstein Veblen)은 20세기에 들어설 무렵 『유한계급론 *The Theory of the Leisure Class*』에서 '과시적 소비(conspicuous consumption)'라는 용어를 만들었다. 그는 눈치 빠른 '럭셔리(luxury)' 상품의 마케터들이 가격만으로도 신분을 상징할 수 있다는 사실을 알아냈다고 말했다. 따라서 그들은 가격이 비쌀수록 판매량이 증가하는 수요곡선을 가지는 고가의 상품들을 팔았던 것이다. 다음에 나열한 향수 광고의 카피를 보라.

'화려하고, 거리낌 없는 호화로움' _ 데카당스(Decadence)
'세상이 제공하는 최상의 선물' _ 화이트 숄더즈(White Shoulders)

'멋쟁이를 위한 본능'_ 라피네(Raffinee)

'황금의 낮과 사파이어의 밤을 위한 향수'_ 루테스(Lutece)

'그녀에게 무엇이든 약속하는 대신 아르페쥬(Arpege)를 건네세요.'_ 랑
방(Lanvin)

'세상에서 가장 값진 향수'_ 장 파투(Jean Patou)

자아실현의 니즈

인생에서 궁극적으로 추구하는 것이 무엇인가? 이 질문을 던졌을 때,
정답을 말할 수 있는 사람은 거의 없을 것이다. 다윈의 적자생존식 사
고방식을 하는 사람이 많지만, 생존의 니즈는 근본적인 니즈에 속한다
는 사실을 명심해야 한다. 생존의 니즈는 기본적인 니즈이기는 하지
만, 인생에서 궁극적인 니즈는 아니다. 인생에서 궁극적인 니즈이자
가장 도달하기 힘들고, 포괄적으로 추구하는 것은 바로 '자아실현'이
다. 철학자들이 수세기에 걸쳐 인생의 의미에 대해 논쟁을 벌였지만,
우리는 그러한 논쟁에 휘말리고 싶지 않다. 그러나 여전히 중요하면서
도 대답이 아직 주어지지 않은 질문이 하나 있다. 생리, 안전, 소속, 지
위 등에 대한 니즈가 충분히 만족되었을 때, 사람들은 무엇을 원할까?
인간으로서의 모든 역량의 완전한 충족인 자아실현이 바로 이 질문의
답이다. 자아실현이란 자신을 확장하고 향상시키는 것이다. 이것은
개인의 독자성, 개체성, 유일성의 확장을 뜻한다.

　우리 중 다수는 자아실현의 니즈보다 기본적인 니즈를 충족하느라
바쁘다. 우리는 인생에서 대부분의 시간 동안 건강을 유지하고, 안전

하게 지내고, 가족 및 친구들과의 관계를 지속하고, 인간으로서 자신의 존재에 대한 존중과 인정을 얻으려고 애쓰면서 살아간다. 대다수 소비자의 머릿속은 만족스럽게 지내고, 사람들과 잘 어울리고, 돈을 벌어들이고, 남에게 좋게 보이려는 생각으로 채워져 있다. 이런 기본적인 니즈를 충족하려면 많은 시간과 경험은 물론이고, 약간의 지혜까지 필요하다. 사람들은 대개 몇십 년의 세월을 보내고 나서야 비로소 자아실현을 추구할 수 있는 시점에 도달한다. 따라서 생활에서 기본적인 것들을 얻기 위해 애쓰는 젊은 사람들보다는 나이가 많은 소비자들이 흔히 이런 종류의 니즈를 추구한다.

노령자를 언급하면 사람들은 마음속으로 빈곤과 결핍, 외로움과 나쁜 건강을 떠올린다. 그러나 진실은 이것들과 아주 거리가 멀다. 고령의 소비자들 중 오직 일부만 이런 고정관념에 들어맞기 때문이다. 그럼에도 불구하고 사람들은 보통 이런 식으로 생각한다. 불운한 처지에 놓인 고령자들이 언론의 관심을 끌기 때문이다. 물론 그들은 우리의 관심을 받을 자격이 충분하다. 그러나 마케터들은 이런 이미지를 전체 집단이 그렇다고 일반화해서는 안 된다.

우리는 12장에서 사회에 있는 다양한 연령층과, 각 집단이 구성하는 시장의 종류를 상세히 살펴볼 예정이다. 그러나 먼저 여기에서는 성인 소비자들에 대한 몇 가지 오해를 떨쳐버리는 데 도움이 되는 다소 놀라운 통계를 언급할까 한다. 미국에서는 1980년대 후반에 개인 가처분소득의 약 절반이 50세 이상의 사람들의 수중에 들어갔다. 그들은 자아실현의 이행을 추구할 수 있는 인생의 단계에 도달했을 가능성이 가장 높은 사람들이다.

　미국 사회의 경제적 · 기술적 · 사회적 · 문화적 발달은 라이프스타일의 다양성과 개인적인 추구를 점점 더 부추기고 있다. 자아실현과 관련 있는 소비자들의 활동은 종종 개인적인 정체성의 '개별화'에 열성을 보인다. 이런 사람들은 자신과 타인을 차별화하기 위해, 또 자신과 타인의 시각 모두에서 독특하게 보이기 위해 노력한다. 따라서 그들은 자신의 독특함을 기준으로 제품과 브랜드, 매장과 서비스를 선택한다. 그들은 제품이 자신의 라이프스타일 및 이상적인 자기 이미지와 얼마나 잘 어울리는지 판단한다. '평범한 남자' 또는 '평범한 여자'에 충실한 마케팅 방법은 그들에게 별 효과가 없다. 자아실현을 추구하는 사람들의 경우에는 '모두를 위한 것이 아닌' 또는 '선택받은 소수를 위한' 제품으로 광고하는 것이 더 효과적이다.

　베이비 붐 세대와 그 선배들은 '자아발달'이라는 모호한 개념에 충실한 많은 활동을 받아들였다. 이 용어는 각각의 다른 사람에게 각각의 다른 물건이 적용됨을 의미한다. 따라서 자아발달과 관련된 물품들은 서로 닮지 않은 다양한 제품을 두루 포함하고 있다. 예를 들어 운동화부터 자선 마라톤, 요가 레슨, 정체성 찾기 세미나, 자기계발 도서, 바이오피드백 장치, 운동기구, 선탠 살롱에 이르기까지 매우 광범위하다. 운동을 지지하는 사람이라면 성형수술, 모발 이식, 의학적 체중 감량 같은 서비스를 용인하기 힘들겠지만, 흔히 이런 서비스들은 자기 존중과 자기관리의 상징으로 여겨진다. 과거에는 대부분의 사람이 이런 서비스들의 사용을 생각하지 않았으며, 그 사실을 감추려고 필사적으로 애썼다. 그러나 현재와 미래의 소비자는 친구들에게 그것을 공개적으로 알리려고 한다.

소비자는 제품 및 서비스를 통해 위신을 얻으려고 할 때 자신의 여러 동기 사이에서 그것을 소유하고 인정받기를 중요시하는 반면, 자아실현을 얻으려고 할 때에는 애착과 차별성을 중시한다. 무엇인가를 소유하고 다른 사람들에게 자랑하는 것으로는 더 이상 충분치 않기 때문에, 이러한 제품들은 개성이 넘치고 뚜렷하게 달라야 한다. 그러므로 제품에 대한 개인적인 애착과, 그 제품이 개개인에게 미치는 영향에 집중하여 프로모션이 이루어져야 한다. 이 경우 엄선된 매체와 전문점을 대상으로 해서, 매스 마케팅보다는 타깃 마케팅을 사용하고, 내재적 가치에 초점을 맞춘 제품 포지셔닝과 가격 책정 등을 고려해야 한다.

'플라스틱' 돈에 매력을 느낀 소비자들이 신용카드를 매우 수익성 높은 금융 서비스로 변화시켰다. 예전에는 아메리칸 익스프레스(American Express)가 시장을 지배했지만, 이제 은행들은 마스터카드(MasterCard)나 비자(Visa)와 경쟁한다. 이것들은 일반 신용카드에 대한 총수요를 증가시켰을 뿐만 아니라, 그 수요의 상당 부분을 흡수했다. 결과적으로 아메리칸 익스프레스의 사업 규모는 더 커졌지만, 확장된 시장에서의 점유율은 오히려 더 작아졌다.

1980년대 중반에 이르자 신용카드 시장은 포화 상태에 근접했다. 한 사람이 7~8개의 신용카드를 보유할 정도였다. 아메리칸 익스프레스는 1966년에 이미 골드 카드(Gold Card)를 소개했지만, 1980년대 중반에 들어서면 고급 시장의 성장이 더욱 가속화되리라고 전망하고 플래티넘 카드(Platinum Card)를 출시했다. 아메리칸 익스프레스는 골드 카드 고객 중에서 연간 사용 금액이 1만 달러를 넘는 사람들에게만 1년에 한 번 이 카드의 신청 기회를 주었다.

오늘날 구매력이 있는 사람들 중 고소득의 전문직을 대상으로 골드 카드의 광고가 제작되었는데, 그 광고에서는 '재정적 여유를 가진 사람이 이 카드를 획득한다'라거나 '상위 5퍼센트의 경제력을 가진 분들'이라는 표현이 사용되었다. 기존의 광고처럼 편리함이나 안전성을 내세우기보다는 니즈의 단계를 거슬러 올라가서 위신 또는 자아실현의 욕구를 자극했다. 골드 카드 광고의 헤드라인은 '이 카드는 당신이 이미 자신에 대해 알고 있던 사실을 재확인시켜줄 뿐입니다'였고, 리드 카피에서는 '이 카드는 당신이 살 수 있는 그 어떤 것보다 당신에 대해 더 많은 것을 말해줍니다'라고 표현했다. 자아실현에 중점을 두는 전략의 특징은 개인의 차별화를 언급하는 것이다. 신용카드 서비스는 다양한 라이프스타일에 부합하기 때문에, 이러한 전략을 이용하기에 매우 이상적이다.

소비자 니즈에 대한 수평적 접근

니즈의 계단 구조를 살펴보는 것도 매우 유용하지만, 그렇다고 해서 수직적인 접근 방식에만 묶여 있을 필요는 없다. 소비자의 니즈를 수평적인 관점에서 보면, 한 카테고리에 속한 니즈가 다른 카테고리의 니즈보다 앞서는 경우는 없다. 또한 이런 접근법은 더 많은 카테고리를 발견하여 보다 정확히 열거할 수 있는 장점이 있다. 수평적으로 접근하는 경우에는 소비자들이 니즈에 접근하는 순서에 따라 분류하지 않고, 소비자가 니즈와 연관시키는 관심사와 활동들을 기반으로 분류한다. 그러므로 이러한 니즈 카테고리는 특정한 타입의 제품이나 서비스, 브랜드, 유통 경로 등과 연관된다.

표 1-1에서는 15개의 서로 다른 소비자 니즈 카테고리를 간단한 설명과 함께 왼쪽에 배치했고, 오른쪽에는 그와 관련된 소비재의 예시를 열거했다. 여기에서 제시한 상품들은 종류별 니즈를 만족시키는 전형적인 제품과 서비스를 나열한 리스트이다. 이것을 보면 당신은 여러 가지 니즈와 다양한 소비재가 반드시 일대일로 대응하지는 않으며, 어느 정도 중복됨을 알 수 있을 것이다. 그렇지만 수평적 니즈의 목록은 수직적 니즈의 계단 구조에 속한 5개의 카테고리보다 더 세분화되어 있기 때문에, 어떤 상품이 어떤 니즈를 만족시키는지 일반화하는 데 도움이 된다. 따라서 여러 가지 니즈와, 그것을 가장 잘 만족시켜줄 소비재들을 조사해봄으로써, 우리는 특정한 제품이나 서비스를 위한 마케팅 전략의 기반이 될 가장 적합한 니즈를 발견할 수 있다.

소비자의 니즈에 맞게 마케팅하라

니즈와 제품의 디자인, 가격 정책, 유통 경로 사이의 상관관계는 니즈와 프로모션 간의 관계만큼이나 파악하기가 쉽지 않다. 따라서 마케팅 프로그램은 우선 한 개, 또는 많아야 두 개 정도의 니즈를 만족시키는 것에 초점을 맞추어야 한다.

표 1-1. 소비자의 수평적 니즈 카테고리와 관련 상품들

소비자의 니즈	니즈와 관련된 상품들
성취 · 어려운 과업을 달성하려는 니즈 · 힘든 작업을 실행하려는 니즈 · 기술, 능력, 재능을 연마하려는 니즈	· 소비자의 능력과 기술을 향상시켜주는 상품 · 공구와 DIY(Do-It-Yourself)용 재료 · '~하는 법'과 같은 실용서와 실용적인 강좌 · 직업과 관련된 제품과 서비스 · 자기향상 프로그램
독립 · 다른 사람의 지시나 영향으로부터 자유로워지고, 자율적으로 살려는 니즈 · 선택 사항과 대안을 보유하려는 니즈 · 스스로 선택하고 결정하려는 니즈 · 남들과 달라지려는 니즈	· 개인의 독립성이나 차별성을 강조하는 제품 · 옷이나 액세서리 · 헤어스타일 리스트와 같은 미용 서비스 · 주문형 자동차나 개인별 취향에 맞춘 가구 · 새로운 가전제품 · 이국적인 음식과 음료
과시 · 타인의 눈에 띄도록 자신을 보여주려는 니즈 · 개인의 정체성을 드러내려는 니즈 · 타인의 흥미와 관심을 끌고 싶은 니즈 · 주의를 끌려는 니즈	· 분명하게 차별화되거나, 평범하지 않은 제품 또는 디자인 · 독특하거나 진귀한 옷과 보석 · 번쩍거리는 옷이나 차 · 이상한 헤어스타일, 이상한 화장이나 과도한 화장

인정
· 타인으로부터 긍정적인 주목을 받고 싶은 니즈
· 탁월함 혹은 우월성을 보여주려는 니즈
· 모범 사례로 인정받고 싶은 니즈
· 사회적 보상 또는 명성을 얻으려는 니즈
	· 우월함을 보여주거나 유명 인사임을 확인시켜주는
	  제품, 가시적인 서비스
	· 기념패, 상장, 트로피 등
	· 스포츠팬의 삼각 깃발, 배지, 재킷
	· 다른 사람들로부터 받은 칭찬이나 감사함을 보여
	  주는 기념품
	· 사교 모임과 모교의 핀이나 엠블럼

소비자의 니즈	니즈와 관련된 상품들
지배 · 타인에 대해 지배력을 가지거나, 자신의 의지를 행사하려는 니즈 · 권위나 영향력 있는 지위를 차지하려는 니즈 · 타인을 관리하거나 감독하려는 니즈 · 상대를 제압함으로써 힘과 용맹성을 보여주려는 니즈	· 권위의 향상과 강화를 보여주는 제품 · 권한 또는 직위를 상징하는 배지 · 권위 있는 인물과 관련된 물건 · 화기를 비롯한 기타 다른 무기들 · 전쟁 혹은 법의 집행과 관계된 도구들 · '수동'보다는 '자동'으로 움직이는 도구들 · 강력한 효과를 자랑하는 세제나 살충제
소속 · 다른 사람들과 교제하려는 니즈 · 소속되고 싶은 니즈 · 상호 간에 만족스럽고 도움이 되는 관계를 만들려는 니즈	· 사람들 간의 상호작용을 허용, 향상, 증진시키는 제품 · 타인에게 더욱 매력적으로 보이도록 해주는 제품
양육/양성 · 다른 사람들을 보살피고 위로하며, 후원하려는 니즈 · 생명체가 자라서 번성하는 것을 보고 싶은 니즈 · 다른 사람들의 발전을 도우려는 니즈 · 맡고 있는 아이를 해악과 부상으로부터 보호하려는 니즈	· 부모의 역할과 연관된 제품과 서비스 · 육아 용품 · 요리, 바느질, '가족용' 세탁 제품 · 애완동물과 애완동물 용품 · 실내용 화초나 잔디, 원예 용품 · 기여나 지원에 호소하는 자원봉사
의존 · 타인으로부터 도움, 지원, 위안, 격려, 확신 등을 얻고자 하는 니즈 · 양육을 위한 노력의 수혜자가 되려는 니즈	· 대리 보호인 역할을 하는 소비재와 소비자 대상 서비스 · 개인적인 서비스, 특히 신체적 접촉과 관련된 서비스 · 얼굴과 신체 마사지 · 머리 손질과 매니큐어 · 구두닦이 · 상담 서비스 · 사용자를 '만족시켜주는 물건'이라고 광고되는 제품

소비자의 니즈	니즈와 관련된 상품들

성욕

· 성적 정체성과 매력을 확립하려는 니즈
· 성적 접촉을 즐기고 싶은 니즈
· 성적 만족을 제공하거나 제공받으려는 니즈
· 직접 실행하지 않고도 성적 대안을 유지하려는 니즈
· 성욕에 대한 비난을 회피하려는 니즈

· 다른 사람들에게 자신의 성적 정체성을 밝혀주는 '남성용' 혹은 '여성용' 제품
· 성별에 따른 성적 매력을 강화해주는 의류와 액세서리
· 향수 혹은 화장수와 같은 제품
· 머리 손질 등의 미용 서비스
· 성적인 활동과 직접적으로 관련된 제품
· 명백하거나 혹은 암시적인 성적 행동에 대한 책, 음반, 영화, 오디오와 비디오 테이프
· 연애와 관련된 엔터테인먼트와 시설들

자극

· 감각, 지각을 사용하는 이벤트나 활동을 경험하려는 니즈
· 자유롭고 왕성하게 행동하려는 니즈
· 속도감이 있거나 강력한 활동에 몰두하려는 니즈
· 미각을 만족시키고 싶은 니즈
· 평범하지 않고 새로운 상호작용 상태로 환경을 바꾸려는 니즈

· 강렬한 감각적 특성을 가진 제품과 서비스
· 유별난 광경, 소리, 향, 맛, 촉감
· 몸의 움직임과 운동을 유발하거나 촉진시키는 물건들
· 운동기구와 서비스
· 체육 시설
· 섬유 유연제 또는 매끄러운 실크 이불
· 맛있는 음식과 음료
· 아로마 목욕 및 거품 목욕 제품

기분 전환

· 재미있게 놀고 싶은 니즈
· 즐거워지려는 니즈
· 일상으로부터 벗어나려는 니즈
· 근심을 떨쳐버리고 휴식을 취하려는 니즈

· 오락이나 기분 전환을 제공하는 제품과 서비스
· 장난감과 게임, 영화, TV, 연극, 콘서트
· 라이브 음악, 녹음된 음악
· 책, 연재소설, 시
· 취미와 관련된 물건들
· 스포츠카 혹은 레저용 차량
· 사냥과 캠핑 용품
· 스포츠 용품
· 휴양 여행

소비자의 니즈	니즈와 관련된 상품들

새로움

- 변화와 다양성에 대한 니즈
- 평범하지 않은 것을 경험하려는 니즈
- 새로운 임무나 활동을 하려는 니즈
- 새로운 기술을 배우려는 니즈
- 새로운 환경으로 옮기려는 니즈
- 독특한 관심 대상을 찾으려는 니즈
- 놀라거나 감탄하고 싶은 니즈

- 일상성을 깨는 제품
- 색다른 제품과 서비스
- 다른 문화 혹은 먼 곳에서 온 물건들
- 민속 음식이나 외국영화
- 진기하거나 이상한 물건들
- 튀는 디자인과 옷차림
- 독특한 옷이나 희귀한 보석류
- 짜릿한 오락거리
- 낯선 곳으로의 여행

이해

- 배우거나 이해하려는 니즈
- 관계를 파악하려는 니즈
- 인과관계를 밝히려는 니즈
- 아이디어를 상황에 맞추려는 니즈
- 자신의 전문성을 이용하여 다른 사람들을 가르치거나 지시하고, 감동시키려는 니즈
- 지적인 것을 추구하는 니즈

- 지식을 습득하는 것과 관련된 제품과 서비스
- 책과 교육 과정
- 학습이나 전문 과정이 요구되는 취미
- 설명이나 해설이 실린 읽을거리
- 논픽션이 실린 간행물
- 직업과 관련된 제품
- 성인 교육 프로그램

일관성

- 질서, 청결 혹은 논리적 관계에 대한 환경을 조정하려는 니즈
- 애매모호한 것과 불확실한 것을 피하려는 니즈
- 정확하게 예측하려는 니즈
- 예견하는 것들이 일어나기를 바라는 니즈

- 모든 종류의 클리닝 제품과 서비스
- 비누, 샴푸, 합성세제, 청소 용품
- 짝이나 세트로 이루어진 물건들
- 코디가 된 옷
- 상품 진열이 잘 정돈된 가게
- 규칙적으로 제공되는 서비스
- 일기예보 서비스
- 다양한 품목을 포함하는 동일한 브랜드의 제품

소비자의 니즈	니즈와 관련된 상품들
보안	
· 해악의 위협에서 벗어나려는 니즈	· 보호를 제공하는 제품과 서비스
· 안전하려는 니즈	· 보험
· 자신과 가족, 재산을 보호하려는 니즈	· 저축과 투자를 위한 금융 서비스
· 필요한 것을 비축하려는 니즈	· 집과 차의 보안장치
· 자산을 획득하고 지키려는 니즈	· 조명과 안전 장비
· 공격에 대해 저항력을 가지려는 니즈	· 위험성이 낮거나, 위험을 완화시켜주는 제품
· 사고나 재난을 피하려는 니즈	· 비타민과 예방 의약품

소비자들은 구매 결정을 할 때, 자신이 채우고자 하는 구체적인 니즈를 알지 못하는 경우가 많다. 게다가 더욱 불행한 것은 마케터들이 일반적으로 어떤 니즈가 채워져야 할지 소비자들보다 더 모른다는 사실이다. 소비자들은 시장에서 효과적으로 활동하기 위해 니즈를 정확하게 인식하거나 명확하게 표현할 필요가 없지만, 마케터들은 반드시 그래야만 한다. 다음에 나오는 사례가 이러한 필요성을 분명하게 인식시켜줄 것이다.

의료 서비스를 마케팅하는 사람들은 거의 항상 환자들이 생리적 니즈를 충족하기 위해 치료차 병원을 방문한다고 생각한다. 그러나 조사에 따르면 생리적 니즈보다는 확인, 관심 또는 대화 등의 심리적 니즈의 충족을 찾는 경우가 더 많다. 따라서 이런 환자들은 치료의 실제적인 효과와는 관계없이, 물건처럼 취급받거나 심리적 니즈에 대한 만족을 얻지 못하면 불평한다.

TV와 영화관의 비교 사례 또한 소비자의 니즈에 대한 마케터들의 그릇된 인식을 잘 보여준다.

TV의 발명과 함께 많은 사람은 기존의 영화 관객들이 TV를 시청하면, 이제 영화관은 문을 닫게 되리라고 예상했다. 이 두 가지 영상 매체가 똑같은 니즈를 만족시킨다고 생각했던 것이다. 그러나 영화관이 계속해서 번성하는 것에서도 알 수 있듯이, 그렇게 되지는 않았다. 두 매체가 모두 영상과 음향을 제공하지만, TV 시청은 개인적인 경험인 데 반하여 영화관에 가는 것은 사회적인 경험이라는 차이점이 있다.

당시 영화의 관객은 일반적으로 젊은이들이었고, 그들 대부분이 미혼이었다. 영화는 그들에게 교우와 이성에 대한 니즈를 충족해주었다. 사람들은 함께 영화를 보러 가서 데이트를 하거나, 친구들과 즐거운 시간을 보낸다. 또한 영화관은 TV와 달리 선명하고 박진감 넘치는 화면과 특별한 음향효과를 이용하여 자극에 대한 니즈를 충족시켜준다. 그러므로 영화관과 TV는 각기 다른 니즈와 연관된다. 그러나 만약 이런 니즈를 인식하지 못한 채 영화관의 관람실과 화면의 크기를 줄이고 관객을 제한하는 등의 조치를 실시한다면, 점점 더 많은 젊은이가 영화관 대신 쇼핑몰이나 그 밖의 편안한 장소를 찾아갈 것이다.

소비재에 대한 니즈의 분석

당신의 제품이나 브랜드, 서비스는 구매자의 어떤 니즈를 정확하게 채워주는가? 눈에 보이는 것이나 기존의 상식에 만족하지 말고, 더 깊이 있고 신중하게 생각해보라. 그리고 소비자들이 상품을 사용할 때, 실제로 나타나는 행동을 연구하라. 언제, 어디서, 누구와 함께 사용하는가? 왜 다른 것 대신 이것을 사용하는가? 현재 그들에게 충족되는 니즈들을 발견하면, 자신의 언어로 한번 열거해보라. 그런 다음 그중에 어떤 니즈가 가장 중요한지 파악하라.

그 후에는 경쟁자를 한번 살펴보라. 당신과 동종 업계에 속해 있지 않아도, 같은 니즈를 채워주는 상품을 제공한다면 누구라도 당신의 경쟁자이다!

이제 시장 전체를 살펴보고, 공통된 니즈별로 시장을 세분화하라. 어떤 세그먼트를 타깃으로 할 것인가? 다른 경쟁자들은 어떤 세그먼트를 차지하고 있는가? 이 시점에 이르러서야 비로소 당신은 소비자의 니즈를 최대한 만족시킬 수 있는 제품 및 서비스, 프로모션, 유통, 가격 책정 등을 제대로 실현할 수 있을 것이다.

1. 소비재를 시장에 성공적으로 판매하려면, 마케터는 제일 먼저 소비자의 니즈를
   분류하는 일부터 시작해야 한다.

2. 소비자의 니즈에 수직적으로 접근해보면, 5개의 니즈 카테고리로 되어 있다.
   ① 생리적 니즈 → ② 안전에 대한 니즈 → ③ 사회적 니즈 → ④ 위신, 자존, 지위
   에 대한 니즈 → ⑤ 자아실현의 니즈 순으로 계단식 구조로 이루어져 있다.

3. 수직적 니즈 카테고리에서는 하위 단계의 니즈가 충족된 다음에야 비로소 상위
   단계의 니즈를 충족시키고자 한다. 또한 하위 니즈에 불만족이 생기면 상위 니즈
   를 충족시키려는 시도를 그만두고, 보다 근본적인 니즈를 충족시키기 위해 다시
   아래의 단계로 내려온다.

4. 소비자들에게 자아실현의 니즈를 충족시키려고 할 때에는 개성이 넘치고 특별함
   을 제공할 수 있는 엄선된 매체와 전문점을 대상으로 해서, 매스 마케팅보다는 타
   깃 마케팅을 사용하고, 내재적 가치에 초점을 맞춘 제품 포지셔닝과 가격 책정 등
   을 고려해야 한다.

5. 소비자의 니즈에 수평적으로 접근해보면, 모두 15개의 니즈 카테고리로 되어
   있다. 그것은 성취, 독립, 과시, 인정, 지배, 소속, 양육/양성, 의존, 성욕, 자극, 기
   분 전환, 새로움, 이해, 일관성, 보안의 니즈이다.

6. 눈에 보이는 것이나 기존의 상식에 얽매이지 말고, 좀 더 신중하게 소비자들의 니
   즈를 파악한 후, 그들의 니즈에 맞게 마케팅하라.

2

소비자 안에 잠자고 있는 동기를 깨워라

MOTIVES:
Silent, Invisible
Engines of Desire

오전 9시쯤 바텐더가 영업을 시작하려고 가게의 문을 열 때였다. 단정한 옷차림의 나이
든 신사가 가게 안으로 들어가기 위해 기다리고 서 있었다. 문을 열자마자 그 신사는 급히
보드카 한 잔을 주문했다. '아침부터?' 어리둥절했지만 바텐더는 그의 주문을 받았다. 그
런데 그 이상한 신사는 주머니에서 하얀 손수건을 꺼내어 집게손가락 주위를 감싼 후 보
드카에 담갔다가, 그것으로 넥타이에 묻은 작은 얼룩들을 지우기 시작했다.
위의 사례처럼 소비자의 구매 동기를 예측하는 것은 결코 쉬운 일이 아니다.

한마디로 소비자의 구매 동기는 어떤 제품이나 서비스를 체득하려는 충동이다. 그렇기 때문에 시장에서 일어나는 소비자의 행동과 직접적으로 관련이 있다. '니즈'가 구매 행동을 싹 틔우는 토양이라면, '동기'는 싹 그 자체이다. 니즈는 며칠이나 몇 달, 심지어는 몇 년 동안 잠복 중일 수 있지만, 일단 그 니즈를 충족하고 싶은 충동을 느끼면 행동으로 옮기려는 동기가 생긴다. 니즈가 '열(熱)'이라면, 동기는 행동이라는 불을 점화시키는 '스파크'라고 할 수 있다.

진짜 모르는 경우와 말하지 않는 경우

모든 마케터는 무엇이 사람들로 하여금 상품을 구매하도록 동기를 유발시키는지 알고 싶어 한다. 어떤 동기가 구매 결정을 유도하는지 안다면, 잠재구매자들에게 그러한 동기를 주입하거나 강화시키는 마케팅 프로그램을 만들어낼 수 있기 때문이다. 그렇다면 소비자들에게 직접 그들의 동기가 무엇인지 물어보면 될 것 아닌가? 그러나 문제는 그리 간단하지 않다. 대부분의 사람은 자신의 구매 동기가 무엇인지 정확히 모르며, 알고 있는 경우에도 말하려고 들지 않는다.

잠재의식 속에 존재하는 동기와 욕망

오스트리아의 정신분석학자 지크문트 프로이트(Sigmund Freud)는 우리의 정신활동 중 많은 부분이 보이지 않는 잠재의식 속에서 일어난다는 개념을 확립했다. 그는 잠재의식을 어두운 욕망, 감추어진 충동, 묻혀진 감정의 저장소로 보았다. 그는 이런 모든 것이 성적이거나 병적인 것에 기반한다고 믿었다. 프로이트에 따르면, 이런 침침한 지하 풍경의 모습은 절대로 뚜렷하게 볼 수 없고, 때때로 꿈속에서나 엿볼 수 있다고 한다. 그는 그것이 보이지는 않지만 잠재의식 안에 되새겨지다가, 때때로 표면을 뚫고나와서 상징적인 행동이나 대리활동 등의 형태로 위장하여 드러나기도 한다고 말했다.

이와 같은 생각은 프로이트학파 심리학자들과 마케터들로 하여금 잠재의식 안에 존재하는 동기를 탐색하는 방법을 고안하도록 유도했다. 그들은 사람들의 의도하지 않은 우연한 행위들을 해석함으로써, 잠재의식에서 발생하는 상징적인 이미지와 활동의 의미를 이해하려고 했다. 그러나 그들은 모든 행동을 성적이거나 공격적인 동기로 좁혀서 해석했다.

60년쯤 전에는 동기 유발에 대한 프로이트적 이론이 대세였지만,

오늘날 대부분의 심리학자들은 그로부터 상당히 탈피했다. 거의 모두가 잠재의식의 존재는 받아들이지만, 그중 많은 학자가 동기 유발이 오로지 성적 또는 공격적 성향에 기반을 둔다는 개념에 대해서는 거부하는 편이다. 현대의 마케터들은 다양한 동기와 욕망을 포함시키기 위해서 잠재적 동기 유발 요소의 범위를 넓히고 있다. 그들은 성적, 공격적 동기를 부인하지는 않지만, 이것들은 단지 전체의 한 부분으로만 작용한다고 본다.

핵심은 동기 유발에 대한 프로이트의 이론이 남긴 것이 소비자의 동기가 대개 잠재의식적이라는 점이다. 다시 말해서 시장에서 소비자가 하는 행동은 스스로도 왜 하는지 정확히 모른다는 것이다. 그러므로 사람들에게 왜 어떤 특정한 구매를 했는지 질문하면, 정확히 대답하지 못하는 경우가 많다. 이는 소비자가 자신이 왜 구매했는지 알면서도 진짜 이유를 말하기 싫어서일 수 있지만, 많은 경우 자신의 동기가 무엇인지 정말로 몰라서 대답하지 못한다. 그러므로 소비자의 동기 유발에 대해 알기 위해서는 간접적인 증거를 바탕으로 동기를 추정해야 한다.

다행히도 우리에게는 숨겨진 구매 동기를 알아내는 효과적인 도구와 기법이 있다. 다음에 다룰 것이 바로 이와 관련된 내용이다.

사회적으로 용인되는 답변

모든 사람은 무엇이 사회적으로 용납되고, 용납되지 않는지 잘 알고 있다. 우리는 어려서부터 사회의 금기와 금지된 것들을 배워왔기 때문이다. 따라서 '좋은' 사람이라면 무엇을 원하고 행하며 소유해야 하는지 잘 안다. 존중받을 만한 사람이 되는 것은 우리 모두에게 대단히 중요한 일이다. 자신이 보기에도 그래야 하지만, 다른 사람들의 눈에도 잘 보여야 한다. 그렇게 되기 위해서는 자신이 속한 문화가 지시하는 대로 따르거나, 적어도 따르는 척이라도 해야 한다.

그렇다면 좋은 사람이란 과연 어떤 모습일까? 우리 사회에서 착하고 고귀한 남자와 여자에 대한 총괄적인 개념은 무엇인가? 겸손해야 하는가, 아니면 잘난 척을 해야 하는가? 자신에 대해 절제해야 하는가, 아니면 관대해야 하는가? 자기희생적이어야 하는가, 아니면 이기주의적이어야 하는가? 독립적이어야 하는가, 아니면 의존적이어야 하는가? 진지해야 하는가, 아니면 경박해야 하는가? 부지런해야 하는가, 아니면 게을러야 하는가? 바보라도 이런 질문들에는 정답을 말할 수 있을 것이다! 그러나 솔직히 사람들이 정말로 그러한가? 겸손, 절제, 희생, 독립성, 헌신, 근면 등이 규범이기는 하지만, 성인(聖人)이라도 항상 그에 맞추어 살 수는 없다. 그럼에도 불구하고 우리는 사회적으로 고상한 동기들을 가지고 있는 것처럼 보이고 싶어 한다. 우리가 그런 사실을 인식하지 못하고 있을 때조차 그러하다.

심리학자들이 '다원적 무지(pluralistic ignorance)'라고 부르는 이 이상한 현상은 특히 '동기'에 대한 연구에서 많이 나타난다. 다원적 무지란 모두가 사회적 규범을 잘 따르는 것처럼 보이기 때문에, 아무도 자신이 거기에서 벗어난다는 사실을 인정하고 싶어 하지 않는 현상을 말한다. 사실 모든 사람이 규범에서 벗어나 있지만, 각 개인은 자신만이

외톨이라고 생각하기 때문에, 누군가가 손가락으로 가리키며 "임금님은 발가벗었대요!"라고 말해도 그 사실을 무시하고 계속해서 임금님의 멋진 옷을 칭찬하기에 바쁘다. 이러한 현상이 바로 다원적 무지이다.

이처럼 소비자들은 자신의 동기를 잘 알면서도 진짜 동기를 말하지 않으려고 할 때가 있다. 그것은 다른 사람의 동기가 자기의 것보다 더 고상하다고 믿기 때문이다. 그들은 세상에서 자신만이 '용인될 수 없는' 이유 때문에 제품을 원하는 사람이라고 생각한다.

몇 년 전, 마케팅 과목을 수강하는 제자 한 사람이 어린아이를 둔 엄마들을 대상으로 설문조사를 실시했다. 학생은 엄마들이 왜 특정한 종류의 쿠키를 자녀에게 사주는지 그 이유를 알아내려고 했다. 더 구체적으로 말하자면, 쿠키의 영양학적 가치가 엄마들에게 얼마나 중요한지를 알고 싶었던 것이다. 이 순진한 학생은 엄마들에게 직접 이에 관해 물었고, 거의 모든 엄마가 쿠키의 영양학적 가치가 구매 결정에 대단히 중요하다고 대답했다.

그러나 그중에 용감한 엄마가 한 명 있었으니, 그녀는 웃으면서 학생의 눈을 쳐다보며 임금님은 발가벗었다는 식으로 단언했다.

"쿠키는 아이들에게 주는 일종의 뇌물이에요. 아이가 쿠키를 좋아할수록 더욱더 효과적인 뇌물이 되는 거지요. 어차피 아이에게는 건강에 좋은 음식들만 먹이고 있으니까, 쿠키가 그다지 좋은 음식이 아닐지라도 몇 개 준다고 해서 크게 해가 된다고 생각하지 않아요. 그러니까 나는 쿠키를 고를 때 영양학적 가치 따위는 조금도 신경쓰지 않아요!"

이 용기 있는 엄마가 다른 대부분의 응답자보다 실제 구매자들의 생각을 잘 대변한다는 사실을 부인하기 힘들어지자, 학생은 그 프로젝트를 포기하고 말았지만 덕분에 많은 것을 깨달았다. 그러나 불행하게도 아직까지 똑똑한 수많은 마케터가 그 학생의 깨달음을 공유하지 못하고 있는 듯하다.

마케터들이 저지르는 가장 큰 실수는 소비자들의 선택 이유를 알아내기 위해 자신의 시장에 있는 소비자들을 대상으로 설문조사를 실시하는 것이다. 설문을 해서 이용할 만한 구매 동기를 발견하는 경우는 거의 없다. 그렇다고 해서 소비자의 구매 동기를 알아내는 것을 포기하라는 뜻은 아니다. 다만 간접적으로 알아내야 한다는 말이다.

소비자의 구매 동기는
간접적으로 측정하라

심리학자들은 환자의 동기를 측정하는 다양한 기법을 개발했다. 그중 상당수가 프로이트적인 '투사(projection)'의 개념이다. 투사란 한 인간의 소망, 욕망, 동기 등이 자신의 초자아(superego)나 양심에 거리낄 때, 이러한 충동을 다른 사람 또는 물건에 빗대는 경향을 말한다. 예를 들어 당신이 누군가를 미워하지만 자신이 미움으로 가득 찬 사람이라는 사실을 잠재의식 속에서 받아들일 수 없을 때, 이렇게 말할 것이다. "저

사람이 나를 미워해!" 이런 경우는 죄의식이나 부끄러움 같은 감정을 회피하기 위해서 자신의 미움을 다른 사람에게 투사한 것이다. 물론 이런 정신활동은 의식적인 생각의 수면 밑에 존재한다. 따라서 당신은 자신이 그런 행동을 하는지 모른다.

병원에서 환자들을 치료하기 위해 의식적인 활동을 통해서 잠재의식적 동기를 알아내는 기법들이 있는데, 그중 몇몇은 마케팅에서도 효과적으로 사용된다. 단어 연상, 문장 채우기, 그림 채우기, 심층 인터뷰 등이 바로 그것이다.

소비자는 자신의 감정을 투사한다

투사법은 구매 동기 연구에서 소비자가 자신의 동기와 욕망을 다른 사람에게 투사할 수 있도록 도와준다. 이렇게 함으로써 실험에 참여한 소비자들은 죄의식이나 수치심을 느끼지 않고, 자신의 생각을 있는 그대로 표현할 수 있다. "아무튼 이것은 내가 아닌 그녀의 어리석은 욕망이잖아?" 그러므로 그들이 의식적으로 말했든 무의식적으로 말했든 상관없이, 그들이 말한 것을 가감할 필요가 없다.

약 60년 전 인스턴트 커피를 처음 시장에 소개할 때, 마케터들은 빠르고 쉽게 준비할 수 있다는 장점을 부각시켰다. 즉 편리함으로 어필하려고 했다. 그러나 전통적인 원두 커피에 비해 확실한 장점이 있음에도 불구하고, 신제품에 대한 소비자들의 저항이 만만치 않았다. 그들에게 직접 물어보니, 인스턴트 커피를 거부하는 사람들 거의 모두가 인스턴트 커피의 맛이 싫다고 대답했다. 그러나 커피 제조업자들은 설문 결과를 이해할 수 없었다. 블라인드 테스트를 실시했을 때에는 대다수가 인스턴트 커피와 원두 커피의 맛을 구분하지 못했기 때문이다.

1950년에 드디어 메이슨 해어(Mason Haire) 교수가 인스턴트 커피를 거부하게 만드는 심리적 요인들을 분리시키는 방법을 고안했다. 해어 교수는 두 그룹의 주부들에게 한 가지만 빼고 다른 내용은 모두 동일한 쇼핑 리스트를 주었다. 그의 리스트는 다음과 같았다.

680g의 햄버거

식빵 2개

럼퍼드 베이킹파우더 1개

델몬트 복숭아 통조림 2개

감자 2kg

이런 리스트를 두 개 만들어 첫 번째 리스트에는 분쇄된 맥스웰 하우스(Maxwell House) 원두 커피를 포함시켰고, 두 번째 리스트에는 네스카페(Nescafe) 인스턴트 커피를 포함시켰다.

그리고 나서 주부들에게 주어진 리스트를 가지고 같이 쇼핑을 갈 사람에 대해 묘사해보라고 했다. 그런 후에 두 그룹의 결과를 비교했는데, 놀랍게도 그 차이는 엄청났다! 함께 쇼핑할 사람을 묘사한 다음의 문장들을 한번 읽어보라.

원두 커피를 쇼핑 리스트에 포함시킬 것 같은 구매자

검소하고 현실적인 여자

요리하기 좋아하는 여자

절약하고 분별력 있는 여자

인스턴트 커피를 쇼핑 리스트에 포함시킬 것 같은 구매자

늦잠을 잘 것 같은 여자

게으를 것 같은 여자

칠칠치 못해 보이는 여자

생각이 없을 것 같은 여자

앞을 내다볼 줄 모르는 여자

근본적으로 게으른 여자

되는 대로 하루하루를 살아가는 여자

아무렇게나 사는 여자

이 투사 연구의 결과는 구매자들이 가족을 돌보는 좋은 아내, 엄마, 주부가 되고 싶은 욕망 때문에 원두 커피를 사려는 동기가 생겼음을 암시한다. 이와 마찬가지의 이유로, 게으르고 아무 생각 없는 모습으로 보여지는 것이 두려워서 인스턴트 커피를 거부한 것이었다. 따라서 인스턴트 커피의 제조업체들은 편리함을 강조하는 것에서 벗어나, 적합성(appropriateness)에 대한 어필로 판매 전략을 변경했다. 활동적이고 계획성 있는 세심한 여자가 인스턴트 커피를 대접하고, 사회적으로도 그런

행위가 보상을 받는 모습을 보여주었던 것이다. 그 후 다시 조사를 실시한 결과 원두 커피의 이용자들은 '고루하게' 여겨지는 반면, 인스턴트 커피의 이용자들은 '긍정적'으로 인식되었다.

마케터들은 소비자의 주요 구매 동기를 중심으로 판매를 촉진할 수 있는 매력을 만들려고 노력한다. 어떤 제품이라도 보통은 광범위한 매력을 가지고 있다. 그러나 그중 꼭 들어맞는 하나를 찾을 때까지 여러 광고에 수많은 매력을 하나씩 시험해보는 것은 현실적인 대안이 되지 못한다. 그래서 광고인들은 다양한 매력을 주제로 시안을 만든 후, 광고 조사를 통해서 어떤 것이 가장 효과적인지 알아낸다. 그런데 어떤 광고가 제품을 제일 잘 사도록 동기를 유발할 것 같은지 응답자들에게 물어볼 때, 약간의 문제가 발생한다. 그 누구도 자신이 광고에 영향을 받는다는 사실을 인정하려고 들지 않는 것이다! 사람들은 광고 따위에 주의를 기울이지 않는다고 주장한다. 그들의 집 안을 둘러보면, 광고에 자주 나오는 유명 브랜드 용품들로 가득 차 있는데도 말이다. 이런 경우에는 간접적인 투사 기법을 이용하여 다양한 매력에 대한 그들의 잠재적인 반응이 드러나게 해야 한다.

각 응답자에게 평소에 잘 알고 지내며 동성이고 동갑인 데다가, 자신과 비슷한 배경과 라이프스타일을 가진 친구나 동료를 생각해보라고 한다. 그런 후 동기를 유발하는 다양한 구매 매력을 이용해 제작된 여러 편의 광고에 대해서 그 친구가 어떻게 반응할지 물어보라. 그러면 자신의 반응은 말하지 않아도 되고, 다른 사람을 대신해서 대답하는 것이므로 그다지 어려워하지 않는다.

사람들은 자신과 완전히 다르거나 가공의 인물보다는, 자신과 비슷한 사람에게 감정을 더 쉽게 투사할 수 있다. 게다가 자신이 아는 누군가를 대신해서 대답하기 때문에, 심적으로 어느 정도 확신을 가지고 답변할 수 있다. 그들은 자신이 아는 사람에 대해서 정통한 정보원인 것이다.

그러나 무엇보다 응답자와 비슷한 다른 사람을 찾아서 투사하는 가장 중요한 이유는 각 반응들을 인구통계학적 그룹으로 나누어 비교할 수 있기 때문이다.

소비자의 구매 동기를 이루는 요소들

소비자의 구매 동기를 찾아내기는 어렵지만, 그 구성 요소는 아주 단순하다. 이는 방향과 강도, 두 가지뿐이다. 그리고 구매 동기는 소비자가 무엇을 원하는지와 얼마나 원하는지, 이 두 가지를 결정한다. 성공적인 판매를 위해서는 우선 구매 동기가 다른 사람의 상품이 아닌 당신의 상품으로 향해야 한다. 그다음에는 사람들이 실제 행동으로 옮길 만큼 그 방향성이 강해야 한다. 돈, 시간, 노력 등의 관점에서 기꺼이 그 가격을 지불할 의사가 있어야 하는 것이다.

동기의 방향

소비자의 구체적인 동기의 방향이 당신의 제품이나 서비스, 브랜드,

매장에 맞추어져 있지 않다면, 그 동기는 판매로 연결되지 않는다. 그런 곤경에 빠진 마케터에게는 두 가지의 대안이 있다. 구매자의 동기를 유도하여 해당 상품에 초점을 맞추도록 하거나, 제품이나 서비스를 구매자의 동기에 맞추면 된다. 그리고 이 두 가지 방법을 모두 사용해도 무방하다.

스포츠카에 열광하는 사람이나 차의 성능을 중시하는 사람의 구매 동기는 폭스바겐(Volkswagen)에서 멀찌감치 떨어져 있을 것이다. 경제적 동기(확실), 내구성에 대한 동기(거의 확실), 편안함에 대한 동기(어느 정도는 확실), 디자인에 대한 동기(확실치 않음) 등은 가능하지만, 스피드와 파워에 대한 동기는 폭스바겐과 완전히 무관하다고 할 수 있다. 폭스바겐의 신형 모델인 VW 제타(VW Jetta)가 나오기 전까지는 그랬다.

폭스바겐은 유선형으로 디자인된 차체, 연료 분사식 엔진, 5단 변속 기어가 장착된 VW 제타를 출시함으로써 '성능'이라는 가장 중요한 동기에 제품을 맞추었다. 그런 후 성능에 대한 구매자의 동기를 자사의 신제품 쪽으로 이동시키는 작업을 했다. 새로운 이미지를 부각시키기 위해서 인쇄 매체와 방송 매체를 모두 동원하여 '압도적인 드라이브에 굴복하라!'라는 헤드 카피를 사용하고, 시험 주행을 유도했다. 또 매끈한 모습을 담은 사진이 실린 인쇄 광고에 '심장에 아드레날린을 퍼올린다'라는 카피를 게재하여, VW 제타는 스피드와 파워를 중시하는 고객들에게 어필했다.

동기의 강도

동기가 특정 제품이나 서비스에 직접적으로 초점이 맞추어져 있다고 해도, 그 강도가 행동으로 이어질 만큼 충분하지 못할 수도 있다. 즉 많은 잠재고객이 사고 싶은 마음은 있어도, 밖에까지 나가서 사거나 비용을 지불할 용의는 없을 수도 있다. 이런 경우에 구매 동기는 바른 방향을 향하고 있으므로, 마케터 입장에서 절반의 목적은 달성한 셈이다. 이때 마케터에게는 두 가지 선택이 주어진다. 소비자의 구매 동기를 강화시키거나, 가격을 내리는 것이다.

"배고프지 않으세요?" 이 단순한 질문이 버거킹(Burger King)에 엄청난 판매고를 안겨주었다. 요식업의 대표 주자로서 버거킹은 이미 많은 단골 고객을 확보한 상태이므로, 시장에 존재하는 음식 구매 동기 중 상당 부분이 버거킹으로 향해 있었다. 그러나 사람들은 음식에 관해서 다른 사람의 의견에 쉽게 휩쓸리는 경향이 있으므로, 버거킹은 잠재고객들의 구매 동기를 강화시킬 방법을 모색했다.

누구나 한 번쯤은 저녁에 집에서 휴식을 취하다가, 갑자기 시장기를 느껴본 적이 있을 것이다. 그때 냉장고 문을 열어볼 정도의 용의는 있지만, 벌떡 일어나서 옷을 챙겨 입고 밖에 나가서 먹을거리를 사올 정도의 강한 충동은 아닌 경우가 대부분이다.

바로 이럴 때, 밤늦게 TV 광고에서 맛있는 버거킹 제품과 문구, 음악이 반복되어 나오면서 보는 사람을 자극하는 질문인 "배고프지 않으세요?"가 끊임없이 이어진다면, 식욕을 발동하기에 충분하지 않겠는가? 시장기를 자극하는 이 전략이 큰 성공을 거두자, 버거킹은 매장들이 밤늦게까지 영업해서 광고의 성공을 최대한 활용하게 했다.

구매자들의 욕구나 동기가 부족하다고 판단되면, 간편한 해결 방법을 택할 수도 있다. 즉 상품의 가격을 내리는 것이다. 프라이팬에서 뛰쳐나와 직접 가격 경쟁의 불구덩이 속으로 뛰어드는 것과 같은 셈이다. 그러나 불행하게도 이 방법은 일단 뛰어들고 나면, 불구덩이에서 다시 탈출하기가 대단히 어렵다. 그러므로 뛰어들기 전에, 구매자의 동기를 증가시킬 다른 방법은 없는지 반드시 살펴보는 것이 좋다.

소비자의 마음속에 잠자는 구매 동기를 일깨우는 방법

사람들은 자신의 니즈와 그것을 만족시켜줄 상품 사이에 직접적인 연결 고리를 발견했을 때, 구매할 동기를 가지게 된다. 구매자가 그 상품에 대한 직접적이며 개인적인 경험을 통해서 동기를 가지기도 하지만, 그보다는 마케터들이 구매 동기를 잠재구매자들의 마음속에 주입시키는 경우가 더 많다. 어떤 제품이나 브랜드, 서비스 등이 효과적으로 더 많은 니즈를 충족시킬수록 구매자의 동기도 그만큼 더 커지기 마련이다. 한편 구매자들은 니즈의 충족이나 목적의 달성을 위해서 상품의 잠재력을 알아보려고 한다. 이것은 의식의 밑바닥에서 일어나는 것이 아니라, 대단히 의식적이고 계획적인 과정이다. 그러므로 똑똑한 마케터라면, 상품이나 서비스에 대한 직접적인 경험과 프로모션을 통해서 소비자가 무엇을 가지게 될지 가르쳐줄 수 있어야 한다. 그뿐만 아니라 마케터는 잠재구매자들이 필요로 하는 니즈 자체를 그들에게 가르쳐줄 수 있어야 한다. 즉 동기가 잠재된 니즈를 일깨우고, 그 니즈가 주도적으로 반응할 수 있도록 해야 한다.

비용과 동기 간의 균형

구매자들은 얼마나 지불해서 무엇을 얻게 될지 면밀하게 관찰하면서, 의식적으로 동기를 평가한다. 다시 말해서 그들은 최소의 비용으로 최대의 이익을 얻기 위해 가격 대비 가치를 자세히 살핀다. 그러므로 가격을 내리거나 가치를 올리는 것 모두가 그들의 구매 동기에 동일한 영향을 미친다. 가격을 내리는 마케터도 잠재구매자의 동기를 강화시킬 수 있지만, 구매자에게 인식되는 가치를 증가시키는 마케터는 라이벌 회사들과의 전면적인 가격 경쟁에 뛰어들지 않고서도 목적을 달성할 수 있다. 다음의 노드스트롬 백화점(Nordstrom, Inc.)의 사례가 바로 그러하다.

노드스트롬 백화점은 1974년부터 1984년까지 10년간 엄청난 매출 향상을 기록했다. 대부분의 이익은 점포 확장으로부터 나왔고, 앞으로도 확장은 이어질 전망이다. 그러나 이것이 전부가 아니다. 노드스트롬의 1제곱피트당 평균 매출은 다른 백화점의 2배 수준이다.

노드스트롬의 성공 공식은 내부 승진과, 판매원들에게 높은 급여를 지불하는 전략에 기반을 둔다. 사실상 아주 특별한 경우를 제외하고 모든 직원이 판매원으로 첫발을 내딛었고, 그중 상당수가 계속해서 세일즈 쪽으로 경력을 쌓아나갔다. 이러한 정책을 꾸준히 추진한 결과, 노드스트롬에서는 고객에 대한 최상의 서비스라는 훌륭한 성과물이 나올 수 있었다.

어떤 소매상들은 제대로 인식하지 못하고 있을지도 모르지만, 소매영업은 상품을 파는 것이 아니라 서비스를 파는 것이다. 상점에서 벌어들인 매출액 중에서 '제품'이 차지하는 부분은 그 제품의 생산자에게로 가고 나머지가 상점의 몫인데, 그것은 서비스를 제공함으로써 나온다. 노드스트롬은 대부분의 다른 소매점에 비해 엄청난 마진을 창출했다. 다른 백화점들과 달리 엄청난 양의 서비스를 제공했던 것이다. 노드스트롬의 고객들은 자신이 받은 서비스만큼 비용을 지불했다. 그리고 자신이 지불한 것만큼, 때로는 그 이상의 서비스를 받았다. 그래서 그들은 노드스트롬의 단골이 되었다.

제대로 한다면, 가격을 인하하는 정책도 상품이나 서비스의 가치를 올리는 전략만큼 성공적일 수 있다. 창고형 할인점들은 커다랗고 황량한 상점 안에 엄청난 양의 상품들을 쌓아놓고 영업한다. 그 상점들의 전략은 하나밖에 없다. 바로 박리다매이다. 그곳을 이용하는 소비자들은 소매점이 제공하는 것과 똑같은 서비스를 받을 수 없음을 알고, 또 그것을 기대하지도 않는다. 이런 전략이 고마진, 고서비스 공식만큼 잘 먹혀드는 이유는 소비자들이 가격 대비 품질에 대해 긍정적으로 인식하기 때문이다. 특별한 서비스를 받지는 못하지만 서비스에 돈을 지불하지 않으므로, 소비자의 구매 동기와 단골 고객이 되려는 동기가 여전히 유지되는 것이다.

의식적 동기와 잠재의식적 동기를 모두 추구하라

이제 어떤 동기는 의식적이고 직접적인 데 반하여, 어떤 동기는 무의식적이라는 사실을 명확히 이해했을 것이다. 그렇다면 그중 어떤 것이 당신의 제품이나 서비스에 대한 소비자의 수요를 증가시키는 데 도움이 될까? 정답은 '둘 다'이다. 성공하는 훌륭한 마케팅은 의식의 수면 위와 밑에 있는 구매 동기를 모두 촉발시킨다. 물론 의식적이거나 무의식적인 동기 하나만 적용되는 상황도 있지만, 그런 일은 매우 드물다. 둘 중 한 가지 동기에만 어필하려는 시도는 한쪽 다리로만 걸으려는 부적절한 판단이 될 수도 있다.

평범한 제품을 담당하는 마케터들은 대개 그러한 제품을 구매하는 동기 역시 평범하고 일상적이며, 아주 흔하고 의식적일 것이라고 생각한다. 그러나 실상은 그렇지 않다. 가끔씩 평범하고 실용적인 제품도 의식의 수면 밑에 있는 이미지를 불러내고, 잠재의식적인 동기를 자극하는 경우가 있다. 그렇게 되면 그 제품은 속해 있던 무리에서 빠져나오게 된다. 한참 시간이 지나고 나서 보면 좋은 마케팅 아이디어였음이 확실하지만, 그 당시에는 그리 명백해 보이지 않았을 것이다. 당시에 그렇게 확실했다면, 왜 다른 누군가가 먼저 시도하지 않았겠는가?

구두 굽보다 더 평범하고 지루한 제품을 생각해낼 수 있을까? 어떻게 그런 제품이 소비자의 잠재의식적 동기와 욕망을 일깨울 수 있다는 말인가? 이는 불가능한 일이다. 캣츠 포(Cat's Paw)의 신발이 나오기 전까지는 그랬다. 뒷굽에 고양이 발이 새겨진 자그맣고 하얀 고무판과 함께 이 브랜드명은 소비자들의 마음속에 강한 동물의 이미지를 불러일으켰다. 날렵함, 파워, 우아함 등의 이미지는 캣츠 포를 신은 사람이 좀 더 위풍당당하게 걸을 수 있도록 해주었다. 소비자들은 이러한 이미지를 생각하는 것만으로도 더 빠르고 힘차게 걷게 되었다. 이렇게 작은 상징 하나가 수백 마디의 광고 카피보다 더 많은 것을 말해준다. 잠재의식적 언어는 단어가 아닌 '상징'이며, 논리가 아닌 '이미지'이기 때문이다.

캣츠 포의 굽과 동일한 동기부여 원리가 자동차 타이어에 적용되기까지는 제법 오랜 시간이 걸렸다. 물론 번쩍이는 화이트월(whitewall) 타이어로 치장할 수도 있을 것이다. 그러나 거기에는 분명 한계가 있다. 그렇지 않은가? 타이어가 과연 신분의 상징이 될 수 있을까? 타이어가 속도와 힘과 조절의 이미지를 환기시킬 수 있을까? 의식보다 잠재의식에 동기를 부여하는 방식으로 조금 더 차별화된 디자인을 내놓거나, 양각으로 흰색 마크를 새겨넣거나, 집중적으로 광고를 하면, 더 많은 타이어를 팔 수 있을 것이다.

과연 '토니 더 타이거(Tony the Tiger)'를 모르는 사람이 있을까? 켈로그(Kellogg's)가 프로스티드 플레이크(Frosted Flakes) 시리얼을 소개했을 때, 토니라는 이름을 가진 호랑이는 고속도로에서 아침 식사 식탁까지 단숨에 달려왔다. 그렇게 토니는 유명해졌고, 어린이들의 침대에 놓이는 인형으로 사랑받게 되었다. 호랑이 토니가 나온지 50여 년이 훌쩍 지났지만, 여전히 장난감 가게의 진열대에서 그것을 볼 수 있다. 잠재의식적 동기에 대한 어필은 동물 이미지에 한정되지 않는다. 창조적 상상력의 한계에 국한될 뿐이다.

어떤 소비재는 의식적 동기와 잠재의식적 동기가 상충할 때가 있다. 이런 상황에서 마케터는 부정적인 동기를 일깨우지 않도록 매우 조심하면서, 동시에 긍정적인 욕구에 어필하도록 노력해야 한다. 긍정적인 동기와 부정적인 동기 모두를 자극하는 마케팅 프로그램은 혼란만 가중시킬 뿐이다. 다음에 나오는 예를 보면서, 잠재의식적으로 거부감을 가지는 제품(예를 들어 변비약)에 대해 3명의 마케터가 의식적 구매 동기와 잠재의식적 구매 동기를 각각 얼마나 달리 다루고 있는지 살펴보도록 하자.

변비약 세루탄(Serutan)은 천연 섬유질 함유 제품으로 많이 광고되었다. 사실 'Serutan'이라는 브랜드명은 'natures'의 철자를 거꾸로 쓴 것이다. 또한 '40대 이상을 위한 제품'으로도 광고되어, 나이 든 이미지를 가지게 되었다. 그러나 합법적으로 술을 마실 수 있는 나이가 되었을 때를 제외하면, 그 누구도 인생에서 어떤 시점에 이르렀다는 것을 상기하고 싶어 하지 않는다. 이런 마케팅 전략 때문에 소비자들은 세루탄에 대해 '천연'이라는 의식적이고 긍정적인 동기와, '나이 듦'이라는 잠재의식적이고 부정적인 동기를 모두 가지게 되었다.

동일한 카테고리에 속하는 변비약 메타뮤실(Metamucil)은 의료 제품의 이미지를 내세우며 소비자 시장에 접근했다. 이 회사 역시 천연 섬유질이 함유되었다고 강조하여 팔았지만 브랜드명, 포장, 유통망 모두가 병과 약에 대한 이미지를 불러일으켰다.

마지막으로, 기본적으로 같은 제품 카테고리에 속하는 변비약 파이버올(FiberAll)은 내용물이 100퍼센트 천연 섬유질임을 표현하는 이름을 사용했고, 특히 무설탕 제품이라고 강조했다. 파이버올은 나이가 들었다거나 병에 걸렸다는 부정적인 잠재의식적 이미지를 일깨우지 않기 위해서, 약이라기보다는 자연 그대로의 음식에 가깝다는 주제로 TV 광고를 하면서 소비자 시장에 접근했다.

소비자가 받아들일 수 있는 구매 동기를 제공하라

대부분의 소비자는 문화적 규범과 사회적 규범, 자신이 가지고 있는 이미지에 의해 억압된 동기와 욕구를 가진다.

만약 전형적인 소비자의 마음속을 들여다볼 수 있다면, 우리는 최고의 미식축구 게임을 구경하는 관중과 같은 입장이 될 것이다. 좌측에 심리적 동기가 있고, 우측에도 그런 동기가 있다. 화려한 색상의 유니폼 차림을 한 자유로운 분위기의 팀은 위아래로 뛰어오르며 "하자! 하자! 하자!"라고 요란하게 구호를 외친다. 반면, 방탄조끼에 세로로 가느다란 줄무늬가 있는 정장을 걸치고 질서정연하게 서 있는 조심스러운 상대 팀은 명령조로 일제히 "멈춰! 멈춰! 멈춰!"라고 구호를 외친다. 그러나 이 게임에서 진짜 기이한 사실은 그들이 모두 홈팀이라는 점이다!

마케팅 기법의 장점은 호의적인 구매 동기를 억압에서 풀어준다는 것이다. 혹은 최소한 잠재구매자에게 그러한 욕구가 가치 있고 정당하다고 설득하는 역할을 한다. 그러므로 소비자 마케팅은 동기와 욕구를 주입시키는 작업이라기보다는, 이미 존재하는 강한 충동을 억압에서 해방시키는 작업이라고 할 수 있다. 다음에 나오는 콜라겐(Collagen Corp.)의 이야기가 대표적인 예이다.

과연 몇 명이나 돈을 지불하고서 주름 제거를 위해 피부 밑에 소의 지방을 주사 맞으려고 할까?

정답: 수백만 명

소의 지방을 주사로 주입하다니 정말로 공포스러운 일이 아닌가? 콜라겐 사가 초창기에 맞닥뜨렸던 판매의 어려움을 생각해보라. 그러나 콜라겐 사의 마케팅 팀은 뛰어난 전략 수립과 실행으로 성공을 이끌어냈다. 그리고 모든 정황을 살펴볼 때, 그들의 성공은 계속될 듯하다.

이 회사는 초창기에 이중고를 겪었다. 의사와 환자 모두를 설득시켜야 했기 때문이다. 수년간 계속된 임상 실험이 끝난 후 드디어 콜라겐 사는 의료업계에 송아지의 피부에서 추출한 소프트 젤인 자이덤(Zyderm)의 사용법을 교육하고, 제품을 판매하는 데 350만 달러를 쏟아부었다. 그리고 치료 기능 없이 순전히 미용 목적만을 만족시키는 새로운 물질의 사용을 주저하는 그룹에게는 전문가적인 이미지로 접근을 시도하여 성공을 거두었다.

그러나 다음 단계는 더욱 힘들었다. 일반의나 가정의학의가 아니라, 피부 전문의와 성형 전문의만 다룰 수 있는 제품에 대한 소비자의 수요를 만들어내는 일이 매우 힘들었던 것이다. 의사를 통해 환자에게 이런 종류의 제품을 판매하는 것은 지금까지 유례가 없던 일이었다.

마진이 80퍼센트가 넘는 자이덤 콜라겐 치료에 대한 소비자의 수요는 비관적이었다. 그러나 콜라겐 사는 포기하지 않고, 다음과 같이 5개의 타깃 그룹으로 소비자를 분류했다. 즉 지위 추구형 그룹, 직업전선에 뛰어든 나이가 있는 여자 그룹, 미용 전문가 그룹, 연예인 등의 공인 그룹, 피부질환으로 생긴 흉터가 있는 그룹으로 나누었다. 그리고 35세에서 54세에 이르는 여자들 중 연간 수입이 2만 5천 달러 이상인 사람들의 시선을 잡기 위해, 수백만 달러의 비용을 들여서 『타운 앤드 컨트리 *Town & Country*』와 『보그 *Vogue*』 같은 고급 잡지에 광고를 했다. 그 후에는 『우먼스 데이 *Woman's Day*』와 『레이디스 홈 저널 *Ladies' Home Journal*』 같은 잡지로 확대해나갔다.

이 회사의 사례에서 주목할 점은 부유하고 교육 수준이 높은 타깃 소비자들에게 정확한 동기를 일깨워준 마케팅 팀의 능력이다. 그들의 소비자 계층은 상당히 보수적인 경향이 있었기 때문이다. 소비자들은 자신이 늙어가고 주름이 생긴다는 사실을 인정하고 싶어 하지도 않는데, 하물며 어떻게 그런 사람들로 하여금 몇백, 몇천 달러나 외모를 위해 소비하라고 설득할 수 있겠는가?

대부분의 소비자는 조금 젊어 보이고 싶어서 수백 달러씩 쓰는 것이 경박스럽고 방종한 짓이라고 생각할 것이다. 그래서 콜라겐 사는 광고에서 '하룻밤 만에 젊어지는'이라는 경박한 이미지를 탈피하여 '이 제품이 불완전한 피부를 다듬어줄 수 있습니다. 젊어 보이는 것은 몰라도, 확실히 좋아 보일 수는 있습니다'라고 주장했다. 노화로 인한 주름을 방지하는 효과에 대해서는 이 제품의 사용을 사회적 지위의 상징으로 대치시키는 방법을 이용하여 더욱 간접적으로 접근했다. 활동적이고 부유하며 성공한 여성의 물건들이 놓인 화장대 위에 '그녀는 몇 개의 주름이 생길 만큼 성공했고, 그 주름을 어떻게 해야 하는지 알 만큼 현명했다'라는 헤드 카피를 붙였다. 그리고 이어서 '주름이 생겼다고 해서 반드시 주름진 얼굴로 다닐 필요는 없습니다'라고 확실하게 쐐기를 박았다.

커다랗고 번쩍거리는 차는 좋은 투자이자, 가족의 안전을 위한다는 점에서 용인되는 구매가 될 수 있다. 또 건강을 위해서 받는 것이라면, 마사지도 용인되는 구매가 될 수 있다. 비싼 고급 골프장 회원권이 사업에 도움이 된다면, 받아들일 수 있는 구매가 될 수 있다. 냉동 모카 타트(mocha tart: 모카가 들어 있는 작고 얇은 파이)를 사는 것이 책임감 있고 열심히 일하는 여성에 대한 보상이라면, 이것 역시 받아들일 수 있는 구매가 될 수 있다. 날씬한 몸매가 프로페셔널한 이미지에 필요하다면, 냉동 모카 타트 때문에 불어난 몸무게를 빼기 위해 지불하는 헬스클럽 회원비도 받아들일 수 있다.

이런 것들을 당신 자신에게도 해주어야 한다. 당신은 충분히 그럴 자격이 있으니까. 당신은 이런 것들이 필요하며, 당신 또한 그렇다고 생각할 것이다. 이와 같이 구매에는 그럴듯한 이유들이 있기 마련이다.

'당신은 이것이 필요하다. 왜냐하면 _____하기 때문이다.' 훌륭한 소비자 마케팅은 진짜 동기가 무엇이냐에 상관없이, 위의 빈칸을 구매자가 받아들일 수 있는 동기로 채워나갈 것이다.

1. 소비자의 구매 동기는 시장에서 일어나는 소비자의 행동과 직접적으로 관련이 있다.

2. 대부분의 사람은 자신의 구매 동기가 무엇인지 정확히 모르며, 알고 있는 경우에도 말하려고 들지 않는다.

3. 소비자들은 자신의 동기를 잘 알면서도 진짜 동기를 말하지 않으려고 할 때가 있다. 모두가 사회적 규범을 잘 따르는 것처럼 보여서, 아무도 자신이 거기에서 벗어난다는 사실을 인정하고 싶어 하지 않는 심리 현상인 '다원적 무지' 때문이다.

4. 소비자의 구매 동기는 간접적으로 측정하라. 특히 이 경우 투사법을 사용하면, 소비자는 죄의식이나 수치심을 느끼지 않고, 자신의 생각을 있는 그대로 표현할 수 있다.

5. 소비자의 구매 동기를 이루는 요소들
   ① 동기의 방향
   ② 동기의 강도

6. 똑똑한 마케터는 잠재구매자들에게 그들이 필요로 하는 니즈를 가르쳐줌으로써 구매 동기를 일깨운다. 상품이나 서비스에 대한 직접적인 경험과 프로모션은 구매 동기를 일깨워주는 주요 수단이다.

7. 가격을 내리는 것도 잠재구매자의 동기를 강화시킬 수 있지만, 구매자에게 인식되는 가치를 증가시키는 것은 라이벌 회사들과의 전면적인 가격 경쟁에 뛰어들지 않고서도 목적을 달성할 수 있는 좋은 방법이다.

8. 성공하는 훌륭한 마케팅은 의식의 수면 위와 밑에 있는 구매 동기를 모두 촉발시킨다.

3

소비자의 성격에 따라 마케팅 방법은 달라진다

PERSONALITY:
Concepts of I, Me,
and Mine

빌은 스포츠카를 몰고 다니는데, 밥은 스테이션왜건을 몬다. 제인은 홈드레스를 입지만, 조앤은 섹시한 옷을 즐겨 입는다. 존은 질레트 면도기로 면도하지만, 짐은 필립스 전기 면도기를 사용한다. 케빈은 테니스를 치지만, 켄은 스키를 즐긴다. 수지는 음식 만들기를 좋아하지만, 샐리는 패스트푸드만 먹는다. 앨리스와 앤디는 교외에 살지만, 앤과 아트는 고층 아파트에 산다. 테리는 오페라를 좋아하지만, 트루디는 록 음반을 수집한다. 릭은 담배를 피우고 술을 마시지만, 레이는 둘 다 하지 않는다.

이처럼 사람들이 구입하는 물건이나 서비스는 그들의 성격을 보여주기도 한다.

성격은 소비자가 인생을 살아가면서 일관되게 가지는 습관, 태도, 성질 등과 같은 영속적인 가치의 총합으로 이루어진다. 정상적인 개인의 성격은 겉으로는 그렇지 않아 보일지라도, 내적인 일관성이 있다. 또한 성격은 상당히 영속적인 특징이 있다. 한 사람의 일생 동안 성격은 그다지 많이 변하지 않는다. 누군가를 '안다'고 말하는 것은 그 사람의 성격적 특성을 잘 파악하고 있다는 뜻이다.

가치에 따라 소비자의 성격은 달라진다

가치란 좋은 것과 바라는 것에 대한 변함없는 신념을 말한다. 보통 어린 시절에 습득된 가치가 평생 유지된다. 가치는 인간이 인생에서 추구해야 할 목표의 수많은 가정과 결론을 통합한다. 또한 그러한 목표를 이루고, 중요한 니즈를 채우기 위한 개인적인 신념과 전략을 제시해주기도 한다.

소비자가 가지고 있는 가치는 하나씩 독립되어 있지 않고 군집해서
존재하며, 어떤 가치가 다른 가치보다 훨씬 더 우선시되기도 한다. 심
리학자들은 개인의 '가치 시스템'이나 '가치 구조'를 적용하기도 한다.
이것은 다른 여러 가치 간의 밀접한 관계를 뜻하며, 또한 어떤 가치가
다른 가치를 압도하기도 한다는 의미이다. 모든 사람이 동일한 가치를
공유한다고 해도, 실상은 각자 조금씩 다르게 받아들인다. 다시 말해
서 특정한 가치를 다른 가치보다 강조하는 사람이 있다. 그는 다른 형
태의 가치 시스템을 가지고 있는 사람들과 다른 목표를 추구하기도 하
며, 그 목표를 달성하는 전략과 동기도 모두 다르다.

여기에서 우리는 가치에 따라 소비자를 6가지 유형으로 나누고, 각
각의 소비자별 성격을 알아볼 것이다.

경제적인 소비자

경제적 가치를 가장 중시하는 사람은 실용주의자들이다. 이 사람들은
쓸모 있고 적용 가능한 것들에 관심이 많다. 또한 부의 축적과 물질적
인 것들도 대단히 중시한다. 이들은 지적인 사람들이 매우 중요하게
여기는 순수과학보다는 공학이나 기술에 더 관심이 많다. 그리고 미적
인 사람들이 추구하는 아름다움보다는 사치스러움을 추구한다. 물질
주의자들은 사회적인 사람들처럼 남을 돕고 베푼다거나, 정치적인 사
람들처럼 타인을 지배하려고 들기보다는, 물질적인 부의 축적 면에서
남들과 경쟁하려고 한다.

92

시장에서 물질주의자들은 논리적이고 실용적인 접근 방식에 긍정적으로 반응한다. 이들은 충동적이지 않으므로, 이것저것 섞어놓은 것에서 고르기보다는 잘 정리된 프로그램을 선호한다. 다음에서 실용주의자들에게 메릴린치(Merrill Lynch)가 어필하는 방식을 한번 살펴보자.

'미래에 대해 아무런 계획도 세워놓지 않았다면…….'

물론 당신은 미래에 대한 목표가 있을 겁니다. 집, 유럽 여행, 투자 포트폴리오. 그러나 계획 없는 목표는 이루어질 수 없는 꿈과 같습니다.

메릴린치의 '투자 카탈로그'는 전문가적 관점에서 당신의 재정 상태를 파악함으로써, 당신의 목표를 이룰 수 있는 방법을 알려드립니다. 금전 관리법에서부터 업무 단축 방법에 이르기까지 다양한 주제를 발견하실 수 있습니다. 현금 흐름과 순자산가치 측정을 위한 워크시트도 포함되어 있습니다.

위의 광고에서 보이는 메릴린치의 접근 방식은 금전 중심적이지만 동시에 실용적이며, 물질주의적인 소비자들의 가치에 꼭 맞게 정리되어 있다.

지적인 소비자

지적 가치를 가장 중시하는 소비자는 지식과 진실에 큰 관심을 가진다. 이런 소비자는 관찰, 경험, 추상적 개념 등에 주의를 기울인다. 지적인 타입은 대개 합리적이고 비판적인 사고를 하는 경향이 있다. 이들은 사람이나 사물들 간의 유사점과 차이점을 찾아내려고 한다. 또한 비교하고 대조하기를 좋아하며, 판단을 내릴 때 분석과 통합이라는 방법을 모두 사용한다. 그리고 이들은 구체적이고 유형적인 것보다는 추상적인 아이디어와 개념을 선호하는 경향을 보인다. 또 일반적으로 직관에 의한 통찰보다는, 합리적이고 연역적인 결론을 중요시한다. 이 사람들은 많은 양의 정보를 흡수한 후, 스스로 판단내리기를 선호한다.

존스턴 앤드 머피(Johnston & Murphy)의 구두 광고는 한 페이지에 가득히 한 켤레의 구두와 습도계, 구두골을 담은 사진 위에 35센티미터 길이의 칼럼난을 채우고도 남는 카피를 넘치도록 실었다. 그리고 광고의 헤드라인에는 '불량품이 생기지 않는'이라는 카피를 이용하여 '존스턴 앤드 머피의 법칙'을 언급했다.

이 광고는 구두를 만드는 165개의 단계 중 일부를 묘사하면서 자세히 설명한다. 약 3센티미터당 18개의 스티치가 들어가며, '스티치용 바늘은 과학이다'라고 언급하는 등 구구절절 계속해서 설명한다. 안창 및 바깥창과 특수 코르크를 만드는 방법, 겹치기, 가죽 벗기기, 멀링(mulling) 방법 등의 시기까지 8일이 걸리며, 여기까지가 10개의 단계이다.

사실 존스턴 앤드 머피의 구매자들이 구두를 만들 일은 없으므로, 이러한 기술 관련 정보는 필요 없을 것이다. 그러나 지적인 경향의 소비자들은 정보를 그 자체로 가치 있게 여긴다. 다른 성격 타입의 사람들에게는 좀 과할 수도 있겠지만, 스스로 분석하고 판단하기를 원하는 지적인 사람들에게는 그렇지 않다.

사회적인 소비자

사회적 가치를 가장 중시하는 소비자는 타인에 대한 사랑에 의해 동기가 유발된다. 이들은 경쟁하기를 좋아하지 않으며, 사람들 간의 직접적인 충돌을 싫어한다. 대개가 이타적인 이 그룹의 소비자들은 공감, 친절, 타인에 대한 동정 등을 특징으로 꼽을 수 있다. 이들은 다른 사람들의 행동이나 위치, 소유물 등에 따라 그들을 판단하지 않고, 그 사람들 자체로서 근본적으로 선하고 가치가 있다고 여긴다. 사람들 간의 협력이야말로 가장 소중하고 중요하며, 경쟁이나 남에게 영향력을 행사하려는 시도는 이런 타입의 사람들에게 대단히 부정적인 의미를 전달하게 된다.

'올스테이트(Allstate)와 함께 당신은 믿음직한 보호 안에 있습니다.' 양손을 오므려서 만든 컵 모양의 로고와 함께, 이 슬로건이 모든 것을 말해준다. 양육과 사회복지를 중시하는 소비자는 사람들을 보호하는 회사를 존경할 수밖에 없다. 자연재해가 발생한 현장으로 재해 보상 담당자가 달려가서 불쌍한 희생자들이 삶의 터전을 복구하는 것을 도와주는 모습을 보면, 대부분의 소비자는 강하게 호응한다. 그중에서도 사회적 가치를 중시하는 사람들은 더욱 그러하다. 그런 일이 자신에게 발생하리라고 생각하지는 않지만, 회사의 이런 선명한 이미지는 소비자들이 관계를 맺고 싶어 할 정도의 인간적인 모습으로 받아들여진다.

미적인 소비자

미적 가치를 강조하는 사람들은 자신의 인식과 경험이 조화를 이루는
데 초점을 맞춘다. 이들은 자신의 환경에 속한 물건들의 형태와 균형
에 관심을 가진다. 이런 소비자들은 미와 진실을 등가로 놓거나, 최고
점에 오른 감각적인 경험을 의식의 영적 고양과 혼동하기도 한다. 그
리고 정치 또는 종교기관의 화려한 의식 따위에 매혹될지는 몰라도,
그런 집단의 억압적이거나 독단적인 측면은 강하게 비판한다.

대부분의 자동차가 스피드, 파워, 핸들링, 기술력 등을 바탕으로 대
중에게 광고를 하는 반면에 포드의 링컨-머큐리(Lincoln-Mercury) 사업부
는 아름다움만을 강조하는 방향으로 나아갔다. 포드는 세계적인 디자이
너들을 고용하여 차의 외관과 내관을 디자인하게 했다. 그리고 고급 잡
지들에 그 디자이너들과 자동차의 사진, 내·외관 디자인의 장점들을
묘사하는 광고를 실었다. 광고 전체에서 기술적이거나 기계적인 것들에
대한 언급은 단 한마디도 없었다. 색상, 촉감, 라인, 형태에 대해서만 언
급했다. 모든 마케팅 전략에 아름다움 하나만을 이용했던 것이다.

정치적인 소비자

정치적 가치를 중요하게 여기는 소비자는 주로 '파워' 중심적이다. 이
것은 비단 정치적인 영역뿐만 아니라 어떠한 직업이나 사생활, 시장

등에서 행사되는 일반적인 의미의 파워와 영향력에도 적용된다. 경쟁과 투쟁을 지향하는 여러 분야의 리더들이 이러한 가치를 강조한다. 대단히 경쟁적인 투사로서 이들은 강압적이거나 타인의 사고와 믿음을 지배하려고 들지는 않지만, 다른 사람들을 지시하고 조종하며 영향력을 행사하는 능력 자체를 높이 산다. 파워를 중시하는 사람들은 자신의 의지로 상황을 통제하는 것을 즐기는 경향이 있다. 또한 이들은 자신의 의견이나 견해를 받아들이도록 다른 사람들을 설득하려고 한다. 이 그룹에서의 위치는 물질적인 부나 소유물의 아름다움보다는 신분에 의해서 정해진다. 그리고 부와 물질적인 풍족함은 그 자체보다는 신분을 상징한다는 측면에서 중시된다.

한 초등학교 교실에서 고개를 수그린 채 풀이 죽어 있는 한 아이를 제외하고, 모든 학생이 손을 높이 들고 대답하려고 기를 쓴다. 이 광고의 카피는 '당신은 항상 수많은 경쟁자 속에서 살아왔습니다. 이제 당신은 불공평한 강점을 가질 수 있습니다'이다.

이는 『포천Fortune』지에 실린 컴퓨터 광고인데, 사실 자녀용 컴퓨터를 판매하기 위해 부모들을 설득하는 것이 아니다. 그 대신에 무능했던 어린 시절에 대한 진땀나는 기억들을 떠올리게 한다. 이것은 경쟁에서 이기려는 강한 니즈를 가지고 있는 파워 중심적인 소비자들에게 특히 효과적이다. 그리고 서두에 '아무도 쉬울 것이라고 말하지 않았습니다'라고 시작하여 말미에는 '당신의 경쟁자들이 잠식해오고 있습니다. 이것이 공평한가요?'라고 물으면서, 이 광고는 극단적으로 세상을 경쟁적인 전투장처럼 그려낸다. 그러고 나서는 자사의 제품을 적을 섬멸하기 위한 무기로써 전투와 연관시킨다. 파워 중심적인 투쟁가들이 자신의 개인적인 방어를 위해서 이 제품을 원한다는데, 이상할 것이 있겠는가?

영적인 소비자

영적 가치를 강조하는 소비자는 종교적 혹은 철학적인 면에 특별한 관심을 가진다. 종교인이든 불가지론자이든 무신론자이든 간에, 이들은 인생의 초자연적이고 영적인 측면에 초점을 맞춘다. 또한 자신이 세상과 타인에 대해서 심오하고 본질적인 관계를 맺고 있다고 생각한다. 그리고 물질적인 것보다는 삶의 원동력 등에 더 큰 관심을 보인다.

소비자의 가치는 상당 부분 문화에 의해 결정된다. 우리는 부모님이 소중히 여기라고 가르쳐주신 것들뿐만 아니라, 우리의 문화가 소중히 여기라고 가르쳐준 것들도 중요하게 받아들인다. 이어서 사람들이 가지는 가치는 다시 자신의 성격에 영향을 미친다. 그러므로 어떤 사회에서는 특정한 타입의 성격을 가진 사람들이 더 많다. 예를 들어 미국은 순종보다는 개성에 더 큰 가치를 두지만, 일본의 문화는 정반대이다. 미국은 일본보다 개인주의적인 타입이 더 많은 반면, 일본은 미국보다 권위주의적인 성격을 가진 사람들이 더 많다.

앞서 살펴보았듯이 핵심 가치에 기반을 둔 성격 타입의 관점에서 가장 흔한 소비자 유형은 경제적(소유 중심), 정치적(파워 중심), 사회적(서비스 중심) 타입이다. 미적(아름다움 중심), 지적(지식 중심) 타입은 그보다 드문 편이고, 영적(종교 중심) 타입은 가장 찾아보기 힘들다. 결과적으로 특정한 타입에 적용되는 마케팅 전략이 다른 타입에 대한 것보다 훨씬 빈번하게 이루어진다.

소비자의 사회적 성격에 따라 마케팅하라

어떤 소비자는 구매를 결정할 때, 다른 사람들의 선택이나 의견에 과도하게 의존한다. 반면에 자신의 판단에만 거의 전적으로 의존하는 소비자도 있다. 시선을 자신의 내부로 향하거나, 또는 밖으로 다른 사람들을 향해 돌리는 경향을 소비자심리학자들은 '사회적 성격(social character)'이라고 부르며, '자기지향적(inner-directed) 소비자'와 '타인지향적(other-directed) 소비자'로 구분한다.

타깃 마켓 내에 존재하는 사람들의 사회적 성격은 다양한 마케팅 전략에 반응하는 방식에도 영향을 미친다. 타인지향적인 사람들은 동료나 동기의 태도와 행동에 더 민감해한다. 따라서 이들은 판매되는 상품이나 서비스의 사회적 수용도와 의미 등에 대해 더 많은 정보를 요구한다. 반면에 자기지향적인 사람들은 자신의 인식이나 판단에 더 많이 의존한다. 이 사람들은 제품 자체의 특성과 장점을 보고 판단하므로 더 많은 기술적인 정보, 즉 사려고 하는 제품의 물리적, 화학적 성질에 대한 데이터를 필요로 한다.

또한 소비자의 사회적 성격은 누가 광고에 출연해서 메시지를 전달할 것인지를 결정하는 데에도 도움을 준다. 제품을 사회적 상황에서

표 3-1. 사회적 성격에 어필하는 방법

제품/서비스	자기지향적 어필	타인지향적 어필
자동차	운전하는 스릴, 부드러운 핸들링, 높은 중고차 가격	자랑스럽게 타고 다닐 수 있는 차, 자신의 라이프스타일을 표현해주는 차
와인	수확 연도, 좋은 향기, 맑고 신선한 맛	특별한 순간에 가까운 친구들과 나눌 수 있는 와인
CD 플레이어	전 음역에 걸쳐 훌륭한 사운드의 재현, 기술적으로 월등한 디자인	'우아하고 매력적인 분위기를 만들기 위해 생기 있는 음악으로 방을 채우세요.'
백화점	훌륭한 서비스, 폭넓은 선택, 경쟁력 있는 가격, 편리한 위치와 시간대	알 만한 사람들은 모두 격찬하는 소문난 백화점
구강청정제	좋은 맛, 세균 박멸, 감기 예방	'이제 가까이 있는 사람에게 실례를 범하는 걱정을 하지 않으셔도 됩니다.'
레스토랑	세계적인 수준의 주방장, 별 5개짜리 등급, 옛날 시골 정원의 분위기	점심에는 상사와, 저녁에는 친구들과 어울릴 수 있는 즐거운 장소
다이아몬드 반지	색·커팅·투명도·캐럿에 의한 판단, 훌륭한 투자	'당신의 선물로 그녀가 놀라게 될지, 아니면 그녀의 모습에 그녀의 친구들이 더 놀라게 될지 알 수 없을 겁니다.'
컴퓨터	IBM 호환 가능, 2MB 메모리, 10MB 하드 디스크, 컬러 모니터, RS-232 인터페이스	'전 세계와 통신하고, 그래픽 컬러 프레젠테이션을 만들며, 멋진 음악을 만들 수도 있습니다. 당신은 이 모든 것을 할 수 있습니다.'
미용실	자신의 성격, 직업, 사회적 지위에 맞는 다양한 헤어스타일 선택	'당신이 그토록 감탄해왔던 품위 있는 여성들의 헤어스타일을 발견할 수 있는 곳입니다.'

보여준다거나 유명인의 추천을 이용하면, 타인지향적 소비자들로부터 좋은 반응을 얻어낼 수 있다. 반면에 자기지향적 소비자는 흰색 가운을 입은 의사나 유명한 운동선수 같은 전문가에 의해 제시되는 데이터에 더 잘 반응한다.

표 3-1은 여러 종류의 제품과 서비스를 자기지향적 소비자와 타인지향적 소비자에게 판매하기 위한 전형적인 어필 방법과 함께 열거해놓았다. 열거된 기술적 정보와 사회적 정보의 차이에 주목하기 바란다.

소비자의 대인관계 스타일 1

사회적 환경과 관련하여 소비자의 성격을 파악하는 또 다른 방법은 독일 태생으로 미국의 여성 정신분석학자인 카렌 호나이(Karen Horney)에 의해 제시되었다. 이에 대해 그녀는 각기 다른 3가지 대인관계 스타일로 구분했는데, 대중을 따르는 사람을 '순응형', 대중에 반하는 사람을 '공세형', 대중에 무관심한 사람을 '소외형'이라고 명명했다. 다음에 나오는 대강의 묘사가 말해주듯이 각 타입은 타인에 대해 각기 다른 태도를 가지며, 주변 사람들에게 명확하게 다른 행동 패턴을 보인다. 또한 사회적 구매 동기에 대한 반응 역시 매우 다르다.

순응형: 대중을 따라간다. 인습에 얽매이며, 순종적이다. 사회적 규범을 받아들인다. 타인의 시선에 민감하다. 경쟁보다는 협력을 선호

한다. 타인을 신용한다. 대인관계에서 충돌을 피한다. 사랑, 소속감을 중시한다.

공세형: 대중에 반한다. 인습에 얽매이지 않으며, 비순종적이다. 타인의 시선에 저항한다. 협력보다는 경쟁을 선호한다. 타인을 신용하지 않는다. 논쟁이나 사회적 충돌을 두려워하지 않는다. 파워, 지위, 위신을 중시한다.

소외형: 대중에 무관심하다. 반사회적이고, 자치적이다. 타인의 시선을 무시한다. 경쟁이나 협력보다는 독립을 선호한다. 타인에 대해 회의적이며, 사회적 충돌에 무관심하다. 고독과 분리를 중시한다.

마케터에게 '해야 할 것'을 아는 일보다 더 중요한 것이 있다면, 바로 '하지 말아야 할 것'을 아는 일이다. 각기 다른 대인관계 스타일을 가진 사람들을 대상으로 마케팅 전략을 만들어야 할 때에는 특히 그러하다. '모든 사람이 가지고 있습니다'와 같은 평범한 어필 방법의 경우, 순응형에게는 환영을 받겠지만, 소외형 소비자에게는 전혀 관심을 끌지 못할 것이다. 더욱이 공세형은 타인의 시선에 적극적으로 저항하므로, 순응형 어필 방법은 그들로 하여금 제품으로부터 완전히 멀어져버리게 하는 결과를 초래할 수 있다.

'승리', '최고의 자리에 오른', '당신이 누구인지 말해주는' 등의 지위와 위신에 어필하는 마케팅은 공세형 소비자의 관심을 이끄는 동시에, 순응형 소비자의 관심은 멀어지게 만든다. 한편 소외형 소비자 그룹은 이런 어필 방법에 아예 무관심할 것이다.

미국 문화는 개인주의를 매우 소중히 여긴다. 따라서 차별화나 독특함, 또는 개성의 발현에 근거한 어필이 모든 사람의 마음을 사로잡을 것이라는 느낌을 가질 수도 있다. 그러나 실상은 이와 다르며, 게다가 절충안도 없다. 소외형 소비자는 잘 반응할 수 있지만, 공세형은 그 어필을 무시할 수 있으며, 순응형은 그것에 적대적일 가능성이 있다.

3가지 유형의 소비자 그룹 모두를 대상으로 마케팅을 해야 하는 회사들은 2~3개의 브랜드를 출시하여, 각기 다른 대인관계 스타일의 소비자에게 마케팅하는 방법을 택할 필요가 있다. 제품의 물리적, 화학적 요인보다는 심리적 요인에 의해 브랜드의 차별화가 발생하는 제품인 경우에는 특히 그러하다. 물론 꼭 이것만이 다(多)브랜드 전략을 취해야 하는 이유는 아니지만 맥주, 남성용 화장품, 스포츠 용품, 자동차에 이르기까지 다브랜드 전략은 각각의 브랜드가 특정한 대인관계 스타일의 구매자에 알맞게 적용된다는 장점이 있다.

소비자의 대인관계 스타일 2

사회적 성격과 대인관계 스타일은 타인을 대하는 태도를 바탕으로 개인을 유형화한다. 즉 타인을 기준으로 판단하는지, 자신의 기준으로 판단하는지, 타인을 따라가는지, 그들에게 반하는지, 무관심한지 등등으로 구별된다. 또한 대인관계 스타일을 바탕으로 소비자의 성격을 3가지 타입으로 나누어볼 수도 있다. '감정'을 중시하는 사람이 있는가 하면, '행동'을 중시하는 사람이 있고, '소유'를 중시하는 사람도 있다.

감정 중시 타입: 감정 중심적이며, 과거에 초점을 맞추고, 관계와 계속성을 중시한다. 쾌락과 불편함을 주관적으로 해석하여 평가를 내리는 경향이 있다. 사회적 기여를 얼마나 했는지에 의해 타인을 판단하고, 감정적으로 얼마나 의미가 있는지에 따라서 물건의 가치를 평가한다.

행동 중시 타입: 행동 중심적이며, 미래에 초점을 맞추고, 과정을 이해하며 발전을 중시한다. 사물이 어떻게 작용하는가에 대한 역학관계를 바탕으로 평가를 내리는 경향이 있다. 활동이나 직업 등으로 타인을 판단하며, 기술적 우수성을 기준으로 물건의 가치를 평가한다.

소유 중시 타입: 소유 중심적이며, 현재에 초점을 맞추고, 차별성과 다양성을 중시한다. 상대적인 경제적 가치를 비교하여 평가를 내리는 경향이 있다. 부나 재산 등으로 타인을 판단하며, 금전적 혹은 교환적 가치를 기준으로 물건의 가치를 평가한다.

잠재고객의 대인관계 스타일을 파악하는 것은 특히 세일즈맨이 고객을 상대할 때 더욱 중요하다.

예를 들어 보험, 재무/투자 서비스, 자동차, 집 등을 판매하며 고객을 직접 상대할 기회가 많은 사람들이 그러하다. 이들이 고객의 스타일을 알아낼 수 있다면, 잠재고객의 대인관계 스타일에 맞추어서 프레젠테이션을 할 수 있을 것이다.

대인관계 스타일 알아내기

감정 중시 타입: 다른 사람들에 비해서 기분이나 감정을 잘 드러낸다. 이들은 거래에 대해 자신이 어떻게 느끼는지 말하고, 자신의 감정을 표현한다. 또 시간을 가지고 천천히 임하며, 세일즈맨의 감정 상태에 주의를 많이 기울인다.

행동 중시 타입: 단순히 소유하거나 소유물이 가지고 있는 의미에 대해서 말하기보다는 절차나 과정, 즉 주식 거래나 사는 집이나 자동차 운전 등에 관해서 이야기한다. 듣기보다는 말하기를 좋아해서 세일즈맨의 말을 가로막기도 하며, 대체로 일을 서두르는 편이다.

소유 중시 타입: 금전적인 면에서 얼마나 가치 있는지에 관심을 가진다. 사물의 원리나 의미보다는 물리적 상태에 더 큰 관심을 보인다. 응답이 느리며, 한 걸음 물러서서 연구하는 편이다.

타입별 세일즈 프레젠테이션 요령

앞서 살펴본 3가지 타입은 감정, 행동, 소유라는 각기 다른 세상에서 살고 있다. 그러므로 세일즈맨은 잠재고객과 동일한 사고의 맥락으로 들어가야 한다.

각 타입별 잠재구매자의 마음을 들여다보면서, 감정이입에 능한 세일즈맨이라면 어떤 반응을 보여야 할지 생각해보자.

잠재구매자의 감정적 세계: 이 제품이 정말로 마음에 든다. 이것은 나에게 힘든 결정이다. 제대로 선택할 수 있을지 걱정스럽다. 이 보험을 들면 안심이 될까? 우리 아이들이 이 차에 대해서 어떻게 생각할지 궁금하군. 당신은 어떤 집에서 살고 있지? 당신이 진정으로 판매를 성사시키고 싶어 한다는 것을 알기 때문에 실망시키고 싶지 않군. 내가 이것을 사기 위해서 얼마나 열심히 일해야 하는지 알까?

감정이입에 능한 세일즈맨의 반응: 정말 마음에 드실 겁니다! 보자마자 당신에게 딱 맞는 제품임을 알았습니다. 후회 없는 선택이 될 겁니다. 당신이 특별한 분이란 것을 알기에 옳은 선택을 하도록 도와드려야 한다고 생각합니다. 당신이 어떻게 생각하는지 알고 있습니다. 저도 이 제품에 대해서 당신의 생각과 같습니다.

잠재구매자의 기술적 세계: 전체적인 절차 및 과정에 대해서 간략히 말해보시오. 본론으로 들어가서 빨리 끝냅시다. 나는 시간이 없어요. 확실히 당신이 말한 대로 되는 건가요? 현금 가치가 얼마나 커질까요? 얼마나 가치가 오를까요?

감정이입에 능한 세일즈맨의 반응: 3가지 면으로 살펴보겠습니다. 이미 계획이 있습니다. 저희가 준비한 것을 여기에서 보실 수 있습니다. 오래 걸리지 않을 겁니다. 지금 바로 처리할 수 있습니다. 질문이 있으면 하십시오. 이것은 기술적으로 월등한 자동차입니다. 이 보험 상품은 고객님의 필요에 맞출 수 있습니다. 당신이 원하는 바에 따라 변동이 가능합니다.

잠재구매자의 물질적 세계: 정말로 이것을 가지고 싶다. 상당한 가치가 있어 보인다. 가격이 얼마지? 가격을 깎을 방법이 있을 거야. 5년 후에 얼마만큼의 가치가 있을지 궁금하군. 이 집은 아주 상태가 좋군. 연료 효율은 좋을까? 수리비는 얼마나 들까? 이 계약에서 당신이 받을 수수료가 얼마나 될지 알고 싶군.

감정이입에 능한 세일즈맨의 반응: 당신이 현재 가지고 있는 것들과 잘 어울릴 겁니다. 아주 좋은 것을 가지고 계시군요. 거기에다 이것을 더해보시지요. 비즈니스에 대해 잘 아시는군요. 이것은 아주 가치 있는 상품입니다. 잘 살피신 후 직접 평가해보세요. 가치를 알아보시겠지요? 당신에게 아주 좋은 투자가 될 겁니다. 이것을 소유했다는 자부심을 가지게 될 겁니다. 아무나 소유할 수는 없습니다. 이것과 똑같은 것은 전세계 어디에도 없습니다.

모든 소비자는 상품에 대한 감정적, 기술적, 물질적 측면에 어느 정도 관심을 가진다. 그중 잠재구매자에게 가장 우세한 측면을 발견해내고, 그에 따라 대화를 이끌어가는 세일즈맨은 남들보다 훨씬 더 효과적으로 일할 수 있을 것이다.

고통제 타입 소비자 vs 저통제 타입 소비자

지금까지 알아본 방법들은 소비자의 성격을 파악하는 수많은 방법 중 일부에 불과하다. 사실 소비자의 성격 유형은 그것을 연구하는 심리학자들의 수만큼이나 다양하다. 이렇게 서로 다른 특성과 유형들 중에서 특히 혁신적인 제품이나 서비스를 다루는 마케터들에게 유용한 특성이 있다. 이런 특성은 강도(rigidity), 통제(control)와 관련된다.

어떤 사람들은 통제력(자신에 대한 통제력, 타인에 대한 통제력, 주위를 둘러싼 사물들에 대한 통제력)을 유지하는 데 큰 관심을 가진다. 반면에 겉잡을 수 없을 정도만 아니라면, 있는 그대로 받아들이는 사람들도 있다. 여기에서 우리는 통제력을 많이 가지려는 사람을 고통제 타입, 그 반대를 저통제 타입이라고 부르겠다.

고통제 타입은 자신이 행하는 모든 것에 최소한 어느 정도라도 영향을 미치려고 한다. 고통제적 행동을 긍정적으로 바라보는 시각도 있지만, 상당 부분은 부정적으로 비치는 경향이 있다. 예를 들어 고통제적 사람들은 깔끔하고 깨끗하며, 잘 정돈되어 있고, 검소한 면이 있는 반면에 폐쇄적이고 독단적인 경향이 있다.

선도적 소비자와 후발 소비자

새로운 제품이나 서비스가 출시될 때마다 선도적 소비자에 의해 처음 수용되고, 후발 소비자가 맨 마지막에 수용하는 단계를 거친다. 어떤 창조적인 천재가 바퀴를 발명했을 때, 몇몇 용감한 사람들만 즉시 그 위에 올라탔을 것이고, 대다수는 물러서서 바퀴가 얼마나 잘 굴러가는지 구경했을 것이다. 또한 어떤 사람들은 절대로 그것이 잘 굴러갈 리 없다고 단언했을 것이다. 그들은 바퀴가 잘 굴러가면, 날씨 덕이라고 말할지도 모른다.

고통제 타입은 위험을 피하며, 혁신에 늦게 반응한다. 이들은 다른 사람들에 의해 검증되고 수용되기 전까지는 기존의 제품이나 서비스에 만족하며 지낸다. 새로운 제품이나 서비스에 대해 기꺼이 나서서 기회를 잡으려는 사람들은 바로 저통제 타입이다.

유고슬라비아에서 만든 박스형의 소형 3도어 해치백 세단인 유고(Yugo)는 4,000달러 이하의 가격으로 1985년 미국 무대에 첫선을 보였다. 당시 4,000대의 차량이 미국으로 인도되었고, 그해 말에는 차량 주문이 두 배로 증가했다. 이 회사는 1980년대 말까지 미국 시장에서 연간 20만 대가 팔릴 것을 기대했다. 물론 쉽지 않은 일이었다.

자동차 구매에는 잠재구매자들이 인지 가능한 리스크로 가득하다. 기능적 리스크(자동차가 잘 달리지 못할 수 있다), 금전적 리스크(급속도로 가치가 떨어질 수 있다), 물리적 리스크(안전하지 못할 수 있다), 사회적 리스크(사람들이 비웃을 수 있다), 심리적 리스크(구매자들이 후회할 수 있다) 등이 있다. 미국인들의 머릿속에 남아 있는 유고슬라비아의 이미지는 첨단 기술과는 거리가 멀었다. 그들의 자동차는 작고 단순하며, 가격 면에서 가장 근접한 경쟁자보다 약 1,000달러가 더 저렴했다. 이런 상황에서 소비자들의 의구심은 높아질 것이며, 이렇게 되면 판매는 더 힘들어질 것이었다.

그렇지만 유고는 20여 년 전의 폭스바겐과 거의 동일한 처지에 놓여 있었다. 유고의 홍보를 책임지고 있던 레오나르드 시로위츠(Leonard Sirowitz)는 당시 폭스바겐 비틀(Beetle)의 성공을 거두었던 당사자였다.

성패는 초기 로콘(LoCon)의 도입자들이 유고를 받아들이느냐의 여부에 달려 있었다. 유고가 경제적으로 더 이상 여유가 없는 사람들에게 광고되어 팔린다면, 그것은 '열등 제품'이라는 이미지를 가지게 되어 미국 시장에서 크게 성공하지 못할 것이었다. 반면에 폭스바겐처럼 매우 부유하고 혁신적인 여피족(yuppie: 도시 주변을 생활 기반으로 삼고, 전문직에 종사하면서 신자유주의를 지향하는 젊은이들을 말한다)에게 판매된다면 역방향의 신분 상징, 즉 과소소비(underconsumption)의 아이콘으로서 성공 가도를 달릴 수 있을 것이라고 예상되었다.

마케터들을 위한 희소식

고통제 타입의 소비자들은 청결과 관련된 모든 상품 시장의 근간을 이룬다. 제품의 몇 가지 예를 들어보면 샴푸, 바닥용 왁스, 암내 제거제, 정원용 가위, 면도날, 바퀴벌레 약, 세탁용 세제, 방향제 등이 있다. 서비스의 경우에는 세차, 머리 손질, 드라이클리닝, 애견 미용, 구두닦이 등이 있다. 다른 사람들이 이런 물건들을 사지 않는다는 것이 아니라, 고통제 타입의 소비자들이 대량 구매자라는 의미이다.

또한 고통제 타입은 정리정돈의 대가로서 스케줄 수첩, 신발장, 쓰레기 압축기, 서랍 정리함에 이르기까지 정리에 관련된 모든 물건을 구매한다. 고통제 타입 중에서도 골수인 사람들은 짝을 맞추기 위해 모두 세트로 구입하기도 한다. 이들은 슈퍼마켓에서 마일리지 프로그램 같은 것에 가입하면, 계속해서 재방문하여 충실하게 금주의 추천 상품을 구입한다. 그것이 어린이용 백과사전이든지, 만찬용 식기 세트이든지 상관없이 구매한다. 이 사람들에게는 체스 세트를 팔려고 노력할 필요가 없다. 말 하나만 팔면(아니면 그냥 주든가), 이들은 같은 제품으로 짝을 맞추기 위해 결국 나머지 말들과 체스판을 구입하러 간다.

심지어 고통제 타입은 브랜드까지도 짝을 맞추려고 한다! 그런 의미에서 이들은 모든 상품에 걸쳐 브랜드 충성도가 높다. 동일한 브랜드의 가전제품을 들여놓고, 부부가 같은 브랜드의 자동차를 소유하기를·원한다. 만약 이들이 어떤 브랜드의 피클을 사게 되었다면, 아마도 같은 브랜드의 올리브를 찾아나설 것이다. 패밀리 브랜딩과 브랜드 확장에 대한 찬반 여부는 논쟁의 여지가 있지만, 분명한 사실은 이것이 고통제 타입의 소비자들에게는 정확히 통한다는 점이다. 고통제 타입에게 어필하는 단어를 살펴보면 단정, 정돈, 청결, 순서, 밝음, 광택, 조화, 세트 등이 있다.

아무도 그 사람의 실물을 본 적이 없고 TV에서 못 본 지도 10년이 넘었는데, 여론조사에서 90퍼센트 이상이 그의 이름을 알고 있으며 그 사람에 대해 잘 알고 있었다. 그는 그야말로 슈퍼스타이다. 당시 미국의 부통령보다도 더 유명한 것으로 드러나기도 했다. 과연 이 유명인이 누구일까? 바로 미스터 클린(Mr. Clean)이다. 미스터 클린이야말로 완벽한 고통제 타입의 아이콘이라고 할 수 있다.

P&G(Procter & Gamble)는 미스터 클린에 대한 소비자들의 높은 인지도 때문에, TV 광고에 다시 미스터 클린을 내보내기로 결정했다. 안 될 이유가 없지 않은가? P&G는 자사 제품군의 최대 수요층인 고통제 타입의 구매자들에게 판매하는 방법을 잘 알고 있다. 미스터 클린이 상징하는 특성들이 바로 고통제 타입이 추구하는 것과 정확하게 맞아떨어진다.

미스터 클린이 깨끗하게 머리카락을 밀고, 몸에 딱 붙는 티셔츠를 입은 모습은 그야말로 '클린'하다. 한쪽 귀에 걸린 금귀고리는 해적이나 모험가 같은 힘 있고 강한 이미지를 더해준다. 미스터 클린은 원숙하고 권위가 있으며 통제력을 가지고 있지만, 부드럽게 말하며 위협적이지 않게 느껴진다. 어린이들조차도 그를 멋있다고 생각한다. 그러나 무엇보다도 그는 고통제 타입이다. 그의 이름이 바로 클린이기 때문이다.

마케팅에서 우리가 알아낸 다양한 소비자의 성격을 효과적으로 이용하는 비결은 바로 타깃 시장의 핵심에 있는 지배적인 성격의 특성을 결정하는 것이다. 앞서 살펴보았듯이 고통제 타입의 소비자들은 청소용 제품의 최대 수요층이지만, 남보다 앞서 신제품을 사용하는 선도적인 제품 사용자는 아니다. 순응형 타입은 개개인의 개성에 어필하는 제품이나 서비스를 선호하지 않는다.

그러므로 한 제품을 여러 가지 성격 타입의 소비자에게 판매해야 할 때에는 이러한 상반되는 특성들을 모두 만족시킬 수 있도록 여러 개의 브랜드를 출시할 필요가 있다.

1. 가치에 따라 분류한 6가지 소비자의 성격

　① 경제적인 소비자: 실용주의적이다.

　② 지적인 소비자: 지식과 진실에 큰 관심을 가진다.

　③ 사회적인 소비자: 타인에 대한 사랑에 의해 동기가 유발된다.

　④ 미적인 소비자: 자신의 인식과 경험이 조화를 이루는 데 초점을 맞춘다.

　⑤ 정치적인 소비자: 파워 중심적이다.

　⑥ 영적인 소비자: 종교적 혹은 철학적 측면에 특별한 관심을 가진다.

2. 타인지향적인 소비자는 동료나 동기의 태도와 행동에 민감하므로, 판매되는 상품이나 서비스의 사회적 수용도와 의미 등에 대해 더 많은 정보를 요구한다. 반면에 자기지향적인 소비자는 자신의 인식이나 판단에 더 많이 의존하므로, 제품에 대한 더 많은 기술적인 정보를 원한다.

3. 정신분석학자 카렌 호나이에 의하면, 소비자의 대인관계 스타일은 3가지로 나누어진다. 첫 번째로 순응형은 대중을 따라가고, 두 번째로 공세형은 대중에 반하며, 세 번째인 소외형은 대중에 무관심하다.

4. 소비자의 대인관계 스타일은 감정 중시 타입, 행동 중시 타입, 소유 중시 타입의 3가지로도 나눌 수 있다. 잠재구매자의 대인관계 스타일을 파악하는 것은 특히 세일즈맨이 고객을 상대할 때 중요하다.

5. 고통제 타입의 소비자는 위험을 피하며 혁신에 늦게 반응하므로, 다른 사람들에 의해 검증되고 수용되기 전까지는 기존의 제품이나 서비스에 만족하며 지내는 후발 소비자이다. 그에 반하여 저통제 타입의 소비자는 새로운 제품이나 서비스가 처음 출시될 때 가장 먼저 수용하는 선도적 소비자이다.

6. 한 제품을 여러 가지 성격 타입의 소비자에게 판매해야 할 때에는 상반되는 특성들을 모두 만족시킬 수 있도록 여러 개의 브랜드를 출시할 필요가 있다.

4

소비자의 지각 프로세스에 맞게 마케팅하라

PERCEPTION:
What You See Is
What You Taste

여러 해 동안 '병맥주의 샴페인'이라고 불리는 밀러 하이 라이프(Miller High Life)는 다른 맥주들에 비해서 가벼운 맛이 난다고 인식되었다. 이러한 인식은 다른 맥주들이 짙은 갈색 병에 담겨 있는 데 반하여, 하이 라이프는 투명한 병에 담겨 있는 것과 무관하지 않다. 오늘날 많은 사람은 연한 색깔 때문에 저칼로리 라이트 맥주의 맛이 묽다고 여긴다. 그러므로 이러한 이미지를 없애기 위해서 대부분의 맥주회사들은 라이트 맥주에 색소를 첨가하여 진한 색을 낸다.

이렇게 소비자들은 눈과 귀로 맛을 보기도 한다!

소비자의 지각(知覺)이야말로 정말로 중요하다. 시장에는 마케터들이 받아들이기 힘든 다음과 같은 법칙이 있다.

상품의 물리적 특성은 그것이 '소비자의 지각'에 영향을 미치는 만큼 만 중요하다!

소비자는 감각보다 단어와 이미지로부터 훨씬 더 많은 것을 받아들인다. 그리고 소비자의 지각 능력은 마케터들이 생각하는 것만큼 예민하지 않다.

소비자는 정보를 어떻게 처리하는가?

지각은 사람들이 소비재에 대한 정보를 받아들이는 전체 과정 중 하나

그림 4-1. 소비자의 정보처리 과정

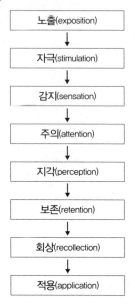

의 단계에 불과하다. 물론 지각이 아주 중요한 단계이기는 하지만, 정보처리 과정의 전체적인 맥락에서 고찰되어야 한다. 그림 4-1을 참조하라.

소비자의 정보처리 과정은 자극에 자신을 선택적으로 '노출'시키면서 시작된다. TV를 보거나, 슈퍼마켓에 가거나, 운전을 하면서 간판을 지나쳐 가는 것 등이 그 예이다. 마케터가 이러한 과정을 유발하려면 자극원(source of stimulation)을 이용하여 소비자를 유인하거나, 타깃 시장 내에 있는 사람들의 동선에 따라 자극원을 배치해야 한다. 이를 위해서는 타깃 시장 내의 소비자들을 끌어올 수 있는 가장 효과적인 광고 미디어와 유통 경로를 선택해야 한다.

두 번째 정보처리 과정은 빛, 소리, 압력, 냄새, 맛 등의 감각을 '자극'하는 여러 형태의 에너지를 포함한다. 오감(五感)에 도달하는 이러한 에너지가 적당한 형태와 강도로 행해지면, 자극을 불러일으킨다.

소비자의 정보처리 과정 중에서 마케터가 직접적인 통제력을 행사할 수 있는 단계는 하나도 없다. 마케터가 통제할 수 있는 것은 메시지를 전달하는 미디어와 자극의 특성 정도가 전부이다. 자극의 경우, 여러 가지 방식으로 소비자에게 영향을 미칠 수 있도록 조정 및 수정이 가능하다. 마케터들은 잠재구매자들에게 노출되는 자극을 조작함으로써 구매자가 경험하는 것은 물론이고, 이후 단계에서 발생하게 될 결과를 간접적으로 통제할 수 있다. 이를 효과적으로 하기 위해 마케터는 이후 단계에서 자극이 어떻게 처리되는지 이해해야 할 필요가 있다. 특정 자극이 다음 단계에 어떤 영향을 미치는지 알 수 있다면, 우리가 원하는 형태로 소비자에게 메시지를 전달할 수 있을 것이다.

이 책(원서)의 표지를 보라. 책꽂이에서 이 책을 꺼내어 구입할 때, 검은 표지에 흰색 글씨였어도 이것을 발견하고 꺼냈겠는가? 자주색과 연보라색 바탕에 분홍색 물방울 무늬와 오렌지색 글씨였다면 어땠을까? 두께가 10센티미터에 높이는 50센티미터인 데다가 깨알 같은 글씨가 빽빽한 책이었다면, 아마 공짜로 받았어도 쳐다보지 않았을 것이다.

그러나 이 책은 좋은 느낌이 들고, 관심을 끌고, 읽을 때 쉽게 인식할 수 있고, 정보를 담고 있으며, 필요할 때마다 다시 기억이 나면서, 업무에 적용할 수 있도록 디자인되어 있다. 이 책의 디자이너가 이와 같은 과정을 일으키도록 만드는 유일한 방법은 책이 줄 수 있는 자극을 조작하는 것뿐이다.

소비자가 정보를 처리할 때 발생하는 단계들 중 세 번째는 '감지'이다. 신경계가 뇌로 신호를 보낼 수 있도록 감각기관들은 신호를 전기화학적 자극으로 변환시킨다. 이러한 자극들은 아주 순식간에 사라지는데, 그동안 중앙 신경계는 신호들을 뇌로 보내어 지각이 시작되도록 한다. 이와 같은 정보의 저장을 '감각 메모리'라고 부르며, 뇌에서 정보 처리 과정을 시작하기까지 아주 짧은 시간 동안만 유지된다.

뇌에서는 받아들인 정보가 말이 된다고 생각하면 '주의' 신호를 보내면서, 심리학자들이 말하는 '지향 반응(orientation response)'이 생긴다. 개인이 자극의 원천 쪽으로 향하게 되는 순간이 이번 단계이다. 즉 화려한 포장이 지나가던 쇼핑객의 눈을 사로잡는 것이 바로 이때이다. 주의를 끌지 못하면 나머지 단계들은 모두 쓸모없기 때문에, 이 네 번째 주의 단계는 대단히 중요하다.

다섯 번째 단계는 '지각'이다. 이것은 유입되는 신호들을 의미 있는 카테고리들로 분류하고, 패턴을 만들며, 이름이나 이미지를 부여하는 작업을 포함하는 대단히 정교한 과정이다. 예를 들어 TV 광고에 나오는 네발 달린 짐승의 모습과 짖는 소리는 시청자의 마음속에 '개'라는 카테고리로 해석된다. 시청자가 그 동물에 집중하는 잠깐 동안, 다른 수많은 자극은 무시된다. 영상과 소리를 말이나 이미지로 변환시키면 불완전해지므로, 지각의 최종 결과물은 오감으로 느껴지는 자극 패턴의 불완전한 재현일 뿐이다. 따라서 산출된 이미지들은 대단히 주관적일 수밖에 없다. 이러한 이미지들은 사람마다 다르며, 때에 따라서도 달라진다.

여섯 번째 단계는 나중에 사용하기 위해서 이미지들을 보관하는 시점인 '보존'이다. 어떤 자료들은 보존되지 않고 버려지지만, 또 어떤 자료들은 보존되어 정보를 임시로 보관하는 일종의 정거장 역할을 하는 단기 메모리로 간다. 예를 들어 시청자가 TV 광고를 보고 전화번호를 암기해두었다가, 나중에 전화를 걸어 문의나 주문을 하는 것이다. 한편 메모리에 저장된 정보들 중 일부는 장기 메모리로 옮겨져서 미래에 다시 일깨워진다. 예를 들자면 새로 출시된 자동차를 쇼룸에 직접 가서 테스트 운전을 해보기 전까지, 그 자동차의 모습과 관련 정보를 몇 달 동안이나 기억하고 있는 경우이다.

일련의 관계없는 것들도 반복에 의해서 기계적으로 기억할 수 있다. 전화번호를 여러 번 반복해서 알려주면, 라디오 청취자나 TV 시청자는 번호를 받아쓰거나 전화를 직접 걸기 전까지 계속해서 그것을 기억하게 된다.

또한 자극의 종류가 많으면 기억하기가 좀 더 수월해진다. TV에서 청각과 시각을 동시에 이용하는 자극이야말로 라디오(청각)나 인쇄 매체(시각)에 비해 가장 큰 장점이다. 그래서 마케터들은 잡지 안에 제품의 향기가 나도록 하는 기술을 이용하여 설명과 그림, 향기가 함께 어우러진 자극을 제공하기도 한다.

단기간의 기억에서 중요한 또 하나의 요소는 끊어 읽기이다. 글자나 숫자는 끊어 읽을 때, 더 쉽고 정확하게 기억된다. 예를 들어 전화번호 8005557924는 기억하기는 물론이고 읽기도 힘들지만, 800－555－7924로 끊어 읽으면 훨씬 쉽게 기억할 수 있다.

일곱 번째 단계는 '회상'이다. 정보가 저장된 다음, 소비자는 일정한 시점에 이미지나 사실 등을 회상하여 의식의 세계로 불러올 수 있다. 컴퓨터에 저장된 정보를 불러오는 것과 마찬가지의 이치이다. 회상은 정보가 체계적인 방식으로 저장되어 있으면 쉬워진다. 정보가 어떤 특정한 장소에 보관되어 있다면, 정보 보관자는 마음속의 정확한 장소를 찾아감으로써 그 정보를 찾아낼 수 있다. 우리의 마음속에는 회상을 도와주는 '주소'가 있기 때문에, 어떤 힌트나 단서가 있을 때 그 정보를 더 쉽게 떠올린다. 예를 들어 사람들에게 특정 제품 카테고리의 브랜드들을 그냥 기억나는 대로 나열해보라고 하는 경우에 회상해내는 브랜드의 수보다, 제품 이름이 적혀 있는 리스트를 보고서 알아내는 브랜드의 수가 훨씬 많을 것이다. 사람들은 리스트를 보고 자신의 내부에 그것들과 관련된 정보가 있는지 살펴보는 것이다. 단서나 힌트가 없다면, 훨씬 많은 저장 공간을 찾아 헤매야 할 것이다.

여덟 번째이자 마지막 단계는 정보의 '적용'이다. 소비자가 이전 단계들을 모두 잘 통과했다면, 어떤 문제가 발생하거나 어떤 니즈를 충족해야 할 때 특정 제품이나 서비스, 브랜드 등에 대한 관련 정보를 불러올 수 있다. 그러나 소비자가 정보를 불러들인 후에 반드시 행동으로 옮기는 것은 아니다. 소비자가 상품에 대해서 배우는 모든 정보 중에서 일부분만 실제로 적용되어 구매로 이어진다.

소비자와의 커뮤니케이션을 방해하는 장벽

머피의 법칙(틀릴 가능성이 있는 것은 반드시 틀리고 만다는 뜻으로, 일이 좀처럼 풀리지 않을 때 쓰는 말이다)은 소비자의 정보처리 과정 중 모든 순간에 찾아올 수 있다. 마케터가 소비자와 커뮤니케이션할 때, 대부분은 애초에 의도했던 것들 중 극히 일부분만 이루어지는 경우가 많다. 이번에는 정보의 처리를 방해하는 '선택'이라는 장벽을 알아보자.

선택적으로만 노출된다

마케터가 소비자에게 보내는 메시지들 중 일부만 노출이 된다. 그러므로 마케터가 보다 많은 타깃 소비자와 커뮤니케이션하려면, 예산이 허용하는 한도 내에서 최적의 매체와 시간, 장소 등을 선택하기 위해 끊임없이 노력해야 한다. 높은 반복률 또한 노출의 극대화에 도움이 된다.

선택적으로만 주의를 기울인다

메시지의 내용을 제시하기 전에 마케터는 먼저 청중의 주의를 끌어야 한다. 그러나 소비자의 세계는 주의를 끌기 위해 아우성치는 갖가지 자극으로 가득 차 있다. 그러므로 수많은 영상과 음향의 불협화음 가운데에서 마케터는 어떻게 해서든 시끄러운 소음 위로 떠올라야 한다. 이것은 쉬운 일이 아니므로, 광고에 사용되는 인쇄 매체의 공간이나 방송 매체의 시간 중 상당 부분이 단지 독자, 청취자, 시청자의 주의를 끌려는 단 한 가지 목적만을 취한다.

선택적으로만 지각된다

지각은 대단히 주관적인 과정이다. 사람들은 자신이 듣고 싶어 하는 것만 듣고, 보고 싶어 하는 것만 보며, 지각할 필요가 있는 것만 지각한다. 컴퓨터는 자료가 입력되면 항상 입력된 것과 똑같이 재현하지만, 사람의 지각은 그와 달리 훨씬 복잡하다. 즉 인간은 감각기관을 통하여 정보를 지각할 때, 모호함이 있어도 그것마저 받아들인다.

선택적으로만 보존된다

두뇌가 처리하는 것은 대부분 한순간에 소실된다. 찰나의 순간이 지나고 나면 상징적으로 남거나, 혹은 그 신호의 흔적조차 남지 않는다. 실제로는 사람들이 생각하는 것보다 훨씬 더 많이 저장되지만, 그럼에도 불구하고 많은 정보를 잃어버린다. 최초의 자극 이후에는 버려지는 것이다. 이것은 의식적인 과정이 아니다. 심지어 몇몇 정보를 보존하기 위해 엄청나게 애를 써도, 대부분은 정보를 보존하려는 우리의 노력을 비껴간다.

선택적으로만 회상된다

사람들은 단기 또는 장기 메모리에 저장된 모든 말과 이미지 중에서 아주 일부만 회상할 수 있다. 예를 들어 예전에 몇 번이나 보았던 영화를 TV에서 또 볼 때, 당신의 반응은 어떠한가? 아마 어떤 장면은 아주 잘 기억하겠지만, 또 다른 장면은 잘 기억이 나지 않을 것이고, 나머지 대부분의 장면은 전혀 기억하지 못할 것이다. 그 기억들이 보존 단계에서 탈락했을 수도 있지만, 대부분은 메모리에 저장되었음에도 불구하고 시간이 지나면서 유실되었기 때문이다.

선택적으로만 적용된다

소비자들은 자신이 가지고 있는 회상 능력에 의존할 필요가 없다. 부지런히 학습한 것들을 적용하는 대신, 필요 없는 회상을 선택적으로 무시하면 되기 때문이다. 만약 소비자가 광고에 노출되어 어떤 브랜드의 장점에 대해 학습하고, 그것을 믿게 되었다고 가정하자. 그럴지라도 그 소비자는 다른 브랜드가 더 우월하다고 느끼거나, 또는 다른 무수한 이유 중 하나를 들면서 다른 브랜드를 고를지도 모른다.

이러한 선택 요소들은 타깃 시장 내에 있는 소비자들과 성공적으로 커뮤니케이션하려는 마케터들에게 좌절감을 안겨줄지도 모른다. 그러나 정보를 받아들이는 사람의 능력에는 놀라운 면이 있다. 즉 평균적인 소비자(보통의 소비자)는 여러 해에 걸쳐 학습한 수천 개의 브랜드명을 회상해낼 수 있다. 전형적인 소비자가 시장의 상품에 대해 학습한 모든 것을 쓰게 된다면, 리포트의 양이 도서관의 절반을 채울 것이다. 그리고 그 정보들 중 대부분은 마케터가 전달한 메시지로부터 얻었을 것이다.

인간의 오감을 적극적으로 활용하라

인간의 오감은 각기 독특한 특성이 있다. 지금까지는 마케터들에게 시각과 청각이 가장 중요하다고 여겨진 반면에 촉각, 미각, 후각은 과소평가되어왔다. 다음에 정리된 글을 보면서, 후자에 대한 인식을 바꾸어보자.

시각: 영상과 마음속의 카메라

인간의 눈은 참으로 경이롭다. 대부분의 동물과 달리, 인간은 고정된 물체를 시각적으로 분명하게 인식할 수 있다. 그래서 이미지뿐만 아니라 글자도 읽을 수 있다. 눈으로 글을 읽을 줄 아는 사람은 다른 어떤 감각기관보다 눈을 통해서 더 많은 정보를 얻는다. 눈이 포착한 이미지는 빛의 세기, 색깔, 채도 등에 의해서 구분된다. 그러나 색상의 인지와는 별도로, 다양한 색조와 농담 역시 사람들의 잠재의식에 강하게 영향을 미친다. 그러므로 마케터들은 제품 및 서비스에 사용하는 색깔이 소비자들에게 미치는 영향을 고려해야 한다.

5억 달러짜리 프로젝트가 잘못되는 경우를 생각해보았는가? 누구나 한두 번은 실패를 경험하기 마련이다. 제너럴 푸드(General Foods) 사의 포스트 시리얼 사업부도 예외는 아니었다. 40여 년 전 포스트는 당시 인기리에 방영되던 TV 만화인 「고인돌 가족Flintstones」을 이용한 시리얼 페블즈(Pebbles)를 만들어서 히트를 쳤다. 연이어 1980년대 초에 포스트는 TV 만화 「스머프Smurfs」의 인기에 주목했다. 전과 같은 판단으로 스머프베리 크런치(Smurfberry Crunch)라는 신제품을 출시했는데, 페블즈와는 정반대로 판매가 저조했다. 당시 포스트 시리얼 사업부를 맡고 있던 데이비드 허윗(David Hurwitt)에게 스머프베리 크런치가 성공하지 못한 이유를 묻자, 그는 퉁명스럽게 대답했다. "파란색이었기 때문이오."

청각: 소리의 인식 정도

청각이 가지고 있는 가장 큰 특징은 마음대로 차단할 수 없다는 점이다. 눈 등의 다른 감각기관들은 자극으로부터 차단이 가능하다. 그러나 귀는 눈을 뜨고 있는 동안은 물론이거니와 수면 중에도 소리를 듣고, 뇌에서 그것을 처리한다. 청각적 신호의 크기, 음조나 톤, 밀도 등에 민감한 귀는 의식적으로나 잠재의식적으로 듣는 사람에게 의미를 전달한다. 그러므로 소리는 때때로 들리는 것 이상의 의미를 전달하기도 한다. 때로는 제품과 연관된 음악이 슬로건보다 훨씬 잘 기억되는 경우가 있다. 소비자의 청각을 겨냥한 광고에서 사용하는 소리 외에, 구매 시점에서 들리는 소리나 제품 자체에서 나는 소리 역시 소비자들에게 의미를 전달한다.

오래전부터 자동차 구매자들에게 차의 문이 닫힐 때 나는 소리는 차체의 품질을 나타내는 척도라고 믿어져왔다. 그래서 깡통이 부딪치는 것 같은 가벼운 소리는 조악한 품질을, 반면에 조용하며 속삭이는 듯한 묵직한 소리는 강하고 내구성 있는 차체를 말해준다고 믿었다. 소비자들의 그런 믿음 때문에, 자동차 제작자들은 불필요한 반사음을 없애기 위하여 방음 처리에 총력을 기울였다.

또한 운전 중의 소음 역시 자동차의 품질을 나타낸다는 소비자들의 생각을 이용하여, 유명 광고인 데이비드 오글비(David Ogilvy)는 전설적인 광고 카피를 만들어냈다. '60마일의 속도로 달리고 있는 이 롤스-로이스(Rolls-Royce) 안에서 들리는 가장 큰 소음은 전자시계에서 나는 소리이다.' 이 광고를 보고 롤스-로이스의 엔지니어 한 명은 다음과 같이 말했다고 한다. "그 망할 놈의 시계를 손봐야 해!"

촉각: 감촉을 통한 소비자의 경험

인간은 다른 어떤 동물들보다도 촉감을 통해 더욱 많은 것을 배운다. 우리의 손과 피부는 압력, 감촉, 온도에 대단히 민감하다. 소비자들로 하여금 구매 전에 제품을 직접 만져보고 조작해볼 수 있도록 유도한 진열 방식이야말로 미국의 소매상들이 전 세계 마케팅에 기여한 가장 큰 공로들 중 하나이다. 쇼핑객들은 별다른 의미도 없으면서 상품을 만져보고 조작해보려는 경향이 매우 강하다. 아이를 카트에 태우고 쇼핑할 때면, 아이는 이내 눈에 보이는 대로 만지려고 발버둥을 친다. 성인이 되어서도 사정은 달라지지 않는다. 왜 다 큰 어른인 자동차 구매자가 타이어를 툭툭 차보고 싶은 충동을 느끼는지는 여전히 미스터리로 남아 있다.

　당신의 브랜드가 다른 제품들보다 부드럽고 촉감이 좋다는 것을 어떻게 소비자들에게 확신시킬 수 있겠는가? 직접 말로 할 수도 있을 것이고, 부드러운 재질로 포장을 할 수도 있을 것이다. 그러나 이미 다들 그렇게 하고 있으므로 별 효과가 없을 것이다. 이제는 익숙해졌지만 P&G의 차민(Charmin) 화장지의 슬로건을 보라. '차민을 눌러보지 마세요.'

　훌륭한 아이디어가 이후에 구체적으로 명확해지는 과정은 매우 놀랍다. 결국 이는 아주 기본적인 것이다. 그렇지 않은가? 이렇게 '기본으로 돌아가는 것'은 교육자보다 마케터들에게 더 유용한 움직임일 수도 있다.

　특히 미국의 소비자들에게 촉감은 친밀함을 보여주는 확실한 암시이다. 따라서 화장지를 짓누르는 것은 점잖지 못한 행동임을 암시한다. 차민 광고에 등장하는 미스터 휘플(Mr. Whipple)과 다른 등장인물들이 해를 끼치지 않고, 위협적이지 않은 사람들로 여겨지는 것도 그 때문이다. 한편 촉감과 관련된 친밀함의 암시는 '당신이 진정으로 만지고 싶은 피부'라는 슬로건처럼 의식적인 어필의 근거가 될 수도 있다. 그런가 하면 필즈베리의 도보이처럼 '나를 짓눌러주세요'라는 테마는 붙임성이 있으면서도, 도발적인 느낌을 준다.

미각: 새로 개발된 맛에 대한 소비자의 반응

3가지 색깔이 무한한 수의 혼합색을 만들어내듯이 맛 또한 단맛, 신맛, 쓴맛, 짠맛이 합해져서 무수한 맛을 만들어낸다. 그러나 사실 소비자의 미각에 대한 평가는 매우 과장되어 있다. 사람들은 입보다 눈으로 맛을 본다는 연구 결과가 계속해서 나오고 있기 때문이다.

누구나 한두 개씩 즐겨 마시는 음료수 브랜드가 있다. 그리고 그 소비자들은 맛의 차이에 대한 인식을 바탕으로 그러한 선호를 가지게 되었다면서, 격렬하게 자신의 믿음을 방어하려고 한다. 그러나 그것은 말도 안 되는 소리이다! 라벨을 제거했을 때, 자신이 좋아하는 브랜드를 구별해낼 수 있을까? 또는 라벨이 제거된 여러 쌍의 음료 중에서 어떤 쌍이 동일한 원료로 만들어졌는지, 어떤 것들이 다른 브랜드인지 구분해낼 수 있을까? 진저에일(ginger ale: 사이다와 비슷하며 생강으로 만든 알코올 성분이 없는 청량음료)에 콜라처럼 검은 색소를 넣으면, 3명 중 1명은 그것이 콜라가 아니라는 사실을 알아차리지 못한다.

식음료 제조사와 마케터들은 제품의 맛을 미세하게 향상시키기 위해서 엄청난 돈을 쏟아붓곤 한다. 그러나 대부분의 경우, 그 금액을 '더 좋아진 맛'에 대한 프로모션에 사용하는 편이 낫다.

코카콜라의 유명한 사례를 살펴보자. 코카콜라의 성분 변경에 찬성하는 사람들과 반대하는 사람들 모두는 큰 오해를 했다. 성분을 변경한 신제품이 출시된 지 1년 후, 원래의 맛 그대로인 코카콜라 클래식이 2대 1의 비율로 더 많이 팔렸다. 그러나 문제는 성분을 변경한 것 자체가 아니라, 성분 변경을 대대적으로 광고한 데 있었다.

불행하게도 전 세계의 유명 브랜드를 소유한 대다수의 기업들 역시 미각이라는 것에 소비자들이 얼마나 둔감한지를 인식하지 못했다. 또한 원래 즐기던 맛을 대신해서 새로 개발된 맛에 대해 대대적으로 발표했을 때, 소비자들이 얼마나 극단적으로 민감해질 수 있는지도 인식하지 못했다.

후각: 소비자의 코가 하는 역할

맛을 보는 능력인 미각은 사실 냄새를 인식하는 후각이라고 할 수도 있다. 사람들이 감기에 걸리면, 입맛이 없다고들 한다. 그러나 감기가 입안의 미각 돌기의 활동을 방해하는 것은 아니다. 다만 감기는 코로 연결되는 통로를 막을 뿐이다. 그러므로 사람들이 느끼지 못하는 것은 음식의 맛이 아니라 냄새인 셈이다. 다른 포유동물들과 비교해서 인간은 후각 능력이 현저하게 떨어진다. 이런 이유로 인해 소비자들의 냄새에 대한 감각은 의식적인 인식이라기보다, 실제로는 잠재의식적인 효과가 더 크다.

코의 또 다른 독특한 특징은 사람을 끌어들이는 것이 아닌 내쫓는 역할에 더 충실하다는 점이다. 탈취제나 암내 제거제 등을 판매하는 마케터들은 이런 사실을 십분 활용한다. 그런데 어떤 까닭에 향수보다 탈취제가 시장에서 더 성공적일까? 그것은 우리가 독성이 있거나 위험한 물질들로부터 벗어나서 자신을 보호하도록 후각이 발전되어왔기 때문이다.

전에 알던 지방의 한 식료품 체인점은 신선한 농산물과 건강식품을 구비하여 성공을 거두었다. 일반 슈퍼마켓의 3분의 1 수준인 5,000여 개의 품목을 취급했지만, 편의점보다는 훨씬 더 많은 품목과 넓은 판매 공간을 갖추고 있었다. 건강식품을 찾는 젊은 쇼핑객들이나 신선한 농산물을 찾는 나이 든 단골들이 물건을 많이 사갔다. 우리 역시 그 상점을 자주 가곤 했다.

그러던 어느 날, 우리는 그 상점에 들어서자마자 평소와는 냄새가 다르다는 것을 알아차렸다. 매장 한쪽에서 생선을 팔기 시작했던 것이다. 생선 판매 경험이 없었던 상점 측은 생선이 닿은 곳은 어디라도 계속해서 세척제로 닦아내야 한다는 사실을 제대로 인식하지 못했다. 그래서 상점의 분위기는 마치 선착장의 고기잡이배처럼 되어버렸다. 그러나 매니저와 직원들은 생선 냄새에 익숙해져서, 고객들을 쫓아내는 불쾌한 냄새를 전혀 알지 못했다. 그들은 말 그대로 손님들을 쫓아낸 셈이었고, 아마도 지금쯤 처음에는 잘나가던 상점이 왜 갑자기 망하게 되었는지 의아해하고 있을 것이다.

사람들을 내쫓는 특성과는 대조적으로, 빵집이나 갈빗집 등에서 나오는 맛있는 냄새가 반드시 그 제품의 판매로 연결되지는 않는다. 좋은 냄새의 잠재의식적 효과는 그 냄새와는 별도로 사람들의 식욕을 자극하여, 전체적인 식음료 제품의 충동구매를 부추긴다.

소비자의 편견과 실제 자극의 관계

오감을 느낄 때에는 필연적으로 편견이 작용하기 마련이다. 이러한 편견은 실제의 자극과 우리가 지각하는 것을 달라지게 만든다.

배경보다 대상물을 두드러지게 하라

시각적 자극을 중시하는 광고를 만들 때 집중해야 할 부분은 대상물이며, 배경이 아니다. 대상물과 배경의 대조가 두드러질수록 눈은 그 대상물을 쳐다보고 집중하게 된다. 다른 감각의 경우에도 마찬가지이다. 음악이 흐르면서 대사가 나올 때, 듣는 사람의 주목을 끌 수 있을만큼 대사가 뚜렷해야 한다. 배경음악은 다이아몬드를 물고 있는 반지처럼 분위기를 조성하고, 대사를 빛나게 해주는 역할을 할 뿐이다. 언제나 그런 것은 아니지만, 소비재의 경우에는 옆에 놓인 경쟁 제품과 뚜렷하게 구분되는 포장을 개발하는 것이 좋다.

때로는 질서를 갖추고, 때로는 분류하라

위치상으로 서로 근접해 있거나, 쉽게 인식할 수 있는 특징을 공유하는 제품들은 소비자의 마음속에 같은 그룹으로 분류된다. 그래서 상점의 진열대에서 가까이 놓인 제품들은 모두 동일한 상품군으로 보인다. 비싼 제품들 한가운데에 놓인 싸구려 제품은 실세보나 비싸게 보이며, 싸구려 제품들 사이에 놓인 고가의 제품은 실제보다 싸구려로 인식된다. 또 소비자는 혼란스러운 자극들의 집합을 정리하기도 한다. 즉 보다 정돈된 상태로 만들기 위해서, 주어진 자극들에 공통성을 부여하여 묶기도 한다.

소비자가 스스로 종결할 수 있도록 기회를 주어라

방송에 담배 광고가 허용되었을 무렵을 기억하는 사람들은 아마도 다음과 같이 끝나는 살렘(Salem) 담배의 광고를 기억할 것이다. '자연에서 살렘을 빼내올 수는 있습니다……' 소비자들은 하나같이 마음속에서 그 문장을 이렇게 완성할 것이다. '그러나 살렘에서 자연을 빼내갈 수는 없습니다.' 마케터들은 때때로 소비자들의 관심을 끌고 참여를 유도하기 위해, 이처럼 문장을 종결시키려는 소비자의 성향을 이용하기도 한다.

정지와 주의를 적절히 활용하라

역동적인 자극은 정적인 자극보다 더 많은 주의를 끌기 마련이다. 움직이는 디스플레이나 점멸등, 톤이 변하는 소리 등은 주의를 끄는 역동적인 자극의 예이다. 구급차의 사이렌이 일정한 톤이 아니라 계속해서 변화하는 것도 이와 같은 이치이다. 그런데 문제는 이러한 자극들이 주의를 끌기는 하지만, 그 자극들을 관찰하거나 집중하기가 힘들다는 것이다. 글자가 움직인다면 당연히 읽기가 어려워진다. 우리는 영화가 끝난 후에 화면 위로 올라가는 자막을 읽는 것조차 쉽지 않다. 그러므로 소비자가 계속해서 주목해야 할 대상은 정지해 있어야 한다.

자극을 변화시켜라

우리의 오감은 연속적인 자극에 재빨리 익숙해진다. 그래서 일단 익숙해지면, 자극과 인식이 없어진다. 자극에 변화가 있을 때에만 다시 그것을 느낀다. 예를 들어 건물 안의 환풍기가 돌아가는 소음은 어느 정도 시간이 지나면 들리지 않는다. 그 소음이 연속적이기 때문이다. 사람들은 소음에 무감각해져 있다가, 그것이 멈춘 다음에야 존재하고 있었음을 새삼 깨닫는다. 향기도 마찬가지이다. 한 가지 향수를 오랫동안 사용하는 사람은 그 향에 익숙해져서, 옆 사람이 구토증을 느낄 정도로 필요 이상의 향수를 뿌리게 된다.

첫인상이 중요하다

소비자들은 자신이 바라는 것만 보고, 듣고, 맛보고, 인식한다. 어떤 제품에 대한 첫 경험이 좋았다면, 품질에 미세한 문제가 있더라도 개의치 않고 계속해서 그 제품을 호의적으로 인식할 것이다. 이것이 바로 '후광 효과(halo effect)'이다. 물론 이것은 정반대로도 작용한다. 좋지 않은 단 한 번의 경험이 사람들에게 편견을 심어주면, 이후에 아무리 잘해도 받아들여지지 않는다. 이처럼 사람들은 일단 어떤 마음을 가지면, 이후 동일한 자극에 노출될 때에도 계속해서 그 사고 안에 머물게 된다. 이러한 인식은 오래된 경구를 떠올리게 한다. '첫인상이 중요하다!'

소비자가 관점과 준거의 틀을 무리 없이 받아들이게 하라

우리는 나중에 발생하는 일들을 인식할 때, 그것에 영향을 미치는 특정한 준거 기준을 가지고 있다. 예를 들어 빵 한 덩어리나 쇠고기 한 근은 얼마인가? 구매자는 일단 가격에 대해 개념을 가지고 나면, 그것을 기준으로 물품이 얼마 정도 할 것이라고 추정한다. 만약 생각보다 조금 더 비싼 경우, 구매자는 그 가격을 받아들일 것이다. 그러나 기준 가격에서 크게 벗어난다면, 그 차이를 인식하고 구별하게 된다. 변화를 인식하고 반응하는 것이다. 이것은 브랜드명, 가격 수준, 상품 구성, 서비스의 질 등에도 동일하게 적용된다. 그러므로 이런 마케팅 변수들을 바꾸고자 할 때에는 충분한 시간을 두고 한 번에 조금씩 바꾸어서, 구매자들이 한 단계씩 새로운 기준을 무리 없이 받아들이도록 해야 한다.

무엇인가 부족할 때 소비자의 지각 메커니즘은 민감해진다

소비자에게 무엇인가 아주 부족한 상태일 때, 즉 배고프거나 목마르거나 피곤하거나 아프거나 등등의 상황에 처해 있을 때 소비자의 지각 메커니즘은 자신의 니즈를 충족해줄 수 있는 것들에 대해 평소보다 민감해진다. 아침을 거르고 점심도 건너뛴 채, 평소에 다니던 길을 운전해본 적이 있는가? 굶주렸기 때문에 평소에는 있는지 몰랐던 식당이나 식료품점들이 눈에 띄었을 것이다. 배고픔이 당신의 지각 능력을 깨운 것이다. 이런 맥락에서 보면, 보통 음식 광고는 식사 후보다는 식사 전에 방송할 때에 더욱 효과적이다.

위협적인 자극을 주는 광고를 할 때에는 특별히 신경써라

사람들은 심리적으로 위협적인 자극은 차단해버리거나 왜곡시키려는 경향이 있다. 따라서 광고나 제품, 서비스 자체가 위협적으로 느껴지면, 의식적으로 피하려고 한다.

가장 위협적으로 느껴지는 2개의 카테고리는 섹스와 질병에 관련된 것들이다. 그러므로 탐폰이나 피임 기구, 장례 서비스, 기아 해결을 위한 모금 등을 광고할 때에는 사람들이 메시지를 차단해버리거나 왜곡해서 인식하지 않도록, 극도로 생생한 모습이나 자세한 묘사는 피하는 것이 좋다.

자극은 감정적인 효과가 있다

우리가 지각한 것은 잠재의식에 존재하는 어떤 감정을 전달하는 감정적 뉘앙스를 가지기도 한다.

고도의 복잡성이나 변화는 바쁨과 동요를 나타낸다. 부드러운 곡선은 여성성과 편안함과 휴식을 나타내며, 날카로운 각도와 거친 표면은 남성성을 나타낸다. 시끄러운 소리, 특히 가까이에서 갑자기 들리는 굉음은 사람들을 놀라게 해서 분노와 같은 반사작용을 일으킬 수도 있다. 반면에 부드러운 음악처럼 작은 소리는 안정감을 가져다준다. 자연의 풍경과 소리, 향기 등은 인공적인 자극을 주지 않고 기분을 좋게 만들며 안정시키는 효과가 있다. 매운 양념과 강한 향은 먹는 사람을 흥분시키는 반면, 자극이 없는 음식과 음료는 사람을 편안하게 해준다. 밝은 빨강, 주황, 노랑은 자극적인 색깔이므로 사람들의 활동을 촉진시킨다. 그래서 패스트푸드점들은 이러한 색깔을 사용하여 손님들이 매장에서 신속히 움직이도록 함으로써, 더 많은 매출을 유도한다. 이와는 반대로 칵테일 라운지나 바는 깊고 부드러운 색깔을 사용해서, 손님들이 편안히 휴식을 취하도록 해주어 매상을 늘린다.

소비자의 지각은 자극에 대한 판단과 평가에도 영향을 미친다

소비자의 지각이 스스로의 감정에 영향을 미치듯이, 판단과 평가에도 큰 영향을 미친다. 예를 들어 어두운 색상의 용기는 같은 크기와 무게의 밝은 색 용기에 비해서 더 작고 무겁게 인식된다. 금속성의 제품은 파스텔 색조로 된 같은 제품보다 더 튼튼하다고 여겨진다. 앞에서 스머프베리 크런치의 사례를 통해 보았듯이 파란색 음식은 먹기에 적합해 보이지 않으며, 다른 색상의 음식보다 맛이 없게 느껴질 수도 있다. 낮은 목소리의 덩치가 큰 남자 아나운서는 높은 목소리의 몸집이 작은 여자 아나운서보다 신뢰감과 권위가 있다고 인식된다. 이런 경우, 여자는 어린아이처럼 보일 것이기 때문이다. 이러한 리스트는 끝이 없다.

그러나 이런 인식 효과에 감추어진 한 가지 원칙이 있다. 소비자들은 하나의 자극을 다른 자극과 합해서 일반화하는 경향이 있다는 사실이다. 어떤 한 대상이 다른 대상과 공유하는 특징을 가지고 있으면, 소비자들은 나머지 특징들도 공유시켜버린다. 높은 목소리의 몸집이 작은 여자 아나운서는 어린아이와 공유하는 특징들이 있기 때문에, 사람들은 어린아이를 볼 때처럼 그녀를 보았던 것이다. 또한 자연에는 파란색으로 된 먹거리가 그다지 많지 않기 때문에, 파란색은 먹을 수 없음을 뜻하거나 맛없는 음식을 나타내는 것으로 여겨지게 되었다.

마케터들이 잊지 말아야 할 3가지

소비자의 그릇된 지각은 면도날처럼 치명적일 수 있다. 목덜미에 상처가 났는데도, 오렌지 주스를 마시기 위해 고개를 들기 전까지는 그 상처를 알아차리지 못하는 것이다. 지각이란 소비자심리학자들도 극히 일부분만 이해하고 있는 매우 복잡한 주제이다. 물론 마케터들이 세부적인 내용까지 일일이 알아야 할 필요는 없지만, 그렇다고 해서 그 자체를 무시하는 것 또한 실수를 저지르는 일이다. 좀 더 현실적인 중도를 걷기 위하여 우리는 다음의 3가지 단계를 제안한다.

첫 번째, 소비자들의 지각에 대한 기본적인 지식을 익히고, 당신이 소비자로 하여금 지각하도록 의도했던 것과 실제로 소비자가 지각하는 것 사이에 차이가 있을 수 있음을 인정하라. 마케팅 프로그램을 새로 만들거나 변경할 때에는 소비자의 지각에 초점을 맞추어라. 즉 소비자의 눈에 어떻게 보일지를 신경써라. 그러면 중요한 기회를 놓치지 않을 수 있고, 적어도 문제가 생겼을 때 바로 그것을 파악할 수 있다.

두 번째, 필요할 때 도움을 받는 것을 두려워하지 마라. 생산 담당 매니저는 문제가 생기거나 도움이 필요하면, 망설이지 않고 훌륭한 엔지니어나 과학자들로부터 전문적인 도움을 받는다. 그러나 마케터가 같은 처지에 놓였을 때, 소비자심리학자나 행동과학 연구자들의 도움을 구하는 경우는 거의 없다. 마케터들도 생산 담당자처럼 도움을 받아야 한다.

세 번째, 점검하라! 소비자의 지각을 점검하는 데에는 2가지 마케팅 조사 방법이 있다. 하나는 눈동자의 움직임이나 동공 확장처럼 지각하는 과정의 자세한 면들을 측정하는 전문화된 조사 방법이다. 다른 하나는 소비자가 지각한 결과물들을 측정하는 조사 방법으로, 소비자가 마음속에 담고 있는 이미지들을 제공해준다. 이미지에 대해서는 이후에 더 심도 있게 다루도록 하겠다.

마지막으로, 처음에 우리가 말했던 법칙을 절대 잊지 마라.

상품의 물리적 특성은 그것이 '소비자의 지각'에 영향을 미치는 만큼만 중요하다!

1. 상품의 물리적 특성은 그것이 '소비자의 지각'에 영향을 미치는 만큼만 중요하다.

2. 소비자의 정보처리 과정은 아래와 같다.
   노출 → 자극 → 감지 → 주의 → 지각 → 보존 → 회상 → 적용

3. 지금까지는 마케팅 활동에 시각과 청각이 중시되고 촉각, 미각, 후각은 과소평
   가되었다. 앞으로는 후자를 포함하여 인간의 오감을 적극적으로 마케팅에 활용
   하라.

4. 소비자의 청각을 겨냥한 광고에서 사용하는 소리 외에, 구매 시점에서 들리는 소
   리나 제품 자체에서 나는 소리 역시 소비자들에게 의미를 전달한다.

5. 소비자들로 하여금 구매 전에 제품을 직접 만져보고 조작해볼 수 있게 한 진열 방
   식은 미국의 소매상들이 전 세계 마케팅에 기여한 가장 큰 공로들 중 하나이다.

6. 소비재의 경우, 옆에 놓인 경쟁 제품과 뚜렷하게 구분되는 포장을 개발해야 소비
   자들의 눈길을 끌 수 있다.

7. 소비자들은 어떤 제품의 첫인상이 좋았다면, 품질에 미세한 문제가 있더라도 개
   의치 않고 계속해서 그 제품을 호의적으로 인식하는 경향이 있다.

8. 브랜드명, 가격 수준, 상품 구성, 서비스의 질 등 마케팅 변수들을 바꿀 때에는 충
   분한 시간을 두고 한 번에 조금씩 바꾸어서, 구매자들이 한 단계씩 새로운 기준
   을 무리 없이 받아들이도록 해야 한다.

9. 소비자의 지각에 대해 마케터들이 잊지 말아야 할 3가지
   ① 소비자로 하여금 지각하도록 의도했던 것과 실제로 소비자가 지각하는 것 사
   이에 차이가 있을 수 있음을 인정하라.
   ② 소비자심리학자나 행동과학 연구자들의 도움이 필요할 때에는 두려워하지 말
   고 도움을 청하라.
   ③ 소비자의 지각을 점검하는 2가지 마케팅 조사 방법을 이용하여, 그들의 지각
   을 체크하라.

5

소비자는 학습에 따라
아군도, 적군도 될 수 있다

LEARNING:
Painless Injections
of Information

아내가 햄을 오븐에 굽기 전에 항상 그 끝을 5센티미터 정도 잘라내는 모습을 보고 궁금해하던 남편이 하루는 왜 끝 부분을 잘라내느냐고 물었다. 그러자 아내는 무심하게 원래 그렇게 하는 것이라고 대답했다. 몇 달 후, 그는 장모가 아내와 똑같이 하는 모습을 보고, 신기한 나머지 같은 질문을 했다. 그러자 장모 역시 똑같이 대답했다. 1년 후, 그는 아내의 외할머니 집의 부엌에서도 똑같은 모습을 목격하고, 또 같은 질문을 했다. "그렇게 하지 않으면 안 되나요?" 그러자 외할머니가 대답했다. "안 그러면 우리 집에 있는 가장 큰 오븐 그릇에도 안 들어간다니까."

이와 같이 소비자들은 이따금 이유도 모른 채 학습한다.

오늘날처럼 복잡다단한 시장 안에서 소비자들은 무엇을 사고, 무엇을 사지 말아야 할지 쩔쩔맨다. 그들은 제품, 브랜드, 상점, 서비스 등을 자신의 다양한 니즈와 연결하는 방법을 배우기 전까지는 계속해서 어찌해야 할지 모른다.

마케터들이 그토록 갈망하는 제품 선호도, 브랜드 충성도, 단골, 심지어 상품 평가에 대한 기준까지도 모두 소비자 학습 과정의 최종 산출물이다. 따라서 소비자를 아군으로 만들 것인가, 적군으로 만들 것인가는 소비자를 어떻게 학습시키느냐에 달려 있다.

소비자를 어떻게 학습시킬 것인가?

학습이 무엇인지 생각해보면, 학교 교실의 이미지가 먼저 떠오른다. 물론 모든 학습이 학교에서만 일어나는 것은 아니다. 사람들은 흔히 정규교육과 연관해서 생각하기 때문에, 학습을 의식적이고 힘들고 귀찮고 고통스러운 과정으로 느끼는 경향이 있다. 그래서 소비자가 되기 위해 학습을 해야 한다는 사실이 반갑지 않을지도 모른다. 그러나 다행히도 그러한 과정이 불편하거나 고통스럽지는 않다. 사실 학습은 보통 무의식적인 활동이다. 그러므로 소비자들은 대개 학습이 일어나고 있는지조차 모른다. 알고 보면 학습은 아주 어렸을 때부터 시작되었으며, 평생 계속되는데도 말이다.

시장에서 소비자가 학생이라면, 마케터는 선생님이다. 제자가 어떻게 배우는지 모르는 사람은 좋은 선생님이 될 수 없다. 학습 과정에 대한 이해가 결여되어 있다면, 선생님인 마케터는 시도와 실수를 반복하는 방법에 의존할 수밖에 없을 것이고, 그것은 마케팅에서 엄청난 비용과 시간을 소모시킬 것이다. 그러므로 상품을 제대로 받아들이고, 잘 사용하도록 소비자를 가르치는 것은 마케터의 책임이다. 소비자는 미처 모르겠지만, 바로 이것이 마케터의 일이다. 소비자는 대개 자신의 판단하에 행동하며, 그렇게 행동하는 것이 좋다고 생각한다. 그들은 모두 윈스턴 처칠의 다음과 같은 견해를 받아들이고 있는 셈이다. "나는 배우는 것은 좋아하지만, 가르침을 받는 것은 좋아하지 않는다."

소비자의 학습 과정은 개인적인 특징과 상황, 학습 대상 등에 따라서 각기 다른 형태로 나타난다. 우리는 이 장에서 소비자에게 가장 중요한 학습인 연합, 조건화, 모델링, 추론을 살펴보겠다.

니즈와 상품을 연합하라

일반적인 학습 방식들 중 하나는 어떤 것을 다른 것과 연합하는 방법이다. 이런 종류의 학습은 두 개체 사이의 시간과 공간의 근접성을 기반으로 한다. 두 개체가 가깝게 전시될수록 소비자는 두 개체의 연합 관계를 더 잘 배우게 된다. 그러나 한두 번 같이 놓여 있는 것을 보거나 들었다고 해서, 자동적으로 한 개체를 다른 개체와 연합시키는 것은 아니다. 이때의 핵심은 '반복'이다. 더 자주 함께 보여질수록 더 많은 사람이 두 개체를 연합하게 된다. 두 개체가 거의 항상 서로 관련되어 보여지면, 소비자는 그 두 가지를 더 강하게 연합시킬 것이다. 반면에 두 개체 중 하나 혹은 두 가지 모두가 자주 분리되어 보여진다거나 다른 것과 짝을 이루면, 소비자의 마음속에 있는 두 개체 사이의 연합이 약화된다.

연합의 종류

마케터들이 소비자에게 가장 가르치고 싶어 하는 연합은 특정한 소비재나 브랜드, 제품 및 서비스, 소매점 등과 특정한 카테고리의 소비자 니즈를 연결하는 것이다. 예를 들어 P&G는 소비자가 자사의 타이드(Tide) 세제를 세탁과 깨끗한 옷에 대한 니즈와 연합하도록 학습시키려고 노력했다. 70여 년 전부터 P&G는 낮 시간대 라디오 드라마를 후원하면서, 타이드와 세탁의 연합성을 반복해서 광고했다. 그러나 레버 브라더스(Lever Bros.: 유니레버의 전신)가 린소(Rinso) 세제를 같은 시간대에 광고함으로써 일관성에 흠집이 생겼다.

상품의 종류

연합 학습은 가전제품이나 자동차 같은 주요 상품의 구매에도 적용되지만 과자, 치약, 소형 건전지 등과 같은 소모품의 마케팅에서 가장 효과적이다. 소비자들이 자주 찾는 서비스와 소매점들 역시 자신들의 서비스와 구체적인 소비자 니즈를 연합시키도록 소비자들을 가르친다. 이러한 방식의 학습은 전적으로는 아닐지라도 상당 부분 많은 양의 프로모션에 의해 도움을 받는다. 또한 반복을 기반으로 하기 때문에, 짧고 간결한 광고를 집중적으로 실시하는 것이 긴 문장들로 이루어진 광고를 드문드문하는 것보다 훨씬 효과적이다. 근접성과 일관성 역시 연합을 촉진하므로, 브랜드명과 관련지어 니즈를 언급하는 것이 좋다. 이와 더불어 연합을 나타내는 로고나 슬로건의 사용도 도움이 된다.

자사의 브랜드명에 소비자를 만족시키는 니즈를 삽입한 사례

레그즈(L'eggs)―양말, 스타킹, 타이츠

뉴트라스위트(NutraSweet)―감미료

미스터 클린(Mr. Clean)―청소

미닛 메이드(Minute Maid)―빠르게 준비한 주스

다이하드(Die-Hard)―오래 가는 건전지

쿨에이드(Kool-Aid)―차가운 음료수

윈덱스(Windex)―창문 청소용 세제

자사의 제품을 소비자의 니즈와 밀접하게 연합시킨 슬로건의 사례

올스테이트(보험)—'올스테이트와 함께 당신은 믿음직한 보호 안에 있습니다.'

맥도날드(패스트푸드)—'당신은 오늘 편히 쉴 자격이 있습니다.'

AT&T(통신사)—'손을 뻗어서 누군가를 감동시키세요.'

옐로 페이지(전화번호부)—'당신의 손가락이 걸어가게 하세요.'

자극과 상품을 연합하라

앞서 설명한 연합 학습은 상품과 소비자의 니즈를 짝짓는 것이다. 그러나 마케터는 제품 및 서비스를 이미 어떤 응답 또는 반응을 암시하는 자극이나 계기와 짝지음으로써, 소비자들이 제품 및 서비스에 의존하도록 교육할 수 있다. 이로써 브랜드나 제품의 이름이 행동을 유도하는 원래의 자극이나 계기를 대신하게 된다. 이것이 바로 흔히 말하는 '고전적 조건화(classical conditioning)'이다. 이 개념은 19세기 러시아의 생리학자 이반 페트로비치 파블로프(Ivan Petrovich Pavlov)로부터 유래되었다. 파블로프는 개에게 고기를 보여줄 때마다 종소리를 냈다. 고기가 있다는 것을 인식한 개는 자연히 침을 흘리기 시작했다. 실제로 그 고기를 먹지는 못했지만 말이다. 즉 그는 음식이 존재하는 것만으로도 개가 자동적으로 침을 흘리는 반응을 촉발시켰던 것이다. 종소리와 음식이 서로 관련되자, 동물의 사고 속에 그 두 가지가 연합되었다. 종소리만으로도 개가 침을 흘린다는 사실을 알아낸 파블로프는 '조건

자극'인 종소리로부터 '무조건 자극'인 음식에서 얻는 것과 같은 동일한 반응을 얻어냈다.

마케터들은 재빨리 고전적 조건화를 이용한 소비재 마케팅의 가능성에 주목했다. 이런 방식의 조건화를 이용한 광고는 상업 라디오 방송이 소비자들 사이에서 인기를 얻었던 1920년대 중반에 활발했다. 이것은 자연스러운 결합이었으며, 서로 간의 필요에 의한 연합이었다. 노래가 자주 반복되는 라디오의 광고들은 고전적 조건화를 사용한 것이었고, 이런 식의 광고가 오랫동안 주류를 이루었다.

연합의 종류

광고에서 고전적 조건화는 아주 간단한 과정에 의해서 작용한다. 즉 브랜드명이 사람들의 마음속에 상품에 대한 호의적인 반응을 만들어내는 자극이나 계기와 자동적으로 연결되게 하는 것이다.

방송에 담배 광고가 허용되던 시절, 살렘은 앞서 언급했듯이 '자연에서 살렘을 빼내올 수는 있습니다……. 그러나 살렘에서 자연을 빼내갈 수는 없습니다'라는 슬로건과 노래와 함께, 조용하고 편안한 시골 풍경과 연합되었다. 잡지와 간판 광고에서도 살렘의 담뱃갑은 기분 좋은 시골 풍경과 함께 나왔다. 브랜드명과 로고와 포장(조건 자극)을 다른 종류의 자극(무조건 자극)과 연합시키는 것이 목적이었다. 예를 들어 광고에 시골의 숲과 들판에서 친구와 함께 즐기는 소풍이나, 자연의 모습을 보여주는 것은 특히 도시의 사람들에게 즐거운 감정적 반응을 자동으로 불러일으킨다.

광고주는 브랜드를 즐거운 감정을 유발하는 풍경과 연결함으로써, 자사의 브랜드를 선택하도록 강력하게 유인했다. 다시 말해서 흡연자가 편안함과 만족을 살렘이라는 담배와 연합하도록 조건화했던 것이다.

상품의 종류

고전적 조건화에 사용되는 연합은 크기가 작고, 많이 광고되며, 자주 구매하는 소모품일수록 특히 효과적이다. 흔히 이런 방식으로 광고되는 상품들은 브랜드 간의 물리적 특성에 큰 차이가 없는 물건들이다. 그래서 브랜드의 차별화는 대부분 상품의 마케팅과 프로모션에 의해 생겨난다. 제품 카테고리 내의 각 브랜드는 '감정의 영역에 구획을 나누면서' 각각의 브랜드를 특정한 타입의 호의적인 감정과 연합시키려고 한다.

섬유 유연제인 비첨 프로덕트(Beecham Product)의 바운스(Bounce)와 P&G의 클링프리(ClingFree)는 유사한 재료가 함유되어 있으며, 거의 동일한 제품 편익을 제공한다. 그러나 각각은 서로 다른 고전적 조건화의 접근 방식을 취하고 있다.

클링프리는 생활의 한 단면을 보여주는 전형적인 광고를 활용한다. 광고는 세탁실에 있는 엄마와 자녀들을 등장시킨다. 그곳에서 엄마는 처음에 다른 브랜드를 사용하는데, 옷에는 여전히 아주 성가신 '정전기에 의해 달라붙은 것들'이 남아 있다. 그리고 나서 그녀는 클링프리를 사용한 후 환호성을 터뜨린다. 달라붙지 않는 것이다! 이때 광고는 제품의 주요한 장점들을 쏟아내며 '옷이 더없이 부드러워지고, 달라붙는 것들도 없고, 상쾌한 빨래 냄새를 맡으면서, 옷에 배인 체취를 날려버리세요'라고 내세운다. 이것은 성공적인 육아 및 가사와 브랜드 수용 간의 연합을 중심으로 이루어진 조건화이다.

한편 바운스는 완전히 다른 방향을 취한다. 그들은 포인터 시스터스(The Pointer Sisters)의 '내 사랑을 위한 점프(Jump for My Love)' 같은 대중적인 히트곡과 유사한 노래를 활용한다. 그들은 자사 제품의 TV 광고에 가볍고 경쾌한 옷차림의 활기찬 젊은 댄서들이 회전하고, 비틀고, 점프하는 장면들을 연속적으로 등장시킨다. 인기 있는 노래와 함께 나오는 이런 장면들은 시청자들에게 즐겁고 유쾌한 감정을 불러일으킨다. 광고 업자들은 감정을 자극하는 이런 빠른 장면들을 통해, 시청자들이 젊은이다운 즐거움과 넘치는 생동감을 브랜드와 연합할 수 있도록 조건화하기를 희망한다.

고전적 조건화를 이용할 때, 비조건화된 자극과 조건화된 자극 사이에 논리적인 연결은 필요하지 않다는 점에 유의해야 한다. 파블로프의 실험에서도 동일한 시간과 공간에서 함께 결합되었다는 사실을 제외하면, 고기와 종소리 사이에는 아무런 연결 고리가 없었다. 이와 마찬가지로, 제품의 특성과 광고에 등장하는 즐거운 음악 사이에도 아무런 연결 고리가 없다. 단지 연합을 통해서 연결될 뿐이다.

보상으로 조건화하라

고전적 조건화에서는 보상이 암시될 뿐, 명시적인 보상은 존재하지 않는다. 파블로프의 개는 고기를 보고 냄새를 맡았을 뿐이며, 실제로 먹지는 않았다. 그러나 오늘날의 마케터들이 대부분 사용하는 '자발적 조건화(operant conditioning)'는 학습과 이후의 반응을 유도하는 구체적인 보상에 기초한다. 자발적 조건화와 관련된 4가지 주요 개념은 추동(drive), 단서(cue), 반응(response), 강화(reinforcement)이다.

자발적 조건화의 4가지 요소

배가 고프거나 피곤하거나 지루하거나 외롭거나 아프거나 등등 사람들이 다급하게 충족되어야 할 니즈를 가지고 있을 때, 그들은 추동 상태(drive state) * 에 있는 것이다. 추동은 당면한 그런 상태를 완화해주거나 니즈를 만족시키기 위해 내부에서 생성되는 자극을 만들어낸다. 추동 상태에 있을 때, 소비자는 이러한 조건화에 가장 민감해진다. 단서는 어떤 종류의 신호를 말한다. 이것은 외부에서 생성된 자극으로, 추동에 의해서 자극된 행동을 움직이게 하는 경향이 있다. 반응은 소비자가 추동을 만족시키기 위한 행동 방식을 습득하는 것이다. 마지막으로 '긍정적 강화'는 일종의 보상을 의미한다. 이것은 반응에 대한 직접적인 결과로써, 니즈를 만족시키고 추동을 완화하는 것이다.

---

* 유기체는 항상성(homeostasis) 때문에 신체적 기제들을 적절한 수준으로 유지하려고 노력한다. 따라서 어떤 사람이 장시간 마실 것을 전혀 섭취하지 못했을 때에는 체액의 불균형을 적절한 상태로 되돌리려는 반응이 활성화된다. 이 현상을 갈증 추동이 활성화된다고 말한다.

초기의 자발적인 조건화에 관한 작업은 대부분 심리학 실험실에서 이루어졌다. 굶주린(추동) 흰쥐를 우리 안에 넣고, 불빛이 깜빡일 때(단서), 손잡이를 누르면(반응), 식용 메뚜기가 나온다(강화). 배고픈 흰쥐가 불이 켜질 때 손잡이를 누르면 메뚜기를 먹을 수 있다. 흰쥐는 불빛을 기다려야 한다는 것을 금방 학습하게 된다!

물론 흰쥐와 소비자는 많이 다르지만, 자발적 조건화가 실험실에서 시장에 적용되기까지는 그리 오랜 시일이 걸리지 않았다. 소비자들은 어떤 종류든지 흔히 추동 상태에 빠진다. 브랜드 광고, 상점 간판, 디스플레이, 제품 포장 등이 모두 단서로 작용한다. 반응은 계산대에서 일어나며, 상품이 소비될 때 보상이 따른다. 사람들은 흰쥐가 그런 것처럼 조건화를 통해서 학습할 수 있지만, 흰쥐와는 달리 이런 방식의 학습에만 한정되지는 않는다.

자발적 조건화의 전형적인 예는 사탕과 같은 과자류의 경우이다. 사탕을 먹는 행위가 대단히 보상적이기 때문이다. 당(sucrose)은 매우 빨리 혈액에 스며들기 때문에 사탕을 먹는 사람은 즉시 효과를 느끼며, 그 효과는 아주 잠깐 동안만 지속된다. 그리고 혈당치가 급강하되면, 새로운 추동 상태로 들어가서 다시 사탕을 원한다.

이러한 추동-반응-보상의 과정 후에 설탕에 대한 추동이 더 커지는 이유는 니코틴이나 알코올, 카페인 등의 섭취 시에 발생하는 현상과 동일하다. 따라서 이런 제품들에 대한 광고가 자발적 조건화에 전적으로 의존하는 것이 놀라운 일은 아니다.

지금 시점에서는 자발적 조건화의 4가지 요소가 상당히 단순하게 보이겠지만, 우리가 살펴본 것은 뼈대에 지나지 않는다. 이 모델은 그 뼈대에 살을 붙여나가면서 점점 복잡해진다. 물론 엄청나게 복잡한 것은 아니며, 조건화에는 몇 가지 규칙이 있는데 대부분 직관적으로 알 수 있는 것들이다.

소비자를 추동 상태에 빠지게 하라

추동 상태가 강할수록 소비자들은 자발적 조건화를 통해 더 빨리 학습하게 된다. 소비자들로 하여금 우리의 상품을 구입하여 사용하도록 조건화할 경우, 기왕이면 소비자들이 조건화에 민감할 때—배고프거나 불편하거나 외롭거나 기타 등등—를 택하는 것이 효과적이다.

P&G의 나이퀼(Nyquil) 감기약의 TV 광고는 곧 죽을 것처럼 보이는 감기 환자의 모습을 묘사하고 있다. 광고를 몇 초만 보아도 시청자는 감기가 불치병이라도 되는 듯한 인상을 받는다.

이런 드라마 형식은 너무나 생생해서 시청자들로부터 감정이입이라는 반응을 불러일으킨다. 또한 대단히 강한 추동 상태를 만들어낸다. 시청자가 자신을 감기 환자의 입장에 이입시키는 정도에 따라 나이퀼을 구입하려는 추동을 느끼게 된다. '나에게 저런 일이 생길 때를 대비해야지. 그렇지만 그런 상황이 발생하지 않기를……'

차별화된 단서들을 만들어내라

단서는 차별화될수록 더 효과가 있다. 우리가 찾고자 하는 것은 우리가 만든 단서와, 원하는 반응 간의 독특한 연합이다. 만약 광고가 회사의 브랜드를 강조하지 못하거나, 브랜드나 포장이 다른 것들과 유사하다면, 조건화를 이용한 노력은 자사 제품의 판매가 아닌 경쟁사 제품의 판매로 귀결될지도 모른다. 브랜드가 아닌 제품을 구입하도록 조건화한다든가, 자사의 제품보다는 전체 업계를 프로모션하는 일이 벌어질 수도 있는 것이다. 이런 사태를 방지하려면, 차별화된 단서를 만들기 위해 노력해야 한다.

유명 패스트푸드 회사들은 각기 차별화된 단서를 개발한 후, 대규모 광고를 통해서 그 심벌을 소비자들의 마음속에 각인시켰다. 게다가 상점의 위치를 눈에 잘 띄는 곳에 정해서, 누구나 쉽게 찾아올 수 있도록 했다. 사람들은 맥도날드 간판을 찾을 필요도 없이 그 상점의 상징인 커다란 M자 모양의 황금색 아치만 흘끗 보면 된다. 잭인더박스(Jack-in-the-Box)의 광대 얼굴 또한 같은 역할을 한다. 피자헛(Pizza Hut)은 오두막(hut)처럼 생겨서 다른 상점들과 차별화된다. KFC의 커넬 샌더스 할아버지의 흰 수염이 난 얼굴 역시 뚜렷한 색깔과 함께 같은 역할을 한다.

반응하기 쉽게 만들어라

소비자들이 반응하기 쉽게 되어 있을수록 그들은 더 빠르고 완전하게 제품을 사용하게끔 조건화된다. 반응하기 어렵게 되어 있다면, 소비자들은 반응하지 않을 수도 있고 조건화된 학습이 약화될 수도 있다. 소비자는 구매를 통해서 반응할 때 학습이 강화된다. 그러므로 상품이 널리 유통되고, 주위에서 흔히 볼 수 있어 쉽게 발견할 수 있다면, 학습은 자연히 촉진된다. 따라서 소비자가 반응하기 쉽게 만들어야 한다.

사탕, 껌, 담배 등과 같은 소비재들은 슈퍼마켓, 편의점, 약국, 제과점, 주유소, 술집, 식당, 사람들이 많이 지나다니는 곳의 자판기에 이르기까지 가능한 한 널리 유통된다. 이 제품들이 상점 안의 어느 곳에 진열되는지 살펴보라. 대개는 계산대 앞일 것이다. 사람들은 이런 제품들을 사도록 조건화되어 있으므로, 마케터는 소비자들로부터 자신의 브랜드를 구매하는 행위를 유도하기 위해서 될 수 있으면 반응하기 쉽게 만들어야 한다.

소비자가 얻는 보상이 강할수록 학습 효과도 커진다

보상은 자발적 조건화에서 대단히 중요하며, 가능하면 반응과 밀접하게 붙어 있어야 한다. 반응과 동시에 일어나면 더욱 좋다. 소비자가 구매 행위를 한 후, 보상을 기다리는 시간이 길어질수록 구매와 보상 간의 연결 고리는 약해진다.

야구장에서 팔리는 핫도그를 제외하면 추동, 단서, 반응, 보상이 시간과 공간 내에서 연속적으로 일어나도록 하는 것은 거의 불가능하다.

구입과 소비 사이에는 대개 간격이 있기 마련이고, 보상은 제품의 구입이 아닌 소비로부터 얻어지기 때문이다. 그래서 마케터들은 조건화되는 반응보다는 소비에 초점을 맞춘다. 그러나 이것은 브랜드나 로고 같은 단서와 반응 간의 단절을 의미할 수도 있다. 다행히도 이러한 문제를 해결할 방법이 있다.

마스(Mars)의 엠앤엠(M&M) 초콜릿은 여러 가지 색깔의 작고 동그란 알약처럼 생겼다. 원래부터 이 독특한 모양은 구매자들이 이 제품의 소비와 단서를 연합시킬 수 있도록 도와주었다. 이 회사는 여기에 더하여 연합을 확실히 하기 위해 초콜릿 알마다 M&M이라는 글자를 찍었다. 오랫동안 이런 차별화된 모양은 그들만의 특징이었다. 허쉬(Hershey)가 리시즈 피시즈(Reese's Pieces)라는 라이벌 제품을 소개했을 때, 허쉬는 소비자 수용도 때문에 애를 먹었다. 알약처럼 생긴 모양이 M&M 초콜릿과 너무나 밀접하게 연합되어 있어서, 아이들은 땅콩버터맛의 리시즈 피시즈를 먹었을 때 맛이 이상하다고 느꼈던 것이다.

그러나 리시즈 피시즈를 좋아하는 영화 속 주인공인 이티(ET)와의 연합 덕분에, 마침내 리시즈 피시즈의 인기도 올라가게 되었다. 한편 M&M은 파충류처럼 생긴 외계인이 나오는 영화에 협찬하기를 거부했지만, 그럼에도 불구하고 대부분의 아이들은 여전히 알록달록한 색깔의 알약 모양 초콜릿을 보면, 그것의 원조인 M&M과 연합시킨다.

보상이 강할수록 학습 효과가 커진다. 그러나 보상이 약하면, 소비자가 정확하게 동일한 행동을 반복(동일한 브랜드를 구매)할 구매 동기가 없어져버린다.

퀴즈를 풀어보자. 소비자가 당신의 제품 브랜드명 중 절반을 잊어버
렸으면 좋겠다고 생각할 때는 언제인가? 포스트의 식사 대용 시리얼인
프루트 앤드 파이버(Fruit & Fibre) 브랜드는 매우 심각한 문제에 직면했지
만, 해법을 찾아냈다.

소비자의 상당수가 섬유질 섭취에 신경을 쓰지만, 섬유질을 먹는다
는 것이 그다지 즐거운 일은 아니었다. 그러나 과일과 함께 시리얼을 먹
으면 맛있을 것 같았고, 실제로도 그랬다. 그렇다면 과일과 섬유질을 강
조하기 위한 시리얼의 이름은 어떻게 부각시켜야 할까?

인식되는 보상 가치(중요한 것은 '인식'이라는 사실을 기억하는가?)를 증대하
기 위하여 포스트는 TV 광고에 섬유질이 '숨어 있음'을 나타내고, 과일
이 들어 있다고 강조했다. 그 광고는 일상의 한 단면을 보여주며, 시리
얼을 먹고 있는 부부가 브랜드명 중에서 '과일과······'까지만 기억하는
모습을 보여주었다. 그리고 그들은 나머지 이름을 기억해내지 못하는
데, 오히려 이런 점이 그 제품의 보상 가치를 강조하고 부각시켰다.

처벌: 역보상

보상 대신 처벌을 주는 부정적인 강화가 일어나면 어떻게 될까? 이런
경우에도 학습이 되기는 하지만, 완전히 다른 종류일 것이다. 소비자
들은 그 상품을 구입하거나 사용하지 않도록 학습될 것이다.

어떤 소비재와 서비스는 사람들이 원하고 필요로 하는 것들이지만,

그 자체가 가진 특성 때문에 소비자들에게 보상보다는 처벌을 준다. 이러한 경우라면 마케터는 자발적 조건화를 사용할 수 없게 된다. 친절한 치과 의사가 조건화된 학습을 바탕으로 어필하는 경우를 상상할 수 있겠는가?

리스테린(Listerine)은 대단히 불쾌한 향의 구강청정제 브랜드이다. 1879년 이 제품은 처음에는 비듬, 상처, 무좀 치료제로 출시되었다. 그 후 성분의 변화는 거의 없었지만, 1920년대에 이르러 입냄새 예방용으로 광고되면서 판매량이 급증하기 시작했다. 그러나 워너램버트(Warner-Lambert)는 리스테린 브랜드의 과거 이미지와 변하지 않은 지독한 약품 냄새 때문에, 자발적 조건화 대신 다른 종류의 학습(연합, 모델링, 추론 등)에 초점을 맞춘 마케팅 전략에 의존해야만 했다. 회사는 1930년대에 다음과 같은 이성적인 학습을 이용한 접근 방식을 통해 건강에 대한 어필로 선회했다. '감기에 걸리지 않으려면 리스테린을 하루에 두 번, 매일 사용하십시오.' 그러나 이러한 이성적인 접근은 1960년대에 P&G의 스코프처럼 음료수 수준의 향이 나는 제품들이 시장에 진입하면서 무력해졌다. 라이벌 회사들은 향이 좋아서 자발적 조건화에 의존할 수 있었고, 실제로 그것에 크게 의존했다.

그러자 워너램버트는 리스테린의 향이 지독하다고(보상이 아닌 처벌) 공개적으로 인정하고, 그것을 오히려 장점으로 이용하는 다음과 같은 전략으로 맞섰다. 즉 '좋은 약은 입에 쓴 법이다'라고 내세웠다. 사회적 믿음과 결합된 이러한 이성적인 어필은 소비자들이 제품의 의학적 편익을 믿는 한 효과적일 수밖에 없다. 그런데 불행하게도 1970년에 FDA(Food and Drug Administration)는 구강청정제 제조업체들이 의학적인 효과를 광고하지 못하도록 금지했다. 설상가상으로 5년 후에는 FTC(Federal Trade Commission)에서도 광고를 수정하라고 지시했다. 그러자 소비자들 사이에서 의학적인 효과에 대한 신비감이 완전히 사라지면서, 리스테린은 나쁜 냄새라는 이미지로 되돌아왔다. 좋은 향을 사용하는 라이벌들과 똑같은 토대 위에서 싸우게 된 것이다. 당연히 브랜드의 점유율이 곤두박질칠 수밖에 없었다.

그런 후에는 P&G의 스코프로부터 최후의 일격을 맞았다. 스코프의 광고는 '으윽, 약품 냄새!'라는 비난 섞인 문구를 앞세워 리스테린 자체를 나쁜 냄새의 원인으로 만들어버렸다. 광고에서 리스테린 사용자들이 약품 냄새 때문에 사랑하는 사람들로부터 거절당하다가, 스코프로 바꾼 후 산뜻한 박하향 덕분에 인간관계가 회복됨으로써 '보상받는' 모습을 보여주었던 것이다. 리스테린은 여전히 팔리고 있으며, 앞으로도 그러하겠지만, 결국 워너램버트는 항복하고 리스터민트(Listermint)라는 향기에 호소하는 신제품을 출시하고 말았다.

불행히도 제품 본연의 특성 때문이 아니라, 우연한 사고로 인해 제품을 처벌하는 상황이 생기기도 한다. 제품에 대한 부정적인 경험이 소비자를 조건화해서 제품을 피하게 하면, 그 제품은 이후에 어떠한 보상 가치를 제공한다고 해도 기회 자체가 원천봉쇄된다. 품질에 문제가 있어서 호되게 당하고 나면, 소비자는 다시 그 제품을 찾지 않기 때문이다. 여기에서 중요한 것은 소비자들이 제품을 거부하도록 조건화 된다는 점이다. 그러므로 문제가 고쳐졌다고 자세하게 설명하는 이성 적인 방법은 잘 받아들여지지 않는다. 만약 소비자들이 그러한 사실을 믿는다고 할지라도, 심리적으로는 여전히 '입에서 나는 약품 냄새'가 구매를 방해할 것이다.

모델링: 타인 따라 하기

마케터가 자신의 상품을 사용하도록 사람들을 교육시키는 가장 좋은 방법들 중 하나는 소비자 모델링을 이용하는 것이다. 이와 같은 학습 방법은 사람들이 영문도 모르면서 학습한다는 특징이 있다. 이 장의 도입 부분에서 굽기 전에 햄의 끝을 잘라내버린 아내의 경우가 바로 모델링에 의한 교육이 일어난 예이다. 원래는 그렇게 해야만 하는 타 당한 이유가 있었지만, 엄마에서 딸로 두 세대 이상 지나는 과정 중에 모델링이 작용하면서, 그 이유는 옛 기억 속으로 사라져버리고 말았 다. 조건화가 의식적인 이해에 의존하지는 않지만, 자발적인 조건화 를 통해서 학습한 소비자들은 대개 보상에 대해서 알고 있고, 그것을 의식적으로 확인할 수도 있다. 그러나 모델링의 경우, 소비자들은 그 이유를 모른다. 모델이 대신해서 사고하고 선택하기 때문이다. 물론 소비자가 모델의 행동이 낳은 결과를 볼 수 있고, 합리적인 근거나 보 상 가치를 이해할 수도 있지만, 실상은 그럴 필요가 없다. 필요한 것은 오직 소비자들이 존경하고 추앙하는 모델밖에 없다. 그들이 닮고 싶어 하는 사람 말이다.

이것이 마케터들에게 얼마나 엄청난 기회의 장을 열어줄지 생각해
보라! 소비자들이 우러러보는 모델을 찾아서 그들이 제품을 사용하는
모습을 보여주거나, 칭찬하게 만들면 되는 것이다. 이것을 '전문성'과
혼동하지 않기를 바란다. 모델들은 자신이 광고하는 제품의 전문가일
필요가 없다. 또한 이것을 '명성'과도 혼동하지 않기를 바란다. 유명인
을 출연시키는 것이 도움이 될 수도 있겠지만, 모델이 반드시 유명인
이어야 할 필요는 없다. 소비자들이 존경하고 누구인지 알아볼 수 있
는 사람이라면, 평범한 '보통 사람'이라도 괜찮다. 다음에 나오는 예가
바로 유명 모델들과, 그들이 광고하는 제품이다.

조 나마스(Joe Namath: 미식축구 선수)—팬티스타킹

아널드 파머(Arnold Palmer: 골프 선수)—수영장 청소기

조 디마지오(Joe DiMaggio: 야구 선수)—커피 메이커

폴 뉴먼(Paul Newman: 배우)—건강식품

빌 코즈비(Bill Cosby: 코미디언)—디저트용 젤리

엘리자베스 테일러(Elizabeth Taylor: 배우)—밍크코트

린다 에번스(Linda Evans: 배우)—머리 염색약

앤지 디킨슨(Angie Dickinson: 배우)—아보카도

이 유명 인사들은 자신이 광고하는 제품에 대해 특별한 전문성을 보
유하고 있지 않다. 또한 이 중에서 특히 첫 번째로 예를 든 조 나마스

의 경우, 남자이므로 자신이 광고하는 제품을 사용할 일이 없다.

이번에는 우리와 같은 보통 사람을 모델로 내세워서 일상의 단면을 보여주는 광고의 내용을 살펴보자.

AT&T ― 국제전화 서비스를 광고하면서 부모와 자녀, 연인, 친구, 동료의 역할을 하는 호감형의 모델들이 행복하게 통화하는 모습을 그려낸다.

웜수타(Wamsutta) 침구 ― '결국 이것이 당신 인생의 3분의 1입니다'라는 슬로건과 함께 부모와 자녀, 연인 또는 배우자, 친구 또는 비즈니스 동료들이 매력적인 모델로 등장하여 즐겁게 서로 접촉하는 장면을 광고한다.

벤슨 앤드 헤지스(Benson & Hedges) 담배 ― 서로 다른 활동이나, 각기 다른 기호를 추구하는 매력적인 익명의 커플이 잡지 광고에 등장한다. 그리고 '그는 이것을 좋아하고, 그녀는 저것을 좋아한다. 그러나 그들에게는 함께 동의하는 하나의 취향이 있다'라는 카피를 실었다.

대부분의 세탁용 세제 브랜드 ― 깔끔하고 단정한 이미지의 주부가 자사 브랜드를 사용함으로써, 빨래를 깨끗하게 하는 모습을 보여준다.

합리적인 소비자는
더 이상 존재하지 않는가?

마케터들이 연합, 조건화, 모델링 등의 방식을 통한 학습에 상당 부분

의존한다는 것은 '의식적 추론(conscious reasoning)'을 하는 소비자가 거의 없음을 암시한다. 사실 모든 소비자는 상품을 평가하기 위해서 추론을 사용한다. 그러나 언제나 그런 것은 아니다. 값이 싸고 자주 구입하며, 특히 기타의 브랜드나 대체품이 모든 면에서 거의 동일한 경우, 합리적인 학습이 거의 일어나지 않는다. 소비자는 이러한 구매에 시간과 관심을 투자할 여력이 없다. 이런 상품의 마케터들은 여러 브랜드 간에 물리적인 차이점이 근소한 까닭에, 합리성을 바탕으로 어필하기가 곤란하므로 이성적인 학습에 의존하지 않는다. 그 대신에 브랜드의 심리적 차별화를 창출하기 위해 연합, 조건화, 모델링 등을 사용한다.

이성적 학습이 적용되는 경우

이성적 학습은 대개 중요한 구매나 전체 구매에 적용될 기준을 선택할 때 사용된다. 장기간에 걸쳐 결정해야 하는 주요 구매는 이성적 학습이 이루어진다. 대형 가전제품이나 자동차, 가구, 집 등 내구재의 경우, 소비자들은 인식되는 위험을 줄이고 제품 학습을 위하여 충분한 시간과 노력을 들인다. 중요한 서비스의 구매도 마찬가지이다. 진료받을 의사를 선택할 때, 교육에 대한 결정을 내릴 때, 종교단체에 가입할 때 등이 그러하다. 이때가 바로 소비자들이 특정한 구매를 하거나, 혹은 하지 않기 위해 장단점을 살펴보며 조심스럽게 이유를 따져보는 시점이다. 이 시기에는 대안들의 속성이 추론과 평가를 정당화할 만큼 충분히 다르다.

장기간의 결정 과정

이성적 학습은 소비자들이 보통 만족되어야 할 구체적인 니즈나, 이루어야 할 목적을 의식할 때 일어난다. 그들은 자신이 어디로 가기를 원하는지 알고 있을 때에 비로소 선택하고, 원하던 것을 얻는다. 그리고 어느 것이 가장 도움이 될지 알아보기 위해 가능한 제품과 서비스를 고려할 것이다. 다시 말해서 이것은 '목적'의 확인, 목적 달성에 이르기 위한 여러 가지 '대안', 어떤 경로를 택해야 할지에 대한 '불확실성', 대안들의 '평가', '선택'한 것의 실행 같은 문제의 해결을 위한 고전적인 방법이다.

마케터들은 소비자의 이러한 장기간에 걸친 결정 과정에서 모든 단계에 관여할 수 있다. 그들은 목적을 제시해주거나, 소비자가 바람직한 목적을 발견할 수 있도록 도와주기도 한다. 마케터들은 자신의 상품을 구체적인 목적과 관련시키고, 소비자에게 가능한 대안들을 알려준다. 그들은 제품의 정보를 제공하고 품질을 보증하여, 소비자들이 인식한 불확실성과 위험을 줄일 수 있도록 도와준다. 또한 상품의 속성과 특징을 전달함으로써, 소비자들이 상품의 장점을 저울질하고 상대적인 가치를 결정하도록 도와준다. 그리고 소비자들이 니즈를 충족하거나 목적을 달성하기 위해서 어떤 제품 및 서비스를 선택할 때, 마케터들은 신용, 배송, 설치, 애프터서비스 등을 제공하여 거래를 도움으로써 결정의 실행을 촉발시킨다.

이성적 학습은 취향과 선호의 습득뿐만 아니라, 인지 발달에 이르는 의식적인 과정이다. 이런 것들이 바로 우리가 6장에서 자세히 다룰 주제인 태도와 이미지의 구성 요소이다. 눈여겨보아야 할 것은 추론을 통해 획득된 정보가 대체로 영속적이라는 사실이다. 이성적 학습은 오랜 기간에 걸쳐 일어나며, 이성적 학습의 결과 역시 오랫동안 소비자들에게 영향을 미친다.

표 5-1은 여기에서 논의한 5가지 소비자 학습 방식에 대한 요약이다. 이 표는 각각의 학습 방식이 어떻게 작용하는지, 다른 것들과는 어떻게 다른지, 어떤 상품이 가장 자주 소비자 학습의 초점이 되는지를 발견할 수 있도록 도와주기 위한 것이다.

표 5-1. 소비자 학습 방식

학습 방식	과정에 대한 설명	전형적인 적용 사례
연합	제품과 서비스의 브랜드명은 그 상품을 사용함으로써 충족될 수 있는 특정한 소비자 니즈와 연관된다. 수없이 반복한 후에 브랜드와 니즈라는 2개의 개념은 소비자들의 마음속에 연합되며, 거의 동일한 것으로 자리잡는다.	브랜드를 어떤 형태의 세탁과 '연결'하기 위하여 차별화된 브랜드명을 가진 세탁용 세제를 흙 묻은 옷을 입고 있는 아이들, 세탁실, 세탁기, 깨끗하게 접힌 옷 등과 밀접하게 연합시켜 반복적으로 광고한다.
고전적 조건화	제품의 브랜드명과 사람들로부터 자연스럽게 긍정적인 감정 반응을 불러내는 자극을 계속 반복해서 짝지음으로써, 소비자는 그 브랜드와 긍정적인 감정을 연합시키는 학습을 하게 된다. 소비자는 그 브랜드를 생각할 때면, 좋은 느낌을 가진다.	많은 맥주 브랜드는 맥주 시장의 소비자들이 즐겨 가는 곳과, 마음 맞는 사람들이 모인 장소에 맥주를 늘어놓고 보여주는 방식으로 광고한다. 여기에서 맥주는 정답고 편안한 사교 모임에 빠져서는 안 되는 요소로 등장한다.
자발적 조건화	추동 상태에 있는 동안 어떤 니즈가 촉발되었을 때, 구매 반응을 유발하는 뚜렷한 단서를 소비자들에게 보여준다. 소비자가 구매에 대해 빠르고 후하게 보상을 받으면, 비슷한 상황에서 같은 방식으로 반응하도록 학습된다.	청량음료의 마케터들은 갈증을 느낀 소비자가 음료수를 열어서 마실 때 얻는 후한 보상과 브랜드명이 연결될 수 있도록, 차별화된 캔 라벨을 디자인하는 데 엄청난 돈을 쏟아붓는다. 그러고 나면 소비자는 그 제품을 다시 사도록 조건화된다.

학습 방식	과정에 대한 설명	전형적인 적용 사례
모델링	전문가이거나 유명인이 아니더라도 존경받고 모범이 될 수 있는 매력적인 모델을 소비자들에게 보여준다. 소비자들은 이유를 몰라도 긍정적인 대리 경험을 통해서 모델들이 하는 것처럼, 그 상품을 구매하고 사용하는 것을 학습하게 된다.	의류 디자이너는 매력적인 모델들을 이용하여, 패션 잡지에 크고 화려한 광고를 실어서 자신의 옷을 광고한다. 멋지게 보이고 싶은 독자는 모델을 따라서 그 옷을 산다.
추론	소비자는 상품이 자신의 니즈를 충족하고, 목적을 달성하는 데 어떻게 도움을 줄 것인지를 의식적으로 배운다. 그들에게 구매 이유를 제공해주기 위해서 상품의 편익들이 기술된다. 신뢰성이 중요하므로, 긍정적인 태도를 창출하기 위해 인정받은 전문가를 이용할 수도 있다.	금융권의 회사들은 투자자의 전형적인 목적인 보안, 은퇴, 호사스러운 생활 등을 생각해내고, 자사의 서비스가 어떻게 투자자들로 하여금 안전하고 시기적절하게 목적을 달성할 수 있도록 보장하는지에 대해서 상세히 설명한다.

소비자의 학습 유발

우리는 5가지 방식의 소비자 학습이 상호 보완적인 측면이 있음에도 불구하고 상호 배타적인 것처럼 이야기했다.

그러나 소비자들은 흔히 2개 이상 혹은 5개의 방식 모두를 통해서 브랜드나 제품, 서비스 등에 대해 학습한다.

그렇다고 해서 당신의 상품을 사용하도록 소비자들을 교육시키기 위해 모든 방식을 사용하라는 뜻은 아니다. 특정 타입의 소비재에 딱 맞는 학습 방식이 있고, 그렇지 않은 경우도 많다. 비결은 어떤 종류의 학습이 당신의 상품에 가장 효과적일지 발견해내고, 타깃 시장에 그 학습 방식을 촉발시키기 위해 필요한 작업을 하는 것이다.

우리는 이번 장에서 광고와 프로모션을 이야기했다. 광고와 프로모션은 소비자 학습에 필수적이라고 할 수 있지만, 마케팅 믹스(marketing mix)에서 프로모셔널 요소는 전체 그림의 일부분일 뿐이다.

소비자들은 마케터가 보내는 모든 종류의 메시지를 포함하는 다양한 정보원들로부터 제품이나 서비스에 대해 학습한다. 상품의 가격은 잠재고객에게 품질, 가치, 잠재적 편익 등을 알려준다. 유통 방식 또한 같은 것들을 나타낸다. 대부분의 경우, 가장 중요한 것은 제품과 서비스 자체이다. 그리고 제품과 서비스에 대한 소비자의 직접적이고 개인적인 경험으로부터 학습한 것들 역시 똑같은 역할을 한다.

여기에서 핵심은 소비자들의 학습을 위해 당신이 제공하는 모든 정보는 일관성이 있어야 한다는 점이다. 만약 어떤 메시지가 다른 메시지와 충돌을 일으킨다면, 소비자들의 학습을 심각하게 저해할 것이다.

1. 소비자들은 이따금 이유도 모른 채 학습한다.

2. 소비자의 학습 과정은 개인적인 특징과 상황, 학습 대상 등에 따라서 각기 다른 형태로 나타난다.

3. 연합 학습은 가전제품이나 자동차 같은 주요 상품의 구매에도 적용되지만 과자, 치약, 소형 건전지 등과 같은 소모품의 마케팅에서 가장 효과적이다.

4. 마케터는 제품 및 서비스를 이미 어떤 응답 또는 반응을 암시하는 자극이나 계기와 짝지음으로써, 소비자들이 제품 및 서비스에 의존하도록 교육할 수 있다.

5. 고전적 조건화에 사용되는 연합은 크기가 작고, 많이 광고되며, 자주 구매하는 소모품일수록 특히 효과적이다.

6. 추동 상태가 강할수록 소비자들은 자발적 조건화를 통해 더 빨리 학습하게 된다.

7. 소비자들이 반응하기 쉽게 되어 있을수록 그들은 더 빠르고 완전하게 제품을 사용하게끔 조건화된다.

8. 소비자가 구매 행위를 한 후, 보상을 기다리는 시간이 길어질수록 구매와 보상 간의 연결 고리는 약해진다.

9. 이성적 학습은 오랜 기간에 걸쳐 일어나며, 이성적 학습의 결과 역시 오랫동안 소비자들에게 영향을 미친다.

10. 소비자들의 학습을 위해 제공하는 모든 정보는 일관성이 있어야 한다. 만약 어떤 메시지가 다른 메시지와 충돌을 일으킨다면, 소비자들의 학습을 심각하게 저해할 것이다.

6

소비자의 태도와 제품 및 서비스에 대한 이미지를 활용하라

ATTITUDES:
The Pictures in
the Mind's Eye

조그맣고 짤막한 종이 팩 안에 든 과즙 음료의 한 해 판매량이 과연 얼마나 될까? 놀라지 마라. 무려 15억 개에 달한다. 그러나 과즙 음료를 판매하는 회사들은 자사의 제품을 어린 아이들의 도시락용으로 파는 데에는 성공을 거두었지만, 성인 시장에서는 실패했다. 왜일 까? 그것은 '별로 좋아 보이지 않는 마시는 태도' 때문이었다. 이 종이 팩은 어린이와 여성 에게는 괜찮을지 모르지만, 마초 타입의 남자라면 조그마한 빨대로 빨아먹는 행동은 하지 않으려고 할 것이다.

이러한 사실을 발견한 음료회사 선글로(Sunglo)는 은박지 탭을 붙여서 직접 입을 대고 마 실 수 있도록 제품을 개선함으로써, 종이 팩의 이미지를 완전히 바꾸어 성인 시장에서도 대대적인 성공을 거두었다.

소비자의 태도는 시장에서의 행동과 밀접하게 연결된다. 좋은 태도는 제품의 수용과 구매를 유도하지만, 나쁜 태도는 해당 제품이나 브랜드에 대한 거부로 이어진다. 그러므로 마케터는 자신의 상품을 대하는 소비자들의 태도에 끊임없이 신경써야 한다. 정확하고 긍정적이며 효과적인 태도란, 소비자들이 스스로 찾아나서서 그 상품을 구입하는 것을 뜻한다. 반면에 제품에 대한 부정확하고 부정적이거나 미흡한 태도는 위험 신호이다. 그런 제품들은 마케터가 잠재구매자들의 태도를 변화시키기 전까지 팔리지 않을 것이다.

소비자의 태도에 나타나는 특징들

소비자의 태도는 제품에 대한 믿음과 정보를 보유하고, 취향과 선호를 보관하며, 최선의 행동 방식까지 보여주는 저장소라고 할 수 있다. 또한 소비자의 태도는 항상 믿음, 느낌, 행동의 방향을 제공한다. 그리고 그 주제는 대개 브랜드나 제품, 상점 또는 서비스에 관한 것들이다.

태도는 영속적이다

어떤 제품이나 서비스에 대한 소비자의 태도는 며칠, 몇 주, 몇 달, 또는 몇 년까지도 지속될 수 있다. 때로는 동면 상태에 들어가서 잠재해 있다가 마케터에 의해 다시 깨어나는 경우도 있다.

베이비 붐 세대는 쿨에이드와 함께 자라났다. 어떤 사람이 아이가 손가락으로 '행복한 얼굴'을 새겨넣은 차디찬 음료수를 잊을 수 있겠는가? 그러나 이것은 어디까지나 어린이 음료이다. 또한 애정 어린 기억만으로는 제품을 팔 수 없다. 그런데 정말 그러한가? 쿨에이드의 영민한 마케터들은 어린 시절에 쿨에이드를 많이 마셨던 베이비 붐 세대의 마음속에 여전히 그 이미지와 태도가 남아 있음을 간파했다. 이제 이런 과거의 소비자들이 부모가 되었다. 그러나 그들의 어린 시절에 대한 이미지와 태도는 오랜 세월 잠들어 있었다. 그럼에도 불구하고 이 회사는 그것을 중요한 투자의 대상으로 생각했다. 그리고 오늘날 그것은 이용 가능한 가치 있는 자산이 되었다. 쿨에이드는 반응이 좋지 않은 설탕을 대체하여 뉴트라스위트를 첨가하는 식으로 제품에 새 단장을 했다. 또한 그들은 '향수'를 불러일으키는 광고를 이용해 엄마들의 마음속에서 행복한 어린 시절의 기억을 떠올리게 만들었고, 자녀들에게도 똑같이 소중한 기억을 나누어주라고 그들을 부추겼다. 물론 그 기억의 대상은 쿨에이

드였다. 그 광고는 기존 제품에 대해 더 긍정적이고, 확실한 태도를 가지게 했다.

태도는 타고나는 것이 아니다

특정한 태도를 타고나는 사람은 없다. 소비자는 상품을 소비하는 일상적인 경험을 통해서 자신의 태도를 학습한다. 다시 말해서 태도는 학습되는 것이므로 소비자는 자신의 태도를 새로 학습할 수도, 변화시킬 수도, 새로운 태도로 교체할 수도 있다. 그 순간에 존재하는 태도가 소비자로 하여금 특정한 방식으로 행동하도록 결정한다. 그러므로 소비자의 태도는 어떤 면에서는 조건적이거나 직접적인 행동으로 나타나며, 실행 이전에 정해질 수도 있다. 또한 새롭거나 다른 태도는 행동에서 기인한다.

태도에는 잠재력과 방향성이 있다

태도에는 양극과 음극이 있다. 따라서 좋은/나쁜, 좋아하는/싫어하는, 이끄는/내쫓는 측면이 있을 수 있다. 이러한 극성은 제품을 사용하면서 얻는 손익으로부터 나오거나, 제품이나 서비스에 대한 평가와 판단으로부터 그 방향성이 나올 수도 있다. 또한 태도는 사람들이 알고 느끼는 것을 스스로 행하도록 고무하거나 단념시킬 수 있는 잠재력이 있다. 그러나 모든 태도가 같은 정도의 잠재력이 있는 것은 아니다. 어떤 것은 '헤비급'이고, 또 어떤 것은 '플라이급'이다. 그리고 어떤 태도는 다른 태도보다 훨씬 많이 실행으로 옮겨지기도 한다.

태도의 4가지 역할

소비자가 자신의 정신적 혹은 감정적 생활에서 어떤 목적을 채우려고 하지 않는다면, 아마 태도도 가지지 않을 것이다. 물론 태도는 기능적이므로 4개의 주요 역할인 가치관의 표현, 자아의 보호, 지식의 통합, 소비자의 마음을 움직이는 도구적 효용 중 1개 이상의 역할을 한다. 절대적인 법칙이 있는 것은 아니지만, 통상적으로 어떤 제품에 대한 태도가 대부분의 소비자에게 어떤 역할을 하는지 알 수 있다면, 그 제품을 마케팅하는 데 결정적인 도움을 받을 수 있다.

소비자의 가치관을 표현한다

모든 소비자는 특정한 가치를 가지고 있기 마련인데, 그것은 이러한 가치가 그 사람을 특별한 개인으로 구분짓는 개성을 나타내기 때문이다. 가치를 표현하는 태도는 본인뿐만 아니라 다른 사람들에게도 자신을 정의해준다. 이러한 역할을 하는 태도는 그 사람이 나타내는 바를 보여주고, 그 사람이 인생에서 중요하다고 믿는 것들을 찾게 해준다.

제품이나 서비스와 관련된 태도들은 원래 가치 표현적이다. 그중에서도 특히 '사회적으로 가시적인' 상품에 속하는 의류, 차, 집, 가구 등이 대표적이다. 이러한 제품들은 소비자의 지위를 말해줌과 동시에 가치관을 상징한다. 결국 당신은 어떤 사람의 옷 입는 방식, 차의 종류, 사는 곳 등을 알고 있다면, 그 사람의 라이프스타일뿐만 아니라 성격까지 어느 정도 안다고 느낄 것이다. 그러므로 이러한 제품들이 개인의 정체성을 말해준다고 할 수 있다.

개인적인 가치를 표현하는 브랜드나 제품, 서비스에 대한 긍정적인
태도를 창출하기 위해서는 소비자들이 상품의 상징적 가치를 인정해
야 한다. 즉 그 상품이 무엇을 나타내는지, 어떤 가치를 보여주는지를
소비자들이 알고 있어야 한다. 또한 마케터는 판매하는 제품 및 서비
스의 상징적인 의미를 제공해주어야 한다. 마케터가 제품이나 브랜드
를 특정한 가치와 연관시켜서, 그 제품이나 브랜드의 의미를 소비자들
에게 가르치는 것이다. 제품의 생산이 '실용적' 가치를 가져다준다면,
마케팅은 '상징적' 의미를 가져다준다.

1980년대 초에 디자이너 상표들의 흥망이 좋은 예이다. 랄프 로렌
(Ralph Lauren), 피에르 가르뎅(Pierre Cardin) 같은 디자이너 상표들은 삭스
피프스 애비뉴(Saks Fifth Avenue), 니먼 마커스(Neiman Marcus), 블루밍데
일(Bloomingdale's)과 같은 고급 백화점에서만 판매되었다. 백화점의 이름
과 디자이너의 이름은 둘 다 대중에게 '무엇인가를 의미'했고, 그런 옷을
입는 사람들에 대해서 '무엇인가를 말해'주었다.

디자이너 상표에 대한 열기는 전국을 휩쓸었다. 수요가 치솟자 의류
제조업체들은 디자이너 상표를 마구 붙여댔고, 새로운 디자이너들이 쏟
아져 나왔다. 기존의 유명 디자이너들은 직접 디자인하지 않고, 심지어
관련된 적도 없는 다양한 상품에 자신의 이름과 이미지를 빌려주기 시
작했다.

1983년에 이르러 케이마트(Kmart)와 타깃(Target) 같은 할인점에서도

대량으로 유명 디자이너 상표가 붙은 제품들을 판매했다. 상표의 수와 그 제품을 입고 다니는 사람의 수가 급증하면서, 디자이너 상표는 원래의 의미와 상징적 가치를 잃어버렸다. 마셜 필드(Marshall Field)나 데이턴(Dayton) 같은 고급 백화점들이 제이시 페니(J. C. Penney)나 머빈스(Mervyn's)에서 훨씬 더 싸게 판매되고 있는 디자이너 의류를 취급할 이유가 있겠는가?

대형 고급 백화점들은 제품의 이미지를 직접 통제할 수 있는 자사 디자이너 상표로 재빨리 바꾸기 시작했다. 그들은 자사의 상표를 취급함으로써 제품을 독점으로 공급받았다. 그리고 백화점의 이름이 가지고 있는 고급스럽고 상징적인 가치와, 자사의 상표를 연관시켰다. 오늘날 삭스 피프스 애비뉴나 블루밍데일의 상표는 예전에 유명했던 국제적인 디자이너 상표들보다 훨씬 더 많은 사회적 의미와 상징적 가치를 소비자들에게 전달한다.

소비자의 자아를 보호한다

태도는 소비자에게 불안감을 피하도록 해주어 연약한 자아를 보호하기도 한다. 위협, 공격, 불안감이나 열등감으로부터 개성을 보호하는 것이다. 이러한 태도는 사람들로 하여금 영웅상을 발견하도록 해준다. 또한 소비자들이 바람직하지 못하다고 여기는 상태나, 열등하다고 생각하는 집단들로부터 스스로를 분리시키도록 도와준다. 이런 방어적인 태도는 가치 표현적인 태도처럼 마케터들에게 많은 기회를 제공하지는 않는다. 그러나 자아를 방어하는 태도는 불쾌한 감정으로부터 소비자가 자신을 보호하는 행위이다. 또 수많은 제품과 서비스로부터도 보호자 역할을 한다. 한편 반사회적, 또는 심리적 상태로부터 소비자들을 보호하는 상품들에 대한 태도도 방어적일 때가 있다. 이러한 태도는 특정 제품에 대한 소비자의 수용도를 늘릴 목적으로, 광고를 통해서 강화시킬 수 있다.

사람들은 다른 무엇보다도 당황스러움과 창피함을 두려워한다. 아마도 우리 대부분은 다른 사람들 앞에서 창피를 당하느니 차라리 심한 육체적 고통을 당하는 편을 택할 것이다. 소비자를 겁주어 제품을 구매하게 만드는 '두려움을 이용한 어필'을 사용하는 광고는 자아를 방어하는 태도를 유발하기도 한다. 소비자와 동일시될 수 있는 모델이 난처한 상황에 놓이면, 이것을 보는 소비자는 공포감을 느낄 것이다.

P&G의 헤드앤숄더(Head & Shoulders) 샴푸는 난처한 상황에 맞닥뜨리는 두려움에 초점을 맞추어 잡지와 TV에 광고했다. '머리를 긁는 것은 비듬이 있다고 주위 사람들에게 광고하는 것과 다름없습니다'라는 카피와 함께, 사람들이 많이 모인 곳에서 어깨에 비듬이 떨어져 있지는 않지만 자기도 모르게 머리를 긁는 한 사람을 보여주었다. 머리를 긁는 그의 모습을 보고 놀란 표정을 짓는 사람들을 묘사함으로써, 자아상실에 대한 두려움을 일깨우고자 했다. 즉 건강이나 머릿결의 보호보다는 자아를 보호하기 위한 제품으로 광고한 것이다.

소비자의 지식을 통합한다

태도는 시장에 나와 있는 소비재들에 대한 준비된 정보의 저장고이다. 이런 역할을 하는 태도는 특히 마케터들에게 중요한데, 소비자들이 구매를 고려하는 바로 그때에 그들에게 광고 메시지가 미치지 못하는 경우가 많기 때문이다. 소비자들이 시장에 나설 때 가지는 지식의 대부분은 훨씬 이전에 얻은 것들로써, 니즈가 발생하기도 전에 획득하여 태도의 형태로 보관된 것이다. 소비자들이 시장과 관련된 정보를 모아서 저장할 때, 그들이 보유하는 것은 '사실(facts)'만이 아니다. 정보에 대한 평가, 정보의 의미에 대한 해석, 미래의 행동에 대한 예견 등도 보유한다. 다시 말해서 소비자들은 태도의 형태로 미리 정해진 의사결정을 보유하곤 한다. 이것은 프로모션 정보가 완전히 소멸되지 않음을 뜻한다. 니즈가 생기기 전에 잠재구매자의 마음속에 상품에 대한 호의적인 태도를 구축해두면, 소비자가 자신의 니즈를 충족할 수 있는 상품을 보았을 때, 그러한 태도에 따라서 행동하게 된다.

이러한 태도를 창출하는 데 사용하는 프로모션의 목적과 메시지에는 다른 것들과 구분되는 면이 있다. 우선 소비자로 하여금 달려나와서 당장 제품을 사도록 하는 것이 목적이 아니다. 그 대신에 소비자들이 정보를 보관하고, 나중에 니즈가 생길 경우에 다시 생각해내도록 도와주는 방식으로 소비자들을 가르치려는 것이 목적이다. 이런 광고들은 소비자가 마음속에 그린 그림 안에 상품이 얼마나 잘 들어맞는지를 강조하며, 제품 및 서비스를 언제 구입하고 사용해야 하는지를 알려주는 수많은 신호를 보낸다. 그럼으로써 이런 종류의 광고들은 니즈를 인지하도록 하여, 소비자가 어떤 계기를 만났을 때 미리 형성된 태도에 따라서 행동하도록 만든다.

대부분의 사람이 지역 전화회사로부터 장거리 전화 선택에 대한 문의를 받기 훨씬 전부터 AT&T, MCI, 스프린트(Sprint) 같은 대기업들은 자사의 서비스에 대해 호의적이며 지식에 기반한 태도를 창출하기 위해서 이미 광고 경쟁에 뛰어들었다. 나머지 두 회사와 그 밖의 군소업체들은 저렴한 가격과 선명한 통화음을 내세운 반면, AT&T는 '교사'로서의 역할을 자청했다. AT&T의 광고는 교환원 서비스에서부터 잘못 걸린 전화에 대한 즉시 환불제도에 이르기까지, 각 서비스의 특징을 상세히 설명했다. AT&T의 광고는 소비자들의 즉각적인 반응을 요구하는 대신, 지역 주민들이 조만간 선택을 하지 않으면 무작위로 장거리 전화 서비스에 자동 배정될 것이고, 그 서비스가 AT&T가 아닌 경우가 발생할 수도 있다는 사실만 지적했다.

소비자를 움직인다

특정한 구매를 한 소비자가 그 제품으로 인해 보상받은 경험을 했다면, 그 소비자는 더욱더 긍정적인 태도를 가진다. 반대로 물건을 샀는데 품질이 좋지 않아서 불편을 겪었다면, 그 상품을 대하는 소비자의 태도는 부정적으로 변할 것이다. 음식이나 음료처럼 작고 자주 구입하는 소모품에 대한 제품 선호도와 브랜드 충성도는 이와 같은 태도에 기반한다. 따라서 마케터들은 가능한 한 많은 보상 가치를 심어주고,

자발적 조건화 과정을 촉진하기 위해 노력한다. 이렇게 하면 구매자가 제품을 소비할 때마다 해당 상품에 대한 긍정적인 태도가 강화된다. 브랜드나 상점에 대한 충성도는 소비자가 경험하는 각각의 긍정적인 태도의 강화와 함께 증가하는 경향이 있다.

　미국과 캐나다 전역에 퍼져 있는 2,600개가 넘는 멀리 노먼(Merle Norman) 화장품 스튜디오는 '구매 전에 시험해보는' 체험 마케팅 정책으로 자사의 여성용 화장품 라인에 대한 긍정적인 태도를 창출했다. 잠재고객들은 가까운 상점에 전화를 걸어 약속을 잡은 후, 그곳에 들러서 메이크업 서비스를 받기만 하면 된다. 이러한 정책은 화장 전문가의 도움을 받아 고객이 자신의 특성과 니즈에 적합한 제품을 사용할 수 있도록 해주었으며, 또한 고객에게 여러 종류의 화장품을 사용하도록 가르칠 수 있는 기회를 제공했다.

　이 회사는 일회성 판매보다는 지속적인 관계를 정립하여 장기적인 고객을 확보하는 데 관심을 두었다. 첫 시연 메이크업은 새로운 방문자에게 충분한 가치를 제공했는데, 여성들이 이런 종류의 개인적인 서비스를 받는 것에 익숙한 데다가, 남들이 비위를 맞춰주고 응석을 받아주는 것을 즐기기 때문이었다. 더욱이 잘 훈련된 전문가들이 능숙한 손길로 제품을 골라서 메이크업을 해주는 것은 고객이 직접 골라서 자기 얼굴에 스스로 화장하는 것과는 비교할 수가 없었다. 그래서 잠재고객들은 전문가의 메이크업을 받고 난 후, 남들로부터 듣는 찬사로 인하여 부가적인 사회적 보상을 얻게 된다. 이러한 조건화와 강화를 통해서 멀리 노먼 화장품 스튜디오와 그 상품들에 대한 긍정적인 태도가 창출되었다. 소비자들은 멀리 노먼 화장품 스튜디오를 언급하는 것만으로도 즐거운 느낌을 받고, 긍정적인 반응을 보였다.

소비자들이 알고, 느끼고, 행하는 것

소비자들의 태도는 결코 복잡하지 않다. 다음의 3가지 부분으로 이루어져 있을 뿐이다. 소비자들이 무엇을 아는지 혹은 믿는지(지식 요소), 그들이 어떤 것을 어떻게 느끼고 평가하는지(느낌 요소), 그들이 그것에 대하여 어떻게 행동하는지(행동 요소)이다. 그러나 마케터가 소비자들의 태도를 바꾸려고 할 때에는 반드시 각각의 개별 요소를 모두 고려해야 한다.

지식 요소

제품이나 서비스에 대한 태도를 갖추기 위해서 소비자는 최소한의 정보를 보유하고 있어야 한다. 이름 또는 적어도 사소한 어떤 것이라도 알아야 한다. 소비자는 시장에 나와 있는 제품을 학습할 기회가 많다. 그러나 수만 개가 넘는 브랜드가 광고되고 있으며, 대부분의 사람이 매일 수백 개의 광고를 접하므로, 이렇게 많은 정보를 모두 흡수할 수 있는 사람은 없다. 대부분 중간에 유실되기 때문에 태도에서 지식 요소는 결코 완벽할 수 없다. 다시 말해서 소비자들이 알고 있거나 믿는 것이 불완전하고 부정확할 수도 있다. 마케터들은 잠재구매자들의 태도를 측정할 때, 그들이 충분한 정보를 가지고 있는지와 정보가 정확한지 알고 싶어 한다. 구매자가 제품에 대해 아는 것이 별로 없다거나 잘못된 믿음을 가지고 있다면, 그 제품을 구입하지 않을 것이기 때문이다.

따라서 소비자들은 끊임없이 상품의 정보를 받고, 그것을 인식할 수 있어야 한다. 이런 작업의 대부분은 광고에 의해서 이루어지지만, 다른 형태의 커뮤니케이션도 효과가 있다. 일반적으로 부정확한 지식을 수정하거나 비우호적인 믿음을 고치는 것보다는, 지식이 부족할 때 추가적인 정보를 제공하는 것이 훨씬 쉽다. 그러므로 명확성과 신뢰성이 중요하다. 또한 소비자가 메시지를 들었을 때, 그것을 이해하고 믿을 수 있어야 한다.

불완전한 지식

문제점: 잠재고객이 제품이나 서비스에 대한 여러 가지 관련 사실을 모르고 있다.

해결책: 소비자의 가치에 긍정적 사실들을 추가로 제공하는 광고를 한다.

강조점: 가능한 한 명확하고, 이해하기 쉬우며, 적절한 메시지를 만들도록 특별한 관심을 기울인다.

부정확한 지식

문제점: 소비자가 부정확한 지식 때문에, 상품이나 서비스에 부정적

인 생각을 가지고 있다.

해결책: 소비자의 마음속에 있는 오해나 부정확한 사실들을 수정하는 프로모션을 실시한다.

강조점: 가능한 한 신뢰할 수 있고, 수용하기 쉬우며, 권위를 가질 수 있는 메시지를 만든다.

느낌 요소

거의 모든 사람이 긍정적이든 부정적이든 자신이 한 번이라도 들어보고 기억해낼 수 있는 모든 제품에 대하여 어떤 느낌을 가지고 있다. 긍정 또는 부정, 이 두 가지 중 어느 쪽에도 들지 않는 완전히 중립적인 느낌은 아주 드물다. 소비자의 이러한 느낌은 '평가'와 '조건화'라는 2가지 방법 중 하나로 발전된다.

제품에 대한 소비자의 느낌은 첫 번째로 '평가'와 관계되는데, 그것은 의식적일 수도 있고, 잠재의식적일 수도 있다. 어떤 방식이든지 긍정적이거나 부정적인 느낌이 생기기 마련이다. 느낌의 방향과 강도는 소비자가 가치 있다고 여기는 것과, 제품에 대해 알고 있는 것을 비교하는 평가에 의해 좌우된다. 만약 소비자가 가지고 있는 제품 정보가 자신의 핵심 가치에 긍정적으로 연결된다면, 긍정적인 태도 쪽으로 향하게 된다. 밀러 브랜드의 마케팅 전략은 자사 제품에 대한 소비자의 평가를 성공적으로 바꾼 사례이다. 주의 깊게 살펴보자.

밀러가 1973년에 라이트(Lite) 브랜드를 출시했을 때, 업계 대부분의 분석가들은 상당히 회의적이었다. '다이어트' 맥주가 맥주 시장의 중심에 있는 마초적인 남성들에게 팔릴 것이라고는 기대할 수 없었기 때문이다. 가까운 곳에 있는 아무 술집에나 들어가보아도, 다이어트 식품이나 음료 제품에 전형적으로 등장하는 날씬한 몸매에 가치를 두지 않는 사람들이 득시글거렸다.

물론 라이트 맥주를 그런 가치에 어필하려고 했다면, 업계 사람들이 예상한 대로 캠페인은 실패로 끝났을 것이다. 그러나 밀러는 라이트를 다른 가치와 연관시킴으로써, 기본적으로 다이어트 맥주가 무엇인지에 대한 맥주 애호가들의 태도를 변화시켰다. 밀러는 유명한 운동선수들을 이용해서 라이트 브랜드를 추천하는 광고를 내보냈다.

한 사람이 하룻저녁에 맥주를 얼마나 마실 수 있을까? 왜 쉽게 배가 불러오는 일반 맥주 대신 '덜 배부른' 맥주인 라이트를 마시지 않는가? 광고는 라이트를 마시면 더 많이 마실 수 있다는 강한 암시를 주었다. 그 광고는 효과가 만점이었다. 광고 이후 판매가 급증하여 전체 맥주 판매량 중 20퍼센트 이상을 라이트 맥주가 차지했으며, 40여 개 이상의 라이트 맥주 브랜드 중에서 밀러가 절반 이상을 점유했다.

한편 소비자가 제품에 대해 느끼는 것은 '조건화'로도 발전된다. 소비재에 대한 직접적이고 개인적인 경험은 통상적으로 사용자에게 보상이나 고통을 주는 결과를 가져온다. 제품의 사용 경험이 만족스럽다면, 그 제품에 대한 느낌이 호의적일 것이다. 그러나 불쾌하거나 실망스럽거나 고통스러운 경험이었다면, 비우호적인 느낌이 생길 것이다. 그러므로 태도가 긍정적인지, 또는 부정적인지는 사용 경험에서 기인한 보상이나 고통에 달렸다고 할 수 있다. 버거킹의 마케팅 전략은 조건화 바꾸기의 성공적인 사례라고 할 수 있다.

버거킹은 개별 구매자가 원하는 방식대로 햄버거가 만들어지는 것이 아니라, 일률적으로 똑같은 방식으로 만들어지기 때문에 사람들이 패스트푸드를 그다지 좋아하지 않는다는 사실을 발견했다. 따라서 버거킹은 자사가 제공하는 음식의 보상 가치를 증대하기 위해 햄버거를 '주문'할 수 있도록 매장 내의 절차를 변경했다. 그리고 '원하는 방식으로 드세요'라는 슬로건을 내걸었다. 곧이어 사람들이 자신이 원하던 그대로를 얻게 되면서, 보상 가치는 더욱 커졌다. 또한 특별한 방식으로 주문하지 않는 사람들 역시 전보다 더 큰 보상 가치를 얻었다. 사람들은 실제로 선택하지 않아도, 선택할 수 있는 기회 자체를 가지고 싶어 하기 때문이다. 선택할 수 있다는 사실을 인식하는 것만으로도 버거킹의 방문을 더 보람되게 만들었고, 소비자들의 태도를 더욱 긍정적으로 변화시켰다.

행동 요소

소비자가 자신의 태도에 기반해서 행동할 가능성은 여러 가지 요소에 의해 좌우되지만, 그중에서 가장 중요한 요소는 목적에 대한 '타당성', 가치 기반의 '중심성', 기타 다른 긍정적인 태도들과의 '통합'이라고 할 수 있다. 소비자들은 태도가 중요한 목표를 달성하는 것과 직접적으로 관련될 때, 더욱 태도에 기반하여 행동하는 경향이 있다. 그리고 어떤 태도가 기타 중요한 태도들과 밀접하게 연결되어 있을 때, 더욱 그 태도에 따라서 행동하는 경향이 있다.

단순히 주변적 가치나 불확실한 목적에 기반한 마케팅적 어필이 호의적인 태도를 유발하기도 한다. 그러나 구매 단계에 이르렀을 때에는 태도의 행동 요소가 즉각적인 행동을 유도할 만큼 충분히 강하지 않을 수도 있다. 다시 말해서 소비자가 물건을 구입하지 않거나, 또는 경쟁자로부터 구입할 수도 있다는 뜻이다. 이와는 대조적으로 마케팅적 어필이 중요한 목적과 밀접하게 연관된다면, 그리고 소비자들에게 대단히 중요한 핵심 가치에 기반한다면, 그들은 더욱더 자신이 지니고 있는 태도에 따라서 행동하게 될 것이다.

여성들의 패션 세계에서는 아름다움이 전부이며, 그 밖의 것들은 무의미하다. 그러나 오늘날 고위직에 있는 직장 여성들은 자신의 의상에 대해서 전혀 다른 가치와 목적, 우선순위를 가지고 있다. 오후에 한가로이 테라스에 앉아 차를 마시는 것은 사무실에서 내일 있을 심리를 위해 서류를 준비하는 데 시간을 쏟는 젊은 여성 변호사에게는 가치가 없는 행동이다. 그녀는 '예쁘게 보이는 것'보다는 '신뢰성'에 훨씬 더 신경쓸 것이므로, 전통적인 패션의 원칙이 더 이상 통용되지 않는다.

10억 달러 이상의 매출을 달성한 의류 제조업체 하트막스(Hartmarx Corp.)는 직장인들의 드레스 코드를 이해하고 있다. 그들의 하트 샤프너 막스(Hart Schaffner Marx) 브랜드의 남성복 라인은 다음과 같은 광고 카피를 이용한다. '적절한 옷차림이 당신의 미래를 보장해주지는 않습니다.

그러나 잘못된 옷차림은 확실히 당신의 품위를 깎아내립니다.' 중심 가치와 목적에 어필하는 것은 의류 라인에 대한 긍정적인 이미지뿐만 아니라, 판매로 직결되는 태도를 만들어냈다.

　대부분의 비즈니스맨이 핸섬해 보이기보다는 능력 있어 보이고 싶어 한다는 사실을 알고 있던 하트막스는 일하는 여성들 역시 경력 중심의 가치와 목적, 태도를 공유한다는 사실을 알아냈다. 그래서 이 회사는 하트 샤프너 막스의 브랜드로 고품격 여성 정장 라인도 출시했다. 하트막스는 계속해서 패션과 관계없는 잡지들에 광고를 싣고, 외모와 관련된 목적과 가치보다는 프로페셔널에 어필하는 방법을 사용할 것이다.

　소비자들은 제품에 대한 호의적인 태도를 가지고 있기 때문에 소비재를 산다. 물론 그 태도가 자기 가치관의 표현이든, 자아의 보호를 위한 것이든, 보상을 얻기 위한 도구이든, 정보의 저장소이든 간에 제품이나 서비스에 호의적인 태도를 보이는 것은 좋은 느낌을 가지고 있다는 뜻이고, 그 느낌이 행동으로 이어질 만큼 충분히 강하다는 의미이다. 구매를 하지 않는 사람들은 일반적으로 지식이 부정확하거나, 느낌이나 평가가 부정적으로 바뀌었거나, 또는 태도에 따라서 행동할 만큼 강한 느낌을 받지 못했거나 등등 어떤 측면이 부족한 태도를 보인다. 우리는 소비자들의 태도를 측정함으로써, 그들의 반응을 예측할 수 있다. 그뿐만 아니라 그들의 태도를 개선시켜서 반응이 확실하게 일어나도록 유도할 수도 있다.

소비자의 심안에 비친 이미지

소비자의 심안에 비친 제품의 이미지는 하나의 태도 그 이상의 의미임과 동시에 그 이하를 의미하기도 한다. 태도 이상이라는 것은 태도가 전체적인 그림을 완성하고, 더 향상시킨다는 면에서 그러하다.

소비자들은 어떤 제품, 서비스, 브랜드, 상점에 대해 기존에 학습되어진 것에 기초해서 그림을 완성하고, 정보의 차이를 메워나간다. 그러나 태도와는 달리, 이미지는 뚜렷하게 구별되는 3가지 요소로 이루어져 있지 않다. 그 대신에 이미지는 다중적인 차원을 지니고 있다. 소비자들이 이미지의 대상에 대해서 알고 믿고 느끼는 것과, 그에 따라서 행동할 가능성은 많은 다른 범주나 차원과 결합되고 뒤섞인다.

이미지의 기초

소비자들이 특정한 제품 및 서비스에 가지는 이미지는 주로 '소비자 자신의 창조물'이다. 마케팅 프로그램은 이러한 이미지에 영향을 미칠 수 있다. 그러나 그림은 소비자의 마음속에서 '그려지는 것'이므로, 동일한 제품에 대해서 두 사람이 완전히 똑같은 이미지를 가질 수는 없다. 이미지는 부분적으로 소비자가 시장에서 학습한 것에 기초하면서도, 동시에 소비자 각자의 개인사 및 일반적인 경험에도 기초하기 때문이다.

사실상 시장의 특정한 제품이나 서비스에 대해서 완전한 정보를 가지고 있는 사람은 없다. 그 때문에 소비자들은 잘 모르는 제품의 속성이나 특징은 단서에 의존해서 힌트를 얻는다. 제품에 대한 사실들은 그 이상의 것들을 암시한다. 소비자들은 제품을 확실히 모를 때에도 판단에 필요한 사항을 추론함으로써, 그 제품에 대한 결정을 내리고 이미지를 만들어낸다. 만약 소비자들이 제품이나 서비스의 질을 잘 모른다면, 아마도 가격으로부터 품질을 짐작할 것이다. 즉 가격이 높으면 고품질이고, 가격이 낮으면 저품질이라고 인식할 것이다.

왜 소비자들은 고가격이 고품질과 동일하다는 가정을 내리는 것일까? 대개는 소비자들이 그렇게 생각하도록 학습되었기 때문이다. 소비자들은 과거에 경험한 수많은 상품을 통해 그것이 사실임을 학습해 왔다. '싼 것이 비지떡'이라는 말 역시 이러한 일반적인 믿음을 강화한다. 그래서 소비자들은 다른 상품들을 통해 학습된 사실을 고려 중인 특정 제품에도 적용하여 일반화한다. 물론 '가격=품질'이라는 공식이 항상 성립하지는 않는다. 그러나 대부분의 경우에서 사실로 입증되는 한, 소비자들은 계속해서 이 공식에 의존할 것이다.

그러나 소비자들이 사용하는 단서와, 그로부터 내려지는 추론이 항상 이러한 '가격/품질 증후군'처럼 명확한 것은 아니다. 때때로 소비자들은 마케터가 생각조차 해보지 않았던 사실을 단서로 사용할 수도 있다. 즉 소비자들이 접하는 것과, 그들이 내리는 결론 사이에 직접적인 관계가 존재하지 않을 수도 있다. 그래서 단지 색이 진하고 주름졌다는 이유만으로 말린 자두가 '오래된' 이미지를 의미한다거나, 목조 건물 안에 있다는 이유만으로 안전하지 못한 은행으로 여겨지는 일이 발생할 수 있는 것이다. 정확한 데이터 없이 이미지를 추측하기란 쉬운 일이 아니다. 종종 부정확한 추측으로 인해서 완전히 오도된 결론에 이를 수도 있다. 소비자의 마음속에 존재하는 상품의 이미지를 확신할 수 없는 마케터는 추측만으로 해결하려고 들지 말고, 소비자 조사를 시행해보기 바란다. 그러면 이미지의 긍정적인 면은 부각하고, 치명적인 약점은 감소시키거나 제거하는 마케팅 프로그램을 만들어낼 수 있다.

이미지의 차원

마케터들은 마치 하나의 단일한 실체인 것처럼 '그 제품'에 대해 생각하고 말하는 경향이 있다. 그러나 우리가 하나의 상품이나 브랜드, 상점, 서비스라고 부르는 것은 사실 다른 많은 '좋은 것'을 담고 있는 효용의 패키지이다. 예를 들어 사람들이 컴퓨터와 같은 유형의 제품을 구매할 때, 그들이 원하는 것은 물리적인 제품 자체가 아니라 그 제품이 제공하는 서비스와 기능이다. 다시 말해서 사람들이 원하는 것은 기계가 아니라, 그것이 제공해주는 서비스이다. 그러나 다른 정보가 별로 없다면, 사람들은 기계의 외관과 물리적인 속성에 크게 의존해서 판단할 것이다.

서비스 분야도 마찬가지이다. 어머니가 자녀들을 드라이브 스루 패스트푸드점에 데려갈 때, 그녀는 음식의 형태로 되어 있는 서비스를 구매하는 것이다. 그러나 그녀가 정말로 구매하는 것은 무엇인가? 그것은 햄버거와 감자튀김이 아니라 배고픔의 충족, 자녀들을 위한 즐거움, 그녀 자신을 위한 편의성이다. 따라서 사람들이 어떤 제품이나 서비스에 가지는 이미지는 그 상품에 포함된 속성들에 의해서 결정된다. 이미지 프로파일은 소비자들이 전체 패키지에 대해서 알고 있는 바를 보여준다.

제품 및 서비스의 이미지를 관리하라

소비자의 마음속에 있는 상품의 이미지는 모니터할 수 있을 뿐만 아니라 관리도 할 수 있다. 마케터는 제품, 서비스, 가격, 유통, 프로모션 등 마케팅 프로그램을 수정함으로써, 소비자의 심안에 있는 상품과 기업에 대한 그림을 형상화하고, 또 재형상화할 수도 있다. 어떤 마케터는 작은 것에서부터 큰 것에 이르기까지 변화를 주면서 능숙하게 이를 수행한다. 반면, 상품에 대한 소비자들의 인식보다 그들이 어때야 하는지 자신의 생각에 초점을 맞추는 마케터도 있다. 당연히 마케팅의 성공 정도는 달라지게 된다. 다음에 나오는 사례는 제품 및 서비스가 이미지에 따라 얼마나 달라질 수 있는지 극명하게 보여준다.

'맥(Mac)'의 대조적인 두 가지 이미지

애플(Apple) 사의 매킨토시(Macintosh)를 판매하고 있는 친구로부터 열광적인 사용 경험담을 접한 후, 마침내 나는 처음으로 매킨토시 컴퓨터를 사용하게 되었다. 그러나 매킨토시를 보자마자 나의 첫 반응은 "애걔, 이게 그거야?"였다. 마치 조그만 비디오 게임기처럼 보였던 것이다. 그러자 친구는 "잠깐, 이것이 무엇을 할 수 있는지 두고 봐"라고 말했다.

매킨토시는 남들이 말하던 모든 것, 혹은 그 이상을 할 수 있었다. 마우스, 그래픽, 풀다운 메뉴 등 모든 것이 혁명적이라고밖에 표현할 방법이 없었다. 그러나 나는 여전히 호감을 가질 수 없었다. 컴퓨터처럼 작동하지만, 컴퓨터로 보이지 않았던 것이다. 매킨토시에 대한 첫인상이 나의 마음속에 맴돌았고, 그 외관은 다른 긍정적인 속성들에 대한 전체적인 이미지마저 편견을 가지고 바라보게 만들었다.

그렇게 느끼는 사람이 나 혼자만은 아니었다. 이후 애플이 비즈니스 시장에 진입하기 위한 노력을 시작했을 때, 매킨토시의 성능에도 불구하고 소비자들에게 다가서지 못했다. 한 경영 잡지는 매킨토시를 '여피족과 그 자녀들이 가지고 노는 장난감'이라고 평했다. 기술 관련 분석가들은 매킨토시의 폐쇄적인 아키텍처(architecture), IBM과의 비호환성, 기술적 부적합성 등을 지적했다.

이와 비슷한 예로, 나름대로의 장점에도 불구하고 삼륜차는 결코 성공할 수 없었다. 삼륜차는 자동차처럼 보이지 않았기 때문이다. 한편 유럽에서는 짜서 쓰는 튜브 용기에 든 제품들이 많이 팔리지만, 미국에서는 그렇지 않다. 미국인들에게 튜브형의 제품들은 모두 치약처럼 보이기 때문이다. 이런 이치와 마찬가지로, 사람들이 더 넓은 책상 위의 공간을 원하기는 하지만, 애플 매킨토시가 사무용 기기처럼 보이지 않았기 때문에 비즈니스 시장에 진입하기가 힘들었던 것이다.

새로운 이미지로 다시 태어나다

과거 몇 년 동안 패스트푸드점들은 식품 시장 내에서 점유율을 꾸준히 확장했다. 초창기에는 상점들이 스피드와 경제성에 강조점을 두었기 때문에 빨강, 주황, 노랑과 같은 따뜻하고 밝은 색깔을 사용했다. 그리고 각 체인은 각자의 심벌과 로고를 개발했다. 화려할수록 눈에 더 잘 띄기 마련이었다. 메뉴는 엄격하게 제한되어 있었고, 시간 절약을 위해서 음식이 거의 미리 조리되어 있었다.

그러나 이렇게 만들어진 이미지는 소비자들이 원하는 것과는 거리가 멀었다. 소비자들은 패스트푸드가 빠르고 경제적이기는 하지만, '앉아서 식사하는' 레스토랑이나 집에서 만든 음식보다 훨씬 저급하게 여겼다. 결국 패스트푸드에 대해서 어쩔 수 없이 먹기는 하지만, 맛으로 먹지는 않는 '열등한 상품'이라는 이미지를 가지게 되었다.

그러다가 몇 년 사이에 패스트푸드 산업은 급속하고 현저하게 변화를 이루었고, 이미지도 함께 변화했다. 업계의 선두주자인 맥도날드는 예전의 번들거리고 싸구려 같은 표면과, 밝고 화려한 색깔의 인테리어를 차분한 색으로 바꾸었다. 그리고 보다 부드럽고 재질감이 느껴지는 인상을 주기 위해, 금속이나 플라스틱으로 되어 있던 표면의 상당 부분을 원목과 벽돌로 교체했다. 또한 여기저기 튀는 색깔들도 흙색이나 갈색, 혹은 진한 호박색으로 바꾸었다. 로고와 사인의 사이즈도 축소하여 새로운 이미지에 맞추었다.

엘리베이터가 없는 상점도 과거에나 해당되는 이야기이다. 오늘날 상점의 인테리어는 세련되게 장식되어 있고, 음식을 먹을 장소도 잘 갖추어져 있다. 또한 음식과 서비스도 인테리어에 걸맞게 변화했다. 메뉴가 단지 샌드위치뿐이던 것이 샐러드와 전채 요리까지 있을 정도로 획기적으로 다양해졌다. 가격도 이에 맞추어 조정되었다. 영업 시간도 연장되었고, 완전히 새로운 아침 메뉴도 선보였다. 음식 준비에 더 많은 시간이 소요되는 것을 보상하기 위해서 매장 내 조리 절차에 대한 효율성을 높였으며, 드라이브 스루 서비스를 갖춘 매장의 수도 확대했다.

맥도날드는 대중의 시각에서 자사가 추구하는 이미지를 매우 성공적으로 이루어냈다. 즉 맥도날드는 빠르고 싼 음식을 먹을 수 있는 장소라는 이미지 대신, 미국적인 것의 표본으로서의 새로운 정체성을 만들어냈다. 이제 맥도날드는 미국 문화의 핵심이자 필수적인 부분일 뿐만 아니라, 전 세계인의 눈에 미국의 상징으로 비추어진다. 사정이 이렇다보니, 다른 나라들에서 황금색 아치가 세워지는 것만 보아도 그 나라가 "미국화되고 있구나"라고 엄살을 떨게 된 것이다.

맥도날드나 다른 패스트푸드점들이 정말로 팔고 있는 것은 무엇일까? 음식만 파는 것이 아님은 확실하다! 대중은 이러한 패스트푸드점에서 음식을 먹는 것을 받아들일 수 있게 되었고, 당연한 일로 여기게 되었다. 방문하는 사람들이 즐거움과 재미를 얻는다는 점에서 패스트푸드점들은 체험을 팔고 있다고 할 수 있다. 게임을 하고 상을 타기도 하며, 아이들이 놀 수 있는 공간도 있다. 그러나 아마도 더 중요한 것은 패스트푸드점이 소비자들의 몇몇 부정적인 체험을 차단해준다는 사실이다. 그곳에서는 바가지를 쓸 염려가 없고, 인식되는 위험도 없으며, 실망할 일도 없기 때문이다. 그러므로 익숙함과 확실함은 상품의 전체 패키지 중에서 중요한 부분을 차지한다. 대중의 마음속에 있는 이미지는 전통적이고 긍정적이며 다면적이다. 이것은 호의적인 이미지로 이끄는 단서와 상징을 포함한 마케팅 믹스를 조심스럽게 조작함으로써 창출된다.

소비자의 심안으로 뛰어들어라

비즈니스 매니저와 경영자들은 자신이 판매하는 상품과 연관된 물리적인 실체들에 기초해서 행동한다. 그러나 소비자들은 자신이 구매하는 상품의 심리적이고 사회적인 이미지에 기초해서 행동한다. 때로는 두 가지 이미지 간의 거리가 아주 멀어서, 마케터들이 그 둘 사이에 다리를 놓아야 한다. 소비자들은 순전히 기능적인 효용보다는 상품의 상징적 가치에 훨씬 더 많은 관심을 두는 경향이 있다. 그들은 사회적, 심리적 요인들에 의해서 압도당하는 경우가 많다. 마케터로서 우리는 소비재의 물리적, 화학적 생산 과정을 알 수 있지만, 그 제품의 '소프트한' 측면에 대해서는 어떤가? 무엇이 소비자들이 가지고 있는 이미지를 지배하는가? 태도와 이미지는 마케터의 영역이다. 마케팅 성공신화가 탄생하느냐 사라지느냐는 태도와 이미지에 달려 있다.

소비자의 코드를 읽는 키워드 6

1. 소비자의 태도에 나타나는 특징들

　① 태도는 영속적이다.

　② 태도는 타고나는 것이 아니다.

　③ 태도에는 잠재력과 방향성이 있다.

2. 태도의 4가지 역할

　① 소비자의 가치관을 표현한다.

　② 소비자의 자아를 보호한다.

　③ 소비자의 지식을 통합한다.

　④ 소비자를 움직인다.

3. 소비자들의 태도는 지식 요소, 느낌 요소, 행동 요소로 이루어져 있다.

4. 제품이나 서비스에 대한 태도를 갖추기 위해서 소비자는 최소한의 정보를 보유하고 있어야 한다.

5. 제품이나 서비스에 대한 소비자의 느낌은 '평가'와 '조건화' 중 하나로 발전된다.

6. 소비자들의 태도를 측정함으로써, 그들의 반응을 예측할 수 있다. 그뿐만 아니라 그들의 태도를 개선시켜서 반응이 확실하게 일어나도록 유도할 수도 있다.

7. 마케터가 소비자의 마음속에 존재하는 상품의 이미지를 확신할 수 없는 경우에는 소비자 조사를 시행해서, 이미지의 긍정적인 면은 부각하고 치명적인 약점은 감소시키거나 제거하는 마케팅 프로그램을 만들어낼 수 있다.

8. 소비자의 마음속에 있는 상품의 이미지는 모니터할 수 있을 뿐만 아니라 관리도 할 수 있다.

9. 마케팅 성공 신화가 탄생하느냐 사라지느냐는 태도와 이미지에 달려 있다.

7

소비자는 사회적 역할을
연기하고 있는 배우이다

SOCIAL ROLES:
Playing Out
Life's Drama

다른 사람들과 같이 있을 때나 혼자 있을 때에도 소비자는 인생이라는 드라마에서 자신만의 특별한 역할을 연기한다. 사회는 대본이며, 권위 있는 인물이 감독을 맡고, 물리적 환경이 무대가 된다. 그리고 현재의 상황은 무대 장치, 다른 사람들은 배우, 외부의 관찰자들은 관객, 각각의 소비자는 스타 배우가 된다.

여기에서 소비재는 '소도구'에 불과하다.

이번 장의 도입부에서 이야기한 것이 마케터들이 세상을 보는 방식의 전부는 아니다. 그러나 마케터는 소비자들이 연기하는 역할의 관점에서 그들을 생각하지 않으면서도, 그들에게 연기를 시킨다. '여자답게 행동하라'는 말은 대체 무슨 뜻인가? 어떻게 하면 '나이에 맞게' 행동할 수 있는가? 누가 그 일에 '적합한 자질'을 보유하고 있는가? 소비자들은 생각 이상으로 자신의 역할에 대한 필요조건을 잘 알고 있다. 역할연기(role-playing)는 사람들에게 무엇을 하고, 무엇을 하지 말아야 할지 말해준다. 또한 그것은 타인의 행동을 예측하고, 이해할 수 있도록 도와준다.

자신의 사회적 역할을 연기하는 배우

마케터들은 사회적 역할에 대한 명확한 이해를 바탕으로, 그것을 의사

결정과 마케팅 프로그램 관리를 위한 분석의 단위로 이용할 수 있다. 소비재는 구체적인 역할을 위해 디자인될 수 있으며, 그 역할을 연기하는 모든 사람을 대상으로 마케팅할 수 있다. 광고는 제품의 사용자들에게 방향을 제시하는 대본을 제공한다.

빨간색과 흰색 라벨이 붙은 수프 하나로 전체 통조림 수프 시장의 80퍼센트를 차지하고 있는 캠벨 수프(Campbell Soup Company)만큼 '주부'를 이해하고 효과적으로 마케팅하는 회사는 없다. 그러나 어떻게 대부분이 남자 중역으로 이루어진 회사가 주부의 역할을 이해하고 있을까? 캠벨의 사장인 고든 맥거번(Gordon McGovern)은 자신만의 원칙을 가지고 있었다. '그들이 가는 곳에 가고, 그들이 하는 것을 하며, 가능한 한 그들과 많이 대화하라.' 간단해 보이지만, 이것이 바로 주부의 역할을 이해하는 그만의 비결이었다.

맥거번은 회사의 임원들이 극단적이라고 생각할 만큼 자신의 원칙을 밀어부쳤다. 1주일마다 손수 장을 보러 다녔을 뿐만 아니라, 다른 임직원들에게도 똑같이 할 것을 요구했다. 그래서 회사의 임원들은 주부의 역할을 공부하기 위해, 정기적으로 전국의 모든 지역에 걸쳐서 300여 가구의 부엌을 방문했다. 심지어 그는 중역들이 매장을 돌아다니면서 캠벨 제품을 구입하는 쇼핑객들과 만나서 대화할 수 있다는 명목하에, 슈퍼마켓에서 중역회의를 열기까지 했다.

캠벨 골드라벨 수프, 스완슨 앤드 르 메뉴(Swanson and Le Menu) 냉동식품, 미시즈 폴(Mrs. Paul's) 냉동식품, 프레고(Prego) 스파게티 소스, 블래식

(Vlasic) 피클 등등 유명 브랜드를 보유한 캠벨 수프는 주로 가정주부에 초점을 맞추었다. 변화하는 가정주부와 가족의 역할을 철저하게 모니터 하면서, 캠벨 수프는 1984년에만 42개의 신제품을 성공적으로 출시했다. 주 고객층의 사회적 역할에 대한 철저한 이해는 맥거번이 회사의 목표를 달성하도록 계속해서 도와줄 것이다.

사회적 역할의 3가지 기능

소비자들은 어떠한 역할이 자신의 생활에서 중요한 기능을 하지 않을 경우에는 역할연기에 참여하지 않는다. 그러나 역할연기는 개개인의 소비자에게 필요할 뿐만 아니라, 전체 사회가 순조롭고 효과적으로 작동하기 위해서도 반드시 필요하다. 그래서 역할에는 개인적 기능, 대인적 기능, 그보다 범위가 넓은 사회적 기능까지 있다. 이 모든 기능은 역할연기를 우리 생활의 중요한 부분으로 만들기 위해서 유기적으로 움직인다.

역할연기의 개인적 기능

소비자들의 사회적 역할에 대한 필요조건은 일반적으로 저주가 아닌 축복인 경우가 많다. 때때로 문제를 일으키기는 하지만, 사람들은 일반적으로 자신의 역할을 기꺼이 받아들이고 열성적으로 연기를 펼친다. 사람들은 흔히 부모, 직원, 이웃, 친구 등으로서의 역할을 얼마나 잘 연기하느냐에 따라서 자신과 타인을 판단하곤 한다. 더 많은 역할을 맡을수록 더 큰 사회적 만족을 얻게 되므로, 사회적 역할들을 자신에게 주어진 부담으로 간주하는 것은 잘못된 생각이다.

다만 사람들이 싫어하는 것이 하나 있다면, 바로 '불확실성'이라고 할 수 있다. 사회적 상황 안에서 어떻게 행동해야 할지, 무엇을 해야 할지에 대한 불확실성을 질색하고 싫어할 뿐이다. 모든 사람은 타인이 자신에게 무엇을 기대하는지 알고 싶어 한다. 사람들이 사회적 역할로부터 얻는 편익은 다름 아닌 '사회적 관계에서 개인 행동의 지침을 제공받는다'는 점이다. 효과적인 역할연기는 소비자가 당황스럽거나 수치스러운 일을 피할 수 있게 해주는 동시에, 주위 사람들로부터 인정받고 용인되며 존중받을 수 있도록 도와준다.

소비자들은 사회적 상황 안에서 무엇을 해야 할지와 하지 말아야 할지를 정확하게 알고 있을 때, 사회적 역할이 주어지는 것을 환영한다. 이것은 마케터들이 도와줄 수 있으며, 동시에 그들 또한 이익을 얻을 수 있는 분야이다. 마케터가 소비자에게 보내는 광고 메시지는 역할 처방과 그에 따른 필요조건들을 보완해준다. 이 메시지는 사람들에게 타인이 기대하는 것과 어떻게 행동해야 하는지 등등, 즉 무엇이 기대되는지를 명확하게 알려준다. 일반적으로 만족스러운 역할의 수행은 소비재의 구입 및 소비와 직결된다.

1970년대 중후반까지만 하더라도 극소수의 남성만 남성용 피부 보호 제품을 찾았다. 대부분의 남성은 자신의 역할과 그것이 어울리지 않는다고 생각했기 때문이다. 얼굴 마사지와 팩, 보습제, 크림 등은 여전히 남성들의 생활과 대부분 무관하지만, 그 인기는 지속적으로 상승하고 있으며, 화장품 마케터들에게 더 많은 기회를 제공하고 있다. 건강에 대한 관심은 피부 보호에 더 많이 주목하게 만들었고, 높아진 이혼율이 다수의 중년 독신 남성을 양산하면서, 외모에 관심을 가지고 화장품을 직접 구입하는 남성들이 늘어났다.

그러나 여전히 큰 문제가 남아 있다. 남성다움에 대한 집착이 바로 그 것이다. 이런 까다로운 문제와 충돌하지 않기 위해서, 파버지(Fabergé)는 남성적 역할의 핵심에 자리잡고 있는 면도라는 행위에 자사의 신제품인 페이셜 수더(facial soother)를 연결시켰다.

역할연기의 대인적 기능

사회적 역할의 또 다른 주요 목적은 다른 사람들의 행동을 예측 가능하게 만드는 것이다. 소비자들은 자신과 교류하는 사람들이 무엇을 기대하는지 알아야 할 필요가 있다. 어떤 사람이 수행하고 있는 역할이 무엇인지 안다면, 그 사람의 행동을 상당 부분 정확하게 예상할 수 있다. 물론 개인마다 여러 면에서 차이가 있기는 하지만, 같은 역할을 수행하면 편차가 없어져서 좀 더 예측 가능한 사회적 상황을 만들어낼 수 있다.

역할연기의 대인관계적 측면은 마케터들에게 특별한 의미이다. 마케터가 스스로의 역할을 효과적으로 수행하지 못하면, 잠재고객들을 놓치고 만다. 그러므로 '목표로 하는 시장 내에 있는 사람들이 가지고 있는 마케터의 역할에 대한 기대를 충족시켜야 한다.' 마케팅이나 세일즈 인력이 소비자들의 기대만큼 행동한다면 모든 일이 잘 풀릴 것이고, 그렇지 않다면 제대로 풀리지 않을 것이다. 당신이 세일즈맨이라면 그 역할을 수행하는 동안 세일즈 전문가처럼 보이고, 말하고, 행동해야 한다.

역할연기의 사회적 기능

소비자들에게 해야 할 것과 하지 말아야 할 것을 말해주고, 주어진 역할 안에서 타인들이 무엇을 기대하는지 말해주는 것과 별도로, 사회적 역할은 우리 모두가 살아가면서 함께 일하는 방식에도 커다란 영향을 미친다. 사회적 역할은 사람들의 개성을 차별화하고, 원활한 사회적 상호작용을 위한 윤활제를 제공한다. 우리는 소비자들에게 실시하는 일상적인 마케팅 활동에서 여러 가지 방식으로 이를 활용할 수 있다.

최근 당신이 슈퍼마켓에서 고른 물건들을 카운터에 올려놓았을 때, 점원이 무슨 말을 했는가? 아마 이런 말이었을 것이다. "안녕하세요, 오늘은 어때요?" 당신은 이 물음에 대답할 때, 병원에 진찰을 받으러 가서 검사실로 들어온 의사가 이와 똑같이 물었을 경우에 대답하는 것처럼 말했는가? 물론 아닐 것이다. 당신의 상황을 장황하게 설명하는 것은 계산대 점원에게나 당신 뒤에 줄지어 선 사람들 모두에게 지나친 일일 것이다. 당신은 그의 물음이 사실은 질문이 아니라, 구매하려는 물품의 계산을 시작하겠다는 일종의 신호임을 알기 때문에 그렇게 하지 않을 것이다. 다시 말해서 당신은 점원의 역할을 알고 있으므로, 자신이 어떻게 반응해야 할지도 알고 있다. 이것은 사소한 일처럼 보이지만, 사실은 그렇지 않다. 이와 같이 시장에는 정교하면서도 보이지 않는 비즈니스의 법칙들이 존재한다.

　미국인들은 멕시코와 가까이 사는 까닭에, 자주 멕시코의 시장에서 쇼핑을 한다. 그러나 멕시코의 문화적, 사회적, 비즈니스적 규범에 익숙하지 않은 그들은 여전히 미국에 머물고 있는 것처럼 행동하는 경우가 많다. 그들은 멕시코 상인들이 미국의 판매상들과 같은 역할을 해주기를 기대한다. 즉 그들은 멕시코 상인에게 상점 안에 있는 물건들의 가격을 물은 후, 미국인답게 그 가격대로 지갑에서 순순히 돈을 꺼내어 지불한다. 그런 경우에 멕시코 상인들은 깜짝 놀란다. 멕시코의 구매자와 판매자들의 역할 속에는 반드시 '가격 협상'이라는 것이 포함되어 있기 때문이다. 그러나 미국에서는 자동차, 부동산, 차고 세일 등에만 가격 협상이 이루어진다.

　효과적으로 시장이 움직이기 위해서는 판매자와 구매자 모두가 게임의 법칙과, 참가자로서의 역할을 알고 있어야 한다.

소비자가 후천적으로 습득하는 사회적 역할

소비자들이 일상적으로 수행하는 역할에는 2가지가 있다. 선천적으로 부여받은 역할과, 후천적으로 습득하는 역할이다. 습득한 역할은 보다 자발적이며, 어떤 위치나 관계의 선택으로부터 초래된다. 예를 들어 세일즈맨과 고객의 역할은 모두 후천적으로 습득한 역할이다. 선천적으로 부여받은 역할들 중에서 가장 중요한 것은 나이와 성별에 의한 역할인데, 이에 관해서는 나중에 논의하겠다.

습득한 역할과 소비재는 4가지 방식으로 관계를 맺는다

소비자가 사서 이용하는 제품과 서비스는 자신의 역할을 수행하는 데 필요한 '소도구들'이다. 소비재는 후천적으로 습득한 역할과 다음의 4가지 방식으로 연관된다.

1. 역할에 따라 요구되는 상품들: 주부가 요리하기 위한 식료품과 가전제품들, 운동선수를 위한 운동기구, DIY 애호가를 위한 공구와 재료
2. 역할의 수행을 향상시키기 위한 상품들: 아마추어를 위한 테니스나 골프 강습, 주부가 요리하기 위한 만능조리기, 스포츠카 마니아를 위한 고성능 자동차 부품
3. 역할의 획득을 위한 상품들: 임산부를 위한 비타민, 은퇴를 앞둔 사람들을 위한 골프장 회원권
4. 역할의 관계를 상징해주는 상품들: 예비 신부의 약혼반지, 의사의 가운, 스포츠팬이 흔드는 깃발

상품은 사회적 역할에 따라 요구된다: 소비자가 어떤 역할을 수행하는 데 특정한 제품이나 서비스가 절대적으로 필요한 경우, 마케터들은 그 역할이 수행되는 동안 상품이 소비되는 비율과 소비자의 수를 모니

터할 수 있다. 이런 데이터는 특정한 카테고리의 상품에 대한 전체 시장을 예상할 수 있게 한다.

올슨 부인(Mrs. Olson)은 여러 해 동안 폴저스(Folgers)의 마운틴 그로운(Mountain Grown) 커피를 사용하여, 갓 결혼한 주부들에게 훌륭한 커피를 만드는 방법을 가르쳐왔다. TV 광고에서는 한 잔의 훌륭한 커피를 만드는 것이 주부의 역할들 중 핵심적인 부분이라고 지적한다. 동시에 그 광고는 그녀가 아주 잘할 수 있는 역할 수행의 다른 측면들을 확인해줌으로써, 초보자는 무능할 수도 있다는 암시를 주도면밀하게 피하고 있다.

상품은 사회적 역할의 수행을 향상시킨다: 어떤 소비재는 그 역할에 반드시 필요하지는 않지만, 역할을 맡은 사람의 수행 능력을 향상시킨다. 융통성이 없는 방식에 의한다면, 상품의 구매와 소비는 역할을 맡은 사람들의 수에 따라 변하지 않는다. 그러나 앞에서 보았듯이 소비자들은 자기가 맡은 역할의 수행을 지극히 중요하게 여긴다. 그들은 정말로 그 역할을 잘하기 위해 노력하며 부모, 배우자, 가장, 주부, 친구 등 특히 자신이 맡은 가장 중요한 역할에 대해서는 더욱 그러하다. 그러므로 역할의 수행을 향상시키는 제품이나 서비스의 능력을 바탕으로 한 마케팅은 대단히 효과가 크다.

이런 시나리오를 떠올려보자. 오늘 당신은 조깅을 마친 후 집에 돌아와서, 운동의 결과를 알기 위해 운동화를 컴퓨터에 연결한다. 믿을 수 없다고? 그러나 당신의 역할 수행 향상에 도움을 주는 특별한 퓨마 (Puma) 운동화가 있다면, 이것은 불가능한 일이 아니다. 이 운동화는 기록을 저장한 후에 시간과 거리, 달리는 동안 소모된 칼로리 같은 생리학적 데이터를 보여준다.

펩시코(PepsiCo, Inc.)의 자회사이며, 미국 최대의 스포츠 용품 제조업체 중 하나인 윌슨(Wilson)은 운동에 소질이 없는 사람들을 위해서 보다 정확하고 더 멀리 날아가는 골프공부터 치기 좋은 테니스공, 더 쉽게 잡을 수 있는 재질의 농구공에 이르기까지 다양한 신제품 개발에 열을 올리고 있다. 소비자들은 자신이 맡고 있는 역할의 수행 능력을 향상시키는 제품이라면 구입하고 싶어 한다. 수행 능력의 기준이 명확한 경우에는 더욱 그러하다.

상품은 사회적 역할의 획득에 도움을 준다: 일반적으로 어떤 사회적 역할을 얻기 위해서는 시간과 노력이 필요하다. 새로운 역할을 맡는 것이 예정된 사람들은 준비 기간 동안에 미리 관련 상품의 구매에 열중할지도 모른다. 결혼이 그 전형적인 예이다. 역할 채택의 과정에 대해서는 뒤에 가서 살펴보도록 하겠다. 역할 획득에 도움을 주는 소비재의 수요를 좌우하는 것은 그 역할을 '맡고 있는' 사람들의 총합이 아니라, 그 역할을 '새로 맡게 될' 사람들의 수이다. 새로운 역할을 획득하게 될 소비자들은 특히 훌륭한 시장이 된다. 그들은 역할과 관련된 상품에 대한 어필에 아주 민감하기 때문이다. 그러한 상품과 서비스의 마케팅은 해당 역할에 대한 호감을 불러일으키고, 상품이 소비자로 하여금 그 역할을 맡아서 시작하도록 도와줄 수 있음을 강조한다.

신혼부부는 '남편'과 '아내'의 역할뿐만 아니라, 몇 가지의 새로운 역할들을 맡게 된다. 그 새로운 역할들은 가사를 주로 책임지는 여성이 더 많은 비중을 차지한다. 『모던 브라이드*Modern Bride*』는 특히 결혼을 앞둔 여성들의 요구를 충족해주는 잡지이다. 한 가지 흥미로운 사실은 잡지 구독자들의 평균적인 가계 소득이 1973년에는 13,000달러에 불과했지만, 1986년 초에는 31,300달러로 급증했다는 점이다. 독자층의 변화가 이런 소득 증가의 원인일 수 있다. 그러나 더 늦게 결혼하는 추세와, 더 나이 들고 부유한 신혼부부의 인구수가 반영된 것이 그 원인일 수도 있다.

광고 매체뿐만 아니라, 소매업자들도 신혼부부 시장에 매우 민감하게 반응한다. 그러나 이런 새로운 역할에 대한 제품의 구매는 부부에게만 국한되지 않는다. 새로운 가정을 위한 선물에 친구와 친척들도 동참하기 때문이다. 많은 백화점과 전문점은 신부가 원하는 스타일에 도움을 주고, 선물의 중복을 피하기 위해 다양한 혼수 용품을 갖추고 있다.

상품은 사회적 역할을 상징한다: 소비자들이 수행하는 많은 역할은 어느 정도 사회적 지위, 인정, 위신 등을 나타낸다. 그러나 새로운 역할이 오랫동안 다른 사람들에게 인식되지 않는 경우가 있다. 이럴 때에는 명예로운 역할을 맡고 있음을 확실하게 알리기 위해, 소비자들은 그 역할을 상징하면서 남들에게 보여줄 수 있는 제품과 서비스를 구입한다. 자동차의 유리창에 '아기가 타고 있어요'라고 써서 붙여놓는 이유는 혹시라도 충돌할지 모르는 뒤차의 운전자가 핸들을 돌려서 피하도록 유도하기 위해서라기보다는, '부모가 되었음'을 나타내기 위해서일 수도 있다.

약혼반지와 결혼반지는 역할의 관계를 상징하기 위해 사용되는 전형적인 제품이다. 예비 신부가 친구들에게 자랑할 때의 열정과 자부심은 반지에 박힌 다이아몬드의 크기와 관계없이 동일하다. 크고 비싼 보석이 박혀 있으면 더 인상적이기는 하겠지만, 이런 경우 반지의 가치는 사회적 지위를 과시하는 데 있지 않고, 역할의 관계를 상징하는 데 있기 때문이다.

사회적 역할의 채택 과정

소비자들이 새로운 사회적 역할을 획득할 때에는, 일반적으로 기대(anticipation), 습득(acquisition), 실현(actualization), 적응(accommodation)이라는 4단계의 역할 채택 과정을 거친다. 역할과 관련된 상품을 구입하고, 사용하는 동기는 단계별로 달라진다. 그러므로 소비자들은 각각의 단계에서 각기 다른 상품을 구입하며, 마케팅 노력에 달리 반응한다. 이러한 사실은 마케터들이 타깃 시장 안에 있는 소비자가 어떤 역할을 맡고 있는지와, 역할의 채택 과정에서 어느 단계에 있는지를 고려함으로써 이익을 얻을 수 있음을 암시한다.

기대: 소비자는 관찰하거나 미디어의 정형화를 토대로, 역할의 '이 상적인 이미지'를 가지고 있다. 그리고 가능한 한 그 틀에 맞추려고 애 쓰며, 새로운 역할에 적절한 제품을 습득함으로써 그 준비를 한다.

습득: 소비자는 직접적인 접촉이나, 통념과 전통을 따르는 태도가 포함된 가르침을 통해서 '매우 중요한 필요조건'을 배운다. 그들은 역 할 수행의 시작에 필요한 제품을 구입한다.

실현: 소비자는 역할을 맡고 있는 동안, 직접적인 역할 수행을 하면 서 '실용적인 요구조건'을 이해하게 된다. 그들은 시간이 경과해도 필 요할 때 계속 사용할 수 있는 제품을 구입한다.

적응: 많은 경험을 통해 역할에 완전히 익숙해진 소비자는 '개인적 인 기호'에 따라 역할을 조정하고, '개인의 정체성'을 재확립하고자 애 쓴다. 그들은 역할 수행에 맞는 제품을 구입한다.

기대 단계: 소비자들은 어떤 역할을 맡기를 원할 때, 그 역할을 수행 하기 위해서 필요한 것들에 대한 이상적인 이미지를 만들어낸다. 그들 이 가지고 있는 정보는 대개 그 역할에 대한 보통의 사회적 고정관념 을 벗어나지 않는다. 또한 역할에 관계된 보다 중요한 필수적인 측면 보다는 표면적인 것들에 주의를 기울이는 경향이 있다. 즉 내용보다 외형을 따진다. 그들은 새로운 역할을 준비하기 위해서 미리 구매하는 데 정신을 쏟고, 다른 사람들에게 자신의 의도와 기대를 과시하기도 한다. 따라서 거의 전적으로 마케팅 매체에 의존하고, 그 역할과 연관 된 가장 눈에 띄는 상품들의 프로모션에 반응하곤 한다.

하트 샤프너 막스는 남성 비즈니스 정장 라인을 『포브스 *Forbes*』와 같은 잡지에 2페이지짜리의 컬러 광고로 싣고, 다음과 같이 표현했다. '적절한 옷차림이 당신의 미래를 보장해주지는 않습니다. 그러나 잘못된 옷차림은 확실히 당신의 품위를 깎아내립니다.' 상위 직급으로 올라가기를 열망하는 사람들은 고위직이 가지고 있는 역할을 완전히 깨닫지는 못하겠지만, 적어도 올바른 옷차림 정도는 따라서 할 수 있다. 자신이 열망하는 역할에 이미 들어선 사람들과 접촉이 없는 경우라면, 이와 같은 미디어 이미지로부터 얻어진 단서에 거의 전적으로 의존할 수밖에 없다.

습득 단계: 이 단계의 소비자들은 역할의 내부로 들어가서 교육 과정을 시작한다. 이것을 우리는 역할에 대한 '인턴십(internship)'이라고도 부른다. 소비자들은 역할과 연관된 활동을 실행하기 시작하지만, 여전히 그 역할의 특징과 필요조건에 비교적 익숙하지 않은 상태이다. 이 기간 동안 소비자들은 필요한 도구를 획득하고, 초보자에게 제공되는 지침들을 익힌다. 상품과 서비스에 대한 니즈의 인식은 다음 단계(실현)에서처럼 실용적이거나, 마지막 단계(적응)에서처럼 특이하다기보다는 좀 더 전통적이다.

맥그로힐 트레이닝 시스템(Mcgraw-Hill Training System)은 '왜 옛날 방식으로 시간을 낭비하는가?'라는 테마를 가지고, 패스트스타트(FastStart) 소프트웨어를 광고했다. 이 소프트웨어 덕분에 이미 마이크로컴퓨터에 익숙한 사람들이 로터스 1-2-3(Lotus 1-2-3) 같은 기존 프로그램이나 도스(DOS) 같은 운영 시스템을 이용할 수 있었고, 실제로도 컴퓨터로 정규 업무를 수행할 수 있었다. 역할 습득 단계에 있는 사람들에게는 이런 제품들이 이상적이었다. 그러나 당시에 아직 역할을 기대하는 단계에 있는 사람들은 그 전제조건인 익숙함이 부족했고, 이미 역할을 실현한 사람들은 기본적인 소프트웨어 도구들을 완벽하게 익힌 후였다.

실현 단계: 이 단계에 이르면, 소비자는 역할과 연관된 제품과 서비스를 완전히 알게 된다. 계속된 연습을 통해서 그 역할의 수행과, 이를 위한 소도구로 사용되는 상품들에 대해 완전히 익숙해진다. 역할과 관련된 상품을 평가하는 기준은 상징적이거나 형식적이기보다는 실용적이다. 소비자들은 제품이나 서비스가 일을 처리해줄지, 또는 보다 효과적으로 일하게 해줄지 알고 싶어 한다. 역할과 관련된 소비재에 대한 수요는 신규 멤버나 희망자들의 수가 아니라, 현재 역할을 맡고 있는 사람들의 수에 달려 있다. 이런 소비자들은 마케팅 시에 자신을 역할 수행의 전문가라고 지칭해줄 때, 가장 잘 반응한다.

데일 카네기 세일즈 트레이닝(Dale Carnegie Sales Training) 서비스는 『비즈니스위크businessweek』 등의 잡지에 간단명료한 슬로건을 내세우며 광고한다. '효과가 있군(It works)'이라는 이 광고 카피는 교육의 실세적이고 실전적인 특성을 강조함과 동시에, 빠르고 측정 가능한 결과를 의미한다. 이 서비스는 세일즈 경험이 있고 현재 현장에서 직접 뛰는 사람들만을 대상으로 하므로, 교육생들의 현장 상황이 교육 과정의 일부가 된다. 교육 과정과 광고 모두에서 사용되는 현실적인 임무 수행에 대한 접근 방식은 세일즈맨 역할의 실현 단계에 있는 사람들에게 흥미를 불러일으킨다.

적응 단계: 어떤 사회적 역할을 맡은 후 일정한 시점에 이르면, 그 역할에 완전히 익숙해져서 때로는 지루해질 지경에 이르기도 한다. 이런 사람들은 역할과 관계된 규범 때문에 답답해하기도 한다. 그래서 이들은 역할에 대한 필요조건들을 자신의 취향과 개인적인 수행 스타일에 맞게 조정한다. 이 단계의 소비자들은 더 이상 역할에 대한 판에 박힌 모델을 존중하지 않으며, 다른 수행자들과 자신을 차별화한다. 또한 상품이 역할의 필수적인 니즈를 충족시키는지, 모든 사람이 사용하는 일상 용품들과 조금이라도 다른지의 이중 기준으로 판단한다. 이것은 역할과 연관된 보다 특화된 상품 및 서비스들과, 상품의 외형적·주변적 속성들의 변화에 대한 수요를 창출한다. 이렇듯이 소비자들은 '역할 순응'에 대한 어필보다는 '개성'에 대한 어필에 더 민감해진다.

지난 몇 년간 고위 경영직에 있는 여성들을 위한 새로운 서비스가 만들어졌다. 바로 개인 쇼핑 컨설턴트, 의상 매니저, 개인 의상 구매자 등이 실시하는 서비스이다. 비즈니스 역할이나 전문가 역할의 적응 단계에 위치한 이런 여성들은 경영직 옷차림의 필요조건을 익히 잘 알고 있다. 그러나 그들은 종종 자신의 역할에서 좀 더 본질적인 면에 몰두한

216

다. 만약 저녁이나 주말에 업무와 관련된 활동을 할 수 있는 시간이 주어진다면, 그들은 비즈니스 의상을 쇼핑하는 대신 보고서나 예산을 상세히 조사할 가능성이 크다. 이럴 때 쇼핑 컨설턴트가 있다고 치자. 그러면 여성 경영자는 달갑지 않은 잡일에서 벗어나는 동시에, 독특한 스타일의 의상에 대한 자신의 욕구를 충족할 수 있을 것이다.

미국 전역에 개인의 쇼핑을 대행하는 몇몇 사업체가 존재하는데, 여성 경영자와 전문가들이 많이 거주하는 주요 대도시의 비즈니스 센터에 위치하고 있다. 이런 대도시는 상류층 여성들의 비즈니스 의상 공급처이기도 하다. 삭스 피프스 애비뉴, J. W. 로빈슨(J. W. Robinson Co.) 같은 고급 백화점들도 개인 쇼핑 컨설턴트를 제공한다. 제공되는 서비스는 다양하며, 일부 서비스는 연회비를 받지만 대부분은 그렇지 않다. 이런 서비스의 핵심은 전문직 여성들의 취향, 위상, 개성과 잘 어울리는 특징적인 의상을 제공하면서, 그들의 쇼핑 부담을 덜어주는 것이다.

역할과 관련된 상품의 소비자는 역할 채택 과정의 단계에 따라 다르게 행동한다. 그러한 상품에 대한 수요는 초기 단계에 진입하는 역할 수행자의 수에도 비례하지만, 이후 단계에 존재하는 기존의 역할 수행자의 수에 훨씬 더 의존한다. 역할의 상징적이고 외형적인 측면에 대한 어필은 역할 채택 과정 중 첫 번째 단계에서 가장 효과적이며, 두 번째 단계에서는 전형적이고 전통적인 역할 수행에 대한 어필이, 세 번째 단계에서는 역할의 실제적이고 기능적인 필요조건에 대한 어필이, 그리고 마지막 단계에서는 개인화에 대한 어필이 가장 효과적이다.

표 7-1. 사회적 역할의 이행 시점에 따른 상황 변화

이행 시점	전형적인 상황 변화
독립	가족에서 개인으로
성인	어린이에서 성인으로
졸업	고등학교에서 대학교로(또는 학교에서 사회로)
취업	학생에서 직장인으로
결혼	독신에서 기혼으로
출산	자식에서 부모로
실업	직장인에서 실직자로
경력 전환	기존 직무에서 새로운 직무로
이혼	부부에서 남남으로
늦은 취업	주부에서 직장인으로
마지막 자녀의 출가	자녀들로 가득한 집에서 자녀가 없는 집으로
은퇴	직장인에서 퇴직자로
배우자의 죽음	부부에서 과부(혹은 홀아비)로
장애	활동이 자유로운 상태에서 핸디캡이 있는 상태로

사회적 역할의 이행 시점과 상황 변화

역할과 관련된 상품 및 서비스의 구매와 소비는 흔히 새로운 사회적 역할의 채택과 직접적으로 연관된다. 중요한 사회적 역할을 새로 맡게 된 소비자의 경우, 구매와 소비에 극적인 변화를 보인다. 예를 들어 첫 아이의 탄생으로 부모의 역할을 맡게 되면 바캉스, 오락, 의류, 사치품 등의 지출은 줄이면서 유아 용품과 탁아비 등에 지출을 늘린다. 수많은 후천적 역할이 각각 다른 사람에 의해서 각각 다른 시기에 채택되지만, 대부분의 소비자에게 적용되는 공통적인 이행 시점이 존재한다.

표 7-2. 역할의 명칭과 구매 또는 소비 유형

역할의 명칭	행위와 관련된 구매 또는 소비 유형
여과자(filter)	제품 정보의 흐름을 조절한다.
영향자(influencer)	타인의 제품 평가 형성에 도움을 준다.
결정자(decider)	구입 또는 소비를 결정한다.
구매자(buyer)	결정을 실행하여 제품을 구매한다.
준비자(preparer)	제품을 소비 가능한 형태로 개조한다.
소비자(consumer)	제품을 실제로 소비한다.
감시자(monitor)	타인의 소비를 조절하거나 통제한다.
유지자(maintainer)	타인이 사용을 준비할 수 있도록 서비스하거나 보수한다.
처분자(disposer)	불필요한 제품들을 처리한다.

소비자들이 이러한 이행 시점에 이르렀을 때, 기존의 사회적 역할과 새로운 역할 사이의 차이점들은 극적이면서 포괄적이다. 많은 사람이 새로운 역할의 필요조건을 따르기 위해서 자신의 라이프스타일 전부를 바꾸려고 할 것이다.

역할과 관련된 소비재의 마케터들은 이러한 역할 이행 시점의 관점에서 자신의 시장을 발견하고 정의한다. 또한 각각의 이행 시점에 도달한 소비자들의 수는 새로운 수요의 특성을 결정하는 동시에, 그들이 자신에게 더 이상 필요가 없어진 기존의 역할들을 폐기함으로써 발생하는 잠재적인 수요의 감소를 나타내기도 한다.

구매와 소비에 요구되는 역할들

역할 수행은 종종 특정 제품 및 서비스의 구매와 소비를 야기하지만, 정반대의 상황도 벌어진다.

제품 및 서비스의 구매와 이용이 필요할 경우, 소비자들의 선택과 직접적으로 관계있는 역할 수행이 요구된다. 표 7-2는 소비재의 구매와 소비에 흔히 요구되는 9가지 역할이다.

한 사람은 동시에 여러 역할을 할 수 있다. 그러나 '구매자' 또는 '소비자'에 오직 한 사람 또는 하나의 역할만 관련된다고 할 수는 없다. 대부분의 가족 구매는 각자 다른 개인이 수행하는 다양한 역할을 포함하고 있다. 인지도 창출이나 제품 소개를 위한 광고는 '여과자'에게 보내야 하고, 평가를 위한 정보는 '영향자' 또는 '결정자'에게 보내야 한다. 매장이나 서비스 정보는 '구매자'에게 전달되어야 하고, 설명은 '실행자'나 '소비자'에게 전달되어야 한다. 아동의 소비가 통제될 경우에는 '감시자'가 목표물로 간주되어야 한다. 서비스 정보는 '유지자'에게 전달하고, 제품 교체 홍보는 신상품으로 대체할 용의가 있는 '처분자'에게 보내야 한다. 마케터들은 이런 9가지 역할을 연구하고, 그것을 제품의 구매와 연계시킴으로써 진정한 혜택을 얻을 수 있다.

소비자가 선천적으로 부여받은 사회적 역할

우리가 논의했던 후천적인 사회적 역할들은 자발적으로 행하는 선택의 문제이다. 이와는 대조적으로, 선천적 역할들은 성별이나 나이 같은 개인적 특성을 바탕으로 사회가 사람들에게 부여한 것이다. 사람들이 각자의 후천적 역할을 효과적으로 수행하면 사회로부터 보상을 받지만, 선천적 역할은 수행할 의무가 지워질 뿐이고 보상을 받지는 못한다. 후천적 역할이 보상을 받을 수 있다는 의미는 곧 그 역할을 피하려는 사람들은 처벌을 받을 수도 있음을 뜻한다. 그래서 후천적 역할과 관계된 상품을 판매하는 마케터들은 역할의 수행자가 받을 보상에 상품이 어떻게 기여하는지를 강조한다. 반면에 선천적 역할과 관계된 상품은 그 역할에 필요한지와 적합한지의 여부가 강조된다. 그리고 그 역할을 하지 않을 경우에는 고통을 받게 된다는 암시를 준다.

선천적 역할에 대한 믿음을 가지고 따르기를 원하는 사람들은 그 역할과 관계된 상품을 찾으며, 이런 종류의 프로모션에 잘 반응한다. 그러나 판에 박힌 역할을 싫어하고, 그것을 원치 않는 사람들은 자신을 순응시키려는 사회적인 압력에 반발한다. 이들은 선천적인 역할에 기반한 마케팅을 거부할 뿐만 아니라, 광고에 사용되는 고정관념에도 분개한다. 또한 해당 상품이나 회사에 대단히 부정적인 태도를 가질 수도 있다. 그러므로 선천적으로 부여받은 성별이나 나이에 따른 역할을 기반으로 한 제품 및 서비스를 판매하고자 하는 마케터는 어떤 그룹이 그 역할의 고정관념을 받아들일 것인지, 또 어떤 그룹이 거부하고 반발할 것인지를 알고 있어야 한다.

성별에 따른 사회적 역할과 관련 제품들

하나의 성(性)에 적당한 제품과 서비스가 다른 성에는 적합하지 않은 경우가 있다. 그런 상품들은 본래부터 성별을 따르므로, 마케터로서는 선택의 여지가 없다. 그러나 많은 상품이 성별과 관계없거나 남녀 공용이므로, 마케터들은 이러한 제품에 대해서는 성별 역할의 고정관념을 연관시켜서 성별의 이미지를 입힐 수 있다. 이러한 고정관념에는 어떤 것들이 있는지 살펴보자.

남성적 역할: 남성의 역할에는 2가지 기본적인 측면이 존재한다. 첫 번째는 남성적 권위와 책무에 관해 반드시 해야만 하는 의무사항들이다. 남성적 고정관념을 만족시키기 위하여 남자는 터프하고, 강하고, 공격적이며, 결단력과 능력이 있어야 한다. 이와는 반대로 두 번째 측면은 금지사항들로써 정서적인 한계, 감상, 온화함, 민감함, 의존성 등 여성적인 것으로 간주되는 특성들에 대해서는 금기시하는 것이다.

여성적 역할: 여성의 역할 역시 의무사항과 금지사항이라는 2가지 측면이 존재한다. 여성은 자신에게 주어진 고정관념에 들어맞기 위해서 여성적인 에티켓을 지키며, '숙녀처럼 행동하여' 자신보다 가족을 우선시하고, 집안의 잡일을 도맡아서 해야 하며, 남자에 비해서 순종적이어야 하는 등등 품행이 방정해야 한다고 의무가 지워진다. 반대로 두 번째 측면은 강압적이거나 공격적인 행동, 격렬한 스포츠, 과학이나 기술 관련 직업과 그에 대한 추구 등을 금지하는 것이다.

여성이든 남성이든, 나이가 많든 적든, 교육 수준이 높든 낮든, 부유하든 가난하든, 고급을 지향하든 싸구려를 지향하든 간에 대다수의 대중은 남성과 여성의 성별 역할 중에서 첫 번째 측면은 그대로 받아들인다. 즉 우리 모두는 성별 역할의 의무사항들을 엄격하게 고수한다. (물론 많은 사람이 이에 대해 회의적이며, 부정하고 싶을지도 모른다. 그러나 우리는 이 책에서 어떠해야 한다는 당위가 아닌, 드러난 현상에 대한 자료를 다루고자 한다.) 그렇지만 각 역할의 금지사항에 대해서는 상황이 완전히 다르다.

일반적으로 젊고 고학력인 소비자들은 성별 역할에서 금지사항들을 거부하며, 그러한 고정관념을 이용한 광고에 반발할 가능성이 높다. 이런 마케팅적 어필을 거부하는 전형적인 소비자는 젊고 독신이며, 고학력의 직장 여성이다. 반대로 성별 역할의 2가지 측면인 의무사항과 금지사항을 모두 받아들이고, 그러한 성별 역할을 엄격하게 고수하는 소비자는 나이가 많고 결혼했으며, 은퇴한 저학력의 남성이다. 그들의 은퇴 전 직업은 특별한 기술이나 교육, 훈련이 요구되지 않는 일인 경우가 많다.

이런 사실을 통해서 소비재 마케터들이 얻어낼 수 있는 교훈은 명확하다. 시장이 대체로 싸구려를 지향하거나 남성들로 이루어져 있다면, 상품을 성별화하여 득을 볼 수도 있다. 그러나 고급지향적인 시장에서 게다가 여성이 대부분이라면, 얻는 것보다 잃는 것이 더 많을 것이다. 상품을 성별화하기 위해서는 성별 역할의 고정관념을 사용해야하는데, 그것이 고급지향적인 소비자들 사이에서는 오히려 상품과 회사에 대한 부정적인 태도를 야기할 수도 있다.

제품을 성별화하는 경우, 명심해야 할 법칙이 한 가지 더 있다. '여자들은 일반적으로 남성적 이미지의 제품을 받아들이지만, 남자들은 여성적 이미지의 제품을 항상 거부한다.' 바지를 즐겨 입는 여자들은 많지만, 치마를 입은 남자를 본 적이 있는가? 남자들은 자신의 성적 정체성에 대단히 민감하고 방어적이다. 이와는 대조적으로 여자들은 성적 정체성이 보다 안정되어 있고, 남성적 제품이나 서비스를 구입하고 소비하는 것이 자신의 여성성에 위협을 가한다고 생각하지 않는다. 그러므로 상품에 남성적 이미지를 입힘으로써, 여성 구매자들을 잃지 않으면서도 남성용 시장을 잡을 수 있다. 그러나 상품에 여성성을 부여하는 것은 가능성 있는 남자 구매자들과 자동으로 이별하는 셈이다.

필립 모리스(Philip Morris)는 90여 년 전, 붉은색 혹은 아이보리색 필터가 달린 담배를 말보로(Marlboro)라는 부드럽고 화려한 이름으로 마케팅하기 시작했다. 그 무렵 말보로는 확실히 여성용 담배였다. 그 후 30년간 그 이미지를 유지한 끝에, 필립 모리스는 1950년대에 커다란 변화를 시도했다. 브랜드명은 그대로 유지한 채 대량 소비자인 남성용 시장에 초점을 맞추기 위해서 성분, 포장, 광고에 이르기까지 제품을 완전히 새로 만든 것이다.

두드러진 붉은색과 흰색에 날카롭고 각진 디자인의 '구겨지지 않는' 담뱃갑, 새로운 타입의 필터, 보다 강한 맛, 그리고 이후에 '말보로맨'으로 알려진 카우보이 이미지를 이용한 광고 등이 남성 흡연자들을 사로잡아서 베스트 제품을 만들어냈다. 그러나 오늘날에도 여전히 말보로 브랜드는 여성 흡연자들 사이에서 높은 점유율을 지키고 있다.

반면에 버지니아 슬림(Virginia Slim)을 피우는 남성 흡연자를 몇 번이나 보았는가? 이렇듯이 여자들은 남성적 이미지의 제품을 받아들이지만, 남자들은 여성적 이미지를 가진 제품을 거부하는 경향이 많다.

소비자는 나이에 맞게 행동한다

사회적으로 부여받은 연령별 역할은 각 연령대에서 해야 할 것과 하지 말아야 할 것을 규정한다. 제품이나 서비스의 이미지에 '나이를 표시하는 것'은 성별 역할과 연관된 상품들의 경우와 동일하다. 제품의 포지셔닝은 그것을 특정한 그룹—청소년, 은퇴자, 젊은 부모 등등—의 연령별 역할 고정관념과 연관시킴으로써 이루어진다. 젊은 소비자들 중에는 자신의 역할 고정관념인 '경솔함'에 대해 찬성하지 않는 사람들도 있을 것이고, 노년층 소비자들 중에는 '가난과 질병'이라는 고정관념에 분개하는 사람들도 있을 것이다. 그러나 마케터들이 상품에 나이를 표시할 때에는 그러한 부정적인 이미지는 배제한다. 그러므로 소비재 브랜드에 나이를 표시하는 것은 성별을 표시하는 것만큼 말썽을 일으키지는 않는다.

남자와 여자가 각각 이성의 제품을 수용하는 것에 차이를 보이듯이, 나이 표시에 대해서도 연령대에 따라서 각기 다른 반응을 보인다. 일반적으로 소비자들은 연령별 스펙트럼의 위쪽, 즉 노년층으로 가기보다는 아래쪽인 청년층으로 가려는 경향이 있다. 단, 청소년들은 예외이다. 이들은 성인이 되고 싶어 하기 때문에 성인과 연관된 상품을 선호하며, 자신보다 어린 연령층과 연관된 상품은 거들떠보지 않는다. 따라서 이런 경우만 제외하고 성인들은 '젊은' 이미지를 가진 제품을 선호하며, '나이 든' 이미지의 상품에는 매력을 느끼지 않는 경향이 있다.

제품이나 서비스의 이미지에 나이를 표시하는 것은 마케터들 사이에서 제품의 성별화보다 인기가 없는데, 여기에는 분명한 이유가 있다. 타깃 연령대에서 점유의 추가적인 확보 없이, 연령별 스펙트럼에 걸쳐서 시장이 제한되기 때문이다. 다시 말하자면 상품이 젊은 이미지를 가지고 있는 것은 바람직한 일이지만, 어떤 연령 그룹이 연령별 스펙트럼상 상품과 너무 멀리 떨어져 있으면 구매가 일어나지 않는다.

박수를 받기 위해 무대에 선 소비자들

우리가 맨 처음에 사용했던 극장의 비유로 잠시 되돌아가보자. 우리는 마케터로서 무대 뒤에 서 있다. 우리는 극을 연출하지 않으며, 연기는 대개 소비자들에 의해서 즉흥적으로 이루어진다. 그러나 우리는 특정 세그먼트를 타깃으로 삼아서 캐스팅을 하고, 연기자들을 선택할 수 있다. 우리는 청중 속으로 들어가서 그들의 매일매일의 역할 수행을 자세히 관찰하여, 그들에게 비공식적으로 오디션을 할 수 있다. 그리고 더 효과적이라고 판단되면, 마케팅 리서치를 사용하여 공식적인 오디션을 열 수도 있다. 우리 모두가 동의하는 한 가지는 연기자들을 무작위로 뽑는다거나, 모든 사람을 한꺼번에 무대 위로 올리는 일 따위는 말도 안 된다는 것이다. 우리는 정교한 시장세분화를 통해서 매스 마케팅을 배제할 수 있다.

우리 마케터들은 캐스팅 디렉터라기보다는 소도구 담당자에 가깝다. 우리는 연기자들이 사용하는 물건들을 디자인하고 조종하는 사람이다. 그러나 우리는 그들로 하여금 원치 않는 것을 사용하도록 강요할 수 없으므로, 이는 결코 쉬운 일이 아니다. 우리는 '독점권'을 가지고 있지 않다. 그렇다면 항상 수많은 경쟁이 있기 마련인데, 어떻게 해야 하는가? 해답은 극을 이해하고, 역할을 이해하는 것이다. 우리가 이해하고 싶은 것은 연기자 개개인이 아니라, 그들이 연기하는 역할이다. 물론 사람들의 연기는 제각기 다를 것이다. 그러나 그들은 같은 역할을 맡고 있으므로, 차이점보다는 공통점이 더 많다. 따라서 마케터라면 그들이 연기하는 역할을 알아야 한다. 그러고 나서 그들의 역할에 딱 맞는 소도구를 주어야 한다. 그들의 연기를 향상시켜줄 수 있는 소도구를 주어서, 그들이 기립 박수를 받도록 만들어야 한다. 그들을 스타로 만들어라. 그렇게 하면 우리는 유명해지지는 못하더라도 확실히 부자가 될 수 있다!

1. 마케터들은 사회적 역할을 의사결정과 마케팅 프로그램 관리를 위한 분석의 단위로 이용할 수 있다.

2. 소비자들이 사회적 역할을 자신에게 주어진 부담으로 간주하는 것은 잘못된 생각이다. 다만 사람들이 싫어하는 것이 하나 있다면, 그것은 바로 '불확실성'이라고 할 수 있다.

3. 사회적 역할의 채택 과정
   ① 기대 → ② 습득 → ③ 실현 → ④ 적응

4. 판에 박힌 역할을 싫어하고, 그것을 원치 않는 사람들은 선천적인 역할에 기반한 마케팅을 거부할 뿐만 아니라, 광고에 사용되는 고정관념에도 분개한다.

5. 선천적으로 부여받은 성별이나 나이에 따른 역할을 기반으로 한 제품 및 서비스를 판매하고자 하는 마케터는 어떤 그룹이 그 역할의 고정관념을 받아들일 것인지, 또 어떤 그룹이 거부하고 반발할 것인지를 알고 있어야 한다.

6. 여자들은 일반적으로 남성적 이미지의 제품을 받아들이지만, 남자들은 여성적 이미지의 제품을 항상 거부한다.

7. 일반적으로 소비자들은 연령별 스펙트럼의 위쪽, 즉 노년층으로 가기보다는 아래쪽인 청년층으로 가려는 경향이 있다. 단, 청소년들은 성인이 되고 싶어 하기 때문에 자신보다 어린 연령층과 연관된 상품은 거들떠보지 않는다.

8. 마케터들은 제품이나 서비스의 이미지에 나이를 표시하는 것을 제품의 성별화보다 덜 선호하는데, 그것은 타깃 연령대에서 점유의 추가적인 확보 없이 연령별 스펙트럼에 걸쳐서 시장이 제한되기 때문이다.

소비자가 어떤 그룹의
소속인지 파악하라

AFFILIATIONS:
The Dynamics of
Belonging

지금은 일상 용품이 되었지만, 전자레인지가 처음 등장했을 때에는 아주 혁신적이었다. 전자레인지처럼 혁신적인 제품은 거리의 한쪽에 있는 집에서 옆집으로 퍼져나가는 경향이 있다. 그리하여 거리의 같은 쪽에 사는 몇몇 집부터 먼저 전자레인지를 구비하게 된다. 그러나 길 하나를 사이에 두고, 맞은편에 사는 집들 중에는 전자레인지를 구입한 집이 거의 없을 수도 있다. 처음으로 신제품을 구입한 집과 바로 건너편에 있는 집이 그 거리의 같은 쪽에서 아랫길로 멀리 떨어져 있는 집보다 더 가까운데도 말이다. 왜 이런 일이 벌어질까?

그것은 소비자들이 아는 사람을 따라 하는 경향이 있기 때문이다. 그들은 종종 서로의 자녀들을 통해 사귀게 되는데, 미국에서 아이들은 혼자 거리를 건너지 못하게 정해져 있으므로, 이와 같은 원리가 각각의 집에서 사용하는 제품에도 적용된 것이다.

소비자들의 선택에서 사회적 영향력의 중요성은 결코 간과할 수 없다. 소비자들은 무엇인가 불확실한 일에 직면하는 경우, 주변 사람들로부터 조언과 도움을 받는다. 혹은 그들이 광고의 영향을 받아서 구매를 결정하는 경우, 그 광고는 상품을 사회적인 맥락에서 널리 알렸을 가능성이 크다. 아주 적은 수의 소비자만이 구매 결정을 내릴 때 완전히 독자적으로 한다. 그리고 그중에서도 극소수가 사회적으로 용인되지 않을 만한 구매 결정을 내린다고 볼 수 있다.

그러나 사람들은 자신에게 사회적 영향력이 미친다는 것을 인식하지 못한다. 보통의 사람들은 그것을 알지 못하며, 이러한 사실을 인정하지 않으려고 한다. 우리 모두는 자신을 매우 독립적이고, 스스로 결정하는 사람이라고 생각하고 싶어 하기 때문이다. 사실 우리의 결정에 사회적 영향력이 미치지 않는 경우는 거의 없다. 다만 사회적 영향력이 매우 흔하게 일어나기 때문에, 그 영향을 받는 사람이 깨닫지 못하고 있을 뿐이다. 그러나 깨닫지 못한다고 해서, 우리의 삶에 사회적 영향력이 줄어드는 것은 아니다.

사회적 그룹은 소비자에게 어떤 영향을 미치는가?

우리 대부분은 여러 그룹의 구성원으로서 살아간다. 그러나 실제로 우리가 사회 전반에 의해서 영향을 받는 경우는 거의 없다. 이 세상의 모든 사람과 잦은 접촉을 하는 것은 아니기 때문에, 우리는 주로 같은 그룹에 속한 사람들로부터 영향을 받는다.

어떤 특정한 그룹으로 구분하는 기준은 그 그룹에 속한 구성원들이 공유하고 있는 무엇인가에 의해서이다. 그들은 많은 면에서 서로 다르지만, 그럼에도 불구하고 다른 그룹들과 구별되는 공통적인 요소가 있다.

사회의 각 그룹은 가족관계나 지역, 정치, 교육, 직장, 취미, 종교, 인종 등등의 공통적인 특징이나 자질에 의해 구분되어 있다. 그래서 각각의 그룹에 속한 사람들만 공유하고, 다른 그룹들과는 다른 특징이 그 그룹의 구성원들에게 영향력을 행사하게 된다. 이러한 영향력은 그룹의 구성원들이 구매하고 이용하는 제품을 결정짓고, 그들이 소비자 시장에서 하는 행동에도 반영된다. 구성원들이 공유하고 있는 것들의 예를 표 8-1에서 살펴보자.

표 8-1. 그룹의 구성원들이 공유하는 요소의 예

인종	민족	가족
지역	직업	부업
종교	정치	교육
인구통계	하위 문화	오락

그룹이 구성원에게 미치는 영향력의 3단계

한 그룹이 구성원으로 있는 사람의 소비 행동에 영향을 미칠 때, 그 영향력은 3단계에 걸쳐서 나타난다. 바로 동조(conformity), 동일시(identification), 내재화(internalization)이다. 첫 번째인 동조 단계에서 구성원들은 그룹으로부터 무엇인가를 얻기 위해, 또는 처벌받거나 거절당하지 않기 위해 그룹의 규범을 따른다. 두 번째로 동일시 단계에서는 구성원들이 그룹에서 추구하거나 옹호하는 것을 하게 되는데, 그룹에서 그것을 지시하거나 구성원 스스로 자신이 그룹의 일원이라고 생각하기 때문이다. 마지막으로 내재화 단계에서 구성원들은 소속된 그룹의 표준을 자신의 것으로 차용하게 된다. 그들은 개인적으로 이러한 표준이 자신에게 적합하다고 느낀다. 이 마지막 단계에 이르렀을 때, 그 사람은 더 이상 그룹의 일원이 아닐 수도 있다. 또는 그러한 생각의 근원이 그 그룹에서 유래했다는 사실을 깨닫지 못할 수도 있다. 이 시점에서 그룹의 영향력은 더 이상 눈에 띄지 않는다.

표 8-2. 그룹이 구성원에게 미치는 영향력

단계	동기 요소	행동 유지 방법
동조	그룹의 구성원들은 보상을 얻거나, 제재를 피하기 위해 그룹의 표준과 규범을 따른다.	그룹이 구성원들의 행동을 관찰하고, 보상이나 징계를 할 수 있을 때에만 행동이 유지된다.
동일시	구성원들이 규범을 따르는 이유는 자신이 그룹에 소속되어 있고, 그 규범을 공유하고 있다고 생각하기 때문이다.	그룹에서 보상과 징계를 하는 것과 상관없이, 그룹에 속해 있다는 이유만으로 행동이 유지된다.
내재화	구성원들이 그룹의 규범을 받아들이는 이유는 그 규범을 개인적인 가치로 받아들였기 때문이다.	이러한 행동은 다른 구성원들이 없을 때에나, 그 그룹에서 이탈했을 때에도 지속된다.

　그룹의 영향력을 이용하는 마케팅은 3단계 중 어느 한 단계에 초점을 맞출 수 있으며, 보통은 한 번에 한 단계에 집중적으로 노력을 기울인다. 만약 마케팅이 동조 단계에 초점을 맞추고 있다면, '이 제품을 사거나 이용하면 그룹이 당신을 좋아하겠지만, 그렇지 않으면 당신을 배척할 것이다'라는 메시지를 소비자에게 주면 된다. 만약 동일시 단계에 초점을 맞춘다면, '당신과 같은 유형의 사람들은 대개 이 제품을 사용한다'라는 메시지를 줄 것이다. 그러나 내재화 단계에 초점을 맞춘 마케팅이라면, 더 이상 어떤 특정한 그룹이나 사람을 거론할 필요가 없다. 소비자는 자신이 이러한 표준을 바로 그 그룹에서 습득했다는 사실조차 잊은 지 오래되었기 때문에, 개개인에게만 초점을 맞추면 된다. 그러나 진정한 마케터라면, 그룹과 각 구성원이 그다지 관계없는 이러한 3단계에 초점을 맞춘 마케팅에서도 그룹 자체에 관심을 기울여야 한다. 이러한 마케팅 노력은 그룹의 어떤 특징이나 자질에 기

초를 둔 것이기 때문이다. 그렇다면 이번에는 특정한 지역에 살거나, 특정한 직장에서 일하거나, 특정한 인종 그룹에서 가치를 두는 것에 초점을 맞춘 마케팅 사례를 살펴보도록 하자.

다음에 소개하는 3가지 광고는 모두 같은 취미를 가진 사진작가들의 모임을 대상으로 만들어졌다. 그러나 각각의 광고는 그룹마다 서로 다른 영향력에 초점을 맞추고 있다.

코닥(Kodak) 인화지와 기타 제품의 TV 광고는 사진들을 자세히 살펴보고 있는 인물들을 보여준다. 그다음으로 사진작가에게 그룹의 다른 사람들이 "색상이 완전히 잘못되었어!"라고 꾸짖는 동시에, 사진들을 확대해서 보여준다. 사진 속의 하늘은 초록색이고, 사람들의 얼굴은 보라색, 돼지들은 분홍색으로 나타나 있다. 그리고 '그들이 더 좋은 모습을 위해(For a Good Look) 코닥 인화지를 사용했더라면 얼마나 좋았을까?'라는 카피를 넣었다. 이러한 마케팅 전략은 동조에 초점을 둔 것이다.

니콘(Nikon)은 한 잡지 광고에서 다음과 같은 헤드라인을 사용했다. '만약 당신이 여러 가지 카메라들의 장점(pros)과 단점(cons)을 생각하는 중이라면, 니콘 카메라가 대부분의 프로들(pros)을 사로잡고 있다는 점을 상기하십시오.' 이러한 카피는 니콘 카메라가 다른 35밀리미터 SLR 카메라를 쓰는 전문 사진삭가의 수를 다 합친 것보나도 너 많은 수의 사진작가에 의해 선택되었다는 점을 지적한 것이다. 이 광고는 전문 사진작가와의 동일시에 초점을 맞추고 있다.

또 다른 잡지 광고에서 니콘은 '다른 카메라와 유사하다기보다는, 사람의 눈과 더욱 유사한 카메라를 선보입니다. 보이세요?'라는 헤드라인을 내세웠다. 그리고 각각 4장으로 이루어진 두 세트의 사진을 보여주었다. 독자는 니콘 FA로 찍은 사진과 다른 SLR 카메라로 찍은 똑같은 사진을 비교할 수 있다. 판단은 독자가 내릴 뿐, 어떠한 사회적 영향력의 여지가 없다. 이러한 마케팅은 좋은 사진이란 무엇인지에 대한 규범이 소비자에게 내재화된 점을 이용한 것이다.

그룹별 주요 특징

그룹이 구성원인 소비자들의 행동에 어떤 영향을 미칠지는 그 그룹이 조직된 방식에 의해 결정된다. 한 그룹이 모든 구성원에게 똑같은 영향을 미치는 것은 아니다. 또한 그룹 내에서 구성원의 위치에 따라 그 그룹이 미치는 영향력의 크기가 결정된다. 그리고 구성원이 그룹의 규범을 얼마나 따르고 싶어 하는지, 혹은 얼마나 벗어나고 싶어 하는지도 중요한 변수가 된다.

그룹의 규범: 모든 그룹에는 구성원의 행동에 표준이 되는 규범이 있다. 어떤 그룹의 규범은 분명하게 규정되어 있기도 하지만, 대부분의 경우 규범들은 비공식적이거나 애매한 면이 있다. 예를 들어 어떤 파티의 초대장에는 정장을 입으라고 분명히 적혀져 있기도 하지만, 그것은 아주 특별한 경우이다. 대부분의 초대장은 손으로 쓴 쪽지이거나 말로 전해지는 경우가 많아서, 무슨 옷을 입으라고까지는 말해주지 않

는다. 그렇다고 해서 파티에 가는 사람들이 내키는 대로 입고 가도 똑같은 대접을 받을 수 있다는 뜻은 아니다. 모든 사람이 그것을 잘 알고 있다. 어떤 사람들은 파티의 주관자에게 전화를 해서 무슨 옷을 입어야 하는지 묻거나, 적어도 어떻게 입어야 하는지를 눈치로 파악하기도 한다. 그러나 대부분의 사람에게는 그런 노력이 필요치 않으며, 거의 모든 사람은 비슷한 정도로 격식을 차려서 입을 것이다. 만약 그들이 그 그룹과 어느 정도의 친분이 있는 경우라면, 공식화되지 않았더라도 대부분은 복장 코드를 잘 알고 있을 것이다.

그룹의 규범들 중 어떤 내용은 아주 보편적이다. 이러한 규범들은 모든 구성원에게 똑같이 적용된다. 보편적인 규범을 주의 깊게 살펴보아야 하는 이유는 그룹에 속하지 않은 사람들과 구별해주는 척도가 되기 때문이다. 즉 이러한 규범은 사람들로 하여금 '그룹'이라는 정체성을 가지도록 도와주며, 그룹 내의 결속과 단결을 증대시킨다. 거의 모든 그룹이 이러한 보편적인 규범을 가지고 있다.

또한 같은 그룹의 사람들은 같은 자질을 가지고 있는 경우가 많다. 그들은 비슷하게 생겼다거나, 옷을 비슷하게 입는다거나, 행동 방식이 비슷할 것이다. 특히 그들은 같은 어휘를 사용한다. 만약 당신이 컨벤션이나 회의가 열리는 호텔에 묵는다면, 로비에 있는 참가자들을 보거나 그들의 대화를 듣기만 해도 그 회의가 엑스레이 기술자를 위한 것인지, 아니면 장의사를 위한 것인지, 우표 수집가를 위한 것인지 금세 알 수 있을 것이다.

그룹의 규범과 소비재: 그룹의 보편적인 규범은 마케터에게 매우 중요하다. 동일한 구매와 소비 유형이 그 그룹의 구성원 대부분에게서 나타나기 때문이다. 자신들만의 하부 문화를 공유하는 10대는 대개 같은 종류의 음악을 들을 것이며, 변호사들은 거의 같은 종류의 옷을 입을 것이다. 또한 개심한 기독교인을 선술집에서 보는 일은 없을 것이다. 한편 한 그룹의 구성원들은 다른 그룹의 구성원들과 같은 종류의 제품과 서비스를 회피할 것이다. 인종이나 민족으로 구분되는 광범위한 그룹이든, 나비 수집가와 같은 소수의 동호회이든 간에 이러한 그룹들을 효과적으로 마케팅에 활용하기 위해서 마케터는 그룹의 규범에 관한 3가지를 알고 있어야 한다. 그것은 바로 그룹에서 반드시 요구하는 것, 용인하는 것, 금지하는 것이다.

그룹에서 요구하는 제품을 팔고자 하는 마케터는 소비자가 그 제품을 사용함으로써 그 그룹의 요구에 어떻게 부합되는지 보여주어야 한다. 만약 그룹에서 용인하는 제품을 팔려는 마케터라면, 약간의 추가적인 노력을 기울이면 된다. 이때 소비자가 그 그룹에 속해 있다는 사실은 도움이 되며, 적어도 그 제품이 받아들여지는 것에 방해되지는 않을 것이다. 그러나 AA(Alcoholics Anonymous: 알코올의존증 방지회), WCTU(Women's Christian Temperance Union: 기독교 여성 금주협회), MADD(Mothers Against Drunk Driving: 음주운전 반대 어머니회)의 구성원인 소비자에게 주류를 팔려고 애쓰는 것은 부질없는 짓이다.

존슨앤드존슨(Johnson & Johnson)은 보통 유소년층의 제품으로 알려져 있는 회사이다. 이 회사는 자사의 타깃 소비자와는 연령 연속선상에서 반대편 끝에 있는 노년층을 목표로 어피니티(Affinity) 샴푸를 내놓았다. 10억 달러가 넘는 샴푸 시장으로 진출하려고 시도하면서, 존슨앤드존슨 은 18~34세의 연령 그룹을 피하고 있다. 이 연령층은 소위 '베이비 붐 세대'의 하부 문화를 구성하고 있으며, 거의 모든 기업이 중점적인 타깃 으로 정한 그룹이다.

머리가 희끗희끗한 사람들에게는 특별한 관리가 필요하다는 사실에 착안하여, 존슨앤드존슨은 40세 이상 그룹만의 독특한 니즈를 충족해 주기 위한 제품과 프로모션을 기획했다. 그러나 이러한 소비자층의 여 성들이 공통적으로 가진 특징은 자신의 연령과 모발 상태뿐만 아니라 전반적인 노화에 대해서도 크게 걱정함과 동시에, 젊은이들의 횡포에 화가 난 상태라는 것이었다. 따라서 이러한 그룹을 위해 어피니티 샴푸 의 광고 카피는 '멋지게 보이는 데에는 연령 제한이 없어요'라고 만들어 졌다.

그룹의 규범과 역할: 그룹의 규범은 그 안의 모든 구성원에게 적용 되지만, 어떤 규범은 특정한 역할을 맡고 있는 일부 구성원에게만 적 용되는 경우도 있다. 예를 들어 프로젝트 팀에는 비공식적이기는 해도 뚜렷한 역할이 존재할 수 있다. 어떤 그룹이 한 명의 보스와 한두 명의 중간 보스, 지식인과 더불어 중재인, 잔심부름꾼, 조직책, 근심만 하 는 사람, 어릿광대, 여러 명의 불평꾼 등으로 구성되어 있다고 가정해 보자. 각각의 역할을 나타내는 명칭이 그다지 긍정적으로 보이지는 않

지만, 당신은 이러한 명칭을 듣자마자 지금까지 보아왔던 사람들의 전형적인 모습을 기억해낼 수 있을 것이다. 무엇보다도 이러한 명칭과 역할이 실제로 존재한다는 점에 주목해야 한다. 그룹 내의 어느 누구도 어릿광대로부터 훌륭한 아이디어를 기대하지 않고, 불평꾼으로부터 지시를 받으려고 하지 않으며, 중간 보스에게 커피나 도넛 심부름을 시키지 않는다. (각각의 역할에 관해서는 다음 장에서 다시 논의할 것이다.) 이러한 그룹 내의 역할은 더 넓은 의미에서 사회적인 역할과 마찬가지이다. 다만 이러한 역할은 사회의 모든 사람에게 적용되는 것이 아니고, 특정 그룹의 구성원들에게만 적용될 뿐이다.

특정 그룹을 대상으로 하는 마케팅은 역할 모델을 빈번하게 이용한다. 이러한 역할 모델은 그 그룹에서 가장 매력적이고 성공적인 소비자군을 대표한다. 그룹 내의 얼간이 같은 자를 역할 모델로 고르는 사람은 아무도 없을 것이다. 그러나 5장에서 지적했듯이, 효과적인 마케팅은 가끔 타깃 시장에 속한 사람들과는 매우 다른 역할 모델을 이용하기도 한다. 소비자들이 제품을 구매할 때 어떠한 위험도 느끼지 않는다면, 이러한 전략이 효과적일 수 있다. 만약 어느 정도의 사회적 위험이 존재하는 까닭에 그룹의 구성원들이 자신에게 과연 그 제품이 적당할지 의문을 가진다면, 그들은 그 그룹에 속하지 않는 역할 모델보다 그룹에 속해 있는 역할 모델을 모방하려고 할 것이다. 소비자들은 자신만의 특징을 공유하고 있는 역할 모델과 더욱 동질감을 느낄 것이기 때문이다.

앞서 살펴본 존슨앤드존슨의 어피니티 샴푸는 1984년 초 시장에 진출했다. 당시에는 기존의 샴푸 브랜드들 역시 신제품 출시가 왕성한 시기였다. 레브론(Revlon)은 헤어 데일리 리콰이어먼트(Hair's Daily Requirement)를, 앤드루 저겐스(Andrew Jergens)는 디멘션(Dimension)을, 클레롤(Clairol)은 에센스(Essence)를 출시했고, 거대 브랜드인 레버 브라더스는 자사의 디멘션 샴푸를 홍보하기 위해 6,000만 달러를 들이기로 결정했다. 존슨앤드존슨은 어피니티 샴푸의 광고에 겨우 1,200만 달러를 투입했고, 샘플링 캠페인을 위해서도 비슷한 비용을 들이기로 결정했다.

존슨앤드존슨은 자사에서 설정한 타깃 소비자에게 다가가기 위해 젊은 유명 인사보다는, 소비자군을 대표하는 50세가 넘은 매력적인 기혼의 한 직장 여성을 택했다. 그녀는 20곳이 넘는 대도시를 순회하면서 기자회견을 가졌고, 매장에서 세미나를 열어 40세가 넘은 여성의 근심거리에 관해 강연했다. TV 광고에 그녀와 함께 출연하는 성숙한 모델들은 모두 이러한 연령 그룹에서 매력적인 리더의 표상이었다. 존슨앤드존슨은 이런 식으로 그룹 내의 역할 모델을 활용함으로써, 미국의 40세 이상인 여성 5천만 명 사이에 모방이 일어나기를 희망했다.

소비자 그룹 간의 상호작용

소비자들은 여러 그룹에 속해 있다. 이러한 그룹들은 규모나 결속력 면에서 매우 다양한 분포를 보인다. 어떤 그룹은 매우 크고 느슨하게 연계되어 있는 까닭에, 구성원 간의 상호작용이 매우 드물다. 예를 들어 동일 인종이나 같은 종교를 가진 사람들의 그룹은 구성원들 사이에 특정한 견해나 특징을 공유하고 있기는 하지만, 정기적으로 상호작용을 주고받지는 않는다. 또한 그런 그룹은 구성원 개개인이 판단 기준을 형성하는 데 도움을 주지만, 그 외의 그룹에서 그 구성원들에게 직접적으로 영향을 미치는 경우는 거의 없다.

오히려 가족이나 이웃, 친지, 직장 동료와 같은 좀 더 작고 긴밀한 그룹들이 지속적으로 구성원들에게 영향을 미친다. 더 긴밀하고 더 결속력이 좋은 집단일수록 구성원들의 행동에 미치는 영향력이 더욱 크고 직접적이다. 작은 그룹에 속한 구성원들의 구매와 소비 유형은 보통 비슷하다. 그러나 그룹이 구성원들에게 미치는 영향력의 크기가 전부 같지는 않으며, 특정 구성원에게 더 큰 영향을 미친다.

그룹 내 구성원의 위치

어떤 구성원은 다른 구성원에 비해 그룹 내에서 더 중요시되는데, 이것은 각각의 구성원이 그 그룹에 얼마만큼의 기여를 할 수 있는가에 따라 결정된다. 일정한 표면적인 목적을 공동으로 이루기 위해 함께 모인 것이 그룹이기 때문에, 어떤 그룹이든 표방하는 목적이 있다. 프로젝트 팀이나 업무 팀 등이 좋은 예이다. 그룹의 목표를 달성하기 위해 가장 많이 기여할 수 있는 주요 인물들이 그룹에 별로 도움을 주는 바가 없는 다른 구성원들보다 더 중시된다. 그리고 더 중요한 사람일수록 그룹의 중심부에 위치하며, 덜 중요한 사람은 주변 인물이 된다.

그러나 아이러니하게도 그룹이 구성원에게 미치는 영향력은 주변 인물에게 더욱 크게 작용한다.

소비자들이 속해 있는 대부분의 그룹은 보다 내재적인 목적을 가진 경우가 많다. 다시 말해서 사람들은 순수하게 그룹에 소속됨으로써 얻을 수 있는 만족과, 다른 구성원들과의 연대를 위해서 그룹에 참여한다. 볼링 팀이나 조류 관찰자 모임 등이 이러한 그룹의 예가 될 수 있다. 그러나 이러한 종류의 모임에서조차 일부 구성원은 그룹에 더 중요한 인물로 여겨지는 반면, 다른 구성원들은 그만큼 중요시되지 않는다.

카리스마가 있거나 다른 사람들을 즐겁게 해줄 수 있는 역량을 가진 구성원, 가장 인기 있는 구성원, 가장 현명한 조언을 해줄 수 있는 구성원, 가장 존경받는 구성원이 그룹의 핵심을 이루는 주요 인물이 된다. 한편 이보다 인기가 적고, 호감을 덜 주는 사람들은 주변적인 위치를 차지한다.

한 번 더 강조하자면, 그룹의 영향력이 크게 작용하는 대상은 중심부보다는 주변부를 차지하는 구성원들이다. 어떤 구성원이 그룹에서 중요하면 중요할수록 그 사람은 그룹의 영향력으로부터 자유롭다.

그룹 외에도 대안은 있다

그룹에서 개인의 위치 못지않게 중요한 요소는 바로 소비자 개개인이 그룹에 두는 중요도이다. 그룹에 소속되는 것 외에 다른 대안을 많이 가지고 있거나, 그룹에 속한 것이 그리 보람차다고 생각하지 않는 구성원은 그룹을 중요하게 여기지 않는다. 그러나 그 그룹 외에 별다른 대안이 없거나, 그룹의 일원으로 활동하는 것을 매우 만족해하는 구성원은 그 그룹을 매우 중시한다. 그리고 그룹을 중시하는 사람일수록 그 안의 규범을 잘 따르고, 그룹이 행사하는 어떤 압력에도 부응하려고 한다. 또한 구성원이 그룹을 중시할수록, 그룹은 그 사람에게 더 막강한 힘을 발휘할 수 있다.

한 그룹이 구성원 개개인에게 행사할 수 있는 영향력의 크기는 그룹이 구성원에게 얼마나 가치가 있는지, 또 구성원이 그룹에 얼마나 가치가 있는지에 따라 달라진다. 이러한 관계는 표 8-3에서 살펴볼 수 있다.

표 8-3. 그룹이 구성원 개개인에게 행사할 수 있는 영향력의 크기

구성원이 느끼는 그룹의 가치	그룹이 느끼는 구성원의 가치	
	높음	낮음
높음	압력이 낮음 규범에 잘 따름 영향력은 중간 정도	압력이 높음 규범에 잘 따름 영향력이 큼
낮음	압력이 낮음 규범에 잘 따르지 않음 영향력이 적음	압력이 높음 규범에 잘 따르지 않음 영향력은 중간 정도

소비재 마케터들에게 이러한 관계는 학문적 관심 이상의 의미가 있다. 우측 상단에 존재하는 사람들은 주변부 구성원으로서, 그들은 그룹의 규범에 매우 순응적이다. 그들에게는 이 그룹 외에 다른 대안이

없으므로, 그룹을 매우 중요하게 여긴다. 그러나 그들이 그룹을 위해 제공할 것은 별로 없다. 그들이야말로 그룹의 규범에 초점을 맞춘 마케팅 활동에 매우 민감한 부류의 사람들이다. 주변부 구성원들은 크게 2가지 방법으로 공략할 수 있다. 첫 번째는 그룹의 규범을 따르려면, 특정 제품을 구매해야 한다고 설득하는 것이다. 두 번째는 특정 제품을 사서 쓰게 되면, 그들이 그룹에 좀 더 중요한 구성원이 될 수 있다고 설득하는 것이다. 더 나아가 궁극적으로는 이 2가지를 함께 사용하여 특정 제품이 그룹에서 반드시 요구하는 것이며, 그들이 그룹에 좀 더 많이 기여할 수 있도록 도와줄 것이라는 메시지를 던지는 방법이 효과적이다.

버거킹은 프리미엄 버거의 TV 광고 시리즈에서 허브(Herb)라는 사람에 대해 이야기를 나누는 직장 동료, 가족, 친구들을 보여주었다. 허브는 가상의 인물로서 한 번도 와퍼(whopper)를 먹어보지 않은 사람이다. 그들은 광고에 등장하지 않은 그 허브라는 사람이 완전히 바보라고는 말하지 않지만, 맛있고 멋진 햄버거를 한 번도 먹지 않은 그를 정상적이기는 해도 아주 이상한 취향을 가진 사람으로 여긴다. 이 광고에 숨겨진 메시지는 당신이 그 제품을 먹고 즐기는 지극히 정상적인 일을 하지 않는다면, 사람들이 당신을 아주 이상하게 여기리라는 것이다. 이러한 메시지는 그룹의 표준을 거스를 수 없는 주변부의 구성원들에게 크게 와닿을 것이다.

가끔은 그룹의 압력 때문에 운신의 폭이 좁은 소비자들보다는, 그룹의 압력으로부터 가장 해방되어 있는 소비자들이 마케터에게 관심의 대상이 되기도 한다. 이들은 앞의 표에서 좌측 하단에 속하는 사람들이다. 그룹은 이 구성원들을 매우 중요하게 여기지만, 이들에게 그룹은 그리 큰 의미가 없다. 종종 이들은 새로운 소비재나 서비스를 기꺼이 시도하려는 혁신집단이 되기도 한다. 이 사람들의 반대 부류인 주변부의 구성원들은 그런 위험을 감수할 여력이 없다. 그룹의 중심에 있지만 그룹을 그리 중요하게 여기지 않는 사람들이 그룹의 압력 등을 걱정할 필요 없이 새로운 선택을 시도할 수 있다.

그러나 주요 구성원들은 그룹에 매우 중요하기 때문에, 다른 사람들은 이들의 선례를 따르기 마련이다. 주요 구성원들이 자신의 새로운 선택을 매우 만족스럽게 생각한다면, 다른 사람들도 그들을 따라서 하게 된다. 결국 이들이야말로 그룹의 기존 규범을 반드시 따를 필요가 없이, 그룹의 표준을 새롭게 설정하는 사람들이다. 이들은 혁신가이자 영향력 있는 오피니언 리더이기 때문에, 이 사람들을 통해야만 이들이 속한 그룹을 대상으로 새로운 제품의 마케팅을 펼칠 수 있다. 따라서 이런 주요 구성원들을 공략하기 위해서는 규범에 순응하기보다는, 그들의 '독자성'과 '위치'를 강조할 필요가 있다.

GM 올즈모빌의 1986년도 잡지 광고는 그룹 규범에 비교적 무관심한 사람들을 상대로 한 사례이다. 이 광고는 독자성에 기반하여 만들어졌으며, 순응과 같은 단어는 아예 언급하지 않았다. '퍼스널 고급 승용차라는 범주 자체가 또 하나의 범주일 뿐이다'가 이 광고의 헤드라인이다. 그 밑에 뒤따르는 리드 카피는 '수십 년간 퍼스널 고급 승용차를 정의해 온 차가 이제는 그 범주를 재정의하고 있다'이다. 카피를 잘 살펴보면 '월등한', '혁명적인', '최첨단의', '영감을 받은' 등의 단어가 쓰이고 있다. 그리고 카피의 마지막은 다음과 같다. '이 차는 틀에 박힌 것은 거부한다는 오직 한 가지의 기본 원칙을 따른다.' 이러한 접근법은 그룹의 규범에 반드시 따라야 하는 사람들에게는 효과적이지 못할 것이다. 그러나 좀 더 독자적인 유형의 소비자들은 이렇게 자신의 이미지에 적합한 차를 원한다.

그룹의 규범은 어떤 식으로 강화되는가?

그룹은 규범을 강화하고 구성원의 순응을 얻어내기 위해서 권위, 보상, 제재, 위협이라는 4가지 방식을 사용한다.

권위(authority): 구성원에게 그룹의 권위가 정당하고 적합하다고 여겨지면, 그 그룹은 리더십을 발휘할 수 있고 규범이 지켜진다.

보상(reward): 그룹은 구성원이 규범을 지키는지의 여부에 따라 인정, 지위, 결속 등과 같은 보상을 제공하기도 하고, 하지 않기도 한다.

제재(sanction): 그룹은 규범을 따르지 않는 구성원에게 제재를 가할 힘을 가지고 있는데, 이러한 제재로써 반갑지 않은 역할을 맡길 수도 있고, 지위를 격하시키기도 하며, 또는 다른 벌칙을 주기도 한다.

위협(threat): 그룹은 규범을 제대로 따르지 않는 구성원에게 그룹에서의 일시적이거나 영구적인 퇴출이라는 위협을 가하여, 순응하는 태도를 얻는다.

권위에 기초를 두고 규범을 강화할 때 사용하는 마케팅은 소비자에게 그룹이 그 제품을 선택했다는 사실만 알려주면 된다. 즉 '이것이 바로 그 그룹의 모든 사람이 선택하는 제품이랍니다' 하고 나타내는 것이다. 잡지에 실린 레버 브라더스의 도브(Dove) 브랜드 광고는 다음과 같은 헤드라인을 이용한다. '전국의 모든 여성이 도브가 더 낫다고 하는데, 왜 당신은 여전히 비누를 사용하고 있나요?' 이 카피 외에 만약 그 잡지의 독자가 그대로 따라서 하지 않는다면, 무슨 일이 일어날지 또는 일어나지 않을지에 대해서는 아무런 언급도 하지 않았다.

보상의 범주에 속하는 마케팅은 소비자가 특정 제품을 구매하여 사용할 경우, 얻게 되는 사회적인 혜택이 어떤 것일지 알려준다. 이러한 보상과 관련된 가장 생생한 사례는 해인즈의 스타킹 판매 마케팅일 것이다. 해인즈는 지속적으로 자사의 브랜드를 '신사는 해인즈를 좋아한다'는 슬로건을 통해 홍보하고 있다. 그리고 광고에서는 한 명이나 그 이상의 남자들이 해인즈를 입은 여성을 감탄하는 눈길로 바라보는 모습을 보여준다.

제재를 사용한 마케팅은 소비자가 특정 제품을 구매해서 사용하지 않는 경우에 일어날 끔찍한 일들을 묘사한다. 이런 종류의 TV 광고에서는 그룹의 규범을 따르지 않은 인물이 많은 사람 앞에서 체면이 깍이는 모습을 보여준다. 최초로 이런 방식을 이용한 예는 P&G의 크리스코(Crisco) 식용유 광고였다. "정말 얼굴이 새빨개졌어요!"라고 말하는 1940년대의 라디오 광고에서, 한 주부가 표면이 울퉁불퉁한 파이 때문에 창피했던 경험담을 늘어놓는다. "내 아들은 모든 사람 앞에서 이렇게 말했어요. '엄마, 파이가 진짜 맛있어요. 그런데 이 파이를 종이 접시 위에서 구웠어요?' 그래서 나는 정말 얼굴이 새빨개졌어요!"

위협을 사용하는 방법은 제재를 가하는 것에서 한 걸음 더 나아가, 두려움을 이용한 최후의 무기이다. 이때의 벌칙은 단지 망신에서 끝나지 않는다. 그룹이 요구하는 제품을 구매하여 사용하지 않음으로써, 그룹에서 버림받고 소외되어 외로워지는 것이다. P&G의 헤드앤숄더 샴푸는 비듬으로부터 머리와 옷을 보호할 수 있다는 의미에서 그런 이름을 지었다. 그러므로 광고에서는 추하게 비듬이 보이는 불쌍한 비사용자를 다른 사람들이 불쾌한 표정을 지으며 외면하는 모습을 보여준다.

이처럼 한 가지 방법만이 아니라, 여러 가지를 혼합(combinations)하여 사용하는 경우도 있다. 이런 경우에는 더 큰 효과를 기대할 수 있다. 그룹의 정당한 권위를 그룹이 제공하는 보상과 함께 나타낼 수도 있고, 이탈에 따른 처벌도 함께 언급할 수 있을 것이다.

준거집단에 의존하는 소비자들

지금까지 그룹이 구성원에게 미치는 영향력, 구성원이 그룹의 규범을 따르게 만드는 그룹의 압력 행사에 대해서 알아보았다. 이러한 논의로 인해 소비자들이 그룹의 사회적 영향력에 저항한다는 인상을 받았을지도 모르겠다. 그러나 사실은 전혀 그렇지 않다. 물론 우리는 그룹의 규범이 현재와 다르기를, 또는 우리가 규범을 지키지 않아도 되기를 바라는 때가 종종 있기는 하다. 만약 그렇다면 정말 자유롭겠지만, 불행히도 자유에는 달갑지 않은 부작용이 따라오기 마련이다. 이를테면 책임 같은 것 말이다. 우리는 단순히 책임을 회피하기 위한 목적만으로 그룹의 규범에 따른다고 스스로 나서서 고백하지는 않을 것이다. 그러나 우리는 소비자들을 포함하여 거의 모든 사람이 그렇다고 분명히 말할 수 있다. 그래서 많은 사람이 그룹의 영향력에 저항하지 않을 뿐만 아니라, 그런 영향력을 기대하는 것이다.

준거집단의 3가지 기능

준거집단은 소비자들을 위해 3가지 기능을 한다. 첫 번째, 정보를 제공한다. 두 번째, 비교 수단으로서의 역할을 한다. 세 번째, 길잡이 역할을 한다. 다음은 그 기능들을 간단히 요약한 것이다.

정보형(informative): 이 준거집단은 사회적 세계와 물질적 세계를 기술한 정보를 제공한다. 그들은 무엇이 존재하는지, 또 어떤 대안이 가능한지 소비자에게 알려준다.

비교형(comparative): 사회적 지위를 평가할 수 있는 기준을 제공하는 준거집단으로서, 객관적 기준이 없을 경우에 개인이 어떤 수준인지 알려준다.

규범형(normative): 태도와 행동을 지배하는 규범과 규칙을 제공하는 준거집단이다. 사회적 상황에서 소비자가 무엇을 해야 하고, 무엇을 하지 말아야 하는지를 알려준다.

마케터들은 소비자의 준거집단을 여러 방면으로 이용한다. 실제로 마케터들은 프로모션에서 모델이나 대변인을 보여주어 준거집단을 제공하기도 하고, 특정 제품의 구매를 선호할 만한 소비자군을 규명해내기도 한다. 여러 유형의 준거집단을 활용할 때의 그룹 영향력의 성격, 그룹에 대한 소비자의 인식, 영향력의 결과를 다음의 표에 정리했다.

표 8-4. 준거집단의 3가지 기능

	정보 제공 그룹	비교 수단 그룹	규범 제공 그룹
그룹 영향력의 성격	그룹의 전문성, 지식의 깊이, 경험	소비자의 지위나 상황과의 비교 가능성	소비자에게 보상이나 제재를 가할 수 있는 능력
그룹에 대한 소비자의 인식	신뢰할 수 있는 정보의 원천으로 여겨야 한다.	지위를 판단하기에 적합한 기준을 제공한다고 여겨야 한다.	긍정적 또는 부정적 강화의 원천으로 여겨야 한다.
영향력의 결과	제공된 정보의 활용과 적용	소비자의 지위를 우월 또는 열등하다고 지각	신념, 태도, 행동 유형의 변화

정보를 제공하는 준거집단: 소비자들은 광고를 통해 제품이나 서비스, 브랜드나 상점에 관련된 많은 정보를 습득한다. 그러나 그들은 그러한 정보가 아주 객관적이거나 공평하다고 여기지 않는다. 저마다 자신의 제품이나 서비스가 제일 낫다고 외치기 때문이다. 또한 미디어 정보는 그 양에 제한이 있기 때문에, 그것을 통해 알 수 있는 내용은 짤막한 묘사일 뿐이다. 그래서 소비자들은 추가적인 믿을 만한 정보를 얻기 위해 그들 주변에 있는 준거집단에 의존한다.

콜게이트(Colgate)는 TV 광고에 팜올리브(Palmolive) 식기용 세제를 홍보하며 네일 아티스트를, P&G는 코메트(Comet)를 알리면서 배관공을, 폴저스 커피는 올슨 부인을 등장시켜서 주부들에게 그 제품의 사용 혜택에 관한 정보를 제공하려고 노력한다. 이러한 방식은 의사 가운을 입은 모델들이 나와서 진통제나 위장약을 설명하는 것과는 좀 다르다. 위의 세 명의 모델은 소비자들의 대리인으로서 정보를 제공하는 사람들이다. 이러한 광고에서는 시청자에게 직접적으로 정보를 설명하는 대신 광고 속의 모델에게 제품을 소개한다. 그리고 시청자들은 그 모델에게 의존하게 된다.

비교의 수단이 되는 준거집단: 많은 경우에 소비자들은 자신의 사회적 지위를 가늠해볼 만한 객관적인 잣대를 찾을 수 없다. 그러한 경우에는 사회적인 비교가 유일한 방법이 되면서, 비교의 수단이 되는 준거집단에 의존하게 된다. 소비자들이 누구를 비교 대상으로 삼을 것인가에 따라 그들의 만족도와 개선의 정도가 달라진다. 따라서 마케터들은 그러한 비교의 기준을 제공하거나 어떤 그룹을 내세우는데, 그 그룹은 우연히도 특정 제품을 이용한다. 사실 마케터들은 소비자들에게 노골적으로 "우리와 같은 수준에 오르고 싶다면, 이 브랜드를 구입하라"고 외치는 것이다.

1985년도 GM의 쉐보레 잡지 광고의 카피는 '당신이 카프리스(Caprice)의 소유자는 아니더라도 분명 그 차의 소유자가 누구인지는 알고 있을 것이다'였다. 이와 비슷하게 BMW의 잡지 광고에는 이렇게 적혀 있다. '코네티컷 주의 그리니치부터 영국의 그리니치까지 한때는 유한계급을 상징하던 세단이 이제는 유한계급에 턱없이 못 미치는 자동차에 자리를 내주고 있다.' 이 두 광고를 기획한 마케터들은 자신의 표적 시장에 비교 준거집단을 이용하고 있다. 첫 번째 광고는 가족용 자동차의 소비자를 언급하고, 두 번째 광고는 젊지만 부유한 소비자들을 대상으로 삼았다. 두 광고는 모두 만약 독자가 '적절한' 수준에 도달하지 못해서 그 수준에 알맞은 '적절한' 차를 몰고 있지 못하다면, 그들에게 문제가 많다는 주장을 암시하고 있다.

규범을 제공하는 준거집단: 소비자들은 규범을 제공하는 준거집단을 통해서 무엇을 할지, 또는 하지 않을지를 결정한다. 이러한 그룹은 소비자들이 추구하는 방향과 지도를 제공한다.

어떤 그룹이 정보 제공자의 역할을 할지, 또는 비교 수단이나 규범 제공자의 역할을 할지는 소비자가 그 그룹을 어떻게 이용하느냐에 달려 있다. 그룹의 이러한 역할은 그 그룹이 가진 본연의 성격에 의해 정해지는 것은 아니다.

알마덴 빈야드 마운틴 샤블리스(Almaden Vineyards Mountain Chablis)의 TV 광고는 샌프란시스코가 캘리포니아의 와인 산지와 가깝다는 점과, 샌프란시스코 사람들이 그들의 와인을 정말 잘 알고 있다는 점을 강조한다. 그러고 나서 그들이 다른 2개 브랜드의 와인 소비량을 합친 것보다 2배나 많은 양의 자사 브랜드 와인을 마신다는 사실을 인용함으로써, 선택의 규범을 제공한다. 또한 이 TV 광고는 휴가를 떠나는 한 부부에게 광고 속의 브랜드를 선택하도록 조언하는 와인 판매상의 모습도 보여준다. 이러한 규범적 영향력은 매우 효과적이다. 특히 스스로 선택하는 것을 부담스럽게 여기는 경험이 부족한 소비자들에게는 더욱 효과적이다.

준거집단의 3가지 종류

소비자들은 3가지 종류의 그룹을 참고한다.

소속 그룹: 첫 번째는 소속 그룹으로, 소비자들이 그 그룹에 속해 있으면서, 다른 구성원과 접촉하며 상호 간에 영향을 주고받는다.

동경 그룹: 이 그룹은 소비자들이 속하고 싶어 하거나, 합류하기를 원한다. 따라서 영향력이 일방적이다.

상징 그룹: 소비자가 속해 있지 않고, 합류하려는 계획도 가지고 있지 않지만, 소비자에게 영향력을 행사하는 그룹이다.

소비자는 그룹에 속해 있을 때, 자신의 구매와 소비 유형에 가장 많은 영향을 받는다. 그러나 동경 그룹의 경우에도 아주 큰 영향을 미치며, 가끔은 소속 그룹보다도 더 큰 영향력을 짧은 기간에 걸쳐 발휘한다. 어떤 그룹에 합류하려는 계획이 있어서 이를 대비해야 하는 소비자의 경우, 한동안 '기대에서 비롯된 과소비(anticipatory overbuying)'의 행동을 보인다. 앞서 언급했듯이, 그들은 새로운 상황에서 어떠한 제품이 필요한지 정확히 알지 못할 수도 있다. 그러나 그들이 생각하는 이미지가 정확한지와는 무관하게, 그들은 새로운 그룹과 역할에 적합하다고 여겨지는 제품을 기꺼이 구매한다. 마지막으로 상징 그룹은 매우 광범위한 제품과 서비스에 대하여 오랜 기간에 걸쳐 영향을 미친다. 그러나 그 영향력은 다른 그룹보다 훨씬 더 약하다. 유명 인사나 한 그룹 자체는 소비자들과 직접적인 접촉이 전혀 없다고 하더라도, 그들에게 상징 그룹이 될 수 있다.

부정적 준거집단 vs 긍정적 준거집단: 한 준거집단이 행사하는 영향력의 방향은 긍정적일 수도 있고, 부정적일 수도 있다. 긍정적인 준거집단이라면 소비자는 그룹의 행동, 태도, 규범을 자신의 것으로 받아들일 것이다. 그래서 그들은 똑같은 소매점에서 쇼핑하며, 같은 제품과 브랜드와 서비스를 이용할 것이다. 그러나 부정적인 준거집단이라면 소비자는 그 그룹의 가치관, 태도, 행동 유형을 모두 거절할 것이며, 그들의 행동을 따라 하지 않으려고 적극적으로 노력할 것이다. 그러나 준거집단이 긍정적인지 부정적인지는 그 집단 자체의 성격에 따라 결정지어지는 것이 아니다. 한 준거집단이 어떤 소비자에게는 긍정적인 준거집단일 수 있지만, 다른 소비자에게는 부정적인 준거집단으로 기능할 수도 있다. 또한 제3의 소비자에게는 아무런 영향을 미치지 못할 수도 있다.

마케터들은 부정적 준거집단과 긍정적 준거집단을 모두 이용한다. 그리고 당연히 소비자가 자사의 제품을 사용하면 '훌륭한 사람'으로, 다른 브랜드의 제품을 사용하면 '바보, 멍청이, 못난이'로 여길 것이다. 하나의 광고에서 이 두 가지를 모두 이용하는 것도 가능하며, 때로는 이것이 더 효과적인 접근일 수 있다.

밀러 라이트 맥주의 TV 광고에서는 맥주의 맛을 칭찬하며, 함께 즐기고 있는 여러 명의 유명한 운동선수를 보여준다. 이때 갑자기 이런 '멋진 사람들' 사이에 코미디언 로드니 데인저필드(Rodney Dangerfield)가 농담을 하며 나타난다. 그는 언제나 게임을 망치거나 사고를 일으키곤 하는 인물이다. 그뿐만 아니라 데인저필드는 라이트 맥주의 장점에 대해서 무지하기까지 하다. 시청자는 라이트 맥주를 즐기는 유명 스포츠 스타와 자신을 동일시하면서, 그 맛을 모르는 바보스러운 인물과는 심리적으로 거리를 둔다.

그룹 영향력의 기초는 무엇인가?

사회적 그룹은 특정 제품의 구매와 소비를 요구하거나 금지할 '권력'을 가지고 있다. 물론 소비자가 그룹과의 일체감이나 연대감을 가치 있게 생각할 정도로 그 그룹은 충분히 매력적이어야 한다. 어떤 그룹은 제품에 대한 정보와 조언의 공급원으로서, 소비자에게 아주 유용한 '전문 지식'을 제공한다. 한편 개개인의 반응이 큰 차이를 보이는 특정 제품들에 대해 소비자들이 자신의 잠재적 만족도를 가늠해보려고 하는 경우라면, 그 그룹의 구성원과 소비자 간의 '유사성'이 중요하다. 또 다른 경우에는 소비자가 그룹 구성원들과의 동일시를 원할 수도 있다. 소비자의 눈에 그들은 모방할 가치가 있는 '매력'적인 인물들이기 때문이다.

아래에 요약한 각자 다른 유형의 영향력은 동일한 마케팅 광고 내에서 따로따로, 혹은 함께 작용할 수 있다.

권력(power): 그룹은 소비와 구매를 요구하거나 금지할 권력이 있다. 이는 그룹이 충분히 매력적이어서 소비자들이 그 그룹으로의 소속을 소중히 여길 때에 가능한 일이다. 이때 그룹의 규범과 역할에 대한 필요조건이 제품의 구매와 소비를 요구한다. 또한 이는 권위, 보상, 제재, 위협과 관련이 있다.

전문성(expertise): 그룹은 전문성이 있는 까닭에, 소비자가 그 그룹을 제품에 대한 정보의 원천으로써 중요시한다. 이때 그룹의 구성원들 또는 그룹 자체가 특별한 전문성을 가지고 있으며, 소비자 역시 그렇게 믿고 있다. 그들은 복잡한 이슈에 관해 개개인에게 충고한다.

유사성(similarity): 그룹 구성원과 소비자 간의 유사성은 소비자들이 어떤 종류의 제품에 대해 가지는 잠재적인 만족도를 알려준다. 이때 그룹이나 그룹의 몇몇 구성원이 개개인의 대리인으로 여겨지고, 소비자들은 그들을 통해 자신의 향후 반응을 예측할 수 있다.

매력(attractive): 소비자들이 어떤 그룹의 구성원이 매우 매력적이어서 따라 하고 싶다는 느낌을 가지면, 그들은 그룹 구성원과 자신을 동일시할지도 모른다. 이때 소비자들은 그룹 구성원들을 존경 또는 추종하기 때문에, 그들을 모방하고 싶어 한다.

유명 인사를 준거집단으로 내세우기

마케터들은 흔히 유명 인사를 준거집단으로 내세우곤 한다. 그리고 다음의 6가지 방식 중 하나를 이용한다.

1. 유명 인사가 제품을 보증한다.
2. 유명 인사가 제품에 대한 사용 소감을 제공한다.
3. 유명 인사가 제품을 사용하는 모습을 드라마상에 삽입한다.
4. 유명 인사가 사용하는 그 제품만을 위한 극을 연출한다.
5. 유명 인사가 대변인의 자격으로 제품이나 서비스를 대표한다.
6. 유명 인사가 자신의 이름을 브랜드명으로 사용하도록 허락한다.

보증(endorsements): 유명 인사가 제품을 보증한다. 이 경우에 유명 인사는 전문가일 수도 있고 아닐 수도 있는데, 그는 자신의 이름이나 사진이 제품 및 서비스의 홍보에 쓰이는 것을 동의한다.

"제가 거짓말을 하겠어요? 저를 믿어주세요." 마케터들은 매우 믿을 만한 외모, 이미지, 명성을 가진 유명 인사로부터 보증을 받으려고 한다. 여러 보험 상품을 보증한 유명 인사로는 대니 토머스(Danny Thomas), 로저 스타우바흐(Roger Staubach), 아트 링크레터(Art Linkletter), 에드 맥마흔(Ed McMahon) 등이 있다. 이들의 공통점은 모두 권위와 명성을 가진 성숙한 남자라는 점이다. 그러나 어떤 경우에는 인기만으로 족하다. 슈퍼스타 마이클 잭슨(Michael Jackson)은 펩시콜라(Pepsi-Cola)를 보증했다.

사용 소감(testimonials): 유명 인사가 제품에 대한 사용 소감을 제공한다. 유명 인사는 주로 전문가로서, 제품과 서비스를 사용해본 경험이 있고, 그 경험에 비추어 가치를 증언한다.

"내가 거기에 있었기 때문에 잘 알아요." 코미디언 빌 코즈비는 아련한 예전의 동네 꼬마들에 대한 유머러스하면서도 세심한 묘사로 유명하다. 그는 젤로(Jell-O) 푸딩과 디저트에 더할 나위 없이 안성맞춤이다. 카리스마 있는 빌 코즈비는 TV 광고에 사랑스러운 미취학 아동들과 함께 나와서, 엄마들에게 젤로 푸딩에 대한 제재를 줄여줄 것을 외친다. 이로써 그는 그 제품의 가치에 대해 매우 타당한 증언을 한다.

극 삽입(placements): 유명 인사가 제품을 사용하는 모습을 드라마상에서 보여준다. 제품 및 서비스가 영화나 TV 드라마에 삽입되어 시청자가 보거나, 또는 주인공이 그것을 사용한다.

"만약 그것이 영화「ET」나「007」에 적합하다면, 나에게도 적합하다!" 제품이 TV 드라마나 영화에 삽입되어 있다면, 그 제품과 극 중 인물의 연관만으로도 강력한 효과를 낸다. 그 인물이 사람이 아니어도 좋다. 아주 고전적인 사례가 바로「ET」이다. 영화의 한 장면에서 숨어 있던 ET는 리시즈 피시즈 사탕의 유혹에 못 이겨 모습을 드러내게 되며, 쿠어스(Coors) 맥주에 약간 취하기도 한다.

제임스 본드도 여러 소비재에 자신의 이미지를 빌려주었다. 007 시리즈「어 뷰 투 어 킬A View to a Kill」에서 본드는 잠수차의 미쉐린(Michelin) 타이어에 있는 공기를 마시면서 익사를 피했고, 'A Sharper Image'라는 카탈로그 소매업체의 이름이 뚜렷하게 새겨진 신용카드로 잠긴 문을 열기도 한다. 이러한 간접 광고는 비평가들의 반대에도 불구하고, 계속해서 늘어날 전망이다.

극 연출(dramatizations): 제품의 사용을 극으로 연출한다. 유명한 배우나 모델이 특정한 제품과 서비스만을 보여주기 위해 제작된 극에 참여한다.

"제이 알과 함께 침대 시트 사이에서. 캐논 시트, 그 이하는 절대 아닙니다!" 캐논 밀스(Cannon Mills)는 극화를 이용하여 자사의 시트와 수건을 홍보했다. 여기에는 「달라스Dallas」에서 악역인 제이 알 유잉(J. R. Ewing)으로 나왔던 래리 해그먼(Larry Hagman), 「다이너스티Dynasty」의 조앤 콜린스(Joan Collins) 등이 출연했다. 이 극은 '미국의 침실, 부엌, 욕실에서 가장 유명한 두 이름'이라는 헤드라인으로 시작하여, 스타들이 제품을 사용하는 모습을 보여준다.

대변인(representative): 유명 인사가 대변인의 자격으로 제품과 서비스를 대표한다. 그는 오랫동안 다수의 매체에서 브랜드를 위한 대변인이 되는 것에 동의하고, 그와 제품이 동일시된다.

"이것 없이 집을 떠나지 마세요!" 칼 말덴(Karl Malden)은 아메리칸 익스프레스 여행자수표의 대변인이다. 그는 지난 수년간 정기적으로 지면 광고, 라디오 광고, TV 광고에 등장하고 있다. 이런 식으로 오랫동안 자주 나타났기 때문에, 그와 아메리칸 익스프레스의 관계를 통해 인지도가 높아졌을 것이다. 이러한 서비스는 일반인의 일상생활에서 널리 쓰이므로, 이를 대표하기 위해서는 유쾌하고 위협적이지 않은 성격의 인물을 선택하는 것이 적절하다.

동일시(identification): 유명 인사가 자신의 이름을 브랜드명으로 사용하도록 허락한다. 그는 독립적으로, 또는 제작자와 파트너십을 맺고 브랜드를 출시한다. 따라서 유명 인사의 이름이 곧 브랜드명이 되는 동일시가 이루어진다.

"폴 뉴먼이 다시 부엌에 왔다." 많은 유명 인사가 유명세를 활용해서 독자적으로, 또는 공동으로 자신의 이름을 딴 소비재를 출시하려고 노력해왔다. 예를 들어 로이 로저스(Roy Rogers) 로스트비프 레스토랑, 자니 카슨(Johnny Carson) 남성복, 아서 트레처(Arthur Treacher) 피시 앤드 칩스 레스토랑, 로드니 데인저필드 레스토랑, 최근에는 폴 뉴먼이 내놓은 건강식품 브랜드까지 있다. 종종 이러한 노력은 여러 이유로 성공적이지 못했다. 마케팅이나 생산이 불완전할 경우, 유명 인사의 이름 하나만으로는 충분치 않기 때문이다.

그러나 눈에 띄는 예외가 있다. 뉴먼스 오운(Newman's Own) 스파게티 소스는 한 해에 1,500만 달러의 매출을 낳고 있다. 샐러드 드레싱과 고급 팝콘이 가져다주는 1,000만 달러의 연간 매출을 제외하고 말이다. 이것은 한 푼의 광고비도 들이지 않고 거두는 성과이다. 이 회사는 제품 라벨에 있는 폴 뉴먼의 이름과 사진, 그리고 그의 언론 보도 노력만으로 광고 효과를 거둔다. 또한 모든 수익은 자선사업에 쓰는데, 1982년에 운영을 시작하여 최초 3년 동안 700만 달러를 기부했다.

보통 남자와 보통 여자를 이용하면 어떨까?

유명 인사라는 지위는 그 자체로도 매력이 있으며, 전문성은 권위와 신뢰를 더해준다. 그러나 대부분의 준거집단은 '보통 남자'와 '보통 여자'로의 접근을 이용하며, 이러한 접근법 역시 성공적이다. 모든 종류의 소비재는 사회적인 상황에서 보여진다. 소비자와 매우 유사한 인물들이 소비재를 성공적으로 사용하고 있는 모습을 보여주는 것이다.

예를 들어 TV 광고를 활용하여, 수백 명의 평범한 엄마가 자신의 평범한 자녀의 옷을 세탁하는 모습을 TV를 시청하고 있는 당신의 눈앞에서 보여준다. 또 배가 조금 나온 DIY 사용자는 당신이 전화로 바로 주문할 수 있는 도구들을 사용하여 멋진 작품을 만들어낸다. 안경을 낀 젊은 남편이 투자 계획을 세워서 나름대로의 투자 결정을 내리는 동안, 앞치마를 두른 아내는 걱정스러운 눈길로 바라본다. 그리고 신이 난 아이들이 자신의 슈퍼 생명체를 이용하여 장난감 적들을 쳐부수면, TV를 보고 있던 아이들 또한 박수갈채를 보낸다.

이렇듯이 준거집단에 대한 어필을 이용한다면, 모든 사람이 '구매 전에 시험적으로 사용'하게 되는 셈이다.

1. 한 그룹이 구성원으로 있는 사람의 소비 행동에 영향을 미칠 때, 그 영향력은 3단계에 걸쳐서 나타난다.
 ① 동조 → ② 동일시 → ③ 내재화

2. 그룹이 구성원인 소비자들의 행동에 어떤 영향을 미칠지는 그 그룹이 조직된 방식에 의해 결정된다.

3. 그룹 내에서 구성원의 위치에 따라 그 그룹이 미치는 영향력의 크기가 결정된다. 그리고 구성원이 그룹의 규범을 얼마나 따르고 싶어 하는지, 혹은 얼마나 벗어나고 싶어 하는지도 중요한 변수가 된다.

4. 특정 그룹을 대상으로 하는 마케팅은 역할 모델을 빈번하게 이용한다. 이러한 역할 모델은 그 그룹에서 가장 매력적이고 성공적인 소비자군을 대표한다.

5. 그룹의 영향력이 크게 작용하는 대상은 중심부보다는 주변부를 차지하는 구성원들이다.

6. 그룹의 주변부 구성원들을 공략하기 위해서는 그룹의 규범을 따르려면 특정 제품을 구매해야 한다고 설득하는 것과, 특정 제품을 사서 쓰게 되면 그들이 그룹에 좀 더 중요한 구성원이 될 수 있다고 설득하는 2가지의 방법이 있다.

7. 그룹 내의 주요 구성원들을 공략하기 위해서는 규범에 순응하기보다는 그들의 독자성과 위치를 강조해야 한다.

8. 그룹의 규범을 강화하기 위한 4가지 전략: 권위, 보상, 제재, 위협

9. 준거집단의 3가지 기능: 정보 제공, 비교 수단, 규범 제공

9

집합적 구매 단위인 가족을 주의 깊게 살펴라

FAMILY:
A Consumer Collective
Buying Unit

맥은 동료들에게 종종 이렇게 말한다. "나는 모든 중요한 의사결정을 내릴 때 가족을 생각하면서 하지. 보통 나는 국가 부채, 공산주의, 중동 문제 등에 어떻게 대처해야 하는지를 결정하기 때문에 그 밖의 중요하지 않은 일들, 즉 우리 가족이 어디에 거주할지, 차를 언제 마련할지, 아이들을 어느 학교에 보낼지, 어떤 가구를 구입할지, 어디에서 휴가를 보낼지 등에 대해서는 집사람이 결정하도록 하지. 나는 이런 사소한 일에는 신경쓰고 싶지 않거든."

이처럼 의사결정과 가족 단위의 구매는 가족 구성원별로 특화되어 있는 경우가 많다.

가족과 함께 사는 사람들의 다양한 구매 결정 중에서 아주 일부만 진정으로 개인적인 의사결정이라고 할 수 있다. 심지어 우리가 보기에 개개인이 사용하는 물건이나 서비스를 구입할 때에도 그 의사결정을 내리는 사람에게 미치는 다른 가족 구성원들의 영향력은 상당히 크다. 한 명의 구성원은 사회적인 측면과 마찬가지로, 거의 항상 독립된 경제 단위로서 돈을 쓰고 벌어들인다. 가족 구성원들 중 대부분의 성인은 무엇을 구입하고 사용할지에 대해서 금전적인 독립성과 순수한 개인적 자율성 등 어느 정도의 재정적인 권한을 가진다. 그러나 사회의 최상류층이나 극빈층을 제외한 대다수의 주류 집단은 그들의 수입과 가처분소득을 가족과 공동으로 사용한다.

결과적으로 마케터의 입장에서 볼 때, 개인적인 수입과 선호(구매 능력과 구매 의향)는 가구의 수입과 가족의 선호에 비해서 상대적으로 덜 중요하다. 그러므로 시장에서 행동의 기본 요인이 개인보다는 가구가 되면서, 가족은 소비자 시장을 측정하는 적절한 분석 단위로 떠오르고 있다.

가족이란 무엇인가?

'가족(family)'과 '가구(household)'라는 용어의 차이는 명확히 구분하기 어렵다. 이 용어들은 동시에 여러 가지 의미로 해석될 수 있으므로, 우리가 시장을 연구하고자 할 때 혼란을 야기한다. 따라서 통계 데이터가 가족 또는 가구의 관점에서 작성될 때마다 사용된 단위가 어떻게 정의되는지 항상 주의 깊게 살펴보아야 한다. 가족에 대한 그들의 정의와 우리의 정의가 다르다면, 서로 전혀 다른 것을 동일하다고 간주하는 오류를 범하게 될 수도 있기 때문이다. 큰 차이가 없어서 별로 상관없을 때도 있지만, 어떤 경우에는 심각한 불일치가 야기될 수 있으므로 주의해야 한다.

가족 vs 가구

'가족'이라는 용어는 하나의 특별한 사회적 구성 단위를 나타낸다. 가족은 동일한 가구에서 생활하면서 혈연, 결혼 또는 입양으로 친족관계를 이룬 두 명 이상의 사람들로 구성된다. 따라서 동일한 가구에서 생활하는 모든 친족은 가족이다. 반면에 '가구'는 친족관계의 여부와 상관없이 하나의 생활 구성 단위에 거주하는 모든 사람으로 이루어진다. 그런가 하면 남성 또는 여성 가장과 친족관계이며, 하나의 주택에서 생활하는 한 명의 부모 또는 부부(미성년 자녀와의 동거 유무는 상관없음)로 구성된 '하위가족(subfamily)'도 있다. 그러므로 우리는 서로 다른 3가지 구성 단위를 고려해야 한다. 하나의 주택에서 생활하는 친족인 '가족', 친족관계 여부와 상관없이 하나의 주택에서 생활하는 모든 사람이 포함된 '가구', 가장과 친족관계인 한 명의 부모 또는 부부와 함께 생활하는 '하위가족'을 모두 고려해야 하는 것이다. 결국 우리가 어떤 분석 단위를 사용하느냐에 따라 구성원의 수와 평균 수입도 달라진다.

가족의 4가지 유형

경제적 용어 대신 사회학적 용어로도 가족을 설명할 수 있다. 이제 소비자에 속해 있는 서로 다른 가족 유형을 살펴보고자 한다. 그런 다음 가족이 기여하는 기능을 살펴보고, 미국의 가족 구조에 대한 근거 없는 믿음과 현실도 간략히 검토해볼 것이다.

출생가족 또는 생식가족: 당신이 태어난 가족은 '출생가족(family of orientation)'이다. 이 가족에는 당신의 부모와 형제자매가 포함된다. 사회학자들이 가족에서 개인의 '순서에 의한 위치'를 말할 때면 그 개인이 가족의 첫째 아이인지, 둘째 아이인지, 셋째 아이인지의 여부를 언급한다. 한편 결혼을 통해 당신이 구성한 가족은 '생식가족(family of procreation)'이며, 당신의 배우자와 자녀들이 포함된다.

따라서 우리가 여기에서 한 아이의 가족을 언급한다면, 그 가족은 출생가족일 것이다. 그러나 소비자의 가족을 언급한다면, 그것은 대개 그 사람의 배우자와 자녀를 포함한 생식가족을 의미한다.

핵가족 또는 확대가족: '핵가족(nuclear family)'은 부모와 한 명 이상의 자녀, 또는 한 명의 부모와 자녀로 구성된다. 핵가족은 미국 사회에서 전형적인 가족 유형이지만, 전 세계가 다 그런 것은 아니다. '확대가족 (extended family)'의 경우, 다른 친족들이 핵가족의 구성원과 함께 생활한다. 그들은 바로 가장의 부모나 손자, 형제 또는 사촌들이다. 미국 사회에서 한 가족의 자녀들은 성년이 되면 집을 떠나는 것이 보통이다. 가장은 시동생이나 처남이 장기간 자신의 집에서 지내는 것을 그리 반기지 않는다. 하물며 촌수가 먼 다른 친족들은 더 말할 것도 없다. 심지어 가장의 부모도 따로 떨어져 지내거나, 특별한 요양 시설에서 거주하기를 권유받는다.

세상의 많은 다른 지역, 특히 경제개발이 더딘 국가들의 경우에는 상황이 미국과 정반대이다. 한 가구에서 생활하는 확대가족이 예외가 아니라 통례이기 때문이다. 심지어 서유럽의 몇몇 국가도 가족의 한 자녀가 이사를 나가 다른 곳에서 홀로 거주하기 시작하면, 다소 이상하게 여긴다. 다른 사람들은 그 개인이나 가족에게 무엇인가 문제가 있다고 생각한다. 한편 아시아 대부분의 지역에서는 젊은 남자가 결혼하면, 신부를 자신의 출생가족이 생활하는 가구로 데려온다. 그럼으로써 많은 핵가족이 단일한 주택 또는 가구에 거주하게 된다. 그런데 미국에서는 한 가구에 오직 하나의 핵가족을 유지하려는 경향이 강하다. 그리고 이것이 미국 사회의 본질과 특성에 영향을 미친다. 물론 이런 경향은 다른 지역의 전형적인 가족과 견주어, 특히 미국인 가족의 행동 방식에 매우 중대한 영향을 미친다.

많은 기업과 때로는 전체 산업이 알고 있는 한 가지 사실은, 그들 제품의 수요가 가족 형성 비율 또는 신생 가구 구성에 전적으로 의존하거나 크나큰 영향을 받는다는 것이다. 가구 구성을 예측하는 일은 그리 어렵게 보이지 않는다. 대개의 경우 그것이 인구 연령과 밀접한 관련을 맺고 있으며, 10년간의 인구조사를 통해 그에 대한 좋은 자료를 확보할 수 있기 때문이다. 경제의 주기적인 변화와 사회적 트렌드의 변동 역시 주요한 역할을 한다.

미국에서 신생 가구는 1960년에 연간 100만 가구 수준이었는데, 1970년대에 170만 가구로 크게 증가했다. 전문가들은 1980년대에는 더 증가할 것으로 예상했다. 그러나 유감스럽게도 실상은 그렇지 않았다. 1980년대 초반 불황의 여파로, 1960대의 100만 가구 수준을 간신히 넘어서는 정도였기 때문이다. 미국 인구통계(American Demographics)에서는 1980년대 후반에 상황이 나아져서, 연간 신생 가구의 비율이 약 130만 가구에 이를 것으로 예상했다. 그리고 그다음에는 다시 침체기에 돌입하여, 1990년대 초반에 연간 100만 가구 수준으로 되돌아갈 것이라고 했다. 그들의 예측에 따르면, 1995년에 신생 가구는 약 100만 가구이며, 구성원 대다수는 중년의 소비자들이다.

가구 구성의 변화와 함께 가구 소유 또는 임대 유형의 변화도 일부의 마케터들, 특히 건설업에 속한 마케터들을 당혹스럽게 하고 있다.

1970년대에 형성된 신생 가구의 약 70퍼센트는 자가 주택을 소유했다. 이 비율은 1980년대 후반에 72~75퍼센트 수준으로 변하고, 1990년대 후반에는 약 83퍼센트로 증가할 것이라고 예상되었다. 분양 아파트와 다가구 주택은 1980년대 초반의 불경기를 틈타 호황을 누렸지만, 그것은 어디까지나 경제적인 이유 때문이었다. 시대적 환경에서 경제적으로 여유가 있고 없음에 상관없이, 미국의 신생 가족은 여전히 독립적인 단독 주택을 선호한다.

가족의 기능

2명이 1명만큼 돈을 안 쓰고 살 수는 없다. 그러나 2명 이상의 사람들이 가족 안에서 모여 살면, 각각 따로 사는 것보다 훨씬 돈을 덜 들이고 살 수 있다는 사실을 부인할 사람은 없을 것이다. 따라서 가족의 중요한 기능들 중 하나는 '자원의 절약'이라고 할 수 있다. 그러나 가족의 경제적 기능은 단순한 재정적인 이익을 넘어선다. 가족은 구성원들의 성과를 향상시키고, 노동력의 중복을 없애는 역할을 한다. 그리고 모든 면에서 생활이 더 편리해지게 만들어서 개개인의 구성원이 분화하도록 돕는다.

또한 가족은 구성원들에게 감정적인 지지를 보내는데, 이런 심리적 기능은 경제적 기능보다 훨씬 더 중요하다. 공감, 나눔, 스트레스 상황에서의 방어와 지지 등은 가족 구성원들이 서로에게 일상적으로 제공하는 편익이다.

어린아이의 교육과 사회화는 가족에 속해 있을 때에 가장 쉽게 이루어진다. 가족이라는 1차적인 사회집단 내에서 아이들의 성격이 형성되고 가치관이 발달된다. 그리고 그 안에서 아이들은 자신을 둘러싸고 있는 사회적 세상을 대하는 법을 배우고, 어떻게 행동해야 하는지에 대한 설명과 사례를 접한다. 즉 말하는 법, 옷 입는 법, 행동하는 법 등등 각각의 인간을 특별한 한 사람으로 만드는 수많은 자잘한 것을 배우게 된다.

마지막으로 가족은 완전한 라이프스타일을 만들고, 그것을 나누는 방법이라고 할 수 있다. 다시 말해서 가족이란 삶의 방식인 것이다. 개인과 가족의 라이프스타일이 반드시 일치하는 것은 아니지만, 적어도 밀접한 관련이 있다. 라이프스타일에 관해서는 뒤에서 자세히 논의할 예정이다.

변화하는 가족 구조

앞서 핵가족이 미국의 대표적인 가족 유형임을 살펴보았다. 핵가족의 정형화된 이미지는 남편과 아내, 그리고 두 명의 자녀이다. 그림 9-1은 시간의 경과와 함께 나타나는 전통적인 다이아몬드 형태의 가족 구조를 보여주고 있다. 그러나 정형화된 이 그림은 사실보다 신화에 더 가깝다. 한 번 결혼한 남편과 아내가 두 명의 자녀와 함께 생활하는 형태의 가정에 꼭 들어맞는 경우는 전체 가족 중 5퍼센트가 채 되지 않기 때문이다. 실제로 오늘날에는 한 부모 가정의 비율이 훨씬 더 높다. 지금까지의 전통과는 다른 현대적인 가족 구조를 보여주는 것이 바로 그림 9-2이다.

빈번하게 발생하는 별거와 이혼과 재혼이 이러한 현상의 주된 요소이지만, 이에 더하여 다른 요소들도 개입된다. 미국의 가족에서 남성이 아닌 여성 가장의 비율은 10퍼센트를 넘어서고 있다. 결혼하지 않은 커플들이 차지하는 가구의 비율도 상당히 높은 편이다. 그러나 그들 중 자식을 둔 사람은 극히 소수에 불과하다. 정확한 비율을 근거로 들어 입증하기는 어렵지만, 미국에서 홀로 사는 단독 가장을 제외한 비가족(혈연관계는 없으나 함께 사는 사람들)의 비율은 약 4퍼센트 남짓이다. 한편 젊은 커플들은 결혼 전에 상당 기간 주택을 공유하는 것이 일반적인 추세이다. 이런 경우는 가족 구성에서 독특한 예비 단계에 해당한다고 볼 수 있다.

또한 앞에서 우리는 신생 가구의 형성이 어떻게 연령 인구분포도에서 종종 벗어나는지 언급했다. 이런 일탈은 주로 경제적 환경 때문이다. 그러나 가족 형성 시기의 평균 연령 역시 더 높아지고 있다. 결혼이 늦어지고, 부모가 되는 연령이 높아지는 이유는 경제적 환경보다는 사회적 환경이 더 많은 영향을 끼친다. 젊은 독신과 자녀가 없는 젊은 부부들은 가족의 라이프사이클에서 더 이후에 등장하는 가족들과는 사뭇 다른 구매 유형을 가진다.

미국인 가족의 생활양식에 드러나는 정형화된 이미지는 가족 구조에 대한 과거의 이미지만큼 시대에 뒤떨어져 있다. 식사를 예로 들어보자.

그림 9-1. 미국의 전통적인 가족 구조

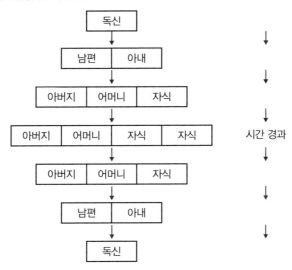

그림 9-2. 미국의 현대적인 가족 구조

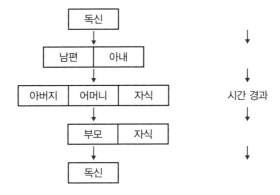

60여 년 전에는 TV를 시청하면서 '도나 리드 쇼'를 칭찬하는 가족들이 거의 없었다. 엄마는 아침 일찍 일어나서 깔끔한 실내복과 앞치마 차림으로 부엌에서 분주하게 움직였다. 한편 아빠와 아이는 오렌지 주스를 홀짝이면서 자신이 원하는 달걀 요리를 놓고 논쟁을 벌였다. 그러나 오늘날의 시각에서는 이런 행동이 감성적이고, 시대착오적으로 보일 뿐이다.

이제 가족의 아침 식탁에서 주스, 커피, 달걀, 토스트와 새로운 하루에 관한 대화가 사라졌다. 그 대신 크루아상위치(Croissan'wich)나 에그 맥머핀(Egg McMuffin), 또는 브렉퍼스트 잭(Breakfast Jack)이 식탁을 차지하고 있다. 이것들은 각각 버거킹과 맥도날드와 잭인더박스의 제품이다. 1977년부터 1984년까지 식당에서 점심을 먹는 사람의 수는 5퍼센트 미만으로 증가했고, 저녁을 외식으로 먹는 사람의 수는 25퍼센트 미만으로 증가했다. 그런데 같은 기간에 아침을 외식으로 먹는 사람의 수는 50퍼센트 이상 증가했다. 아침 식사로 계산한 총비용은 100억 달러이지만, 이것은 연간 총외식비용의 10분의 1도 채 되지 않는다. 몇몇 분석가는 일하는 여성이 더 많아진 것이 그 원인이라고 하지만, 이는 어디까지나 원인의 일부일 뿐이다.

예전에는 가족이 식사를 위해 함께 자리에 앉았지만, 오늘날에는 심지어 집에서 식사할 때에도 '그레이징(grazing: 시간에 쫓기는 도시인들이 전통적인 하루 세 끼의 식사 패턴을 무시하고, 언제든지 원할 때 소량의 음식을 일하면서나 걸어가면서 먹는 현상)'이 인기를 끌고 있다. 아들은 주방을 돌아다니며 간식을 움켜쥔다. 잠시 후에 딸이 주방으로 들어온다. 아빠는 퇴근해서 집에 도착하면 간단하게 밥을 먹는다. 엄마는 거의 잠잘 시간까지 기다린다. 사람들은 더 적은 양의 음식을 더 자주 불규칙적으로 조금씩 먹는다. 식료품을 시장에 내놓는 식품회사들은 1인분 또는 2인분으로 포장된 스토우퍼스(Stouffer's)의 린 쿠진처럼, 사이즈를 변경하는 방식으로 패스트푸드 판매점들에 맞서 싸우고 있다. 최대 라이벌인 캠벨의 르 메뉴 냉동 앙트레도 이와 유사한 방식을 취한다.

이런 식품의 마케터들에게 판매를 위해 무엇보다 중요한 것은 다양성과 준비 속도이다. 『굿 하우스키핑 *Good Housekeeping*』에 실린 캠벨의 수프 광고에는 빨간색과 흰색 라벨이 붙은 30개의 캔이 나오는데, 한 달 동안 매일 맛볼 수 있는 다양한 수프를 소개하는 것이었다. 또한 캠벨은 그레이징 현상에 적응하기 위해서 TV 광고를 통해 '한 컵의 수프(cup-of-soup)'라는 개념을 집중적으로 알렸다. 그 광고에는 한 명의 부모와 한 명의 아이가 즉석으로 만든 뜨거운 수프를 즐기는 장면이 등장했다.

변화하는 미국인 가족 구성에 적응하려는 마케터들의 사례는 아주 많다. 그런데 한 가지 흥미로운 사실은 미국의 많은 사회 조직—정치, 교육, 종교, 예술 등등—의 리더들은 가족의 변화에 맹렬히 저항하며, '좋았던 옛 시절'의 죽음을 애석해한다는 것이다. 이와는 대조적으로 미국의 비즈니스 분야에서는 전광석화처럼 빠르게 반응했다. 정신없이 숨 가쁘게 진행되는 경쟁 속에서 향수와 권태는 마케터들이 미처 챙길 여유가 없는 사치로 보인다.

평범함과 특별함

소비재들은 종종 개인이 아닌 가족에게 판매된다. 그러나 가족은 동질적인 구매 단위의 집합이 아니다. 마케터들의 목적은 각각 다른 가족 유형을 대표하는 주요한 특징과 양식을 확인한 다음, 그것들이 제품의 판매 및 소비와 어떤 식으로 연결되는지 검토하는 것이다. 그러고 나면 브랜드, 제품, 서비스 또는 매장을 특정 유형의 가족과 어울리게 타깃으로 정할 수 있고, 한 가지 유형의 가족이 가진 특별한 니즈에 적합한 광고를 만들 수 있다. 예를 들어 일하는 여성이 있는 가족과, 여성이 전업주부인 가족 간에는 현격한 차이가 있다. 전자의 카테고리에 속한 여성들은 집안에서 아내이자 엄마이고 주부일 뿐만 아니라, 일하는 여자라는 이중적인 생활에서 비롯되는 역할 갈등에 민감하게 반응한다. 그들은 두 가지 역할을 효율적으로 수행하는 데 도움이 되고, 역할 갈등을 줄여주는 제품 및 서비스를 환영한다.

반면에 오로지 가사에만 전념하는 여성들은(여전히 이런 유형의 가족이 상당한 비율을 차지하고 있다) 가정과 가족을 위해 헌신하는 데 많은 시간과 에너지를 쏟는다. 그들은 집을 깔끔하게 정리하고, 제대로 관리되도록 유지하는 능력으로 종종 자신과 타인을 평가하는 경향이 있다. 그들은 가족 안에서의 역할로부터 정체성을 얻고, 가정에 자부심을 느끼며, 가사에 적극적으로 참여한다. 동시에 그들은 다소 지루하거나, '갇혀 있다'는 기분에 빠져들 수도 있다. 그래서 자신이 구입하고 이용하는 제품 및 서비스를 통해 느낄 수 있는 흥분과 낭만과 공상을 좋아한다.

이 두 카테고리에 속한 여성들은 사뭇 다른 관심사와 구매 유형을 가지고 있다. 그들은 서로 다른 종류의 마케팅 광고에 민감하게 반응한다. 일하는 여성들의 경우에는 무엇보다도 속도, 편의, 편리와 능숙도가 가정 용품의 구매를 위해서 중요한 요소들이다. 한편 전업주부들은 힘, 효율성, 새로움, 재미와 흥분에 민감하다. 두 가지 유형의 여성들 사이에서 절충안을 마련하기란 여간 어려운 일이 아니다! 가끔은 그들의 가족과 성향을 모두 끌어들이려는 마케팅 광고가 시도되기도 하지만, 두 집단 사이에서 아무런 호응을 얻지 못하기가 십상이다. 모든 사람에게 모든 것을 제공하려고 애쓰는 마케터들은 종종 아무에게도 그 무엇을 주지 못하는 결과를 초래할 수 있다. 따라서 마케터들을 위한 더 나은 방책은 유형별로 가족을 세분화하여 특정한 제품이나 서비스, 브랜드나 매장을 찾는 특정한 타깃 그룹에 초점을 맞추는 것이다.

가족의 역할과 상호작용

여러 구성원들이 수행하는 가족의 역할과, 그들이 서로 간에 상호작용하는 방식은 그 가족이 어떤 소비재를 구입하고 사용하는지에 영향을 미친다. 사회적 역할을 논의했던 7장에서 우리는 구매 및 소비와 관련된 역할들을 확인했다. 8장에서는 그룹의 사회적 영향력과 상호작용을 살펴보았다. 이제 이것들을 구매 단위로서의 가족에 연결시켜서 생각해볼 때가 되었다.

표 9-1. 구매와 소비에서 가족 구성원의 9가지 역할

역할	구매와 소비에 관련된 역할별 행동
여과자	제품 정보 흐름의 통제
영향자	다른 사람들의 상품 평가 형성을 유도
결정자	실질적인 구매나 소비 결정
구매자	결정의 실행과 상품의 구입
준비자	소비될 수 있는 형태로 상품 전환
소비자	제품이나 서비스의 실질적인 사용 또는 소비
감시자	다른 사람들의 소비를 통제
유지자	사용 가능하도록 상품을 수리
처분자	필요 없는 제품을 처분 또는 폐기

구매와 소비에서 가족의 역할

이번에는 소비재의 구입과 사용에 직접적으로 관련이 있는 가족의 역할에 대해서 자세히 설명하고자 한다. 다음에서 각 역할이 어떤 것들을 포함하는지, 또 가족 내에서 누가 어떤 역할을 하는지 자세히 알아보자.

정보의 여과자: 이 역할을 하는 가족 구성원은 입수 가능한 상품과 바람직한 상품에 관한 정보를 통제하여, 시장에서의 행동에 영향을 미친다. 주어진 제품이나 서비스에 대해서 어떤 가족 구성원이 이 역할을 하느냐는 두 가지에 달려 있는데, 바로 관심과 전문성이다. 예를 들어 남자들은 대체로 기계나 전기 기구에 대해서 더 많이 알고 관심도 많다. 그러므로 집안의 남자가 자동차, 대형 가전제품, 집수리 등의 상품 구매 시에 정보 여과자의 역할을 담당하는 경우가 많다. 그가 최종 선택을 하거나 결정을 실행하지 않을지라도, 어떤 상품이 입수 가능한

지와 좋은지 또는 나쁜지 잘 알고 있으므로, 선택에 커다란 영향을 줄 수 있다.

그러나 항상 성인만 여과자로서의 역할을 한다고 생각하지는 마라. 어린아이는 장난감 같은 것들의 광고에 어른보다 훨씬 더 주의를 기울인다. 물론 의사결정을 하고 그 제품을 구입하는 사람은 대개 부모이지만, 이러한 경우에도 관심과 전문성을 가지고 있는 사람은 그들의 어린 자녀이다.

식사 대용 시리얼의 대량 소비자는 어린아이들이다. 아이들은 대체로 여러 가지 브랜드의 맛과 특징에 대해서 전문가를 능가할 정도이다. 실제로 구매하는 사람은 엄마이지만, 시리얼을 담당하는 마케터들은 TV의 어린이 프로그램 시간대에 아이들을 대상으로 직접 광고한다.

구매 결정의 영향자: 소비재의 구매에 관하여 가족의 한 구성원이 다른 구성원에게 영향을 미치곤 한다. 영향자가 그 상품의 소비에 참여하고 있으므로 영향력이 발생할 가능성이 아주 높지만, 언제나 그런 것은 아니다. 마케터들은 때로 한 구성원이 다른 구성원에게 영향을 미치도록 조장하기도 한다. 그가 실제로 제품이나 서비스의 구매와 사용에 관여하지 않아도 영향을 주도록 유도한다.

P&G는 한 명의 구성원이 다른 구성원에게 '약품 냄새'를 없애려면 좋은 향기가 나는 스코프를 사용하라고 말하는 스코프 구강청정제의 TV

광고를 방영했다. 이와 비슷한 경우로, 다이알(Dial) 비누는 '다이알을 사용하니 좋지 않나요? 모두 다이알만 사용했으면 싶지 않나요?'라는 슬로건을 내세웠다. 마지막 문장은 개별 사용자에 의한 판매를 늘리기보다는 가족 구성원들에 대한 판매에 영향력을 강화하려는 목적으로 만들어졌다.

구매 의사의 결정자: 결정자는 구매 여부, 구매 물품, 구매 시기를 최종적으로 결정하는 사람이다. 구매 의사의 결정자가 반드시 한 명은 아니며, 가족 중 2명 이상의 구성원이 함께 결정을 내리기도 한다. 가족 구성원들 중 누가 결정을 내리느냐는 여러 가지 요소에 의해 좌우되며, 그중에서도 특히 개인의 상대적인 파워가 중요하다. 어떤 가족의 경우에는 역할이 매우 특화되어 있다. 부인은 이런 것들을 결정하고, 남편은 저런 것들을 결정하며, 아이들은 그 외의 다른 것들을 결정한다. 역할이 분화되지 않은 가족의 경우에는 공동 의사결정이 좀 더 일반적이다.

가족용 자동차의 구입에서 전통적으로 여자는 결정의 영향자 역할에 그치는 데 반하여, 남자는 결정자의 역할을 하는 것으로 여겨졌다. 그러나 경제적인 변화가 발생하여 한 가족이 2대의 차를 소유하는 비율이 상승함에 따라, 전형적인 가족 구성과 성별 역할에도 변동이 생겼다. 이와 같은 사회적 기회들에 의해 자동차의 구매를 직접 결정하는 여성이 늘어난 것이다. 1970년대 말에 이러한 트렌드를 간파한 GM은 캐딜락을

『보그』나『타운 앤드 컨트리』같은 여성 대상의 잡지에 광고하면서, 여자들에게 홍보하기 시작했다.

제품의 준비자: 수많은 소비재는 기성품이며, 사용이나 소비를 위한 별다른 준비가 필요치 않다. 이와 달리 가족 단위로 구입하는 제품들 중에는 상당한 양의 준비를 필요로 하는 경우가 많다. 그중에서 특히 음식류가 가장 대표적이다. 가족 안에서 준비자의 역할은 대개 특화되어 있다. 한 구성원이 요리사가 되고, 다른 구성원은 포장을 벗기거나 기구를 조립하는 등의 역할을 담당하는 기술자가 된다. 특정한 종류의 음식을 할 때 준비가 까다롭고, 시간이 많이 소모되며, 특별한 기술이 필요하다면, 준비하기가 쉽고 편리한 브랜드가 큰 강점을 가지게 된다.

가족이 같이 보내는 시간이 예전보다 많이 줄어들고 맞벌이 부부가 늘어나면서, 이러한 준비 작업들이 어린아이나 그런 일에 익숙하지 않은 사람에게 돌아가는 경우가 많아졌다. 바쁜 일상으로 인해 제품의 준비에 사용할 시간이 점점 줄어들면서 오늘날의 가족은 준비하기가 쉽고, 빨리 준비해서 먹을 수 있는 제품들을 프리미엄을 주고서라도 사려고 한다.

제너럴 밀즈(General Mills)는『페어런츠 매거진*Parents Magazine*』에 베이킹 믹스(baking mix)인 비스퀵(Bisquick) 브랜드를 광고하면서 '비스퀵으로 만든 것을 드시는군요'라는 슬로건을 내세웠다. 이 회사는 잡지의 바로 다음 장에 바쁜 주부들이 찢어서 보관할 수 있도록 '15분 이내에 만드는 저녁 식사 요리법' 등이 실린 5페이지짜리 속지를 끼워넣어서, 이 제품의 사용을 유도했다. 그리고 각 요리법마다 준비 시간을 굵은 빨간 글씨로, 예를 들어 '준비 시간 5분'과 같이 강조했다. 심지어 브랜드명마저 비스킷을 빨리 준비할 수 있다는 암시를 주었다.

상품의 최종소비자: 과거에는 가족 구성원들이 똑같은 음식을 먹고, 어린아이들도 부모와 같은 음식을 먹는 것이 당연했다. 또한 형제들이 같은 장난감을 공유했다. 집에 화장실이 하나밖에 없을 때에는 욕실용품을 가족 구성원들이 공동으로 사용했다. 그러나 오늘날에는 아이들이 부모와 다른 음식을 먹고, 형제들이 각각 다른 장난감을 소유한다. 또 하나의 집에 2개 이상의 화장실이 일반화되면서, 여기에서도 개인의 취향이 나타났다.

아이리시 스프링(Irish Spring) 비누는 남성용이고, 도브는 여성용이며, 아이보리(Ivory)는 유아용이다. 그리고 아이들은 미스터 버블(Mr. Bubble)로 목욕하기를 좋아한다. 반면에 공동 소비를 유도하는 경우도 있다. 질레트(Gillette)의 라이트 가드(Right Guard) 방취제는 남성용 시장에서 큰 성공을 거두었다. 질레트는 스프레이의 경우 사용자의 몸에 직접 닿지 않으므로, 아내가 남편과 같은 제품의 방취제 스프레이를 자주 사용한다는 사실을 발견했다. 그래서 "이봐! 내 라이트 가드를 누가 가져갔어?"라고 말하며, 서로 자기 것이라고 우기면서 방취제를 같이 사용하는 부부를 묘사한 광고로 부부 공동의 소비를 유도했다.

소비의 감시자: 가족 중에서 1명의 성인이 모든 소비를 조절하고 통제하는 경우는 드물다. 예를 들어 요리사 역할을 맡은 사람은 성인과 아이들의 지방, 콜레스테롤, 당분의 섭취 등을 조절하려고 할 것이고, 배우자 중 한 명은 상대방의 술 소비를 제한하려고 할 것이다. 그러나 가장 일반적인 예는 부모가 자녀들의 소비를 영양 섭취에서부터 TV 시청에 이르기까지 모든 것을 감시하고 통제하는 경우이다. 이러한 감시자 역할과 감시 방식은 통제를 당하는 가족 구성원 겸 소비자에게 간접적인 효과와 직접적인 효과라는 이중의 효과를 가져온다.

간접적인 효과는 아이들이 무엇을 중시해야 하고, 좋아해야 하는지, 또 무엇을 피해야 하는지를 배우는 것과 관계가 있다. 어린아이들은 자신의 부모와 가족들로부터 소비에 관해 배운다. 또한 직접적인 의미에서 감시는 아이들이 무엇을, 언제, 얼마나 자주 소비해야 하는지를 제어한다. 그러므로 마케터가 어린이 소비자의 환심을 얻었다고 할지라도, 그것만으로 충분하지 않을 수도 있다. 엄마나 아빠, 혹은 두 사람 모두를 설득해야 하는 경우가 생기기 때문이다.

부모는 다른 가족들, 특히 자녀들을 위해 점점 더 건강식에 관심을 보인다. 그들은 건강에 좋은 음식만 받아들이고, '무의미한' 칼로리를 가진 음식은 배척하는 것이다. 건강식을 시장에 내놓는 기업들도 마찬가지이다. 허쉬는 이 문제에 정면으로 대처하고 있다. 『페어런츠 매거진』

에 실린 그들의 광고에는 '우유를 사라지게 하는 법'이라는 헤드라인과 함께, 초콜릿 우유 한 잔을 재빨리 들이마시는 젊은 '메시 마빈(Messy Marvin)'이 등장한다. 허쉬 초콜릿 시럽의 이런 광고는 청소년이 아니라 엄마를 직접 겨냥한 것이다.

스머커(Smucker's)는 자사 잼의 성분을 개선한 후, 『베터 홈즈 앤드 가든즈Better Homes and Gardens』와 같은 잡지에 광고를 실어서 '스머커의 뛰어난 맛과, 절반에 불과한 설탕과 칼로리'라는 헤드 카피를 썼다. 그리고 감시자의 역할을 하는 엄마들을 직접적으로 겨냥하여, 그다음의 카피에서는 '가족에게 스머커의 저설탕 잼을 내가는 기쁨'이라고 전달했다. 소비자를 설득할 필요는 없어도, 감시자를 설득할 필요는 있다!

상품의 유지자: 내구성 소비재(집, 자동차, 가전제품 등)의 선택에서 유지에 필요한 조건들은 핵심적인 요소이다. 또한 제품의 유지는 수리나 보수를 위해서 다른 제품이나 서비스를 구입해야 하는 경우를 포함한다. 이렇게 유지와 관련된 구매는 집이나 차를 유지하기 위한 것에서부터 아이들의 장난감에 넣을 교체용 건전지까지 아주 다양하다.

유지에 관련된 제품이나 서비스는 이익이 많이 남는다. 따라서 교체용 면도날을 판매하기 위해서 면도기를 공짜로 준다거나, 필름의 판매를 촉진하기 위해서 즉석카메라를 원가 이하로 제공하는 것처럼, 마케터들이 제품을 원가나 그 이하로 판매하는 경우도 발생한다. 반면에 소비자의 입장에서는 종종 유지 및 보수에 비용이 많이 들기 때문에, 한 번만 쓰고 버리는 라이터나 기저귀 같은 '일회용' 제품을 사용하는 편이 유리한 경우도 있다.

항상 'GM 품질 서비스 파트'라고 주장하는 GM의 수리 서비스 기사인 '미스터 굿렌치(Mr. Goodwrench)'를 만나보자. 『파퓰러 메카닉스 *Popular Mechanics*』 같은 남성 취향의 잡지에 광고를 내보낸 GM은 경쟁사들은 물론이고 독립적인 수리 부품업체와, 독립적인 자동차 수리 시설들과도 싸운다. GM 차량의 몇몇 제품의 경우, 많은 부품을 공용으로 사용할 수 있다. 그래서 그들은 쉐보레, 폰티악, 올즈모빌, 뷰익, 캐딜락과 GMC 트럭의 소유자들을 모두 붙잡기 위해서 굿렌치 브랜드를 도입했다. 또한 미스터 굿렌치 캐릭터는 '모든 브랜드를 취급하는' GM의 수리 시설을 대표한다.

쓸모없어진 제품의 처분자: 소비자들의 창고, 지하실, 옷장, 선반 등에는 쓸모없거나 사용하지 않는 물건들이 쌓여 있을 것이다. 이런 것들은 반드시 처분할 필요가 있다! 처분자의 역할을 수행하는 가족 구성원이 바로 그 기능을 한다. 무엇을 버리고, 무엇을 보관할지 고르는 것은 구매 행위와 유사하다. 이 역할을 하는 구성원에게는 판단력과 가족 안에서의 권위도 필요하다. 그렇지 않을 경우 "내 바지를 어떻게 했어?", "어떻게 마음대로 내 바지를 버릴 수 있어?" 따위의 소리를 듣기 십상이다. 그러나 처분하지 않으면 새로운 상품이 들어설 공간이 없으므로, 마케터들은 쓸모없어진 제품의 처분을 장려한다.

가족 내에서 누가 어떤 역할을 할 것인가?

소비와 관련된 각각의 역할을 가족마다, 시기마다, 상품마다 반드시 동일한 가족 구성원이 맡는 것은 아니다. 그렇다고 해서 이러한 역할 분담이 완전히 무작위로 이루어지는 것도 아니다. 특정한 제품군과 어떤 소비자 그룹 사이에는 상당히 일관된 패턴을 발견할 수 있다. 예를 들어 남자들은 집 밖에서의 구매와, 전기 제품 및 기계에 대한 구매에서 주된 역할을 한다. 반면에 음식이나 의류는 물론이고 집안의 인테리어, 가구나 가전제품 등은 주로 여자들의 영역이다. 물론 남자와 여자가 공동으로 이런 중요한 역할을 맡는 가정도 있기는 하다.

때때로 역할 분담은 특정한 가족의 특별한 상호작용 방식에 의존하지만, 가족의 특징들에 의존하는 경우도 많다.

사회적 계층: 10장에서 살펴보겠지만, 중산층 가족은 하류층이나 상류층 가족에 비해 공동으로 결정을 내리는 경우가 많다. 그리고 소비와 관련된 역할을 공유하려는 경향이 더 강하다.

역할의 전문성: 역할 분담이 더 전문화되고, 다른 유형의 역할에 대해 뒤따르는 규정들이 더 엄격해질수록 소비와 관련된 역할 공유와 공동 결정은 더 줄어든다.

가족의 라이프사이클: 12장에서 살펴보겠지만, 젊은 가족들이 더 자주 공동 결정을 내린다. 반면에 가족의 라이프사이클에서 더 이후에 등장하는 가족들은 역할을 전문화하는 데 많은 시간을 사용하며, 자율적으로 결정하는 경향이 강하다.

중요한 제품: 가족에게 아주 중요한 제품과 서비스라면 그렇지 않은 경우에 비해 더욱 소비와 관련된 역할을 공유하며, 더 자주 공동 결정을 내리는 경향을 보인다.

긴급한 구매: 많은 가족 구성원이 상호작용하고 심사숙고하면서, 역할을 공유하고 공동으로 결정을 내리려면 시간이 많이 걸린다. 따라서 긴급한 구매가 필요한 경우에는 전문적인 역할 분담과 자율적인 결정이 더 일반적이다.

위험 감지: 구매가 위험해 보일수록 가족 구성원들이 소비와 관련된 역할을 공유하고, 제품 구입 여부를 공동으로 결정할 확률이 더 높아진다.

가족 의사결정의 갈등

구매 결정을 놓고 남편과 아내가 갈등을 빚을 경우, 누가 주도권을 행사할까? 이것은 가족마다의 상호작용 방식에 달려 있다. 그러나 한 가지 아주 중요한 일반론이 있다. 전통적인 미국인 가족보다 현대적인 미국인 가족에 속한 여성이 훨씬 더 많은 주도권을 행사한다는 점이다. 과거 가족들의 경우에도 여자들이 구매 행위를 하며 대부분의 구매 결정을 했지만, 그들은 주로 남성 가장으로부터 위임받은 권한으로 움직였다. 그러나 이런 시절은 영원히 지나가버렸다. 오늘날의 여성들은 과거에 비해 훨씬 더 많은 자율권을 행사한다. 부분적으로 이것은 페미니스트 운동의 결과이기는 하지만, 그보다는 오늘날 일하는 여성들의 경제적 독립이 미친 영향이 더 크다.

표 9-2. 의견이 충돌할 경우 부부간 의사결정

남편 입장에서의 가치	아내 입장에서의 가치	
	높음	낮음
높음	힘의 균형 상호 영향	남편의 우위 아내의 순응
낮음	아내의 우위 남편의 순응	힘의 균형 독립적 선택

　표 9-2에 정리한 바와 같이 부부 사이에 어떤 구매 결정에 대한 의견 충돌이 일어났을 때, 그 싸움의 결과는 남편과 아내의 상대적인 힘에 따라서 판가름이 난다. 8장에서 이미 본 것처럼 힘과 영향력은 상당 부분 각각의 경쟁자가 그 결정에, 관계에, 혹은 가족 자체에 얼마나 가치를 두느냐에 의해 좌우된다.

　어떤 결정의 가치가 부부 모두에게 높을 때에는 힘의 균형이 발생한다. 이때는 두 사람 모두 깊숙이 관련되어 있으므로, 상대방의 의견을 수용하거나 양보하는 등 공동으로 결정할 가능성이 높다. 반면에 어떤 구매에 대해서 두 사람 다 중요하지 않게 여길 때에도 힘의 균형이 발생한다. 그러나 이 경우에는 상호적인 영향력과 공동의 결정 없이, 둘 중에서 좀 더 관여된 사람이 독립적으로 결정할 가능성이 크다. 한편 나머지의 두 경우에서는 구매 결정에 더 큰 가치와 중요성을 부여하는 사람이 우위를 차지하며, 배우자로 하여금 자신의 의견에 따르게 만든다.

미국인 가족에 대한 마케팅

가족경제학과 가족사회학은 이 책보다 더 두꺼운 책들에서 철저히 다루고 있다. 따라서 이 책에서는 현대의 미국인 가족이 처한 상황을 속속들이 파헤칠 수 없다. 그러나 다음 장에서 사회적 계층을 살펴보기 전에, 이 문제에 대한 이해와 일반화를 간략하게 알아보고자 한다.

가족은 구매 단위이다: 시장을 분석하고 마케팅 광고의 초점을 맞출 때, 보통은 개인보다 가족이 더 적합한 분석 단위이다.

가족은 실용적이다: 가족의 형성 덕분에 그 구성원들이 좀 더 경제적으로 생활할 수 있지만, 반면에 가족은 구성원들에게 몇몇 비경제적인 혜택도 제공한다.

가족은 역동적이다: 과거의 정형화된 이미지는 쉽게 사라지지 않는다. 그러나 마케터들이 가족에게 효율적으로 마케팅하려면, 변화하는 가족의 상황을 인식해야만 한다.

가족은 역할을 제공한다: 가족 구성원들은 소비와 관련된 각기 다른 역할들을 수행하면서 전문화한다. 따라서 마케터들은 가족의 서로 다른 역할의 필요조건들을 충족시켜주어야 한다.

가족은 갈등을 가지고 있다: 가족 구성원들이 각자 다른 기호를 가지고 있을 때, 보통은 어떠한 결정을 가장 가치 있다고 생각하는 사람에게 유리한 방향으로 화해가 이루어진다.

마케터들이 면밀히 진행한 일련의 조사들은 분명 수많은 가족의 반응을 불러일으킬 것이다. 여기에는 두 가지의 효과적인 접근법이 있다. 거시적 방식과 미시적 방식이 그것이다. 하나는 미국인 가족에 대해 가장 관련성 있는 통계를 분석하는 것이고, 다른 하나는 가족이 제품이나 서비스를 구매하고 이용하는 방식을 조사하는 것이다. 대개의 경우에 이 두 가지가 모두 필요하며, 둘 다 매우 효율적이다.

1. 시장에서 행동의 기본 요인이 개인보다는 가구가 되면서, 가족은 소비자 시장을 측정하는 적절한 분석 단위로 떠오르고 있다.

2. 가족은 동일한 가구에서 생활하면서 혈연, 결혼, 입양으로 친족관계를 이룬 두 명 이상의 사람들로 구성되고, 가구는 친족관계의 여부와 상관없이 하나의 생활 구성 단위에 거주하는 모든 사람으로 이루어진다.

3. 가족은 경제적으로 자원을 절약하게 해주고, 심리적으로 구성원들에게 감정적인 지지를 보낸다. 또한 아이들의 양육과 교육을 담당하며, 개인의 라이프스타일을 결정짓는다.

4. 구매와 소비에서 가족 구성원은 여과자, 영향자, 결정자, 구매자, 준비자, 소비자, 감시자, 유지자, 처분자의 9가지 역할을 한다.

5. 남편과 아내 사이에 어떤 구매 결정에 대하여 의견 충돌이 일어났을 때, 그 싸움의 결과는 남편과 아내의 상대적인 힘에 달려 있다.

6. 가족은 구매 단위이며, 실용적이고, 역동적이다. 또한 가족은 구성원들에게 역할을 제공하고, 서로 갈등을 빚기도 한다.

10

소비자가
사회적 계층 사다리의
어디에 있는지 파악하라

SOCIAL CLASS:
A Place on the
Public Ladder

절대로 틀릴 수 없는 거실 테스트

하류층의 거실	상류층의 거실
거실에 있는 TV	서재나 침실에 있는 TV
종교적인 그림	추상적인 유화
꽃무늬가 있는 커튼	단순하고 무늬가 없는 커튼
그림이 있는 벽지	회색 또는 흰색의 벽
볼링 상패들	크리스털이나 도자기 공예품
그저 삭막한 느낌	디자인을 고려한 미니멀리즘(minimalism)
레이스로 된 탁자 덮개와 소파 덮개	벽걸이 융단

마케터는 종종 고객의 취향이 자신과 비슷하리라고 생각한다. 그러나 이러한 '자신만의 준거 기준(self-reference criterion)'이 맞는 경우는 거의 없다. 마케터들이 타깃 그룹의 소비자들과 똑같은 사회적 계층에 속한 경우는 거의 없기 때문이다. 게다가 서로 다른 계층에 속한 사람들 사이의 접촉은 매우 드물고, 있다고 하더라도 공식 석상에서의 짧고 형식적인 접촉이 대부분이다. 그래서 한 사회적 계층에 속한 사람이 다른 계층에 속한 사람을 알게 되는 기회는 흔치 않다.

사회적 계층 간의 거리를 측정하라

사회적 계층 간의 구분은 소비재 마케터들에게 매우 중요하다. 사회적 계층은 그들의 권력, 특권, 부의 정도에서 서로 다를 뿐만 아니라, 각자 다른 가치관, 태도, 행동, 생활양식을 가지고 있기 때문이다. 다른 계층의 소비자는 서로 다른 제품을 구매하고, 그들의 구매 능력과 구매 선호도 또한 다르며, 쇼핑을 즐기는 장소 역시 다르다. 그리고 그들이 자주 접하는 매체도 같지 않다. 한 계층의 사람들이 환영하는 것을 다른 계층의 사람들은 매우 싫어할 수도 있다. 그 결과 사회적 계층은 시장을 구분하고, 타깃 시장을 설정하는 데 중요한 기준이 되기도 한다.

이 장에서 논의하려는 사회적 계층의 차이는 단지 일반적인 추세와 경향일 뿐이다. 이러한 경향 사이에는 중첩되는 부분이 있기 마련이며, 개인마다 차이도 크다. 계층 사이에 분명한 경계가 있는 것은 아니므로 한 계층에 속한 사람들이 언제나 같은 식으로 행동하고, 특정한 행동은 절대 하지 않으리라고 생각하는 것은 현명하지 못하다. 칼로 자른 듯이 분명한 구분이 있다기보다는 사리에 맞는 통찰과 단련된 추측이 가능할 뿐이다. 그럼에도 불구하고 우리는 각 계층에서 가장 흔히 나타날 수 있는 사고방식 및 행동을 규명해낼 수는 있다.

사회적 계층을 결정하는 요소들

한 사람의 사회적 계층을 직감적으로 알아보기는 쉬워도, 이를 기계적으로 서술하기는 어렵다. 사회적 계층은 단일한 변수가 아니기 때문이다. 계층이라는 것은 여러 요소가 복합적으로 작용하여 결정된다. 사람들은 때때로 수입과 사회적 계층이 동의어라고 생각하지만, 수입은 계층을 결정하는 요소들 중 하나일 뿐이다. 적어도 수입, 교육 수준,

직업이라는 3가지 요소 정도는 고려되어야 한다. 마케터들은 인구조사 데이터 중 이 3가지 요소를 분석하여, 그들의 시장이 어떤 사회적 계층으로 이루어져 있는지 윤곽을 잡기도 한다. 많게는 다음과 같이 7가지의 요소에 의해 사회적 계층이 결정된다.

수입: 소비자 또는 한 가족의 연간 수입

교육 수준: 자격증이나 학위의 종류, 전문교육과 정규교육 정도

직업: 블루칼라인지 화이트칼라인지의 차이, 세대주의 직업과 직급

부: 한 개인이나 가족이 직접 축적했거나, 상속을 받은 부의 크기

가족: 지역사회 전반에서 차지하고 있는 가족의 위상

주거 형태: 자택인지의 여부, 집의 종류와 가격, 유지되고 있는 수준

주거 지역: 인근 지역의 상태, 부동산의 가치, 이웃의 수준

사회적 계층에 따라
일상의 모습이 달라진다

마케터들은 보통 사회적 계층을 2개나 3개의 범주로 나누어본다. 블루칼라/화이트칼라로 나누거나, 근로자층/중산층/상위 중산층으로 나눈다. 그러나 우리는 단지 상류층 소비자와 하류층 소비자로 나누어 보려고 한다. 단, 이들은 주류를 이루는 집단일 뿐이고, 수직 구조의 맨 꼭대기와 맨 하단을 의미하는 것은 아니다.

상류층 소비자와 하류층 소비자에 대한 구체적인 이미지를 알아보

고자 그들의 일상생활과 소비 및 구매 유형을 총 16가지 면에서 비교하겠다.

시간의 활용

하루 일과의 유형: 시간을 이용하는 형식은 사회적 계층에 따라 매우 다르다. 상류층 사람들은 모든 일을 하류층 사람들보다 1시간 가량 늦게 시작한다. 또한 블루칼라 근로자는 화이트칼라의 동료보다 1시간 정도 먼저 일어난다. 그뿐만 아니라 이 사람들이 업무를 시작해서 점심을 먹고, 일과를 마친 후 저녁을 먹고, 잠자리에 드는 시간도 모두 1시간씩 빠르다. 전형적인 공장은 보통 7시나 7시 30분에 시작하지만, 평범한 상점이나 사무실은 9시가 넘어서야 업무를 시작한다. 이러한 차이는 출퇴근 시간, 쇼핑하는 시간, 식당을 이용하는 시간 등에 모두 영향을 미친다. 그리고 이것은 언제 라디오와 TV를 청취하고 시청할지, 조간신문과 석간신문 중 어느 쪽을 구독할지 결정하는 데에도 영향을 미친다. 늦은 밤에 편성된 프로그램을 시청하는 사람들은 대부분 상류층이며, 이들은 석간신문보다는 조간신문을 선호하는 경향이 있다.

시간대: 시간대는 한 사람이 얼마나 먼 장래의 일까지 예상하고 계획하고 기대할 수 있는가에 따라 결정된다. 상류층 사람들의 시간대는 몇 달에서 길게는 수년에 이른다. 하류층 사람들은 그보다는 당장의 현재에 더 집중한다. 이들에 비해서 상류층은 시간대가 더 길기 때문

에 장래의 일을 계획할 수 있다. 즉 상류층은 목표를 세우고, 기대치를 설정하며, 잠재된 문제를 예상할 수 있으므로, 이러한 문제의 해결을 위해 미리 손을 쓸 수 있다. 상류층 사람들은 중요한 목적을 이루기 위해서 보다 긴 시간에 걸쳐 노력을 기울인다. 그러나 근로자층의 소비자는 이보다 짧은 시간대를 가지고 있기 때문에, 체중 감량 프로그램이나 운동 프로그램을 시작하는 경우가 별로 없다. 아마 몸에 이상이 생겨도 초기에 치료하지 않을지 모른다.

높은 가격을 지불할 만한 재정적 여유가 제일 없는 사람들이 할인도 안 되고, 꽤 가격이 비싼 편의점을 가장 즐겨 이용한다는 사실을 알고 있는가? 그들은 앞을 내다볼 수 없고, 식단을 계획하여 1주일 치의 장을 볼 수 없기 때문에, 당장 필요한 식품을 매일매일 사곤 한다. 그들은 그날 저녁의 먹을거리를 마련하고자 몇 가지만을 사기 때문에 슈퍼마켓에 가는 대신 가까운 편의점에 가며, 따라서 더 비싸게 살 수밖에 없다.

추상성의 정도

언어와 상징: 중산층은 미묘하고 복잡한 형태의 표현을 즐겨 사용한다. 상류층에게 미소와 비유는 의미가 있지만, 하류층에게는 아무런 의미가 없을 수도 있다. 은유적인 표현은 하류층 사람들에게 문자 그대로의 뜻으로 이해될 가능성이 있다. 한편 상류층 사람들의 경우에는 추상적인 상징과 시적인 표현을 훨씬 잘 이해할 뿐만 아니라, 선호하기도 한다. 똑같은 추상적인 표현을 사용해도 상류층에게는 호기심과

궁금증을 유발하는 것과 달리, 하류층에게는 관심을 밀어내는 효과를 가져올 수도 있다. 하류층은 언어를 선명하게 표현한 쉬운 문장을 선호한다.

유형 선호 vs 무형 선호: 하류층 사람들은 무형의 서비스보다는 유형의 상품을 좋아한다. 상류층 사람들이야말로 무형의 서비스를 구매하는 주요 소비자이다. 이들은 경험을 구매하는 반면에 하류층 소비자들은 내구재, 즉 자신의 돈을 드러낼 수 있는 물리적인 상품을 좋아한다. 상류층은 생명보험이나 손해보험, 비행기 여행, 휴양지로의 여행 등 무형의 서비스를 기꺼이 구매한다. 이에 비해 하류층은 자동차, 가전제품, 운동기구 등에 돈을 쓴다.

캠핑카의 홍보와 광고는 종종 하류층을 대상으로 삼는다. '당신이 작년 여름휴가에 쓴 돈을 보여줄 수 있는 증거라고는 호텔의 손바닥만 한 영수증뿐이다.'
그러나 상류층은 이러한 광고를 무시할 것이다. 그들은 유형의 자동차를 소유하고 매년 잠깐씩 이용하는 것이 호텔에 숙박료를 지불하는 것보다 더 비싸다는 사실을 알기 때문이다. 그러나 하류층 소비자는 자신이 소비한 만큼의 증거를 확보할 수 있는 것에 돈을 쓰고 싶어 한다.

감정의 상태
적대감과 분개: 하류층 사람들은 흔히 적대감과 공격성을 자유롭게 표

현한다. 그러나 상류층 사람들은 공공연하게 자신의 분노를 나타내고 싶어 하지 않는다. 분노와 공격성이라는 물리적인 표현을 매우 꺼리기 때문이다. 하류층 사람들 사이에서는 적대적인 감정이 더욱 빈번하게 나타나고, 이러한 감정이 제스처나 폭력으로 표출되기도 한다. 이와는 다르게 상류층은 덜 방어적이고, 덜 공격적이다. 이들은 다른 모든 수단이 통용되지 않을 때에만 최후에 폭력을 사용해야 한다고 생각하며, 거친 말과 폭력에 의존하는 것은 지적으로나 사회적으로 적합하지 않은 일이라고 여긴다.

감정과 애착: 하류층 사람들은 감정과 애착을 금세 보여주지 않는다. 반대로 상류층 사람들은 공공연하게, 또는 개인적으로 사랑, 감정, 애착 등을 훨씬 더 자유롭게 표현한다. 또한 하류층은 애정과 애착을 보여주는 것이 약하다는 표시라고 여기는 반면, 상류층은 이러한 행동이 바람직하고 고상하다고 생각한다.

근로자 계층을 대상으로 만들어진 밀러 라이트 맥주의 TV 광고에는 남자들이 서로 적대적인 척하면서, 농담을 주고받으며 밀치는 행동을 통해 동료애와 우정이 나타나 있다. 그에 비해 같은 맥주라도 상류층 소비자들을 대상으로 만들어진 미켈롭이나 버드와이저(Budweiser)의 광고는 남자들이 서로에게 존경을 표현하는 장면을 보여준다. 그러나 근로자 계층의 남자들에게 이런 모습은 수치로 느껴질지도 모른다.

위험의 지각

차별적인 지각: 하류층 사람들은 세계를 매우 아슬아슬하고, 때로는 위험하기까지 하다고 여긴다. 그래서 이들은 손실이나 재앙을 헤쳐나가고 싶어 하지 않으며, 안정을 유지하기 위해 위험을 피하려고 한다. 그러나 상류층 사람들에게 위험이란 위기인 동시에 기회이며, 위험이 클수록 그에 따른 보상도 크다고 생각한다. 하류층이 항상 인생의 모든 측면에서 위험을 찾아내는 반면, 상류층은 위험이 존재하기는 하지만 그리 광범위하게 포진해 있다고는 생각하지 않는다.

근로자 계층의 소비자들은 중산층 소비자들에 비해 전국적인 브랜드에 대한 충성도가 훨씬 높은 편이다. 하류층 사람들은 종종 작은 규모의 동네 상점을 선호하는데, 그 가게의 점원과 아는 사이인 경우가 대부분이다. 이에 비해 상류층 사람들은 스스로가 제품을 평가할 능력이 있다고 생각한다. 또한 익명성을 편하게 느끼기 때문에 대규모 백화점이나 슈퍼마켓, 쇼핑몰 등을 선호하는 경향이 있다.

손실에 대한 반응: 하류층 사람들이 막대한 손실을 입었을 경우, 이들은 전형적으로 결정론(predetermination)과 숙명론(fatalism)에 매달린다. 상류층 사람들은 곤란한 결과를 피하지 못한 것에 대해서 자신을 탓하는 반면, 하류층 사람들은 실패와 손실의 원인을 외부에서 찾는다. 그래서 운명이라거나 운이 나빴다거나, 또는 우연히 일어난 일이라고 치부함으로써 죄책감으로부터 훨씬 자유롭다. 한편 상류층은 손실을 부

정적인 피드백으로 활용하고, 미래에 같은 실수를 저지르는 것을 피하기 위해 조치를 취한다.

가족 간의 관계

역할과 관계: 하류층 사람들은 전통적인 성별 역할을 고수한다. 남편과 아내의 역할 및 책임을 명확하게 구분해서 아내는 요리, 빨래, 육아와 그 외의 살림을 맡고, 남편은 차, 차고, 마당 등 기계적이거나 전기와 관련된 일을 한다. 중요한 결정은 남편이 내리고, 부부가 함께 의사결정을 하거나 쇼핑을 하는 경우는 거의 없다. 상류층 사람들도 어느 정도 이와 비슷한 모습을 나타내기는 하지만, 이들의 경우에는 성별 역할의 구분이 훨씬 덜하다. 이들은 부부가 공동으로 책임을 지기도 하고, 의사결정을 함께 내리기도 하며, 쇼핑을 함께하는 경우도 있다.

포드는 자동차 구매자들 중 여성 시장을 공략하면서, 다방면으로 홍보하는 데 노력했다. 전국 방송, 잡지, 우편 광고 등을 이용하여 영업소에 방문하는 여성 고객에게 특별한 관심을 기울이고, 원하는 모든 정보와 지원을 아끼지 않겠다고 약속했다. 영업소의 세일즈 프로그램 또한 시험 운행을 해보고자 방문하는 여성들을 위해서 다양한 혜택과 상품을 진열했다. 이때 그들의 타깃 고객은 중산층의 여성이었다. 근로자 계층의 여성이 자동차와 같은 기계 제품에 대한 구매 결정을 내리는 일은 거의 없기 때문이다.

권위와 처벌: 자녀 중심의 상류층 가정에서는 아이들이 중요한 역할을 담당한다. 자녀에게 벌을 줄 때에는 보통 부모 중 어느 한쪽이 나서서 아이로부터 어떤 보상을 박탈한다. 근로자 계층의 가정에서는 주로 아버지가 벌주는 역할을 담당하는데, 이때 벌은 조롱이나 꾸지람부터 신체적인 벌까지 다양하다. 또한 하류층 사람들은 논리보다는 권위에 의존한다. 학생과 교사가 대립한 상황에서 상류층 부모는 자녀의 편이지만, 하류층 부모는 자녀가 무엇인가 잘못을 저질렀고 권위 있는 교사가 옳다고 믿는다. 하류층 부모는 자녀를 다스리려고 하지만, 상류층 부모는 자녀들 역시 자신과 동등하다고 믿는다.

자녀에 대한 기대: 근로자 계층의 부모는 복종을 강조하고, 순종적이고 양순한 아이들을 원한다. 그래서 자녀들이 공손해야 하고 다른 사람들, 특히 어른들을 공경해야 한다고 생각한다. 하류층의 기대는 스카우트의 행동 규범에 잘 나타나 있다. 그것은 바로 믿음, 충성, 도움, 우정, 공손, 친절, 복종, 명랑, 검소, 용기, 청결, 엄숙 등이다.

한편 상류층 부모는 자녀들이 협동적이고 행복해하며, 사랑할 줄 알고 나눌 줄 알며, 자신을 절제할 줄 아는 사람이기를 바란다. 또한 아이의 창의성을 격려하고, 어른스러움을 존경하며, 자신의 자녀가 배우는 것에 대해서 즐기기를 바란다. 이들은 자녀가 희열을 뒤로 미루는 것을 격려하면서, 계획하고 분석하여 추상적인 용어로 말하고 생각하도록 북돋운다.

지역사회 참여

가입과 소원함: 상류층 사람들은 지역사회의 활동에 적극적으로 참여한다. 그러나 하류층 사람들은 자신이 지역사회에 미칠 수 있는 영향력이 미미하다고 생각한다. 여기에서 지역사회란 마을, 직장, 정치적 단체, 종교집단 등등 모든 모임을 포함한다. 하류층은 가끔 힘없고 소외되었다고 느끼기 때문에, 세상이 힘 있는 엘리트에 의해서 조종된다고 여기기도 한다. 그래서 자신만의 영웅을 칭송하고, 깡패 같은 사람들을 비난한다. 이에 비해 상류층은 월 스트리트, 매디슨 애비뉴, 디트로이트, 워싱턴 등에 권력층의 공모가 있다고 생각하지 않는다.

가끔 소규모 할인상들은 더 많은 할인 혜택을 주기 위해 자신이 중간상들을 배제해왔다고 주장한다. 또 하류층 사람들 중에는 도매상이나 제조업자가 지위를 남용하여 소비자를 착취한다고 생각하는 사람들도 있다. 그들은 특정한 소매상만 자기편이고, 나머지는 반대편이라는 식으로 편을 가르기도 한다. 이러한 경향은 상류층에는 훨씬 드물다. 또한 상류층 사람들은 이상하고 특이한 상점을 달갑게 여기지 않는 반면, 하류층 사람들은 이런 종류의 상점이 체제에 반항하고 있다고 생각한다.

유동성과 상호작용: 상류층 사람들은 외모, 의상, 집, 자동차, 그리고 사회적으로 식별 가능한 제품과 서비스로 자신의 사회적 지위를 상징하려고 한다. 이들은 성공지향적이기 때문에, 사회 상층으로의 유동성에 지대한 관심을 가지며, 이러한 이동이 가능하다고 생각한다.

또한 사회적으로 진출하려고 하기 때문에, 매우 선택적으로 집단에 가입한다. 한편 하류층 사람들은 사회적 지위를 향상시키기보다는 현상을 유지하는 것에 더 신경쓴다. 그러므로 자신의 현재 지위에서 가족 및 친지와의 관계를 돈독히 한다. 하류층은 사회의 상층으로 진출하려는 움직임을 매우 가식적인 행동이라고 생각한다.

주거 환경

주거 위치와 환경: 상류층 사람들에 비해 하류층 사람들에게 집이란 한 가지 목적만을 위한 것이다. 반면에 상류층에게 집은 사회적 지위의 가장 중요한 상징이다. 그러므로 이 사람들은 이러한 상징적인 가치에 많은 돈을 투자한다. 여기에 더하여 상류층은 집뿐만 아니라, 주위 환경을 위해서도 추가적인 비용을 부담한다. 그러나 하류층은 집을 고를 때, 살 곳을 구입하는 것에 불과하다고 여기기 때문에 직장과의 거리, 교육 여건, 교회 등을 고려한다.

각각 다른 동네에 있는 똑같은 크기와 모양의 집 두 채가 큰 가격 차이가 나는 이유는 상류층 사람들이 집의 위치를 통해 얻을 수 있는 사회적 지위에 기꺼이 '프리미엄'을 지불하기 때문이다.

집 안과 집 밖: 상류층 사람들은 주택의 안보다 밖이 다른 사람들에게 더욱 잘 보이기 때문에 정원, 관목, 잔디와 그 외의 부속 시설에 많은 주거비를 투자한다. 이와 달리 하류층 사람들은 외부 시설에는 거

의 돈을 쓰지 않는다. 이들이 주택 관리를 위해서 하는 일이라고는 겨우 페인트를 칠하거나 잔디를 자르는 것뿐이다. 하류층이 정원을 가꾼다고 할지라도 보통 관목보다는 꽃밭을 가꾸고 싶어 한다. 따라서 이들은 꽃밭의 주변을 색칠한 벽돌이나 돌로 두르거나, 아니면 페인트를 칠하거나, 싸구려 조각상 등을 세워놓는다.

가구와 가전제품

가구와 실내 장식: 상류층 사람들은 가구의 기능과 상징성을 모두 추구한다. 이들은 가구의 배치에 매우 신경쓰기 때문에, 모든 가구가 조화를 잘 이루고 있어야 한다. 또 단순한 디자인과 단색의 침착한 색상을 선호하는 편이다. 이와는 달리 하류층 사람들은 조화에 별로 신경쓰지 않는다. 만약 조화를 고려한다고 해도, 그리 비싸지 않은 모두 같은 세트의 가구들로 방을 채울 것이다. 하류층은 원색을 선호하고, 무늬가 있는 가구를 좋아한다. 또 보기에 좋다고 해서 내구성이 떨어지거나, 불편한 가구를 고르지 않는다.

실내의 벽과 창문, 조명과 장식품들은 거주하는 사람의 사회적 계층을 잘 반영한다. 상류층 사람들은 흰색 벽에 단색의 커튼을 늘어뜨리곤 한다. 그리고 벽에는 대개 추상적인 유화나 벽걸이 융단, 벽걸이 조각을 걸어두고, 조명은 간접적으로 비추게 해서 잘 어울리게 설치한다. 상류층이 새로운 가구나 장식을 구입할 때, 제일 먼저 고려하는 사항은 그것이 집에 잘 어울리는가 하는 점이다.

반대로 하류층 사람들은 여러 가지 색상으로 벽에 페인트칠을 한다. 그리고 무늬가 있는 커튼을 선호하며, 방 안을 장식품으로 가득 채운다. 또 종교적인 그림이나 조각상, 가족사진, 수공예품 등이 장식되어 있으며 위임장, 트로피, 상장들이 진열된 경우도 있다. 가구와 장식품을 살 때에는 주위 환경과의 조화보다는 마음에 드는 물건을 즉흥적으로 구매해서 장식한다.

가전제품: 상류층은 가전제품을 고를 때 편리성, 단순성, 신뢰성 등을 중시하지만, 하류층은 노동력을 절약할 수 있고 복잡하며 튼튼한 가전제품을 선호한다. 근로자 계층은 자신이 소유한 가전제품을 통해서 사회적 지위가 드러난다고 생각하기 때문에, 그것을 눈에 띄는 곳에 놓는다. 그러나 반대로 상류층은 가전제품을 매우 당연한 것으로 여기고, 별다른 사회적 의미를 부여하지 않는다. 따라서 상류층 가정에서 가전제품은 눈에 잘 띄지 않는 곳에 놓이기 마련이다. 이들은 브랜드와 디자인에 따라 가전제품을 고른다.

블랙앤데커(Black & Decker)는 싱크대 아래로 짜맞춤할 수 있도록 디자인한 '스페이스메이커(Spacemaker)' 시리즈의 여러 가지 주방용 가전제품을 선보였다. 이것은 싱크대 위에 놓이지 않아서 공간을 많이 절약할 수 있는 제품이었다. 이 시리즈에는 TV와 라디오까지 갖추어져 있었다. 이러한 제품은 대부분 상류층 가정을 겨냥한 것이었고, 따라서 그들은 이러한 가전제품이 주방에서 눈에 잘 띄지 않도록 신경썼다.

또 블랙앤데커는 『홈Home』 등의 잡지 광고를 통해서 찬장에 있어왔던 제품들이 싱크대 위쪽에 있다고 강조했다. 그들은 자사의 오븐을 '하늘의 파이'라고 표현하거나, 믹서를 '위쪽의 도우미'라고 광고하며 흥미를 불러일으켰다. 또한 깡통 따개를 광고하기 위한 카피는 '이것은 공간을 열어줍니다'였고, 커피 메이커는 '좋은 커피는 고도(高度)에서 만들어집니다'라고 광고하기도 했다. 좀 더 추상적인 중산층 독자는 이러한 언어유희를 즐길지도 모르지만, 구체적인 것을 요구하는 성향이 강한 근로자층 주부라면 이런 재미를 알아차리지 못할 수도 있다.

의류와 외모

의상과 장신구: 의상과 장신구는 상류층 소비자의 이미지를 반영한다. 이들은 스타일을 매우 중시하고 유행에도 민감해서, 멋을 위해서라면 불편한 옷도 참아낼 용의가 있다. 반면에 하류층은 의류의 내구성과 편안함을 중요시한다. 이 사람들은 의상이 잘 조화를 이루는지에 대해서 그다지 신경쓰지 않고, 유행이 지나갔어도 개의치 않는 편이다. 또 옷이 해어질 때까지 입곤 한다.

상류층 사람들은 옷이나 장신구에서 튀지 않는 우아함과 단순성을 고려한다. 이와 달리 하류층 사람들은 눈에 띄는 대담한 색상이나 무늬가 있는 옷, 강한 대비를 이루는 옷과 장식을 선호한다.

인공섬유와 천연섬유의 사용에 따라 사회적 계층이 뚜렷이 구분되기도 한다. 사회적 지위가 높을수록 자연산의 옷감을 좋아한다. 근로자 계층의 사람들은 나일론, 레이온, 폴리에스테르, 구김 방지 옷감 등 인공적이며 취급이 용이한 소재를 좋아한다. 화이트칼라 계층 중에도 좀 낮은 계층은 폴리에스테르로 된 정장을 많이 입는다. 좀 더 상층의 사람들에게는 울이나 면 혼방 의류가 인기 품목이다. 그러나 순모, 순면, 실크 등 완전히 천연섬유로 만든 옷은 최상층만이 즐길 수 있다. 그것이 속옷 정도라고 해도 역시 그러하다. 최상층의 사람들은 구김 없이 말끔한 모습보다는, 약간 구김이 간 듯한 모습을 훨씬 매력적으로 여긴다.

개인적인 외모: 하류층 사람들은 매우 특별한 경우에만 옷이나 장신구를 구입하며, 이를 사치 중의 하나로 본다. 하류층은 외모를 가꾸는 것에 돈을 아끼려고 하기 때문에, 할 수만 있다면 자신이 직접 하거나 아는 사람들의 도움을 받곤 한다. 그러나 상류층은 외모에 투자하는 것을 반드시 필요한 일이라고 느끼기 때문에, 수입에서 하류층보다 훨씬 더 큰 비율을 이런 비용으로 지출한다. 이들은 옷이나 장신구를 사는 것을 단순한 지출이 아닌 일종의 투자라고 생각한다.

신체적인 관심과 치료

몸에 대한 태도: 근로자 계층의 소비자들은 육체와 자신을 동일시한다. 이들의 자긍심과 수치심은 모두 육체와 관련된다. 이 사람들은 자신의 육체를 있는 그대로 받아들이고, 그것을 손쉽게 다룰 수 있다고 생각하지 않는다. 한편 상류층은 육체를 '자기 자신'이 아니라 '거주지'로 여기는 경향이 있다. 상류층의 정체성과 자아에 대한 인식은 정신

이나 성격과 관련이 있다. 이들은 육체를 쉽게 다룰 수 있다고 생각하며, 자신의 몸을 통해 할 수 있는 것과 할 수 없는 것에 관련하여 성취감 또는 죄책감을 느낀다. 상류층은 실행을 예민하게 의식하는 반면에 하류층은 자신의 육체적 크기, 특히 성과 관련된 육체적 크기에 더 집중한다.

하류층 사람들은 자신의 육체적 자아와 가급적 동일시하려고 들지만, 육체 자체를 그다지 통제하고 싶어 하지 않는다. 이들은 비만 같은 육체적 조건이 유전적으로 타고난 결과라고 생각한다. 그래서 그것을 그냥 받아들이거나, 혹은 이따금씩 '유행하는' 다이어트에 빠져들기도 한다. 일부 노동자 계층의 남자들은 근육 단련을 위해 '역기 들기'에 몰두한다. 그러나 그들은 장기적인 체력 단련에 적합한 제품과 서비스를 위해 좋은 시장을 제공하지는 않는다.

한편 상류층은 '사회적 강화'(social reinforcement: 선천적 또는 무조건적 자극에 의한 것이 아니라, 후천적이거나 사회적 학습에 의해 조건화된 자극을 제공함으로써 어떤 행동의 빈도나 강도가 증가하는 것)를 제공하는 수많은 서비스를 위한 시장을 형성하고 있다. 재저사이즈(Jazzercise), 패밀리 피트니스 센터(Family Fitness Center), 웨이트 워처스(Weight Watchers), 노틸러스 짐스(Nautilus Gyms) 같은 서비스가 바로 그런 것들이다. 상류층은 육체 자체보다는 자신의 육체를 가지고 할 수 있는 것들에 더 관심을 보인다. 이 사람들에게 중요한 것은 실행이다!

의학적 치료와 관리: 상류층 사람들은 정기 건강검진, 태아의 건강 관리, 임신 기간 중의 검사 등과 같은 예방적인 의료 처방을 받는 경우가 흔하다. 종종 이들은 혈압이나 콜레스테롤 수치 등을 검사해보기도 한다. 또 종교에 가까울 정도로 열심히 약을 먹거나, 식이요법과 운동요법을 주의 깊게 따르기도 한다. 그러나 하류층 사람들은 다치거나 아픈 경우에도 쓰러질 때까지 종종 치료를 미루곤 한다. 의사나 기타보건 관리자에게 의존하지만, 증상이 가라앉자마자 치료나 투약을 중단하기도 한다.

식습관과 태도

식사량과 음식의 다양성: 하류층 사람들은 자주 식사를 하며, 한 번에 많은 음식을 섭취한다. 이들은 영양가와 품질보다는 음식의 양과 맛을 중시한다. 이에 비해 상류층 사람들은 샐러드나 과일, 채소 등과 같은 가벼운 음식을 선호하고, 여러 민족의 다양한 음식과 새로운 식품이나 서비스를 시도해보는 것을 즐긴다. 하류층은 새롭고 진귀한 음식보다는 익숙하고 전통적인 음식을 선호한다. 또 햄버거, 피자, 치킨과 같은 패스트푸드를 즐겨 먹고, 식사 사이사이에 사탕을 먹곤 한다. 그러나 상류층은 설탕과 소금의 섭취를 자제하려고 애쓰고, '정크 푸드(junk food)'를 최대한 피한다. 또한 여러 가지 첨가제와 방부제가 섞인 인공식품보다는 자연식품을 선호한다.

상류층을 위한 브랜드와 제품들

스토우퍼스의 린 쿠진, 캠벨의 르 메뉴 냉동 앙트레

하인(Hain), 헬스 밸리(Health Valley)의 캔 포장 건강식

다논(Dannon) 요구르트, 하겐다즈 아이스크림

지역의 외딴곳에 위치한 민속 식당

하류층을 위한 브랜드와 제품들

뱅킷(Banquet), 스완슨의 냉동 디너

햄버거 헬퍼(Hamburger Helper), 크라프트 마카로니 앤드 치즈(Kraft Macaroni and Cheese)의 캐서롤

젤로 푸딩 팝스, 배스킨라빈스 아이스크림

맥도날드, 버거킹, 잭인더박스의 햄버거

장을 보는 태도: 상류층 사람들은 흔히 며칠 치의 식단을 미리 짜서 슈퍼마켓이나 건강식품점 등에서 장을 본다. 이들은 다양한 음식을 충분히 사서 보관하며, 필요할 때마다 다시 채워놓는다. 하류층 사람들은 그날그날의 음식 재료를 사서 요리하는 경우가 많고, 이런 점 때문에 자주 장을 보고, 한 번 살 때 소량만 산다. 하류층은 자주 들를 수 있는 가까운 거리의 동네 식품점이나 편의점을 선호한다. 그리고 이런 상점의 직원과 잘 아는 사이이기도 하다.

여러 슈퍼마켓 체인들은 거의 모든 사회적 · 경제적 계층을 고객으로

삼는다. 그러나 슈퍼마켓의 위치에 따라 상품 배합과 진열을 다르게 한
다. 부유층이 사는 동네의 슈퍼마켓에는 더 많은 종류의 상품과 새로운
제품들이 있고, 가공식품보다는 자연식품이 진열되어 있다.

요리와 상차림: 하류층의 경우에는 주로 여성만 요리를 담당하는 반
면에 상류층 가정에서는 부부가 부엌일을 공동으로 하는 경우가 많다.
하류층 가족은 한 가지의 맛있는 음식을 많은 양으로 상에 올리며, 한
끼 식사에 차리는 음식의 배합에 그리 신경쓰지 않는다. 그리고 모든
음식을 한꺼번에 차려서 한 접시에 담아 먹는다.

상류층 사람들은 음식의 양을 조절하며, 음식의 종류와 품질에 주
의한다. 이들은 음식의 맛과 향의 조화를 고려할 뿐만 아니라, 색깔과
질감까지도 조화를 이루려고 노력한다. 일부 상류층은 음식이 자신의
이미지를 상징적으로 표현한다고 생각하고, 심지어 요리를 창조적이
고 발명하는 일로 여긴다. 따라서 상류층의 식사는 거의 의례에 가깝
다. 그러나 하류층 가족의 경우, 그런 의례에 가까운 식사는 명절 때에
나 찾아볼 수 있다. 이들은 좀 더 실용적이기 때문이다. 하류층은 요리
를 주어진 일 또는 허드렛일로 여기기도 하고, 식기나 장식을 중시하
지 않는다.

만능조리기나 전자레인지와 같이 혁신적인 주방 용품의 경우, 먼저
상류층 가정에 정착하고 한참이 지나서야 하류층 가정에 진입한다. 몇
년 전 쿠진아트(Cuisinart)는 상류층 사이에서 폭발적인 인기를 모은 만능

조리기를 출시한 바 있어서, '쿠진아트 문화(Cuisinart Culture)'가 매우 독특한 생활양식을 가리키는 말이기도 했다. 그러나 이러한 제품들은 단순히 음식을 요리하기 위해서 쓰이는 것이 아니라 좀 더 복잡한 음식의 창조를 위해 쓰이며, 바로 이것이 중산층에게 어필하는 점이다. 반대로 상점이나 TV에서 세일즈맨이 광고하는 새로운 주방 용품들은 근로자 계층에게 잘 팔린다. 이들이 이런 새로운 용품들을 사는 이유는 색다르고 특별한 요리를 만들어보겠다는 바람보다는 주로 조리 시간을 줄일 수 있으리라는 생각 때문이다.

오락과 취미활동

선호하는 오락과 취미: 상류층 사람들은 직접 참여하는 오락을 즐기는 반면, 하류층 사람들은 주로 관람자나 청취자로서 오락을 즐긴다. 상류층과 하류층 사람들이 즐기는 스포츠의 종류는 확연하게 차이가 난다. 상류층은 골프, 테니스, 스키 등을 즐기고, 하류층은 볼링, 사냥, 낚시 등을 선호한다. 또 상류층 사람들은 비행기를 타고 가서 생소한 나라와 도시의 호텔이나 리조트에서 머무르는 데 비해서, 하류층 사람들은 자동차를 몰고 캠핑을 가거나 친구와 친지의 집에서 지내곤 한다.

즐겨 구매하는 서비스와 운동기구: 상류층 사람들은 음악 레슨을 받거나, 프로 골프 선수나 테니스 선수에게 직접 지도받는 것을 자연스럽게 여긴다. 그러나 하류층 사람들은 스포츠나 오락물을 관람하는 것을 즐긴다. 이들은 지역 연고의 스포츠 팀이나 가수를 매우 좋아한다. 이러한 슈퍼스타는 하류층의 개인적인 영웅이 되기도 한다. 또 장소를 살펴보면 하류층은 선술집, 당구장, 볼링장에서 사교활동을 하는 반면에 상류층은 칵테일 바, 헬스장, 라켓볼 연습장, 골프장 등에서 사교활동을 한다. 한편 중ㆍ상류층 소비자들은 자신의 성적을 높이기 위해 최첨단의 스포츠 기구를 즐겨 구입한다. 하류층 사람들은 속도와 힘을 중요시한다. 따라서 제트스키, 스노모빌, 파워보트, 오토바이 등 모터가 달린 기구들이 하류층 소비자들 사이에서 인기가 있다.

유명한 선수와 인기 있는 스포츠 스타는 하류층을 대상으로 삼은 운동기구를 홍보하는 대가로 거액을 받곤 한다. 반대로 상류층 사람들을 타깃으로 정한 운동기구를 홍보하기 위해서는 주말에 스포츠를 즐기는 일반인 역할의 모델들을 광고에 등장시킨다. 그리고 모델들은 그 운동기구가 게임의 성적을 올리는 데 효과적이라고 말한다.

직업과 여가

업무 태도: 상류층 사람들은 현상 유지와 안정성보다는 성취와 성공을 추구하는 경향이 있다. 하류층 사람들은 승진에서 누락되는 것보다 해고되거나 퇴출되는 것을 더 걱정한다. 이들은 자신의 일을 즐기거나, 보람을 느끼는 것을 기대하지 않는다. 반대로 상류층 사람들의 직업은 자신의 정체성을 나타내는 가장 중요한 요소가 되기도 한다. 이들은 직업에서 월급보다 훨씬 더 많은 것을 얻으려고 한다.

하류층은 일에서 권위를 용인하기 때문에 '보스'에 의해 세세하게 감독받는 것을 기대한다. 따라서 이들은 종종 조직의 높은 지위에 있는 사람을 두려워하기도 한다. 그러나 상류층은 '보고를 받는 사람'으로부터 자치권을 확보하고 싶어 한다. 또한 이 사람들은 조직 내에서 자신의 위상과, 그것을 보여주는 상징에 대해 매우 민감하다.

전문직의 남녀가 자신의 정체성을 찾는 주요 원천은 직업과 일이다. 이들은 업무와 관련된 여러 가지 제품의 주요 고객이다. 서류 가방, 계산기, 컴퓨터, 만년필 같은 고급 필기도구, 정장, 서적, 강좌, 전문 잡지와 저널, 여행 상품과 숙박업소 등등 이들을 대상으로 하는 제품은 아주 많다. 반대로 근로자 계층의 사람들은 일에 대해서 생각하고 싶어 하지 않는다. 퇴근 후에는 물론이고, 출근해서조차 그럴 때가 있다.

직장생활과 여가의 맞바꾸기: 상류층 사람들의 업무 시간은 대부분 하류층의 업무 시간보다 길다. 상류층은 자발적으로 오랫동안 근무하며, 그에 대한 보상도 기대한다. 이들이 받는 보수는 단순히 자기가 들인 시간에 대한 것이라기보다는 성과를 얼마나 거두었는지를 대변한다. 블루칼라의 근로자들은 정시 출퇴근에 대한 기본급과, 추가적인 근무 시 추가수당을 받는다.

한편 높은 지위의 직업을 가진 사람들은 '집에 일거리를 가지고 들어간다.' 그러나 근로자 계층의 사람들이 이러는 경우는 매우 드물다.

하류층은 오래 즐길 수 있으면서도, 비용이 많이 들지 않는 여가활동을 좋아한다. 상류층은 자신의 여가를 매우 소중히 여긴다. 여가활동을 위해서 시간을 쓴다는 것은 그들이 그 시간 동안 벌어들일 수 있는 수입을 포기한다는 뜻이기도 하다. 즉 기회비용이 발생한다는 말이다. 그들이 즐기는 여가활동 제품과 서비스의 가격은 불균형적으로 낮기 때문에, 값비싼 여가활동에 돈을 아끼지 않는다. 최상류층의 경우는 여가 상품에 대한 수요의 가격탄력성이 매우 낮다. 심지어 어떤 사람들은 값비싼 제품일수록 더 선호하기도 한다. 이때의 수요곡선 기울기는 음수가 아닌 양수이다. 쉽게 말하자면, 가격이 상승할수록 수요와 판매가 함께 증가하는 것이다.

사회적 계층에 따라
소비와 구매의 유형이 달라진다

당신은 상류층과 하류층 사람들을 간략하게 살펴봄으로써, 일상생활의 거의 모든 측면에서 그들 사이에 커다란 차이점이 존재한다는 사실을 알았을 것이다. 이러한 차이점 때문에 그들이 시장에서 행동하는 모습 또한 현저히 달라진다.

재무관리

저축과 투자: 상류층과 하류층은 각각 돈을 얼마나 가지고 있는지와, 돈을 어떻게 다루는지가 매우 다르다. 상류층은 좀 더 긴 시간대를 기

준으로 살고, 매우 성취지향적이기 때문에 하류층에 비해서 저축을 많이 하는 편이다. 이들은 수입의 일정 부분을 저축하며, 자금의 유동성과 자신이 거두어들일 수익률을 걱정한다. 그러나 하류층은 무엇인가 살 물건이 있을 때에만 돈을 모으는 경우가 많다. 그래서 자신이 거둘 수 있는 수익률은 별로 신경쓰지 않는다. 또한 하류층은 은행에 저축하기보다는 단기간에 걸쳐 현금을 모으기도 한다.

신용 대출: 하류층과 달리 상류층은 신용 대출을 많이 이용한다. 상류층 사람들에게는 신용 대출이 더 쉽게 이루어지기 때문이다. 그러나 이들이 신용 대출을 이용하는 이유는 하류층 사람들과 매우 다르다. 상류층은 종종 대여섯 개의 신용카드를 소지하며, 크고 작은 구매에 이용한다. 이들이 신용카드를 쓰는 이유는 구매 대금을 확보한다기보다는 편리하기 때문이다. 따라서 이들은 대부분 일시불로 물건을 구입한다. 반면에 하류층은 구매 시에 할부로 사기 위해서 신용카드를 이용하는 경우가 많다.

노출되는 미디어 매체

방송 매체와 받아들이는 내용: 하류층 사람들은 방송을 통해 뉴스와 스포츠 소식을 접하며, TV를 보는 것을 오락으로 삼는다. 낮 시간대의 TV 시청자 대부분이 하류층 사람이다. 그러나 늦은 밤 시간대의 시청자는 대개 상류층이다. 시사 프로그램이나 공공방송은 상류층 시청자의 관심을 모은다. 또한 자연 다큐멘터리나 특집 시리즈는 상류층을 위한 프로그램들이다. 퀴즈 쇼, 연속극, 시트콤 등은 하류층의 입맛에 맞춘 프로그램들로, 이들은 범죄나 탐험을 다루는 쇼 프로그램도 좋아한다. 최하류층의 경우에는 레슬링 등을 즐긴다. 상류층의 라디오 청취자는 운전하는 동안 뉴스와 스포츠 소식을 듣는다. 이 사람들은 AM 보다는 FM을 선호하며, 편하게 들을 수 있는 음악이나 재즈, 대중적인 클래식을 즐긴다. 하류층은 하드 록, 컨트리 음악, 발라드 등을 즐겨 듣는다. 또한 연주 음악을 즐기는 상류층과 달리, 하류층은 노래를 좋아한다.

인쇄 매체와 받아들이는 내용: 상류층은 조간신문을, 하류층은 석간신문을 즐겨 읽는다. 상류층은 밀착 취재, 시사평, 경제 뉴스, 칼럼 등을 재미있게 본다. 하류층은 1면의 머리기사, 사진이 있는 기사, 스포츠와 생활 부문, 만화, 상담 코너, 오늘의 운수 등을 본다.

잡지 또한 특정한 사회적 계층과 연결된다. 『타운 앤드 컨트리』, 『더 뉴요커 *The New Yorker*』, 『아키텍처럴 다이제스트 *Architectural Digest*』 등은 최상층을 위한 잡지들이다. 그 바로 밑에 『보그』, 『포천』, 『홈 앤드 가든 *Home & Garden*』 등이 있다. 『타임 *Time*』, 『뉴스위크 *Newsweek*』와 같은 시사 잡지나 『글래머 *Glamour*』, 『레드북 *Redbook*』, 『새비 *Savvy*』와 같은 여성 잡지, 『플레이보이 *Playboy*』, 『펜트하우스 *Penthouse*』와 같은 남성 잡지 등은 중상층 사람들이 즐겨 읽는다. 중하층 사람들은 『굿 하우스키핑』, 『레이디스 홈 저널』, 『리더스 다이제스트 *Reader's Digest*』, 『피플 *People*』, 『스포츠 일러스트레이티드 *Sports Illustrated*』와 같은 잡지를 읽곤 한다. 한편 『트루 컨페션*True Confessions*』, 『트루 로맨스*True Romance*』, 『허슬러*Hustler*』, 『메카닉스 일러스트레이티드*Mechanics Illustrated*』, 『로드 앤드 트랙*Road and Track*』, 기타의 다양한 영화 잡지들, 『내셔널 인콰이어러*National Enquirer*』와 같은 주간 타블로이드 잡지들은 가장 낮은 계층에서 즐겨 읽는다.

쇼핑과 구매

계획적인 구매와 즉흥적인 구매: 상류층 사람들은 자신이 무엇을 필요로 할지 미리 예상하고, 구매 계획을 세운다. 야채나 잡화와 같은 소모품을 쇼핑 목록에 포함시키고, 정기적으로 구매하여 재고를 확보한다. 그러나 하류층 사람들은 소모품이 다 떨어진 후에야 비로소 구입하며, 상류층에 비해 즉흥적으로 구매하는 경향이 강하다. 상류층의 경우, 구매 전에 많이 고심하면서 여러 매체를 통해 상품의 정보를 얻는다. 그러나 하류층은 주로 친지나 친구로부터 상품에 대한 정보를 얻거나, 당장 구입해야 할 때가 되어서야 판매원의 조언을 구한다. 그래서 입소문을 통한 광고는 중산층보다는 근로자 계층의 소비자에게 더욱 중요하다.

소매점의 선택: 상류층 사람들은 백화점이나 전문점을 통해 유행에 민감한 제품을 다량으로 구매한다. 하류층 사람들은 이러한 큰 상점에는 주눅이 들어서 집 근처의 소규모 상점을 선호한다. 이들은 대규모 할인점에서 많은 종류의 제품을 산다. 그러나 상류층 사람들이 대규모

의 할인점에서 구입하는 물품은 대부분 잘 알려진 제품일 뿐이며, 그러한 할인점에서 유행을 따르는 제품을 사는 경우는 매우 드물다.

위험 경감과 충성도: 상류층 사람들은 제품 자체의 장점을 보고 구매 결정을 내리지만, 하류층 사람들은 전국적으로 잘 알려진 브랜드를 구매함으로써 구매에 따른 위험을 줄이려는 경향을 보인다. 따라서 하류층이 브랜드에 대한 충성도가 더 높다. 이들은 몇몇 상점을 단골로 지정하기도 하며, 그런 상점과 그곳의 판매원에 대한 의존도가 높은 편이다. 하류층이 특정 브랜드를 잘 알고 있지 못할 경우, 보통은 가격과 품질을 동일시하는 편이다. 이들은 '싼 것이 비지떡'이라고 여기기 때문이다. 상류층은 상점이나 제품에 대한 위험을 감수하기 때문에, 새로운 소매점 및 새로운 제품과 브랜드의 구매를 시도한다.

표 10-1. 사회적 계층 간의 선호도 비교

	상류층 소비자	하류층 소비자
시간의 활용	하루의 일과를 늦게 시작한다. 시간의 한계가 길다.	하루의 일과를 빨리 시작한다. 시간의 한계가 짧다.
추상성의 정도	추상적이고 복잡하다. 무형의 상품을 선호한다.	단순하고 명확하다. 유형의 상품을 선호한다.
감정의 상태	적대감이 적다. 감정을 표현한다.	공개적으로 적대감을 드러낸다. 감정을 삭인다.
위험의 지각	위험이 거의 없다고 생각한다. 손실을 피드백으로 여긴다.	세상은 위험천만하다고 생각한다. 외부 요인을 비난한다.

	상류층 소비자	하류층 소비자
가족 간의 관계	성별에 따른 역할 구분이 모호하다. 조숙한 아이들을 좋아한다.	성별에 따른 역할 구분이 존재한다. 순종적인 아이들을 좋아한다.
지역사회 참여	종종 참여한다. 상층으로의 진입을 원한다.	자기가 영향력이 없다고 생각한다. 현상 유지에 힘쓴다.
주거 환경	집에는 상징적인 의미가 있다. 집의 외부가 중요하다.	집이 직장과 가까운지가 중요하다. 집의 내부가 중요하다.
가구와 가전제품	가구들이 조화를 이룬다. 신뢰할 수 있는 가전제품을 고른다.	튼튼한 가구를 선호한다. 노동력을 절감해주는 가전제품을 고른다.
의류와 외모	유행에 따르는 의류를 고른다. 여러 서비스가 필요하다.	실용적인 의류를 고른다. 서비스는 사치이다.
신체적인 관심과 치료	육체를 거주지로 여긴다. 건강은 자기가 챙긴다.	육체를 자신과 동일시한다. 건강은 전문가의 책임이다.
식습관과 태도	품질로 평가한다. 요리는 창조적인 일이다.	양으로 평가한다. 요리는 집안일의 하나이다.
오락과 취미활동	적극적으로 참여한다. 최첨단의 운동기구를 좋아한다.	관람을 즐긴다. 파워가 있는 운동기구를 좋아한다.
직업과 여가	성공을 추구한다. 성과에 따라 보수를 받는다.	안정성을 추구한다. 시간에 따라 보수를 받는다.
재무관리	정기적으로 투자한다. 편리함 때문에 신용 대출을 이용한다.	구매를 위해서 저축한다. 구매의 수단으로 신용 대출을 이용한다.
노출되는 미디어 매체	정보를 제공하는 프로그램을 본다. 현재 일어나는 일들에 관심을 가진다.	주로 오락 프로그램을 본다. 게임에 관심을 가진다.
쇼핑과 구매	계획적으로 구매한다. 제품의 장점에 따라 선택한다.	즉흥적으로 구매한다. 브랜드에 따라 선택한다.

사회적 계층의 전체 그림을 읽어라

상류층 소비자와 하류층 소비자 사이의 차이점을 모두 규명해내는 것은 거의 불가능하며, 사실 그럴 필요도 없다. 우리가 지금까지 논의한 사항은 표 10-1에 잘 정리되어 있다. 이 표에 정리된 내용은 매우 중요하고, 시사하는 바도 크다. 사람들의 마음과 일상생활의 중요한 측면이 규명되어 있으나, 이외에도 제품과 서비스를 구매하고 소비하는 데 영향을 미치는 요소들은 아주 많다. 이러한 사회적 계층 간의 차이를 잘 파악할수록 소비자의 구매 행동에 영향을 미치는 다른 요소들도 더욱 잘 알아볼 수 있을 것이다.

이렇듯이 사회적 계층 간의 중요한 차이점들 때문에, 한 종류의 동일한 제품과 서비스, 배급과 배달 체계, 광고와 홍보 프로그램, 가격 정책 등이 모든 사회적 계층에게 똑같이 적용되지 않는 것이다. 그러나 한 마켓 세그먼트의 행동 유형, 태도 및 가치관에 따라 그에 알맞은 마케팅 전략을 구사함으로써, 그 계층에 대한 점유율을 높일 수 있다.

마켓 세그먼트를 결정하는 전통적 요소인 나이, 성별, 지역 등의 중요성은 점점 줄어들고 있다. 서로 다른 세그먼트에 속한 소비자들이 이런 요소에서 점점 비슷해지는 추세를 보이기 때문이다. 그러나 이와는 반대로 사회적 계층 사이의 차이는 더욱 커지고 있다. 따라서 마케터들 역시 이에 대해서 점점 더 관심을 보인다. 사회의 근로자층과 중류층의 간격이 더 넓어지고 있기 때문에, 앞으로 사회적 계층은 시장 세분화를 결정하는 데 더욱더 중요한 요소가 될 것이다.

1. 사회적 계층은 그들의 권력, 특권, 부의 정도에서 서로 다를 뿐만 아니라 각자 다른 가치관, 태도, 행동, 생활양식을 가지고 있기 때문에 사회적 계층 간의 구분은 소비재 마케터들에게 매우 중요하다.

2. 사회적 계층을 결정하는 7가지 요소: 수입, 교육 수준, 직업, 부, 가족, 주거 형태, 주거 지역

3. 시간 활용 면에서 상류층 사람들은 모든 일을 하류층 사람들보다 1시간 가량 늦게 시작한다. 그리고 그들의 시간대는 몇 달에서 길게는 수년에 이른다. 그러나 하류층은 당장의 현재에 더 집중한다.

4. 하류층은 유형의 상품을 좋아하고, 언어를 선명하게 표현한 쉬운 문장을 선호한다. 반면에 상류층은 손해보험이나 휴양지로의 여행 등 무형의 서비스를 즐겨 구매하며, 비유와 추상적인 표현을 선호한다.

5. 하류층는 적대감과 공격성을 자유롭게 표현하지만, 상류층은 분노와 공격성의 표현을 매우 꺼린다.

6. 하류층은 전통적인 성별 역할을 고수한다. 그러나 상류층은 그 구분이 훨씬 덜하고, 부부가 공동으로 책임을 지며 의사결정도 함께 내린다.

7. 상류층은 직접 참여하는 오락을 즐기는 반면, 하류층은 주로 관람자나 청취자로서 오락을 즐긴다.

8. 상류층은 재무관리 면에서 정기적으로 투자하며, 편리함 때문에 신용 대출을 이용한다. 그러나 하류층은 당면한 구매를 위해 단기적으로 현금을 모으며, 구매의 수단으로 신용 대출을 이용한다.

9. 근로자층과 중류층의 간격이 더 넓어지고 있기 때문에, 앞으로 사회적 계층은 시장세분화를 결정하는 데 더욱더 중요한 요소가 될 것이다.

11

소비자가 속한
문화의 성격을 파악하라

CULTURE:
The Dictatorship
of Normality

WHY THEY BUY

모든 문화는 나름대로의 장점과 단점이 있다.

만약 당신이 국제회의의 진행을 책임지고 있다면 회의 조직은 이탈리아인에게, 음식 준비는 영국인에게, 여흥은 독일인에게, 접대는 프랑스인에게, 예산 관리는 미국인에게 부탁하고 싶지 않을까?

설령 문화인류학자라고 할지라도 이보다 더 나은 생각을 할 수는 없을 것이다!

소비자에게 미치는 문화의 영향력은 아주 광범위하며 뿌리 깊다. 그러나 동시에 좀처럼 '눈에 보이지 않는다.' 예전에 누군가가 이런 말을 했다. "만약 당신이 물의 본질을 알고 싶다면, 절대 질문하지 말아야 할 생명체는 물고기이다." 실제로 '마른 상태'를 단 한 번도 경험해보지 못한 채 어떻게 '젖은 상태'를 이해하고 설명할 수 있겠는가? 우리 사회의 문화적 가치도 이와 유사하다. 사회의 가치와 풍습과 규범은 대개 우리의 눈에 잘 보이지 않는다. 이런 것들이 생겨난 문화에 우리가 너무 깊이 빠져 있기 때문이다.

소비자들을 이끄는 보이지 않는 손

문화적 영향력의 가장 독특한 특징들 중 하나는, 그것이 우리가 생각하거나 느끼거나 행동하는 '자연스러운' 방식처럼 여겨진다는 점이다.

심지어 자신의 걸음걸이 방식이 자의적일지라도, 우리는 그것을 올바르며 유일한 방식이라고 생각한다. 다음에서는 우리의 행동 방식과 더불어, 다른 사회와 문화에서 택하는 몇몇 다른 행동 방식들도 살펴볼 예정이다. 자신의 행동과 타인이 선택하는 행동 간의 차이를 대조함으로써, 우리의 사회와 문화에 대해 더 잘 확인하고 이해할 수 있을 것이다.

처음에는 자신의 방식만 올바르고 적합하다고 생각하면서, 타인의 방식은 부적절하거나 비효율적이거나 어색하거나 부도덕하게 느낄 수 있다. 그러나 다른 문화에 속한 사람의 입장에서 보면 그들의 행동 방식이 올바르고, 반면에 우리 문화의 규범이 틀릴 수 있음을 금세 깨닫게 될 것이다. 그러므로 문화적 규칙이란, 어떤 사회에서 평범한 인간적 문제나 열망에 대처하기 위해 단순히 고안해낸 방식에 지나지 않는다는 사실을 명심하는 것이 중요하다. 대체로 그런 방식들은 자의적이다. 그럼에도 불구하고 그것이 잘 통용되는 까닭은 그 사회의 구성원 대부분이 규칙들을 이해하고 동의하기 때문이다.

우리가 알고 있는 서로 다른 문화의 수는 200여 개에 달한다. 그러나 정확히 어떤 문화를 포함시켜야 하고, 어떤 문화를 포함시키지 말아야 하는지에 대해서는 문화인류학자들 사이에 의견이 분분하다. 그런데도 우리는 문화가 의미하는 것을 직감적으로 아주 잘 이해하고 있다. 나에게 코끼리의 특징을 말해보라고 한다면, 아마도 조목조목 설명하지 못할 것이다. 그러나 코끼리가 앞에 있으면, 분명 한눈에 알아볼 것이다. 문화도 이와 마찬가지로, 어떤 문화를 확인하고자 할 때에는 중요한 특징들 중 두어 가지만 알고 있으면 그것으로 충분하다.

문화에 포함되는 것

문화는 복잡하다. 그러나 전체적으로 통합되어 있다. 각양각색의 실들이 엮여 아주 매끄러운 천이 만들어지는 식이다. 문화는 지식—사회가 공유하는 사실과 기술—을 포함하며 사회적, 물질적, 정신적 세계에 대한 일련의 믿음과 가설도 내재되어 있다. 한편 문화에는 미학적 혹은 예술적 측면이 존재하는 까닭에, 우리가 아름답다고 생각하는 것과 추하다고 생각하는 것을 규정한다. 그뿐만 아니라 세상의 물질적 특성을 표현하기 위해 우리가 사용하는 상징을 규정하고, 인생을 기념하기 위해 우리가 지키는 의식과 의례도 규정한다. 또한 문화는 매우 규범적이다. 한 사회의 도덕, 풍속, 관례, 법률, 관습—우리가 할 수 있는 것과 할 수 없는 것, 그리고 반드시 해야 하는 것—도 포함하고 있기 때문이다.

역동성과 연속성

미국의 문화적 가치를 탐구하고자 한다면, 이에 앞서 문화 자체에 있는 두 가지 상이한 특징에 주목할 필요가 있다. 문화는 안정적인 동시에 역동적이다. 또 한 세대에서 다른 세대로 연결되는 커뮤니케이션의 수단이기도 하다. 문화는 하룻밤 사이에 변하지 않지만 100년, 아니 10년 후에도 완전히 동일한 형태로 유지되는 것은 아니다. 그 변화가 때로는 점진적으로 발생하는 듯하다가도, 아주 빠르게 다른 방향으로 이동하는 것처럼 보일 때도 있다. 보통 사회의 청년층과 노년층 간의 끊임없이 계속되는 '세대 차이'가 이런 문화적 변화의 원인이다. 그리고 변화가 빠를수록 이런 차이는 더욱 커진다.

그러나 문화는 우리의 지식과 생활양식을 한 세대에서 다음 세대로 연결시키는 수단으로써 충분히 안정적이다. 만약 문화에 지속성이 없다면, 새로운 세대가 출현할 때마다 원시시대로 돌아가서 처음부터 다시 시작해야 할 것이다.

미국 문화의 개인적 가치

문화는 가치 있는 것과 가치 없는 것을 사람들에게 가르쳐준다. 앞에서 이미 개인의 가치에 대해 논의한 바 있지만, 문화의 개인적 가치는 훨씬 더 포괄적이다. 사회에 속한 대부분의 구성원이 이 가치를 공유하기 때문이다. 이는 곧 마케팅을 하려는 제품 및 서비스가 이런 가치와 충분히 양립할 수 있어야 함을 의미한다. 그렇지 않으면 구매자 대부분은 그 제품이나 서비스를 거부할 것이다. 지금부터 미국 문화의 개인적 가치를 살펴본 후, 문화에 의해 결정되는 사회적 가치와 물질적 가치도 확인해볼 것이다.

문화는 개개인이 해야 할 것과 하지 말아야 할 것을 구분지어준다. 우리는 사람들이 가진 많은 가치를 확인할 수 있었지만, 일단 여기에서는 시장에서 사람들의 행동에 큰 영향을 미치는 미국 문화의 6가지 개인적인 가치를 살펴보고자 한다.

표 11-1. 미국 문화의 개인적 가치

미국인	타국인
적극적	소극적
부지런함	느긋함
물질적	정신적
만족감의 지연	즉각적인 만족감
진지함	유머러스함
금욕적	감각적

적극적인 미국인

아마도 당신은 '그냥 가만히 앉아 있지 말고, 무엇이든지 행하라'고 적힌 작은 표지판을 본 적이 있을 것이다. 이는 미국인의 적극적인 성향을 잘 표현한 문구이다. 아이들은 유치원 시절부터 부지런히 움직이라는 가르침을 받는다. 유감스럽게도 미국인들의 경우, 학교와 직장 모두에서 성과와 실적보다는 적극성과 노력에 대해 더 많은 보상을 받는다. 외국에서 온 방문객들이 미국에서 가장 먼저 목격하는 것들 중 하나는 미국인이 항상 바쁘게 움직이는 것처럼 보인다는 점이다. 일례로 아시아의 어떤 학생은 미국에 도착하자마자 흥미로운 관찰을 했다. 그는 아침의 러시아워 때에 정신없이 빨리 움직이는 교통 흐름을 보고 나서, 그 이유가 많은 사람이 출근 시간에 늦었기 때문이라고 생각했다. 그러나 놀랍게도 미국인들의 퇴근길 역시 매우 혼잡했고, 그들은 저녁 때에도 미친 듯이 차를 빨리 몰았다. "왜 그들은 그냥 집에 가는 길인데도 그토록 서두르는 거죠?" 그가 물었다. 솔직히 말해서 나는 이 질문에 무척 당혹스러웠다. 당신이라면 어떻게 설명하겠는가? 이것이 단순히 미국인의 존재 방식인 것일까?

최근 슈피겔(Spiegel)의 카탈로그 사업부는 경제에서 패션으로 판매 정책을 변경하면서, 시간에 쫓기는 21~54세의 부유한 커리어우먼을 타깃으로 정했다. 그녀들이 카탈로그를 통해 제품을 구매하는 동기는 소매점에서 쇼핑할 때, 자신의 시간이 낭비되는 것을 피하기 위해서이다.

부지런한 미국인

근면은 프로테스탄트 노동 윤리의 일부분이다. 소비자들은 노력 없는 결실을 약속하거나, 힘든 작업을 없애버린 물건들에 대해 다소 회의적이다. 그러나 한편으로 그들은 노동력을 절감해주는 많은 장치를 쉽게 받아들인다. 이것은 모순처럼 보이지만, 설명이 불가능한 것은 아니다. 마케터들은 흔히 소비자들에게 노동력 절감 제품이나 레저 용품의 구매에 대해 합리적인 근거를 제시한다. 그런 장치들 덕분에 시간과 노력을 아껴서 다른 활동에 사용할 수 있다는 식이다. 실제로 이런 일이 가능한지의 여부는 중요하지 않다. 핵심은 소비자들이 힘든 작업에서 벗어날 수 있다는 기분을 느끼게 해주는 것이다.

이와 유사하게 레저 용품들은 안락과 편의의 기준보다는 자신의 건강을 돌보는 '자기관리'의 필요성에 의해 팔린다. 이런 경우에는 간단한 근거만으로도 소비자들을 수긍하게 만들 수 있다. 건강을 유지하면 많은 일을 할 수 있는 반면, 건강을 유지하지 못하면 무능력해질 수 있기 때문이다.

> 베아트리체(Beatrice)는 잡지 광고에 '캔에 든 수프도 점심 식사용으로 무난합니다……. 그러나 저녁 식사를 위해서는 어떤 것이 더 필요합니다'라는 헤드라인을 사용했다. 그들은 홈메이드 수프 중에서 '초심자용 수프' 계열의 제품을 홍보한다. 광고에는 '추가로 신선한 쇠고기나 닭고기를 넣으세요'라는 문구도 적혀 있다. 너무 쉬우면 오히려 불신하는 주부의 심리를 이용한 것이다. 이 제품이 있으면, 소비자는 시간을 절감할 수 있되 약간의 수고를 해야 한다.

물질주의적인 미국인

물질주의는 프로테스탄트 노동 윤리에서 근면 못지않게 중요하다. 이런 문화적 개념에 따르면, 개인의 가치는 달러와 센트(수입과 부) 혹은 물질적 소유(개인이 소유하거나 과시하는 것)로 측정 가능하다. 미국인은 인간의 고유한 존엄성에 말로는 경의를 표하지만, 실은 가장 기본적인 인간의 권리에 대해서만 그렇게 할 뿐이다. 현실적으로 세상 사람들은 가난한 자나 부족한 자를 잘 고려하지 않는다. 정반대로 생각할 수 있음에도 불구하고, 우리는 그것이 그들의 잘못이라고 생각한다. 그런가 하면, 이와 동일한 이유로 우리는 부유한 사람들을 칭송한다. 그들이 어떻게 부를 쌓았는지는 그다지 고려하지 않은 채로 말이다. 심지어 악명 높은 도둑들이 매혹적인 대상이 되기도 한다. 오직 그들이 많은 돈과 재산을 가지고 있기 때문이다. 우리가 물질주의적 성향으로부

터 멀어지고 있다고는 하지만, 몇몇 사회 비평가는 이런 흐름에 의문
을 표한다. 만약 '생활 수준'과 '삶의 질' 사이에 별 차이가 없다면, 대부
분의 미국인은 여전히 두 가지가 동일하다고 생각하고 행동할 것이기
때문이다.

> 자동차와 같이 높은 신분을 드러내는 상징물은 흔히 소유자의 부를
> 보여주는 식으로 광고된다. 예를 들어 GM은 정박되어 있는 호화 요트
> 옆에 자사의 폰티악 그랜드 암(Pontiac Grand Am)이 있는 사진을 잡지 광
> 고에 활용했다. 그리고 '이 차와 함께하면, 굳이 묻지 않아도 최근 당신
> 의 형편이 어떤지 세상 사람들이 다 알게 될 겁니다'라는 문구를 광고의
> 헤드라인으로 썼다.

만족감의 지연

전통적으로 미국 문화는 상당 기간 동안 만족감(gratification)을 지연시
켜야 한다는 점을 강조해왔다. 미국인이 긴 시간에 걸쳐 정규교육을
마친 후에야 비로소 자신이 들인 노력의 혜택을 받고자 어떤 과정을
추구하는 것도 이런 만족감의 지연 때문이다. 그러나 만족감과 관련하
여 좀 더 즉각적인 방향으로 변화하는 모습을 보여주는 몇몇 징후가
나타나고 있다. 실제로 개인 신용카드의 광범위한 사용은 많은 소비자
가 만족감을 얻되, 노력의 결실을 지연시키는 법을 터득했음을 보여준
다. 당장 제품을 구입하고, 나중에 그 비용을 지불한다는 식으로 어필
하는 것은 효과가 상당히 크다. 소비자들은 다량의 구매를 하기 위해

몇 달 동안 저축하기보다는 지금 당장 구매하는 것을 더 선호하기 때문이다.

　　미국인 소비자들이 가지고 있는 마스터카드와 비자의 수는 대략 1억 2천5백만 개로 추산된다. 또한 카드 소지자들은 평균적으로 7개의 각기 다른 은행 카드가 있다.

절제하는 미국인

미국인은 쾌락주의자가 아니다! 미국 문화는 노골적으로 감각에 호소하는 제품들을 불신하며, 소비자들은 오직 적합한 근거가 있는 제품들을 구입한다. 그러므로 그 제품이 자신에게 유익하다거나, 살 만한 분명한 이유가 있을 때 구입한다. 반면에 '이것을 사면 황홀한 느낌이 든다'라고 솔직하게 어필하는 것은 그 누구도 귀를 기울이지 않을 가능성이 크다. 오히려 '기막히게 느낌이 좋은 것을 보니, 잘못되었음에 틀림없어'라는 노래 가사가 미국 문화를 더 잘 묘사하고 있다. 이것이 '미제너레이션'(me generation: 자기 위주로 생각하고 행동하는 현대의 젊은 세대)과 상충된다고 생각하지 마라. 자기중심주의나 이기주의는 쾌락주의나 감각주의와 완전히 별개이기 때문이다.

　　크리니크(Clinique)의 남성용 및 여성용 화장품은 다른 화장품들이 실패한 영역에서도 고객들의 인정을 받는다. 이것은 브랜드 명칭에 담긴 의학적 의미, 무취의 제품들, 임상적 매력과 아주 간소한 포장 덕분이다.

진지한 미국인

우리는 흔히 경솔과 경박을 동일시하면서, 유머에 대해 '진지한 목적'
과 상반된다고 여긴다. 중세의 궁중 광대는 종종 노련한 풍자가이자
왕을 위한 소중한 자문가였다. 설사 신성한 소를 몇 마리 죽였다고 할
지라도 그는 균형 잡힌 시각을 잃지 않았다. 오늘날의 희극배우는 즐
거움의 대상, 그 이상의 의미를 가지고 있다. 대개의 경우 유머러스하
거나 코믹하게 어필하면, 소비자들의 주의를 끌 수 있다. 그러나 그것
이 제품 판매 면에서 오히려 역효과를 낳는 경우도 종종 있다.

> 1970년대에 알카셀처(Alka-Seltzer)는 매우 유머러스한 일련의 TV 광
> 고를 활용했다. 유명세를 떨친 그 광고를 보면, 누구든지 관심을 보이고
> 웃음을 터뜨렸다. 그러나 제품의 판매에는 별 효과가 없었다. 따라서 이
> 회사는 틀에 박힌 기존의 방법을 포기하고, 유머를 줄인 새로운 접근 방
> 식을 선택했다.

미국 문화의 사회적 가치

앞에서 확인한 문화적 가치는 미국의 개별 소비자 및 그들의 개인적
이미지와 관련이 있었다. 나머지는 사회적 배경에 속한 개인에 더 초
점을 맞춘 문화적 가치이다. 다음에서는 사회적 상호작용과 관련하여
개인이 가치 있게 생각하는 것과 그렇지 않은 것을 구체적으로 명시하
고자 한다. 사회적 가치의 수는 아주 많지만, 그중 소비자들의 구매 방

식과 구매 이유에 가장 큰 영향을 미친다고 생각되는 것들 위주로 선별했다. 지금부터 각각의 가치를 간단히 살펴보고, 그것의 변화 가능성을 설명하겠다.

표 11-2. 미국 문화의 사회적 가치

미국인	타국인
격식을 차리지 않음	격식을 차림
낭만적	실용적
경쟁적	협력적
개인주의	집단주의
청년 위주	연장자 위주
아동 중심	성인 중심
이분법적	지속적
성과	지위

격식을 차리지 않는 미국 사회

미국인은 문화나 화법, 옷차림, 행동 등에 그다지 격식을 차리지 않는다. 심지어 생판 모르는 낯선 사람들과 사회적 교류를 할 때에도 격식을 차리지 않는다. 그들은 "안녕하세요(good day)"라고 인사하기보다는 "안녕(hi)"이라고 간단하게 인사한다. 레스토랑 단골에게 말을 거는 웨이터이든, 의사에게 말하는 환자이든, 고객을 상대하는 점원이든 간에 그들의 대화는 우호적이며, 대개는 격식을 차리지 않는다. 격식을 중시하는 사회의 사람들이 미국인을 보면서 무신경하고 버릇없다고 여기는 것도 이 때문이다. 다시 말해서 미국인은 사회적 품위나 인정,

혹은 지위에 대한 판단을 그리 중요하게 생각하지 않는다.

고객들의 옷차림과 상관없이 세일즈맨은 격식을 차린 비즈니스 정장을 입었을 때, 더 신뢰성 있고 유능해 보인다. 그러나 그들은 격식을 차린 접근 방식보다 격식을 차리지 않는 우호적인 방식으로 고객들에게 말을 건네야 한다. 이때 한 가지 주의할 점은 고객들과 지나치게 친숙해지지 않도록 하는 것이다.

낭만적인 미국인

미국인은 현실이 정반대일지라도 '사랑이 모든 것을 지배한다'고 굳게 믿는다. 낭만적인 상징이나 이미지를 보는 순간, 미국인의 유능하고 부지런하고 실용적인 정신이 한꺼번에 녹아버린다. 다른 문화에 속한 사람들은 비누나 냉동식품에서 낭만적인 요소를 잘 찾아내지 못한다. 반면에 미국인은 마케터가 조금만 도움을 주면, 온갖 종류의 제품에서 낭만적인 요소를 찾아낸다.

사탕과 초콜릿, 축하 카드, 꽃은 주요한 기념일을 전후하여 날개 돋친 듯이 팔린다. 밸런타인데이는 휘트먼스(Whitman's)부터 패니 파머(Fanny Farmer), 시즈 캔디즈(See's Candies), 러셀 스토버 캔디즈(Russell Stover Candies)나 고디바(Godiva)에 이르기까지 사탕과 초콜릿을 파는 모든 매장에서 중요한 판매 행사가 되고 있다. 심지어 홀마크(Hallmark)는 '조부모의 날'이라는 기념일을 창안하여, 낭만적이고 사랑을 선호하는 미국인들로부터 그 기념일을 인정받으려는 시도를 하기도 했다.

경쟁 사회

미국인은 타인과의 비교를 통해 자신의 성과에 대한 기준을 정한다. 즉 그들은 성공과 실패를 기준으로 판단하며, 많은 노력을 한다. 그들은 성공한 사람을 '진정한 승자'라고 칭하는 반면, 성취가 적은 사람은 '패자'라고 부른다. 또한 주변에 있는 모든 것을 경쟁의 시각으로 바라보며, 의인화하지 못할 경우에는 최소한 상징적으로라도 경쟁의 의미를 부여한다. 미국인이 구입하는 많은 제품은 인생이라는 게임에서 성공을 상징하는 트로피 역할을 한다.

BMW는 '승리가 전부는 아니지만, 전리품은 확실히 호소력이 있다'라는 헤드라인을 실은 잡지 광고를 통해, 자동차와 오토바이의 예상 구매자들에게 다가갔다. 그들의 첫 번째 광고문도 이런 점을 강조했다. '남다른 내적 욕망을 소유하는 것이 몇몇 개인을 성공의 길로 이끄는 징표이다.'

개인주의적 사회

미국 문화에서 집단주의는 나쁜 의미로 받아들여진다. 미국인에게 집단주의는 개인의 자유를 희생하여 통제에 굴복하게 만드는 조지 오웰(George Orwell)의 소설 속 이미지를 떠올리게 한다. 반면에 개인주의는 지조가 강한 사람이나 자립 및 독립, 한 개인의 자유와 비슷한 의미로 여겨진다. 이런 개인주의적 성향이 오직 사생활을 침해받는 상황에서만 나타나는지의 여부는 논쟁거리가 아니다. 중요한 것은 소비자들이 개인주의의 관점에서 생각하면서, 무조건 따라오라는 식의 광고에는 잘 반응하지 않는다는 점이다. 심지어 가장 보수적이고 고리타분한 중산층 사람들조차 스스로를 독립적으로 사고하고 행동하는 인간으로 생각한다.

할사 스웨디시(Halsa Swedish)의 식물성 샴푸와 컨디셔너의 잡지 광고에는 각각의 머리카락 색깔과 유형에 맞는 상이한 5가지 처방법을 선전하고 있다. 동일한 처방법이라면 대부분의 소비자가 편리하게 사용하겠지만, 다양한 선택을 제공하는 덕분에 구매자들은 자신의 개인주의적 정체성을 충족할 수 있다.

청년 위주 사회

중국 혈통의 나이가 지긋한 전문직 여성이 나에게 일화를 들려준 적이 있는데, 그것은 미국인들과는 대조적인 방법으로 고령자를 대하는 그녀의 태도에 관한 것이었다. 어느 날 오후에 몇 명의 숙녀들이 커피숍에 모였는데, 그들 중 한 명은 자신이 가장 연장자이므로 먼저 자리를 뜰 수 있다고 거만하게 말했다. 중국인 부인은 그 말 속에 상대방을 무시하려는 의도가 있음을 단박에 알아차렸지만, 그것을 모욕으로 느끼지 않았다. 연장자임을 공개적으로 인정하는 것이 그녀에게는 여전히 존중과 존경의 표시였기 때문이다. 그녀는 모욕감을 주려는 의도를 알고 있었지만, 그럼에도 불구하고 그 사건 이후로 그 숙녀에게 호감을 가지게 되었다. 미국인들 역시 동일한 방식으로 호감을 보이지만, 그 방향은 정반대이다. 미국인은 젊음을 활력이나 매력과 관련지어 생각한다. 따라서 적절하게 연령의 한계를 벗어나지 않는 한, 제품의 이미지가 젊어 보일수록 그것을 받아들일 확률도 더 높아진다.

찰스 오브 더 리츠(Charles of the Ritz)는 젊음을 강조하기 위해 보습 스킨 컨디셔너에 '연령대 컨트롤러(Age-Zone Controller)'라는 명칭을 붙였다. 잡지 광고에 등장하는 모델의 삽화에는 '거울 속의 내 모습이 마음에 들 때, 세상을 대하기가 한결 쉬워진다는 것을 깨달았어'라는 카피가 붙어 있다. 그 광고의 카피는 이렇게 끝을 맺는다. '2주 동안 거울을 들여다보라. 그리고 한층 젊어 보이는 당신에게 미소를 지어라.'

아동중심주의 사회

가족뿐만 아니라 사회에서도 아동에게 초점을 맞추는 경우가 있다. 청소년에 관심을 가지는 것은 다른 많은 문화도 마찬가지이다. 그러나 미국인은 종종 아이들이 청순하고 순진할 뿐만 아니라, 연약하고 예민하다고 생각한다. 대부분의 다른 문화에서는 아이들을 원기 왕성한 작은 생명체로 여기지만, 미국의 문화는 자녀들을 애지중지하면서 그들의 행복에 과하게 관심을 가지는 경향이 있다. 그러나 미국인은 자녀들과의 만남에는 관심을 가지는 반면, 그들에게 강요하고 싶어 하지는 않는다.

더 퍼스트 이어스(The First Years)에서 사려 깊게 설계하고, 어린아이가 있는 어머니들에게 테스트를 거친 200여 개 이상의 제품에 대한 광고는 『페어런츠 매거진』에 '더 퍼스트 이어스는……오로지 품질로 승부합니다'라는 카피와 함께 실려 있다. 또한 광고에는 아동병원의 아동발달센터를 책임지는 한 의사의 지도를 받는 이 회사의 '어머니 위원회(Mother's Council)'도 언급되어 있다. 이런 마케팅 광고들은 미국 부모의 아동중심주의에 의존하는 동시에, 이를 심화시키는 데 초점을 맞춘다.

이분법적 시각

미국인은 회색빛의 색조를 구별하는 것보다 흑백을 분간하는 것에 더 능숙하다. 따라서 서서히 변하거나 지속성 있는 것을 좋아하지 않는다. 그 대신에 선과 악, 옳고 그름, 젊음과 늙음, 고가와 저가, 친구와 적 같은 문제들을 다루고 싶어 한다. 또한 미국인은 두 부분으로 나누어진 세계에서 살고 있다. 그러나 불을 켜고 끄는 기능만 가진 '스위치' 같은 이런 사고방식은 반복적인 어법으로 소비자들과 의사소통하는 마케터들을 난처하게 만들기도 한다. 그럼에도 불구하고 마케터들은 종종 단순한 이분법적 말투로 제품의 사양과 특징을 설명하는 것이 최선책일 때가 있다. 특히 교육 수준이 낮은 저소득층을 겨냥한 시장이라면, 이는 아주 유용한 방법이다.

상대적으로 신선하면서도 큰 성공을 거둔 P&G 타이드의 잡지 광고는 '발가락 대 발가락'이라는 헤드라인을 필두로 하여, 두 개의 양말을 단순하게 이분법적으로 비교했다. 이 광고는 다양한 상황에서 제품의 효율성에 대해 장황하게 설명하는 대신 '다른 세제들을 월등히 능가하는 타이드 액상 세제'라고 주장했다. 이런 간단한 쌍방 비교를 통해 독자들은 이 제품의 우수성을 일반화하게 된다.

성과지향적 평가

미국인은 동료에 대하여 그 가족의 사회적 지위보다는 주로 그의 성과를 토대로 평가한다. 사실 따지고 보면, 사회적 지위 자체도 개인 및 가족이 경험한 과거의 성과와 기여에 의해 결정된다. 최상위 계층을 제외하고 사회적 계층의 사다리를 올라가는 것은 개인의 타고난 신분에 크게 제약받지 않는다. 미국의 문화는 사회적 계급이 여전히 남아 있는 다른 문화와는 차이가 있기 때문에 상위 계층을 향한 사회적 이동의 기회를 포착할 수 있으며, 그런 결과가 미국인의 성과에 도움을 준다. 따라서 그들은 더 높은 신분에 이르게 해주는 제품의 마케팅에 민감하게 반응한다.

코럼(Corum)의 손목시계는 '성과는 그 나름의 보상을 받는다'라는 단한 줄의 헤드라인으로 광고되고 있다.

마케팅과 홍보를 위한 문화적 고려사항들 중에서 가장 중요한 점은 문화적 가치 및 규범과 어긋나게 어필하지 않는 것이다. 특히 이런 어필은 특정한 하나의 문화적 가치나 규범에 적합해야 한다. 즉 중요한 문화적 가치로부터 절대 벗어나서는 안 된다.

미국 문화의 물질적 가치

앞서 설명한 문화적 가치는 사회적 환경과 관련이 있었다. 다음에서는
물질적 환경과 관계되는 6가지의 가치를 살펴보도록 하겠다.

표 11-3. 미국 문화의 물질적 가치

미국인	타국인
질서	무질서
낙관주의	운명주의
정복	통합
진보	안정
변화	전통
위험 감수	안전

질서 있는 미국인

다른 많은 문화와 비교해보면, 미국인들은 사실상 거의 모든 것에서
질서정연하다. 그들은 손을 대는 것마다 기하학적 대칭을 이루려고 한
다. 만약 청결을 신앙심에 뒤따르는 중요한 가치라고 한다면, 미국인
이야말로 신성한 국민일 것이다! 청결에 대한 애호는 그들의 언어에도
생생하게 묘사되어 있다. 동료에게 화가 났다면, 미국인은 그를 간결
하게 'SOB(son of a bitch)'라고 칭한다. 그리고 화가 많이 나 있다면, 그
를 '역겨운 SOB'라고 부르며 욕할 것이다. 또한 미국인들은 자연환경

에 대해서도 질서정연함을 원한다. 가끔 다른 나라의 방문객들은 미국인들이 전 국토를 평평하게 만들고, 도로포장을 하려고 든다는 인상을 받는다. 이렇듯이 다른 나라의 국민들에 비해 미국인은 청결과 질서를 약속하는 제품들을 크게 환영하며, 심지어 그것들을 직접 찾아나서기까지 한다.

낙관적인 미국인

미국 문화는 관리와 책임에 가치를 두면서도 동시에 '긍정적'인 결과를 기대한다. 미국인은 가장 암울한 시기에도 결국에는 다 잘될 것이라는 확고한 믿음을 가지며, 좀처럼 상황이 미리 정해져 있다고 생각하지 않는다. 따라서 운명은 미국인의 삶에서 그리 중요한 역할을 하지 못한다. 심지어 어쩔 수 없는 운명이라는 말을 들어도, 마음속에는 좋은 방향으로 그 운명을 통제할 수 있다는 심리가 깔려 있다. 책임감과 결부된 이런 타고난 낙관주의로 인해, 미국인 소비자들은 낙관과 긍정에 어필하는 마케팅에 아주 예민하게 반응한다.

정복하는 미국인

미국인은 사회에서 타인과 경쟁할 뿐만 아니라, 자연환경과도 경쟁한다. 그들은 경쟁하려는 성향을 물질세계로 투사하여, 환경을 정복하고 극복하고자 애쓴다. 자연은 종종(안타깝게도 너무 자주) 길들여지면서, 인간의 속박과 통제를 받는다. 최근에 등장한 생태운동과 환경운동이 이런 문화적 가치에 영향을 미치고 있기는 하지만, 아직도 갈 길이 멀다. 대부분의 미국인은 여전히 물질적인 것들에 적대적 태도를 취하며, 물질세계를 정복하고 싶어 한다.

진보적인 미국인

미국 문화에서 삶은 무작위로 움직이는 것이 아니다. 미국인은 거의 모든 것이 특정한 방향에 위치한 어딘가를 향해 움직인다고 생각하면서, 부지불식간에 일어나는 발전과 성장과 진보를 기대한다. 또한 '더 많은 것'을 '더 나은 것'과 같은 의미로 받아들인다. 그들은 좀처럼 물질세계를 수평면에 펼쳐진 세계로 바라보지 않으며, 그 대신에 계층 혹은 적어도 경사가 있는 세계라고 여긴다. 그리고 그 세계가 선택하고 있는 방향은 아래쪽이 아니라 위쪽이라고 생각한다. 그 결과 미국인 소비자들은 비단 더 많은 것뿐만 아니라, 새로운 것에 대해서도 끊임없는 욕구를 드러낸다. 그들에게는 분명 만족할 줄 모르는 탐욕이 존재한다.

역동적인 미국인

변화를 향한 미국의 문화적 가치는 진보를 향한 가치와 일맥상통한다. 미국인은 새롭고 역동적인 것들이 전통적이고 관습적인 것들보다 훨씬 더 가치가 있다고 생각한다. 대부분의 사회는 사실로 입증된 것을 전적으로 신뢰하고, 새로운 해법에 대해서는 회의적인 시각으로 바라본다. 반면에 미국인은 종종 과거의 방식을 다소 고루하거나 지루하게 여긴다. 따라서 새로운 선택을 매우 신뢰하고, 그것에 열광한다. 미국인의 구매를 자극하는 단 하나의 단어를 고르라고 한다면, 바로 '새로움(new)'일 것이다.

위험을 감수하는 미국인

일반적으로 미국인 소비자는 위험 감수자이다. 이런 사회에서는 안전에 지나치게 많은 가치를 부여하면서, 위험의 감수를 거부하는 사람들을 못마땅하게 여긴다. 설사 결과가 불확실하다고 할지라도 미국인들은 '한번 시도해보기'를 기대한다. 또한 그들은 상황이 불리해져도 위험이 따르는 시도를 유감스럽게 생각하지 않는다. 그 대신에 한번 시도해보았다는 사실에서 위안을 찾는다. "항상 지나고 나면 눈에 들어온다"라고 하면서 누군가가 투덜거려도, 그들은 계속해서 또 다른 기회를 찾아나선다. 미국인 소비자들은 진보와 변화에 대한 믿음과 함께 위험을 감수할 용의가 있기 때문에, 신제품을 도입하고 용인하는 비율이 매우 높다.

질서, 낙관주의, 정복, 진보, 변화, 위험 감수라는 가치를 가진 미국인들은 물질적 제품과 자산에 큰 흥미를 보인다. 이러한 물질적 가치들은 소비재의 빠른 변화를 불러일으키며, 마케터가 제품의 수명 주기(도입, 성장, 성숙, 쇠퇴, 철수)에 대해 내리는 평가에도 중요한 역할을 한다. 그러나 제품들을 평가하기란 쉽지 않다. 세심한 연구와 냉철한 판단이 필요하기 때문이다.

마이크로컴퓨터의 발명 이후, 컴퓨터 산업의 분석가들은 '아무도' 홈

컴퓨터를 원하지 않을 것이라는 입장에서 '모두가' 한 대의 컴퓨터를 소유하고 싶어 한다는 믿음으로 바뀌었다. 결국 이 두 관점은 모두 틀렸음이 입증되었다. 그러나 그 사이에 비교적 경험이 부족한 텍사스 인스트루먼츠(Texas Instruments Inc.)에서부터 경험이 풍부한 IBM에 이르기까지 여러 기업들이 앞다퉈 경쟁에 뛰어들었다. 얼마 후 그들은 철수의 필요성을 깨달았다. 미국인들은 혁신적인 성향이 있으므로 이런 신제품을 쉽게 받아들이지만, 그것에도 한계가 존재한다. 따라서 제품의 기능, 소비자들의 욕구와 가치 인식에 대한 세심한 분석이 있어야 불운한 모험적 시도를 피할 수 있다.

심지어 소비자들이 혁신을 받아들일 준비가 되어 있다고 할지라도, 그것이 오랫동안 지속될 수 있는 시장을 보장해주는 것은 아니다. 게다가 여기에서 확인된 문화적 가치들 때문에, 미국인 역시 새로운 제품과 서비스로 옮겨가는 데 다소 변덕스러운 모습을 보이기도 한다. 그에 대한 좋은 예로, 비디오 아케이드 게임 열풍이 있다. 아타리(Atari) 같은 대규모 제조업체들은 대량생산을 위해 거액을 충당했고, 그동안 수백 개의 중소기업은 오락실을 개설했다. 그러나 그 열풍은 금세 가라앉았으며, 투자 비용도 점점 줄어들었다. 홈비디오 게임 콘솔과 카트리지도 이와 유사하게 일시적인 상승 후 바로 하강으로 이어지는 과정을 거쳤다. 제품의 수명 주기는 평지보다는 산봉우리의 형태에 가깝다. 미국인 소비자는 오늘은 이곳에 있더라도, 내일이면 사라져버릴 수 있다!

문화적 가치의 변화 트렌드

문화적 가치는 상당히 오랜 기간에 걸쳐 지속되며, 하루아침에 바뀌지 않는다. 이 가치는 변화에 대한 저항력이 아주 강하다. 한 기업, 나아가 전체 산업이 사회적으로 문화적 가치에서 주목할 만한 변화를 일으키는 것은 사실상 불가능에 가깝다. 따라서 마케터들은 문화적 가치에 반발하는 대신, 그것을 있는 그대로 받아들이며 협력해야 한다. 그렇다고 해서 문화적 가치가 수십 년 혹은 수백 년에 걸쳐 일정하게 변함이 없다는 의미는 아니다. 주요한 정치적, 기술적, 경제적, 사회적 변화들이 종종 문화적 가치의 변동을 야기한다. 예를 들어 제2차 세계대전 당시, 많은 여성이 정치적 이유에 의해 노동자 인구로 편입되었다. 이런 흐름이 지속되자 여성들은 더 많은 경제적 자유를 누릴 수 있었다. 또한 이것은 차례로 가족과 관련된 문화적 가치에 영향을 미쳤다. 경구피임약이나 컴퓨터의 개발 역시 사회적 규범, 더 나아가 사회 전체의 문화적 가치를 반영한 기술적 변화이다.

삶의 다양한 측면에서 변화의 속도가 빠를수록 문화적 가치도 더 빨리 바뀌며, 사람들 역시 새로운 상황에 더욱 잘 적응하게 된다. 미국의 문화적 가치는 그 어느 때보다 빠른 속도로 변모하고 있는 듯하다. 기업들은 이러한 가치의 변화에 따라서 소비자에 대한 자사의 마케팅을 변화시켜야 한다. 때로는 문화적 가치의 변동이 마케터들을 위기에 처하게 만들지만, 그들에게 기회를 안겨주기도 한다. 어떤 사람에게는 피해를 주고, 다른 사람에게는 혜택을 주는 것이다. 위험과 기회, 바로 이것이 문화적 가치의 변화를 따라가는 두 가지의 타당한 이유이다.

1960년대와 1970년대의 문화적 트렌드

여론조사 전문가 대니얼 얀켈로비치(Daniel Yankelovich)와 그의 조직은 오랫동안 미국의 사회 · 문화적 트렌드를 관찰했다. 그 후 그는 1971년 5월호 「마케팅 뉴스Marketing News」에 5가지 범주에 속한 31가지의 사회 · 문화적 트렌드를 기술했다. 그 내용을 표 11-4에 간단히 서술했다. 이것들 중 다수는 매우 지속성이 있다고 판명되었으며, 이 내용이 처음 발표되었을 때보다 오늘날 그 영향력이 더욱 분명히 나타나고 있다. 반면에 그중 일부는 단명하여 오늘날에는 자취를 감춘 것도 있다. 그러나 현재의 문화적 가치에 견주어 변화의 방향이 정반대로 나타난 것들은 극히 소수에 지나지 않는다. 인습에 얽매인 기업들에 나타나는 문제점도 그 원인을 따져보면, 이런 문화적 변화에 기인한 것이다. 문화적 트렌드에 적응한 기업들은 혜택을 얻은 반면, 이런 흐름을 무시하거나 순응하지 않은 기업들은 피해를 입었다.

표 11-4. 1970년대 초반의 변화 방향

풍요의 심리학
육체적으로 향상된 외모를 강조한다.
소비를 통해 개성을 더 많이 표현한다.
건강, 웰빙, 다이어트, 운동에 더 많은 관심을 가진다.
물질적 소유를 덜 중요시하는 새로운 신분의 상징들이 등장한다.
사회·문화적 자기표현에 더 많은 관심을 가진다.
개인의 창조적 표현에 더 많은 관심을 가진다.
도전적이고 의미 있는 직업의 수요가 증가한다.

반(反)실용주의 트렌드

생활에서 낭만과 신비와 모험이 되살아난다.

단조로움에 반대하고, 참신함과 도전을 추구한다.

사람들의 일상적인 주변 환경에서 미적인 요소가 증가한다.

감각적인 체험과, 그로 인한 만족감을 얻기 위해 움직인다.

신비주의와 영적인 체험에 새롭게 관심을 가진다.

자기성찰을 하며, 자기이해의 욕구를 느낀다.

복잡성을 추구하는 트렌드에 대한 반발

간소화를 추구하며, 지나친 복잡함을 거부한다.

인공적인 것을 거부하며, 자연적인 것으로 되돌아가고자 한다.

민족의 정체성과 차별성을 강조한다.

인근 공동체에 대한 참여가 증가한다.

전통보다 기술에 대한 의존이 증가한다.

대형화와 규모의 성장을 위한 욕구로부터 변화한다.

청교도적 가치로부터 멀어지는 트렌드

의무보다 개인의 쾌락을 우선시하는 경향이 증가한다.

현재를 강조하고, 미래를 위해 살지 않는다.

성에 대한 고정관념이 변화하고, 성별에 따른 역할의 구분이 덜 중요시된다.

특히 여성에 대한 성적 금기가 완화된다.

흥분제와 향정신성 약물의 사용이 증가한다.

자기계발로부터 자기수용으로 변화한다.

제도적 신앙으로부터 개인화된 신앙으로 변화한다.

아동중심주의와 관련된 트렌드

통제로부터 무질서의 용인으로 변화한다.

전통적인 권위를 받아들이지 않고, 도전하는 경향이 증가한다.

위선과 가식과 과장에 대한 거부가 증가한다.

여성의 활동이 가사에서 벗어나 외부의 직장생활에 대한 모색으로 변화한다.

가족의 취미와 만족감에 새롭게 관심을 가진다.

1980년대의 문화적 트렌드

SRI 인터내셔널(Stanford Research Institute International)은 미국의 60개 기업의 후원을 받아서 3년간 100백만 달러의 예산을 들여, 1980년대의

문화적 가치에 대한 연구를 진행했다. 그리고 그 결과를 사회과학자 아널드 미첼(Arnold Mitchell)이 '변화하는 가치와 라이프스타일(Changing Values and Lifestyles)'로 정리하여 1981년에 발표했다(표 11-5 참조). 미첼은 13가지의 문화적 트렌드를 확인했는데, 주목할 점은 그중 몇몇이 10년 전 얀켈로비치가 알아낸 문화적 트렌드와 아주 밀접한 관련이 있다는 것이다. 또한 개별적인 변화가 종종 다른 변화들과 관련 있다는 점도 흥미롭다. 예를 들어 양에서 질로의 이동은 풍족에서 충분으로의 변동, 낭비에서 절약으로의 변동과 일맥상통한다. 변화의 개별적인 범주 간의 이런 밀접한 관련성은 근간을 이루는 문화와 사회 구성원 대부분의 사고에 있어서는 오히려 근본적인 변화가 아주 드물다는 점을 시사한다.

두 가지 변화의 공통분모

1980년대 후반과 1990년대 초반에는 예상되는 모든 문화적 변화를 하나로 묶어주는 끈이 없었다. 그러나 별개이면서도 서로 관련이 있는 두 가지의 기본적인 요소를 확인할 수 있는데, 바로 제도적 한계와 물질적 한계에 대한 인식이 그것이다. 다음에서는 각각의 기원을 살펴본 후, 이런 요소들이 어떻게 마케팅 프로그램에 영향을 미치는지 고찰해 볼 것이다.

1930년대의 대공황은 미국에 충만했던 자신감을 앗아갔다. 공제 운동(fraternal movement)을 낳았던 사회적 제도에 대한 믿음에 위기가 발생한 것이다. 즉 개개인이 제도를 외면하면서, 대등한 관점으로 그것

표 11-5. 1980년대 초반의 변화 방향

이전	이후
낭비	절약
양	질
복잡성	단순성
풍족	충분
폐기	보존
가식	진실
인상적	유의미적
열풍	유행
격식	융통
전통적	실험적
집단적	개인적
기계적	인간적
효율	만족

을 바라보았다. 동시에 베트남 전쟁 역시 이전의 자기만족과 제도에 대한 믿음을 앗아갔다. 여러 이유로 '군산 복합체'는 부담스러운 존재가 되었으며, 다른 사회적 제도들―교회, 교육, 법체계, 법률 집행, 미국 경제계 등―에 대한 믿음도 약화되었다. 그러나 미국인들은 이즈음 서로를 포용하기 위해 다가가는 대신, 각자가 스스로에게 의지하면서 자신의 내면으로 향하는 개인주의적 성향을 보였다. 표 11-5에 있는 마지막 5~6개의 변화는 바로 이런 성향이 반영된 것이다. 또한 표에서 확인할 수 있는 다른 변화들 역시 또 다른 일련의 기본 요소들에서 기인한 것이다.

20세기 초반 이래로 환경보호론자들은 지구의 자원에 한계가 있다고 말해왔다. 그리고 현재의 소모율을 산정해보면, 자원이 곧 고갈될 것이라고 경고했다. 세상 사람들은 그들의 경고를 귀담아듣지 않고, 그들을 종말론자로 취급하면서 행복한 나날을 보냈을 뿐이다. 적어도 1974년까지는 그러했다. 그러나 그 시기에 이르러 미국인들은 주유소에 길게 늘어선 자동차 안에 앉아 있게 되자, 예전의 경고를 새로운 의미로 받아들였다. '어쩌면 그들의 경고가 옳을지도 몰라!' 이어서 미국인들은 비단 석유의 부족뿐만 아니라, 훨씬 더 많은 것에 대해서 걱정하기 시작했다. 그들은 인구의 폭발적인 증가부터 멸종 위기의 야생동물, 폐기물로 인한 공기와 물과 토양의 오염, 핵 위험에 이르기까지 모든 것을 불안해했다. 이것이 바로 무한한 성장의 심리학(많을수록 좋다)에서 결핍의 심리학(적을수록 좋다)으로 이동의 시작이다. 그리고 이는 앞에서 본 표의 전반부에 실린 항목들을 함께 묶어주는 중요한 끈이 되었다.

　한편 개인화와 한계라는 두 가지 요소는 시장에서 소비자들의 행동에 막대한 영향을 미친다. 모두는 아니지만 많은 사람이 색다른 제품과 서비스를 찾고 있다. 그들은 비용과 가격에 다르게 반응하고, 색다른 광고에 민감하며, 남다른 유통 방식을 모색한다. 다음은 이런 광범위한 문화적 트렌드를 수용하기 위한 마케팅 믹스의 변화에 도움이 되는 제안들이다.

　먼저 개인화와 개성을 강조하는 추세를 고려해보면, 시장에서 대량 생산하는 소비재에 대한 저항은 갈수록 증가할 것이다. 이런 트렌드에 직면한 소비자들은 맞춤형 제품이나 개별 제품에 대한 더 폭넓은 선택을 원한다.

제품 및 서비스의 변경

제품을 단순화하라. 그리고(또는) 소형화를 고려하라.

제품의 생산 라인을 개개인의 요구에 맞추어라. 그리고(또는) 더 많은 선택권을 제공하라.

효율성을 향상시켜라. 그리고(또는) 일회용 제품들을 멀리하라.

포장을 줄여라. 그리고(또는) 포장을 쉽게 처분할 수 있게 하라.

불필요한 장식을 제거하라. 그리고(또는) 기능성을 향상시켜라.

환경보호에 도움이 되는 제품과 서비스를 만들어라.

소비자들은 가격 대비 가치의 비율에 대해서는 점점 더 명확히 인식하는 반면, 가격이 제품 및 서비스의 가치를 저절로 반영한다는 것에는 회의적인 듯하다. 또한 불필요하다고 생각하는 제품들에 대해서는 그 무엇도 지불할 용의가 없는 것 같다. 따라서 가격탄력성과 기능적 가치 간의 일치가 중요해진다.

가격 책정과 운영

소비자들에게 인지되는 혜택에 따라 가격을 정하라.

가격이 높을수록 내재적 가치도 높여라.

가격탄력성을 가지려면, 특별 세일이나 쿠폰 등을 활용하라.

소비자들이 높은 가격을 높은 가치로 여길 것이라고 추정하지 마라.

비용의 일부를 외부로 돌리는 것을 고려하고, 작업은 소비자들에게

맡겨라. (제품을 조립하고, 재료들을 추가하고, 제품을 완성시키는 것과 관련하여

그들이 추구하는 방식을 존중하라.)

각각의 작업 라인에 다양한 수준의 품질과 가격을 제공하라.

대량생산 제품들은 선택성 높은 미디어에 대대적으로 광고하는 전
문화된 제품 및 서비스에 점점 시장을 빼앗기고 있다. 따라서 그 어느
때보다도 제품의 포지셔닝에 세심한 판단이 필요하다.

광고와 홍보 캠페인을 위한 가이드라인

제품의 품질, 기능성, 효율성을 강조하라.

제품의 차별화를 위해 홍보를 활용하라.

다른 제품들과 비교하면서, 소비자들의 마음속에 자사의 제품을 포
지셔닝하라.

강매를 삼가고, 유용한 정보를 광고 내에 담아라.

과대광고나 허풍, 과장된 표현의 사용을 제한하라.

선택성과 관여도가 높은 미디어를 선택하라.

제품의 수송, 저장, 출하와 진열을 위한 기술의 발달은 소비자들에
게 물건을 더 기민하게 전달하려는 욕구와 보조를 같이해왔다. 개인주
의와 자기만족주의가 심화되면서, 예를 들어 한겨울에도 신선한 오스

트레일리아산 블루베리를 제공하는 시장과 수단이 생겨났다. 또 워싱턴산 사과에 대한 대량의 수요와, 뉴질랜드산 키위에 대한 소량의 수요도 생겼다. 소비자들은 효율적인 유통과 유용한 소매 서비스에는 점점 더 그 대가를 지불하려고 하지만, 별 의미 없는 화려한 장식이나 값비싼 상징물에는 갈수록 대가를 지불하고 싶어 하지 않는다.

유통 경로와 직판장

유통 경로를 합리적으로 경영하고 재편성하라.

소형 직판장을 시도하거나, 대형 매장 내에 있는 가게들을 활용하라.

직접적인 마케팅이나, 직접적으로 반응하는 광고를 고려하라.

소비자의 쇼핑 시간을 줄여주는 판로를 찾아라. (슈퍼마켓, 양질의 서비스를 제공하는 직판장, 실물 광고 등을 활용하라.)

창고형 매장이나 공장 직영 매장 등을 이용하여 유통 비용을 외부로 돌려라.

매장 내에서 대인 직접 판매와, 품질에 대한 애프터서비스를 강조하라.

문화적 트렌드에 발맞추어 성공적으로 나아가는 사람들에게는 진짜 혜택이 주어진다. 앞서 언급했듯이 진정한 문화적 트렌드는 지속성이 있으며, 오랜 기간에 걸쳐 든든한 기반을 제공한다. 마케터에게 문화는 훨씬 더 중요한 의미이다. 문화적 규칙—문화적 규범과 가치—을 침해하면서 동시에 소비재들을 성공적으로 거래하는 것은 불가능

하기 때문이다. 마케팅 프로그램이나 광고가 굳이 어떤 문화적 특성이
나 성향에 근거할 필요는 없지만, 이런 문화적 트렌드를 거역해서는
안 된다.

1. 문화적 규칙이란 어떤 사회에서 평범한 인간적 문제나 열망에 대처하기 위해 단순히 고안해낸 방식에 지나지 않는다. 그럼에도 불구하고 그것이 잘 통용되는 까닭은 그 사회의 구성원 대부분이 규칙들을 이해하고 동의하기 때문이다.

2. 미국인들의 경우, 학교와 직장 모두에서 성과와 실적보다는 적극성과 노력에 대해 더 많은 보상을 받는다.

3. 미국 문화에서 집단주의는 나쁜 의미로 받아들여진다. 중요한 것은 소비자들이 개인주의의 관점에서 생각하면서, 무조건 따라오라는 식의 광고에는 잘 반응하지 않는다는 점이다.

4. 미국인은 동료에 대하여 그 가족의 사회적 지위보다는 주로 그의 성과를 토대로 평가한다. 그들은 더 높은 신분에 이르게 해주는 제품의 마케팅에 민감하게 반응한다.

5. 미국인은 종종 과거의 방식을 다소 고루하거나 지루하게 여긴다. 따라서 새로운 선택을 매우 신뢰하고, 그것에 열광한다. 미국인의 구매를 자극하는 단 하나의 단어를 고르라고 한다면, 바로 '새로움(new)'일 것이다.

6. 미국인 소비자들은 진보와 변화에 대한 믿음과 함께 위험을 감수할 용의가 있기 때문에, 신제품을 도입하고 용인하는 비율이 매우 높다.

7. 문화적 가치는 상당히 오랜 기간에 걸쳐 지속되며, 하루아침에 바뀌지 않는다. 그렇다고 해서 수십 년 혹은 수백 년에 걸쳐 일정하게 변함이 없다는 의미는 아니다. 주요한 정치적, 기술적, 경제적, 사회적 변화들이 종종 문화적 가치의 변동을 야기한다.

8. 개인화와 한계라는 두 가지 요소는 시장에서 소비자들의 행동에 막대한 영향을 미친다. 모두는 아니지만 많은 사람이 색다른 제품과 서비스를 찾고 있다. 그들은 비용과 가격에 다르게 반응하고, 색다른 광고에 민감하며, 남다른 유통 방식을 모색한다.

12

생애 단계별로
마케팅 전략을 다르게 적용하라

LIFE STAGES:
Steps on the
Stairway of Life

소비자의 생애 단계별 광고 콘셉트

생애 단계	각 세대별 소비자들에게 가장 효과적으로 구매를 자극하는 광고
10대	또래의 모임에 속하기 위해 필요한 제품입니다.
20대	친구들의 기대치에 부합하는 제품입니다.
30대	당신과 같이 훌륭하고 성실한 사람을 위한 제품입니다.
40대	프로와 전문가가 선택하는 제품입니다.
50대	당신에 대한 평가를 가늠할 제품입니다.
60대 이상	매우 효과적이고 경제적인 제품입니다.

시간은 우리 모두에게 똑같이 작용한다. 현재의 우리는 지금까지의 성숙 과정(maturation process)의 산물이다. 시간과 경험은 우리의 몸과 마음에 깊은 자국을 남긴다. 그래서 서로 다른 나이대의 사람들은 타인에 의해서 다르게 여겨질 뿐만 아니라, 스스로 자기 자신을 다르게 보기도 한다. 이 장에서 우리는 특정한 연령대의 사람들에게 흔히 찾아볼 수 있는 공통적인 특징을 논의할 것이다. 또한 개인 단위의 생애 단계와 가족 단위의 생애 단계를 모두 살펴보고자 한다.

시간의 흐름에 따라 소비자도 변한다

사람들은 점진적으로, 혹은 급격하게 변화한다. 어떤 변화는 며칠에서 몇 주 또는 몇 달, 심지어는 몇 년에 걸쳐서 느리고 지속적으로 일어난다. 가치관과 태도의 변화는 너무나도 천천히 스며들기 때문에 시계 바늘을 바라보고 있는 것과 같다. 마치 정지해 있는 듯이 보이지만, 시간 차를 두고 비교해보면 변화가 생긴 것을 알 수 있다. 이와는 달리 급진적인 변화를 가져오는 일련의 극적인 사건들도 있다. 예를 들어 결혼이나 첫아이의 탄생, 중년에 일어나는 직업의 변경, 사랑하는 사람들의 급작스러운 죽음, 은퇴 등이 그러하다. 이런 변화가 일어나면, 하루아침에 생활의 모든 면에서 돌이킬 수 없는 변화가 생긴 것을 알아차리게 된다. 이런 종류의 급진적인 변화는 소비자의 인생에 깊고 커다란 영향을 끼친다.

당신의 옷장이 이러한 변화를 이해하는 데 좋은 비유가 된다. 당신은 사교활동과 직장생활에 필요한 옷을 한두 벌씩 구입하거나, 또는 계절이 바뀌면서 조금씩 사들였을 것이다. 몇 달이나 몇 년에 걸쳐서 이러한 과정이 일어난다. 그러나 곧 급격한 변화가 들이닥칠 수도 있다. 당신이 새로운 직업을 가지게 되었다거나 소속이 바뀌어서, 지금까지 입은 옷과는 완전히 다른 옷들이 필요해질 수도 있다. 그러면 짧은 시간 안에 옷장을 정리하면서, 오랫동안 즐겨 입던 옷을 버릴 것이다. 그리고 그와 동시에 대대적인 쇼핑을 해서 새로운 스타일과 색상의 의상을 구비할 것이다. 그제야 만족을 얻은 당신은 또 한참 동안 그 옷들을 입으며 안정기를 누릴 것이다. 인생도 이와 비슷하다. 사람들은 얼마간 만족을 느낄 수 있는 '인생의 구조(life structure)'를 만들어내는데, 이 시기 동안에는 점진적인 변화만 일어난다. 그리고 그다음에 급격한 변화가 일어나면, 모든 것을 새로 건설하고 다시 시작한다.

모든 소비자가 동일한 시기에 똑같은 방식으로 변화를 경험하는 것은 아니지만, 나름대로의 공통점이 존재한다. 사람들 사이에는 차이점보다는 공통점이 더 많기 때문이다. 변화의 추세에는 구별해낼 수 있는 특징이 존재하며, 우리는 이러한 특징으로부터 귀중한 교훈을 이끌어낼 수 있다.

아동과 청소년 대상 마케팅

소비자의 나이가 어릴수록 제품의 구매와 소비에서 부모의 역할이 커진다. 유아의 욕구는 오직 부모의 선택에 의해 채워지지만, 아이들이 사회적으로 성숙함에 따라 그들은 자신이 원하고 필요로 하는 제품의 소비와 구매에서 점점 더 중요한 역할을 한다. 사실 이런 일은 아주 어린아이일 때부터 시작된다. 3~4세 밖에 되지 않은 어린아이조차도 자신이 원하는 인형이나 음식, 옷에 대해 아주 강한 선호를 보인다.

10대 이전의 소비자

이 시기 아동의 소비에는 부모의 결정권과 영향력이 크게 작용한다. 엄마 또는 아빠가 아이의 소비를 위한 정보를 걸러주고, 결정을 내리고, 돈을 지불하며, 제품의 관리도 맡는다. 그러나 많은 종류의 아동용 제품과 서비스 마케팅은 아이와 부모 모두를 대상으로 할 필요가 있다. 이런 제품 및 서비스는 인형, 의류, 식품, 과자뿐만 아니라 음악이나 무용 교습부터 학교나 여름 캠프까지 모두 포함된다. 그리고 마케터는 홍보를 위해서 어른인 부모의 승인을 받아야 함은 물론이고, 동시에 아이들의 마음까지도 사로잡아야 한다.

델몬트(Del Monte)는 과즙 음료인 프루트 스트리트(Fruit Street)를 홍보하기 위해 2가지 접근법을 취했다. 먼저 아이들이 주로 시청하는 TV 시간대인 토요일과 일요일 아침에 내보내는 TV 광고에 '맛을 봐, 재미있잖아'라는 슬로건을 내걸었다. 한편 지면 광고에서는 부모들을 대상으로 '델몬트가 주스 휴전을 선포합니다'라는 메시지를 전달하며, 단맛을 원하는 아이의 바람과 영양을 생각하는 엄마의 요구를 모두 만족시킬수 있는 제품이라는 점을 강조했다. 프루트 스트리트는 50퍼센트가 과즙이고 인공색소와 방부제 등이 들어 있지 않은 제품이었기 때문에, 이렇게 광고하기에 안성맞춤이었다.

변덕스러운 아이들의 취향: 아동 시장의 유행은 마치 산불처럼 휩쓸고 지나간다. 아이들은 매우 신중한 소비자의 모습을 보이기도 하지만, 때때로 그들이 보여주는 유치한 경박함 때문에 아동을 상대하는 마케터들은 거의 미쳐버릴 지경에 이르기도 한다. 그러나 아이들의 취향과 선호도는 놀라울 정도로 어른 세계의 유행을 반영하고 있다. 따라서 아동 제품을 담당하는 마케터가 동시대 어른 세계의 사회적 트렌드를 잘 이해하고 있다면, 마케팅 활동을 할 때에 큰 도움이 될 것이다.

존 나이스빗(John Naisbitt)이 자신의 베스트셀러인 『메가트렌드 Megatrends』에서 규명한 현대사회의 10가지 트렌드 중 하나는 바로 '하이테크/하이터치(high tech/high touch)'였다. 소비재 생산의 자동화가 빠르게 진전되면서도, 제품의 소프트한 측면이 더욱더 강조된다는 것이다. 이는 감성을 자극하는 서비스와 제품이 활발하게 개발되고 있다는 의미이다. 오래된 완구회사인 통카(Tonka Corp.)는 이러한 상반된 트렌드를 잘 파악하여, 성공적인 마케팅 활동을 펼쳤다. 이 회사는 2가지의 상반된 장난감 라인을 개발했다. 하이터치 측면에서 통카의 귀여운 강아지 인형인 파운드 퍼피(Pound Puppies)는 대단히 성공적이었던 전 세대의 양배추 인형(Cabbage Patch)의 뒤를 잇고 있다. 가장 장난이 심한 열 살배기 사내아이들도 귀여운 강아지에게서 무엇인가 소중함을 느끼는 것 같다. 그러나 아이들이 이러한 감상적인 장난감에 싫증을 느낄 때를 대비하여, 통카는 또 하나의 대안을 준비해놓았다. 고보트(GoBots)가 바로 그것이다. 고보트는 색색의 플라스틱 전투 로봇으로, 아주 복잡하고 섬세해서 오직 아이들만이 누워 있는 형태의 고보트를 로봇 차량으로 변신시킬 수 있다.

장난감의 의인화: 아이들은 의인화하는 소비자들이다. 따라서 창의적이고 상상력이 풍부한 이 소비자들은 인간 캐릭터의 장난감을 살아 있는 존재로 여긴다. 물론 아이들은 만화영화에도 열광한다. 완구회사들은 아이들이 의인화를 좋아하고, 만화에 심취한다는 사실을 활용한다.

장난감은 만화의 주인공이 되어 인기를 더욱 높일 수 있다. 통카의 고보트뿐만 아니라, 마텔(Mattel)의 '우주의 마스터(Masters of the Universe)', 해즈브로(Hasbro)의 '트랜스포머(Transformer)'와 '지. 아이. 조(G. I. Joe)' 등의 캐릭터는 모두 TV 만화의 주인공이 되어 어린이들을 즐겁게 해주고 있다. 물론 제품을 30초의 광고에서 보여주는 대신에 30분간 극에서 보여준다는 장점도 있다.

이와 반대로, TV나 영화의 주인공이 장난감으로 만들어지는 경우도 흔하다. 콜레코(Coleco)는 람보에 대한 판매권을 취득했다. 또한 스타워즈의 C3PO와 R2D2 등의 캐릭터는 루카스필름(Lucasfilm)이 제작하여 토요일 아침에 방영되었던 '이웍 앤드 드로이드 어드벤처 아워(The Ewoks and Droids Adventure Hour)'에 등장했던 주인공들이다.

어린이를 대상으로 실시한 이런 성공적인 마케팅 전략은 아이들에게 끼치는 영향력 때문에, 때때로 사회적 비난의 표적이 되기도 한다. 그러나 제품을 만화의 주인공으로 변화시키거나 그 반대의 경우로 활용하는 방법을 비난하는 것은 부적절하다고 여겨지며, 또 이를 금지할 수도 없을 것 같다. 마케터가 만화영화의 내용을 스스로 조절함으로써, 아동 시청자와 사회에서 자신의 명성을 보호하는 것이 마땅한 방향이라고 생각한다.

10대 청소년 소비자

10대의 청소년을 대상으로 하는 마케터들이 즐거워할 소식은 그들의 씀씀이가 날로 증가하고 있다는 사실이다. 주목해야 할 것은 이러한 구매력의 증가가 단지 그들의 소득이 높아졌기 때문만은 아니라는 점이다(표 12-1 참조). 핵심은 그들이 가족 경제에서 차지하는 역할이 커졌으며, 예전과 달리 더 많은 책임과 자율권을 가지고 있다는 것이다.

1980년대 초반만 해도 20퍼센트의 청소년이 홀어머니 밑에서 자랐으며, 75퍼센트의 청소년이 양친과 함께 살았다. 그러나 양친이 모두 있는 청소년도 10여 년 전에 비해 훨씬 더 독립적이다. 예전에는 부모가 그들의 식사를 챙겨주고, 옷을 구매하여 손질해주고, 가족용 차로 학교에 태워다주곤 했다. 그러나 이제 이런 일들이 모두 그들의 몫이다. 지금은 그들이 자율적으로 결정하도록 기대되며 옷, 식사, 교통편 등을 스스로 알아서 처리하게끔 변화되었다. 따라서 많은 마케터가 『세븐틴Seventeen』이나 『틴에이지Teenage』와 같은 잡지를 통해 10대 청소년에게 직접적으로 마케팅을 시도한다.

대부분의 청소년은 스스로 자신의 구매력을 결정할 수 있다. 따라서 어른들과 비교해볼 때, 그들이 사용할 수 있는 소득이 얼마 되지 않는다고 하더라도, 소비 시장에서 발휘할 수 있는 선택의 자유는 더욱 크다고 할 수 있다. 그 결과 그들이 여러 가지 광고에 반응하는 정도가 큰 편이다.

거대 음료회사인 코카콜라와 펩시콜라는 베이비 붐 세대를 완전히 저버리지 않는다. 그러나 그들이 가장 주력하는 대상은 성인보다는 10대 청소년으로 바뀌고 있다. 비즈니스 트렌드 애널리스트(Business Trend Analysts)에 따르면, 15~18세의 청소년들이 어느 연령대보다도 많은 양

표 12-1. 16~19세의 10대 청소년 소비자의 소비 유형

10대 소년		10대 소녀	
수입(%)		수입(%)	
소득	59.2	소득	59.6
용돈	40.8	용돈	40.4
합계	100.0	합계	100.0
지출(%)		지출(%)	
영화 등 오락	16.7	옷	24.4
유류대	15.9	화장품	18.8
옷	15.2	유류대	8.1
식품	12.3	영화 등 오락	7.9
외모 유지	6.5	식품	7.1
취미활동	3.7	미용실	4.4
오락실	3.6	장신구	3.8
서적	1.8	레코드	2.7
잡지	1.8	서적	2.0
레코드	1.7	학용품	1.6
학용품	1.5	잡지	1.3
담배	0.4	오락실	0.5
		담배	0.5
합계	81.0	합계	83.0
저축	19.0	저축	17.0

출처: Rand Youth Poll, Teenage Economic Power, 1983.

의 음료를 소비하는 집단으로 나타났다. 1984년에 펩시콜라는 마이클 잭슨을 앞세워 펩시콜라 브랜드를 '새로운 세대의 선택'이라고 대대적으로 홍보했다. 그 결과 전년보다 시장점유율을 1포인트나 높일 수 있었다. 이에 맞서 코카콜라는 10대의 입맛에 맞추기 위해서 더 달콤하고 탄산이 적은 음료를 선보였다. 그러자 펩시콜라는 재빠르게 TV 광고에 15세의 모델을 등장시켜 펩시콜라로 바꿀 것을 유도했다. 10대 시장을 둘러싼 이 두 회사의 전쟁은 앞으로도 계속될 것이다.

성인 대상 마케팅

발달심리학(developmental psychology)이 아동심리학(child psychology)과 동의어로 쓰이던 때가 있었다. 그러나 더 이상은 아니다. 이제 우리는 성인 소비자 역시 여러 단계의 성장과 변화의 과정을 겪는다는 것을 알게 되었다. 성인의 생애 단계가 나이에 정확히 대응하지는 않지만, 10년 단위로 구분해도 충분한 공통점을 발견할 수 있다. 그래서 우리는 성인 소비자를 기억하기 쉽게 20대, 30대, 40대, 50대, 60대 이상으로 나누어서 각각의 전형적인 소비 유형을 살펴볼 것이다.

20대 소비자

젊은이들에게 20대란 탐색과 일치의 시기이다. 그들은 현재 자신의 위치가 향후의 인생행로를 결정하는 시기임을 잘 알고 있다. 그들은 생애 최초로 며칠이나 몇 달이 아닌, 더 긴 기간에 걸쳐 인생에 영향을

표 12-2. 20대 소비자의 삶의 모습

요소	20대 소비자의 전형적인 상황
가족 상황	미혼/신혼 초/결혼해서 어린 자녀가 있다.
직업	정규교육을 마치고, 이제 막 직장생활을 시작한다.
사교활동	편안한 친구가 많고, 결혼과 함께 변화를 많이 겪는다.
주된 관심사	동료 사이에 인기를 얻는 것, 첫출발이 순조로운 것
주요 결정	어떤 직장을 택할 것인가? 누구와 사귈 것인가?
강력한 니즈	독립, 성적 매력, 표현, 개성
가치관의 중심	사회적 › 지적 › 경제적 › 정치적
효과적인 공략	동료집단의 규범을 기준으로 설정

미칠 중요한 결정을 내린다. 그리고 사회적 규범에 의해 무엇이 옳고 그른지, 자신이 해야 할 일과 해서는 안 될 일이 무엇인지 신경쓴다. 자신이 속한 집단이나 사회의 규범에 매우 민감하다는 것이 이 시기 젊은이들의 특징이다. 그들을 대상으로 하는 마케팅은 사회적 규범 또는 동료집단의 규범에 대한 '동조'를 강조한다. 이때 권위적인 인물을 준거로 내세우지는 않는다. 20대의 소비자들은 한 사람의 권위에 의거하기보다는, 관련 있는 준거집단의 규범을 기준으로 삼기 때문이다.

GM은 사회생활을 처음 시작하는 젊은이들에게 강하게 어필하는 광고를 하면서, 자사의 셀러브리티 유로스포츠(Celebrity Eurosport) 모델을 '오늘의 쉐보레(Today's Chevrolet)'라고 홍보한다.

『코스모폴리탄*Cosmopolitan*』에 게재된 앤클라인 II(Anne Klein II)의 광고 카피는 20대 소비자와 관계되는 이중적인 의미로 가득 차 있다. 20대

의 소비자들은 독립과 책임, 동료집단의 압력과 개인적 가치관 사이의
충돌에 대해 걱정한다.

30대 소비자

30대는 단결과 헌신의 시기이다. 실험과 변화를 추구하던 사람들도
이제는 가족과 직장이라는 울타리 안의 안정에 이끌린다. 결혼을 일찍
한 사람들은 삐그덕거리는 신혼을 버텨내기도 하고, 면젓번 상대와 헤
어지기도 한다. 결혼을 미루던 사람들은 이제 결혼할 때가 되었다고
느끼고, 어쩌면 매우 조급해할지도 모른다. 많은 사람이 이 시기에 좌
절감을 느끼기도 한다. 하고 싶은 것은 많은데, 자원이 매우 부족하기
때문이다. 처음으로 부모가 된 사람들은 새로운 역할을 매우 진지하게
받아들인다. 혹은 집이나 직장에서 저지른 사소한 실수가 매우 좋지
않은 결과를 가져오는 사태가 벌어지기도 한다.

30대에 이르러서는 동료집단의 가치보다는 사회의 규범에 의해 정
해진 전통적이고 관습적인 생활에 매력을 느낀다. 이때는 '뿌리를 내
릴' 시기인 동시에, 취향과 선호를 결정할 시기이므로 완전한 성숙을
향한 긴 여정을 시작한다. 개인적인 근심이 골칫거리가 될 수도 있다.
그러나 이 시기의 소비자들은 서두르거나 불만을 느끼는 것이 불안정
과 실패의 징조라고 여긴다. 그들은 에너지, 여정, 이상주의로 가득 차
있다. 또한 개인적이면서도 사회적인 원칙과 대의에 헌신하여 결실을
보기도 한다.

표 12-3. 30대 소비자의 삶의 모습

요소	30대 소비자의 전형적인 상황
가족 상황	결혼해서 자녀가 없는 상태이거나, 어린 자녀가 있다.
직업	여러 가지 경력을 쌓다가 정착하는 시기이다.
사교활동	직장과 가족에 주의가 집중되어 교류가 적다.
주된 관심사	직장과 가정에서 안정을 확보하는 것
주요 결정	자녀를 가질까 말까? 자녀를 한 명 더 가질까 말까?
강력한 니즈	성공, 보살핌, 안정, 인정
가치관의 중심	경제적 › 사회적 › 지적 › 미학적
효과적인 공략	사회 전반으로부터 인정받고 용인되는 것

크라이슬러(Chrysler Corp.)가 선보인 닷지 랜서(Dodge Lancer)의 잡지 광고 헤드라인은 '우리는 스포츠카를 안에 숨겼다'이다. 닷지 랜서는 가족용 세단의 실용성과 스포츠카의 성능을 함께 지녔다. '첫 번째, 재미'로 시작한 카피는 '실용성에 대해서는……'이라고 이어진다. 이 차의 구상과 프로모션은 모두 30대의 운전자를 대상으로 한다. 이 집단은 아직까지 젊은이다움을 저버리고 싶어 하지 않으면서도, 사회적 기준에 맞추고 싶어 하기 때문이다.

40대 소비자

40대는 종종 불확정성과 불만족을 느끼며, 이 시기의 사람들은 자기 내부의 욕구에 관심을 돌린다. 장기적인 구속과 개인적인 만족 사이에서 갈등하는 동안에 많은 사람이 중년의 위기를 경험한다. 40대가 이러한 기로에 서면, 두 갈래의 선택이 가능하다. 동조와 관습을 선택하는 사람들은 순탄하고 잘 포장되고 방향 표시가 확실하게 되어 있는

표 12-4. 40대 소비자의 삶의 모습

요소	40대 소비자의 전형적인 상황
가족 상황	부부와 자녀/별거나 이혼한 상태이다.
직업	장기근속/중년의 직업 전환
사교활동	여러 곳에 소속되어 있고, 일상적인 만남이 확립되어 있다.
주된 관심사	권태를 극복하고, 추진력을 유지한다.
주요 결정	결혼 상태를 바꿀 것인가? 직업을 바꿀 것인가?
강력한 니즈	개성, 일관성, 보살핌, 성적 매력
가치관의 중심	경제적 › 미학적 › 사회적 › 지적
효과적인 공략	존경과 인정을 받는 권위 있는 인물

곧은길로 나아가지만, 종종 너무 지루한 길을 선택하게 된다.

이와 반대로 관습보다 개인적인 만족을 추구하는 사람들은 지도에 나오지 않은 좁고 구불구불하며 돌이 많은 길로 가면서, 종종 흥미롭고 새롭고 신나는 길을 선택하게 된다.

젊음과 활력에 호소하는 긍정적(positive) 마케팅이 효과적일 수 있는 반면, 노화 방지에 호소하는 부정적(negative) 마케팅은 불발탄으로 끝날 가능성이 있다. 어떤 식으로든 40대의 소비자들은 사회와의 갈등을 해결한다. 관습주의자들은 마지못해서 사회의 관습에 따르고, 개인의 만족을 추구하는 사람들은 사회적 규범을 거부한다. 따라서 동조에만 호소하는 것은 그리 현명한 방법이 아니다.

이 나이대의 사람들은 방종에 대해서 좀 더 너그럽다. 그들이 노력해서 획득한 것이기 때문에, 그만큼 유용성보다는 사치스러움을 선호하기도 한다. 그러므로 개인적인 가치관과 스스로의 결정에 호소하는 마케팅 전략이 가족이나 직장에서의 필요성을 강조하는 전략보다 훨씬 더 효과적이다.

『레이디스 홈 저널』이나 『굿 하우스키핑』 같은 잡지의 2페이지짜리 광고를 보면, 배우인 린다 에번스가 클레롤의 뉴 울트레스(New Ultress) 염색약을 중년 여성들에게 홍보한다. '당신은 어느 때보다도 아름다워질 수 있다'는 것이 이 광고의 슬로건이다. 안정적인 상태인지, 변화를 겪는 중인지에 상관없이 이 나이대의 여성에게는 신뢰감을 주면서 외모를 강조하는 공략이 효과적이다. 특히 이 광고에서 볼 수 있듯이, 40대의 소비자들에게는 유명하고 존경받는 아름다운 인물을 이용하는 것이 큰 효과가 있다.

50대 소비자

50대는 권위를 획득하고, 노력의 결실을 맺는 시기이다. 소비자들은 50대가 되어서야 비로소 완전히 성숙한 사람이 된다. 그들은 자신이 원하던 꿈의 불가능성을 깨닫고 그 꿈을 포기하면서도, 반대급부로 자신이 아직 에너지와 건강을 가지고 있을 때 성숙해지고 사회적 인정을 실현하겠다고 생각한다. 한편 아직까지 사회적으로 물질적인 세계를 지배하고 있기 때문에, 냉소주의는 찾아보기 어렵다. 그리고 여러 역할을 하면서 쌓은 다양한 경험으로 인해 자신의 능력과 한계를 잘 파악하고 있다. 건강이 쇠퇴하는 것은 어쩔 수 없는 일이겠지만, 당장 건강을 잃는 것은 아니다. 또 50대의 소비자들은 가정과 직장에서 동시에 자신의 능력과 권위를 인정받는다. 가정에서의 연장자는 그 권위를

표 12-5. 50대 소비자의 삶의 모습

요소	50대 소비자의 전형적인 상황
가족 상황	자녀를 독립시키는 중이거나 이미 독립시켜서 별다른 수요를 느끼지 못한다.
직업	요직을 맡아서 안정적인 지위를 누린다.
사교활동	활발한 사회활동
주된 관심사	현 지위를 공고히 하고, 은퇴를 준비한다.
주요 결정	어떤 관계를 유지할 것인가? 아니면 끝낼 것인가?
강력한 니즈	성공, 지배, 인정, 자극
가치관의 중심	정치적 › 미학적 › 경제적 › 종교적
효과적인 공략	유능한 심판으로서의 '나'

다음 세대에게 물려주고, 직장에서는 50대의 연륜과 경험이 동료나 부하직원, 상사로부터 존경을 불러일으킨다. 이 시기 소비자의 태도 중 어떤 부분은 사회적인 상황에 의해서 결정되는데, 이러한 상호작용은 그들의 태도와 가치관에 중대한 영향을 미치고, 따라서 그들은 자신이 마침내 충분히 성숙한 존재가 되었다는 사실을 깨닫는다. 그들은 자신이 열망하는 높은 지위에 아직 오르지 못했고 앞으로도 오르기 어렵더라도, 연장자로서 일상생활에서 얻을 수 있는 만족과 보상을 통해 이런 실망감을 덮을 수 있다.

이 연령층에게는 권위 또는 일치를 강조하는 마케팅 전략보다 '당신이 판단하십시오'라고 표현하는 편이 더욱 효과적이다. 그들은 스스로 평가하고 판단할 만큼 자신이 유능하다고 여긴다. 게다가 사회적 기준을 빌리기보다는 스스로의 기준을 세우고 싶어 하기 때문에, 아마도 다른 명망 있는 인물의 추천을 받아들이지 않을 것이다. 또한 이 나이대의 사람들은 개인화하고 차별화할 수 있도록 도와주는 소비재를 선호한다. 다른 소비자들에 비해서 두려움과 불확실성이 적으므로, 그들에게 보장이나 두려움을 앞세우는 마케팅 전략은 적절치 않다.

포드의 링컨-머큐리 사업부에서 수입하는 독일산 메르쿠르 XR4Ti (Merkur XR4Ti)의 잡지 광고는 스스로 판단하기를 좋아하는 성숙한 소비자들에게 홍보하는 좋은 사례이다. 차를 비스듬한 각도로 찍은 사진 위에 6열 20행의 표를 제시하고, 거기에 메르쿠르 XR4Ti와 BMW 318i, 사브 9000 터보, 아우디 4000S 콰트로, 볼보 터보 등과 자세히 비교했다. 이 차의 광고 헤드라인은 다음과 같다. '다른 차종과 경쟁하고자 하지 않습니다. 단지 그들을 뛰어넘을 뿐입니다.'

60대 이상 소비자

60대 이상의 소비자 중에서도 특히 남성 소비자들은 대부분 60대에 이르러 은퇴하기 때문에, 같은 60대라고 해도 은퇴 전과 후에는 큰 차이가 있다. 일반적으로 60대는 만족과 실현의 시기이다. '늙은' 사람들은 거의 모두 지치고 가난하고 아프다는 것이 일반적으로 퍼져 있지만, 이는 사실과 다르다. 60대 이상의 소비자들은 전 생애에 걸친 노력을 수확하는 시점에 있다. 따라서 아주 적은 비율의 사람만이 빈곤하고 건강이 좋지 않으며 힘겹게 지낼 뿐이고, 이 연령층에 속하는 대부분의 소비자는 거의 모든 면에서 행복해한다.

나이가 든 사람들은 자신의 권위와 책임을 양도한 경우가 많지만, 영향력 있는 지위는 그대로 유지하기 때문에 '은막에 가려진 권력층'이

표 12-6. 60대 이상 소비자의 삶의 모습

요소	60대 소비자의 전형적인 상황
가족 상황	독신/손주를 돌본다.
직업	은퇴 준비/은퇴함/임시적
사교활동	같은 나이대의 동료와 강한 결속을 다진다.
주된 관심사	경제적 안정성과 사회적 목표를 찾는 것
주요 결정	생활의 수준을 얼마만큼 떨어뜨릴 것인가? 변화의 정도는?
강력한 니즈	안전, 독립, 소속, 양육 의존
가치관의 중심	종교적 › 사회적 › 미학적 › 정치적
효과적인 공략	기능의 유용성과 제품의 경제성

되기도 한다. 그들은 직장이나 가정에서 나이 어린 사람들에게 상담과 조언을 제공한다. 한편으로는 점점 더 타인에게 의존하게 되지만, 그렇다고 해서 그들이 고분고분해지는 일은 거의 없다. 오히려 고집이 세지고, 훨씬 더 공격적으로 변모하기도 한다. 그들은 자신이 이미 많은 일을 겪어왔다고 느끼기 때문에, 사회적인 관습을 반드시 따를 필요가 없다고 생각한다. 또한 자신의 판단을 솔직하게 표현하고, 실용성을 추구한다고 해도 해가 될 것은 없다고 여긴다. 이 연령층은 가식이 없는 실용적인 태도를 통해서 자기 자신의 본연의 모습을 갖춘다.

60대 이상을 위한 소비자 시장은 안전하고 실용적이고 신뢰할 만한 전통적인 제품과 서비스를 원한다. 그들에게 절대로 두려움에 기반한 마케팅을 해서는 안 된다. 이미 위험과 한계를 아주 잘 알고 있는 사람들에게 두려움을 이용하면, 지나치게 큰 위협을 주게 될 것이 뻔하다. 또한 60대 이상의 사람들에게는 사회적 관습에 대한 동조나, 권위 있는 인물을 이용한 전략도 효과적이지 못하다. 그들은 깔끔하고 단순하며 솔직하게 제품이나 서비스가 주는 가치를 보여주는 접근을 좋아한다. 그리고 그들이 자기만족에 대한 억제를 별로 하지 않는다는 점도 기억해둘 만하다.

린지(Lindsay)의 노 잇 올(Know It All) 브랜드의 수돗물 정화기 지면 광고에서는 '현명한 구매(Smart Buy)'라는 헤드라인만 보여준다. 그다음 카피는 '이 제품을 통해 당신이 필요한 만큼 얻을 수 있습니다. 그 이상도, 그 이하도 아닙니다'이며, 이어서 '저렴한 가격에 품질이 좋은 물을 얻으세요'라는 문구가 뒤따른다. 이 제품의 광고는 모든 연령대의 소비자에게 적합하지만, 특히 연령대가 높은 소비자에게 더욱 효과적이다. 그들은 연수(soft water)를 사용하는 '사치'를 그다지 부끄럽게 여기지 않으며, 필요 이상의 비용을 들이고 싶어 하지도 않기 때문이다.

지금까지 논의한 내용은 단지 각 연령대에서 나타나는 전형적인 추세일 뿐이므로, 서로 다른 연령대의 사람들이 확연히 구분되는 것은 결코 아니다. 근접한 연령대 사이에는 공통되는 행동이 있을 것이며, 전형적인 모습을 벗어나는 소비자도 분명 나타날 것이다.

1장에서 우리는 15가지의 수평적 니즈 카테고리를 규명했고, 3장에서는 6가지의 핵심적인 소비자 성격을 확인한 바 있다. 소비자가 어떤 니즈와 가치를 중시하느냐는 사람들의 성격과 상황에 따라 달라지겠지만, 생애 단계에서 그들이 어디에 위치하는가에 따라서도 크게 영향을 받는다. 표 12-7에서는 10년 단위로 구분한 성인 소비자군에서 찾아볼 수 있는 중요한 니즈와 가치, 가장 효과적인 공략법이 무엇인지 정리했다.

표 12-7. 연령 그룹별 중요한 니즈와 가치, 가장 효과적인 공략법

	20대	30대	40대	50대	60대 이상
니즈					
성공	중간	높음	중간	높음	낮음
독립	높음	낮음	낮음	중간	높음
표현	높음	낮음	낮음	낮음	낮음
인정	중간	높음	중간	높음	낮음
지배	낮음	중간	높음	높음	중간
소속	중간	높음	중간	중간	높음
보살핌	낮음	높음	높음	중간	중간
양육	낮음	낮음	낮음	낮음	높음
성적 매력	높음	중간	높음	중간	중간
자극	높음	낮음	중간	높음	중간
개성	높음	중간	높음	낮음	낮음
새로움	높음	낮음	낮음	낮음	낮음
이해	중간	중간	높음	높음	중간
일관성	낮음	중간	높음	중간	높음
안정성	낮음	높음	중간	낮음	높음
가치					
지적	높음	중간	중간	낮음	낮음
경제적	중간	높음	높음	중간	낮음
미학적	낮음	중간	높음	높음	중간
사회적	높음	높음	중간	낮음	높음
정치적	중간	낮음	낮음	높음	중간
종교적	낮음	낮음	낮음	중간	높음
효과적인 공략법	동료집단	사회	권위	자신	유용성

가족 라이프사이클이란?

가족 라이프사이클(family life cycle)이란 개념은 생애 단계와 비슷한 면이 있다. 그러나 여기에서 분석의 단위는 개인이 아닌 가족이다. 마케터들이 연령을 사용하지 않고 가족 라이프사이클을 이용하는 것은 2가지 가정에 의거한다. 즉 가족 상황이 구매 유형에 중요한 영향을 미칠 것이라는 가정과, 가족의 라이프사이클 단계가 더 이상 소비자의 연령과 대응하지 않을 것이라는 가정 때문이다. 9장에서 가족을 논의하면서 이 2가지의 가정에 대해 이미 자세히 살펴보았다.

표 12-8. 인구 변수로 본 12단계의 가족 라이프사이클

단계	최고령의 성인	결혼 유무	직장	자녀	비율(%)
1단계	젊음	미혼	무관	없음	11
2단계	젊음	기혼	무관	없음	4
3단계	무관	미혼	무관	미취학	4
4단계	무관	기혼	무관	미취학	27
5단계	무관	미혼	무관	초등학생	1
6단계	무관	기혼	무관	초등학생	16
7단계	무관	미혼	무관	청소년	1
8단계	무관	기혼	무관	청소년	18
9단계	나이 많음	기혼	직장인	없음	6
10단계	나이 많음	미혼	직장인	없음	8
11단계	나이 많음	기혼	은퇴함	없음	3
12단계	나이 많음	미혼	은퇴함	없음	1

표 12-8에 정리되어 있는 가족 라이프사이클은 4가지 인구 변수를 통해 결정되었는데, 그것은 최고령 성인의 나이, 결혼 유무, 직장, 가장 어린 자녀의 나이이다.

전체 가정의 약 80퍼센트는 이 12단계 중 하나에 속한다. 나머지 20퍼센트는 다세대 가구이거나 전형적이지 않은 특징이 포함되어 있는 가구인 까닭에, 이런 단순한 틀로는 분류해낼 수가 없어서 여기에서는 제외했다.

가족 라이프사이클 단계

가족 라이프사이클의 한 단계에서 다음 단계로 이동하는 중에는 소비의 태도와 유형, 라이프스타일에 늘 뚜렷한 변화가 생긴다.

어떤 경우에는 소비자들의 가족 라이프사이클 단계 사이의 차이가 연령에 따른 생애 단계 간에 나타나는 차이보다 훨씬 더 크다. 그것은 가족 라이프사이클의 하나의 단계에서 다음 단계로 가는 과정 중에 소득 수준과 재무적 부담이 크게 바뀌기 때문이다. 그러므로 각자 다른 단계에 있는 소비자들은 서로 다른 가족 관련 제품 및 서비스를 구매할 뿐만 아니라, 개인과 관련된 제품에 대한 평가 역시 달리 내리게 된다.

표 12-9에 가족 라이프사이클의 12단계와, 각 단계에서 나타나는 전형적인 소비 유형을 정리해놓았다.

표 12-9. 가족 라이프사이클의 단계별 소득과 지출

단계	재정 상태	전형적인 소비 유형
1단계 젊고 미혼이며 자녀가 없는 경우	수입과 지출이 매우 제한적이다. 저축을 거의 하지 않는다. 돈을 자유롭게 쓴다. 신용거래를 하기 시작한다. 재무적인 압박을 거의 받지 않는다.	옷, 패션 소품, 미용 제품과 서비스, 오락을 위한 제품, 데이트와 관련된 제품, 집에서 쓰는 아주 기본적인 필수품, 저렴한 교통수단, 교육, 아파트 월세
2단계 젊고 기혼이지만 자녀가 없는 경우	맞벌이 부부라면, 적당한 수준의 자원을 확보한다. 재무적인 부담이 별로 없다. 돈을 자유롭게 쓴다. 신용거래를 한다. 재무적인 압박을 거의 받지 않는다. 저축을 거의 하지 않는다.	내구재, 주요 가전제품과 가구, 홈 엔터테인먼트 제품, 항공 여행, 외식, 관람, 휴가, 옷, 미용 제품
3단계 미혼이면서 미취학 자녀가 있는 경우	수입이 매우 적다. 신중하게 돈을 쓴다. 신용거래를 하지 못한다. 저축을 하지 못한다. 재무적 압박을 많이 받는다.	집을 공유한다면 식비와 주거비를 함께 부담한다. 가정을 꾸렸다면 다음 단계와 비슷한 소비 유형을 보이면서 가구, 가전제품, 아동용 제품과 서비스(탁아 포함)를 이용한다.
4단계 기혼이면서 미취학 자녀가 있는 경우	맞벌이가 아닌 경우에는 수입이 제한적이다. 유동성 자산은 거의 없다. 지출과 신용거래에 신중하다. 저축을 거의 하지 못한다. 재무 상태가 풍족하지 못하다.	첫 번째 집을 구매하고 살림을 채운다. 내구재, 특히 크고 작은 가전제품의 소비가 많다. 탁아를 위한 제품과 서비스, 생명보험과 화재보험, 교통, 전기, 가스비
5단계 미혼이면서 취학 자녀가 있는 경우	수입이 제한적이다. 지출에 신중하다. 가능하다면 신용 대출을 받는다. 저축을 거의 하지 못한다. 재무적 압박을 많이 받는다.	미용 제품에 대한 지출은 적다. 집세나 주택 대출금, 경제적인 가전제품과 가구, 식비, 의류비, 교육비, 교통비, 파출부나 탁아비, 저렴한 오락

단계	재정 상태	전형적인 소비 유형
6단계 기혼이면서 취학 자녀가 있는 경우	수입이 많아진다. 남성의 수입이 늘고, 여성이 사회로 재진출한다. 저축이 증가한다. 재무적 압박이 감소한다.	대량의 가족용 소비, 집과 관련된 내구재, 신차, 교육 관련 잡비, 휴가비와 오락비가 증가한다. 자동차를 이용한 여행이 많다.
7단계 미혼이면서 청소년 자녀가 있는 경우	가족마다 매우 다양한 양상을 보인다. 이혼 후에 재무적인 압박이 있거나 신용거래가 정지되는 경우가 있으나, 일시적인 상황일 때가 많다.	재무적 압박을 제외하고는 8단계와 거의 비슷한 양상의 소비를 보인다. 재무적으로 압박을 받는다면, 소비가 위축된다. 10대의 청소년들을 위한 지출이 우선시된다.
8단계 기혼이면서 청소년 자녀가 있는 경우	소득이 가장 많다. 대부분 맞벌이를 한다. 자녀가 일을 하는 경우도 많다. 어느 정도의 저축이 가능하다. 고가의 구매를 위해서 신용거래를 이용한다. 약간의 투자를 한다.	가구와 전자 제품을 더 좋은 것들로 새로 장만한다. 부가적인 전자 제품과 기구들을 구입한다. 사치품이나 오락 아이템, 추가적인 자동차, 보트, 선택적인 의료 서비스, 대학 등록금
9단계 나이가 많고 기혼이며, 자녀가 없고 직장이 있는 경우	재정 상태가 가장 좋다. 재무적 부담은 아주 낮다. 재무적으로 가장 만족스럽다. 투자와 저축이 활발하다 자녀를 지원한다.	가장 좋은 집을 소유하고 있는 단계이다. 개인적 취미활동을 위한 소비가 많다. 오락과 여행을 위한 지출이 많다. 성인 교육이나 직장인을 위한 제품과 서비스, 호화스러운 주택 개량작업, 자동차와 예술품
10단계 나이가 많고 미혼이며, 자녀가 없고 직장이 있는 경우	자원의 수준이 매우 적절하다. 사망보험금을 받기도 한다. 직장 연공으로 높은 보수를 받는다. 재무적 부담이 거의 없다. 연금 저축과 투자가 활발하다.	더 작은 집으로 새롭게 이사한다. 가구, 가전제품, 휴가, 여행, 오락을 위한 제품과 서비스, 개인적인 취미활동을 위한 지출, 가족과 친지를 위한 선물, 의료 서비스

단계	재정 상태	전형적인 소비 유형
11단계 나이가 많고 기혼이 며, 자녀가 없고 은 퇴한 경우	수입이 뚝 떨어진다. 지출도 줄어든다. 축적한 자산에서 고정 수입을 얻는다. 계획을 세워서 지출한다. 신용거래를 이용하지 않는다.	기후가 좋은 곳으로의 이사나 은퇴한 사 람들을 위한 단지로의 이사를 포함하여 좀 더 작은 집으로 이사한다. 소규모의 가구, 의료비, 건강과 미용 제 품, 여가활동을 위한 지출, 다른 사람들 을 위한 선물
12단계 나이가 많고 미혼이 며, 자녀가 없고 은 퇴한 경우	낮은 수준의 고정 수입이 있다. 배우자의 생명보험금을 포함한 자산이 많다. 재무적 압박이 거의 없다. 지출에 대해 꼼꼼하게 계획을 세운다. 신용거래를 할 필요가 없다.	의료 서비스와 건강식품, 여가 동안의 오락을 위한 지출이 많다. 이사하는 일은 드물다. 자녀에게 기부, 소규모의 집과 내구재

　가족용 자동차는 가족 라이프사이클에 따라 연동하는 대표적인 소비재이다. 물론 주택에 대한 니즈도 가족 라이프사이클에 따라 크게 바뀌지만, 주택을 바꾸는 것은 차를 바꾸는 것만큼 쉽지 않다. 차는 낡기도 하고 유행이 지나기도 하므로, 사람들은 몇 년에 한 번씩 차를 바꾼다. 구매자는 차를 살 때, 가족의 현재 상황에 가장 알맞은 차를 선택한다. 따라서 구매자의 가족 라이프사이클 단계는 자동차 시장을 평가하기 위한 좋은 분석틀이 된다.

　자동차 구매자의 가족 라이프사이클은 여러 방면에서 구매 결정에 영향을 미친다. 새 차를 살 것인가, 중고차를 살 것인가? 고급 모델로 할 것인가, 저렴한 모델로 할 것인가? 대형차로 할 것인가, 소형차로 할 것인가? 차를 한 대 구입할 것인가, 여러 대 구입할 것인가? 또는 차에 부착할 옵션은 무엇으로 할 것인가 등등에도 영향을 미친다. 그뿐만 아니라 가족 라이프사이클이 어느 단계에 있는지, 한 단계에서 다음 단계로 이동하고 있는지도 얼마나 자주 차를 바꿀 것인가의 결정에 영향을 미친다.

미국의 3대 자동차 회사의 여러 사업 부서와 각종 모델은 모든 가족 라이프사이클에 적합한 차종을 제공한다. 영업소에서 추천할 수 있는 대안의 수를 고려해볼 때, 한 영업소는 어떤 사람이 방문하더라도 그에 알맞은 차를 찾아낼 수 있다. 그러나 일부 외국 자동차 회사의 경우에는 가족 라이프사이클 중 몇몇 단계에 있는 사람들만 주 고객으로 삼는다.

스웨덴의 볼보와 독일의 BMW의 경우는 베이비 붐 세대의 여피족을 주 고객으로 하는 데 반하여, 메르세데스-벤츠는 살림이 빡빡한 젊은 부부들에게는 적합하지 않다. 일본의 마쓰다(Mazda)와 혼다(Honda)는 1970년대에 주로 '자녀가 있는 부부'를 주 고객으로 삼았으나, 그 후에 이 두 회사는 각각 RX-7과 프렐류드(Prelude)를 성공적으로 출시하면서, 젊거나 나이가 많은 미혼자와 기혼자 시장으로 사세를 확대해나갔다.

가족 라이프사이클의 특정 단계를 대상으로 하는 마케팅 활동은 차별적인 프로모션과 소매점만으로는 충분하지 않다. 따라서 가족 라이프사이클의 특정 단계에 적합하도록 가격을 책정하고, 제품 및 서비스의 특징을 바꾸는 노력이 필요하다.

예를 들어 일찍이 폭스바겐 밴은 그 부문에서 독자적으로 충분한 시장을 확보하고 있었다. 그러나 공랭식 엔진에 대한 인기가 줄어들자, 경쟁 회사들에게 열린 틈새시장에서 변화를 모색할 수밖에 없었다.

베이비 붐 세대에게 자녀가 생기자, 여러 자동차 회사에서는 스타일이 멋진 미니밴을 출시했다. 베이비 붐 세대가 지금까지 즐겨 이용하던 가족용 스테이션왜건을 대체하기 위한 제품이었다. 여성의 사회 진출이 활발해지고 맞벌이 부부가 늘어나면서, 미국의 경우 차고가 2개씩 있는 집이 표준이 되었다. 많은 가족이 세단이나 스포츠카 1대와 공간이 넓은 여행용 미니밴을 소유하는 것이 일상적인 추세였다. 이러한 분위기를 먼저 정확하게 파악한 자동차 회사의 경우, 시장이 요구하는 제품을 일찍 출시할 수 있었다. 이로써 그들은 후발주자보다 이득을 보았다.

어떤 요소가 언제쯤 중요할까?

소비자 개인의 라이프사이클 단계와 가족의 라이프사이클 단계는 모두 성숙 과정에 기반을 둔다. 즉 소비자의 인생에서 시간이 흐름에 따라 그 단계가 변하는 것이다. 라이프사이클이라는 개념을 통해 알 수 있는 것은 한 소비자가 특정 단계에 도달하는 시기가 언제인지에 관계없이, 특정 단계에 도달한 소비자가 시장에서 어떤 식의 행동을 보이는지가 중요하다는 점이다.

성숙함이 소비자에게 미치는 영향

인생의 후반기에 도달한 소비자들은 초반기의 소비자들보다 더 많은 재원이 있고, 구매력도 더 크다. 이러한 사실은 과거에도 그랬고, 현재에도 그러하며, 앞으로도 그럴 것이다. 이와 마찬가지로 자녀가 있는 부부는 미혼자나 자녀가 없는 부부보다 더 큰 차와 집을 필요로 한다. 이런 추세는 현재의 자동차 생산 현황이나 주택 건설 기술, 또는 에너지 공급의 원활성과는 상관없이 그대로 유지된다. 생애 단계와 가족 라이프사이클의 성숙 효과는 시간이 흘러도 대부분 일정하게 유지된다. 그러나 이러한 효과가 역사와 완전히 무관한 것은 아니다. 서로 다른 생애 단계에 있는 사람들은 역사적 사건에 대해 다른 반응을 나타내며, 역사적 사건이 그들에게 미치는 영향 또한 다르다. 예를 들어 베트남 전쟁은 그 당시의 여러 세대에게 각각 다른 영향을 미쳤다.

개인의 역사가 소비자에게 미치는 영향

우리 모두는 자신만의 독특한 개인적 역사의 산물이다. 같은 시기에 태어난 우리는 저마다의 경험을 가지고 있는 동시에, 이 시대에 발생한 사건들을 함께 경험한다. 이렇게 성숙과 역사는 공동으로 소비자의 선택에 영향을 미친다.

1. 10대 이전의 소비자를 대상으로 하는 마케팅은 아이와 부모 모두를 사로잡을 수 있게 구성되어야 한다.

2. 어른들과 비교해볼 때, 10대 청소년들이 사용할 수 있는 소득은 얼마 되지 않지만, 소비 시장에서 발휘할 수 있는 선택의 자유는 더욱 크기 때문에 여러 가지 광고에 반응하는 정도가 큰 편이다.

3. 20대의 소비자를 대상으로 하는 마케팅은 사회적 규범 또는 집단의 규범에 대한 동조를 강조한다.

4. 30대의 소비자를 대상으로 마케팅을 할 때에는 그들이 아직 젊은이다움을 가지고 있으면서도, 사회의 규범에 의해 정해진 전통적이고 관습적인 생활에 매력을 느끼는 시기이므로 그에 맞게 계획을 세워야 한다.

5. 40대의 소비자를 대상으로 할 경우, 젊음과 활력에 호소하는 긍정적 마케팅이 효과적이다. 그들은 방종에 대해서 좀 더 너그럽기 때문에 유용성보다는 사치스러움을 선호하기도 한다. 그러므로 개인적인 가치관과 스스로의 결정에 호소하는 마케팅 전략이 효과적이다.

6. 50대의 소비자들에게는 '당신이 판단하십시오'라고 표현하는 메시지가 효과적이다. 그들은 자신을 개인화하고 차별화할 수 있도록 도와주는 소비재를 선호한다.

7. 60대 이상의 소비자들에게 마케팅할 경우, 절대로 두려움에 기반한 마케팅을 해서는 안 된다. 그들은 깔끔하고 단순하며 솔직하게 제품이나 서비스가 주는 가치를 보여주는 접근을 선호한다.

8. 가족 라이프사이클의 한 단계에서 다음 단계로 이동하는 중에는 소비의 태도와 유형, 라이프사이클에 늘 뚜렷한 변화가 생긴다.

13 심리통계학적
변수들을 살펴라

PSYCHOGRAPHICS:
It's All a Matter
of Style

그는 도시의 고층 아파트에 사는 엔지니어이다. 그는 브룩스 브라더스(Brooks Brothers)의 옷을 입고, 재즈를 즐겨 듣고, 미니멀리즘을 좋아하고, 질이 좋은 와인을 마시고, 데이트를 자주 한다.

그녀는 소도시의 사서이다. 그녀는 깔끔하면서도 소박한 옷차림을 하고, 일요일에 부모님을 방문하고, 술을 마시지 않고, 많지 않은 친구가 있으며, 두 마리의 고양이를 기르고, 클래식 음악을 좋아한다.

이들 각각은 어떤 종류의 자동차를 몰고 다닐까?

개인 혹은 한 가족은 무질서하게 제품을 구매하거나 사용하지 않는다. 여기에는 일정한 유형이 존재한다. 소비자들은 정처 없이 시장을 돌아다니지 않는다. 그들은 매우 일관성 있는 기준을 가지고, 신중하게 쇼핑하고 구매한다. 삶은 막연한 확률의 과정이 아니기 때문이다. 대체로 삶은 미리 계획되고 예상된다. 물론 우리의 행동과 구매하고 이용하는 것들은 대부분 일상적이거나 습관적으로 이루어진다. 그럴지라도 이런 일상과 습관이 처음으로 만들어지는 일련의 전술과 전략은 존재한다. 대개의 경우에 소비자의 삶은 지나치게 엄격하지 않다. 그 대신 잘 통합되어 있으며, 일관성이 있다. 간혹 충동구매에 빠지는 것처럼 갑작스럽게 행동할 여지도 있지만, 전반적으로 기본 계획에 충실하다.

심리통계와 라이프스타일의 분석

소비자의 라이프스타일에는 개인이 일상적으로 보여주는 양식화된 모든 행동이 포함된다. 일이나 놀이에서, 집 안이나 집 밖에서, 혼자 또는 가족이나 친구와 함께, 낮이나 밤에, 주중이나 주말에 행한 온갖 행동이 포함되는 것이다. 또한 먹고 마시는 것, 소유하고 있는 것, 착용하는 것, 생활하는 장소, 자기관리는 물론이고 종교적 선호와 성생활까지도 포함되어 있다.

심리통계 vs 인구통계

연령, 성별, 교육 수준, 직업, 수입, 가족의 라이프스타일 같은 인구통계학적 변수들은 시장에서 사람들의 선택을 설명해준다. 이를 통해 우리는 젊은 엄마들이 일회용 기저귀를 많이 구입하는 반면, 나이 든 미혼 여성은 그렇지 않은 이유를 쉽게 이해할 수 있다. 그러나 인구통계학적 상황이 모든 것을 설명해주지는 않는다. 왜 젊은 엄마들 중 일부는 일회용 기저귀의 사용을 선호하고, 또 다른 엄마들은 여전히 물빨래를 해야 하는 천 기저귀를 사용할까? 항상 한 가지 브랜드만 구입하는 사람들이 있는 반면, 어떤 사람들은 왜 다른 새로운 브랜드를 선호할까? 그리고 왜 어떤 사람들은 일반 상품을 사용하는 반면, 다른 사람들은 여전히 더 저렴하거나 세일하는 제품을 구입할까? 이런 차이점은 보통 서로 간의 다른 라이프스타일에서 기인한다.

특정한 인구통계학적 범주에 있는 소비자들은 종종 특정한 종류의 라이프스타일을 채택하거나 거부하는 경향을 보인다. '프리섹스를 즐기는 독신'의 라이프스타일을 추구하는 70대는 극히 드물 것이다. 한편 특정한 라이프스타일 유형과 특정한 인구통계 구역 간에 일대일로 대응하는 경우도 거의 찾아보기 힘들다. 인구통계의 일부 범주는 몇몇 상이한 라이프스타일을 포함하며, 라이프스타일의 일부 유형은 넓은 범위의 인구통계 범주들을 포괄하기 때문이다.

라이프스타일이나 심리통계학적 분석은 마케터들에게 아주 중요하다. 그것이 소비자 각각의 집단에 대한 특성은 물론이고, 그들의 활동과 관심과 의견까지 나타내기 때문이다(표 13-1 참조). 이런 분석은 마케터들에게 특정 유형의 소비자들에 대하여 생생한 그림을 제공한다.

활동과 관심과 의견

라이프스타일 유형을 확인하기 위해 마케터들은 종종 사람들의 활동과 관심과 의견을 측정하고 비교하는 조사를 실시한다. 즉 사람들이 주로 어떤 행동을 하는지, 무엇이 그들의 흥미를 불러일으키고 매료시키는지, 그들이 주변 세계를 어떻게 생각하는지 등등을 조사한다. 표 13-1은 각각의 카테고리에서 사용되는 변수들 중 일부를 목록으로 정리한 것이다. 이번 장에서 우리는 마케터들이 활용하는 가장 유명한 두 가지 심리통계학적 분석과 함께, 특정한 종류의 소비재들을 위한 라이프스타일 분석의 몇몇 사례를 살펴볼 것이다. 이런 모든 분석 및 분류 시스템은 주로 활동과 관심과 의견, 그리고 부차적으로 인구통계학적 특성들에 기반을 두고 있다.

표 13-1. 대표적인 심리통계학적 변수들

활동	관심	의견
일	가족	자기 자신
취미	가정	사회 문제
사교 모임	직장	정치
휴가	지역사회	비즈니스
오락	레크리에이션	경제
클럽 회원	유행	교육
지역사회	음식	생산품
쇼핑	미디어	미래
스포츠	성취	문화

출처: Joseph T. Plumber, "The Concept and Application of Life Style Segmentation", *Journal of Marketing*, January 1974, pp. 33–37.

라이프스타일 트렌드 관찰하기

12장에서 우리는 현대의 사회·문화적 트렌드 중 일부를 살펴보았다. 문화적 가치에서 이런 변화들은 다양한 라이프스타일 유형을 나타낸다. 그러나 사회의 모든 구성원이 동시에 새로운 방향으로 움직이는 것은 아니다. 어떤 사람들은 거의 즉각적으로 움직이지만, 절대 변하지 않는 사람들도 있다. 대다수의 사람은 이 두 극단 사이의 어딘가에 위치한다. 그 결과 사회에 트렌드가 확산될 때, 그 트렌드를 채택하는 사람들은 한 가지 종류의 라이프스타일을 추구한다. 반면에 그것을 쉽게 채택하지 못하는 사람들은 다른 라이프스타일 유형을 추구한다.

사회적 트렌드에 초점 맞추기

얀켈로비치와 스켈리 & 화이트(Skelly & White, Inc.)는 1970년 이래로 미국의 성인 2,500명을 확률표본으로 삼아 '모니터(Monitor)'라는 연례 조사를 실시했다. 1980년대에 이르러서는 120여 개의 기업과 기타 조직들이 얀켈로비치 모니터(Yankelovich Monitor) 서비스에 참여하고 후원했다. 그들이 첫해에 지불하는 초기 비용은 약 2,500달러인데, 계속 참여하면 그 비용이 줄어든다. 얀켈로비치 모니터는 시간의 경과와 함께 나타난 40개의 서로 다른 사회적 트렌드를 추적한다. 그중에는 새롭게 출현한 트렌드도 있고, 더 이상 생명력을 가지지 못해서 사라지는 트렌드도 있다.

'개인화' 역시 얀켈로비치 모니터가 포함시킨 트렌드의 한 사례이다. 이것은 변화하는 문화적 가치와 관련하여 앞서 언급한 개인화된 소비재 제품의 트렌드이다. 조사에서 이 트렌드는 다음과 같은 항목으로 측정된다.

1. '자신만의 스타일과 개성을 드러내는 제품들'의 선택과 사용의 중요성
2. 사회적 불이익이 존재할지라도, 라이프스타일과 외모에 일반적인 관행을 따르지 않는 정도
3. 제품과 서비스에 '개인적인 흔적'을 더하려는 인지된 욕구
4. 적당히 어울리기보다는 타인과 구분되는 차별성을 보여주는 것에 부여하는 가치

얀켈로비치 모니터는 단지 사회적 트렌드를 추적하는 것뿐만 아니

표 13-2. 사회적 트렌드에 대한 반응

성공적인 적응자들	전통적 가치
새로운 자율 추구	전통 추구
게임스맨(Gamensmen) *	아메리칸 드리머(American dreamers)
경쟁 추구	무목적

라, 소비자들의 라이프스타일에 근거하여 시장세분화에 대한 이해도 제공한다. 그들은 서로 다른 소비자 세그먼트로부터 사회적 트렌드에 반응하는 방식에 근거하여, 표 13-2에서 볼 수 있듯이 두 개의 광역 카테고리에 속한 6가지 기본적인 라이프스타일 및 소비 형태를 확인 했다.

단순주의자와 비단순주의자

문화적 가치에 대해 논의할 때, 중요한 사회적 가치의 변화를 뒷받침 하는 두 가지 기본 논제 중 하나는 결핍의 심리학, 즉 세상의 자원에 한계가 있다는 깨달음에 대처하는 방식이었다. 사회 구성원 중에는 이런 깨달음을 얻은 사람이 많지만, 그렇지 않은 사람도 많다. 깨달음 을 얻은 사람들의 경우, 이런 인식과 통찰력으로 일련의 다른 가치전 제(value premises: 특정 사태의 '바람직함'을 제시하는 가치판단)와 사회적 특성 과 소비 형태를 이끌어낸다. 종합하자면, 이런 변화들이 사실상 무한

---

* 변화를 좋아하고, 적극적으로 새로운 역할을 맡는 이상적인 기업 경영인을 의미한다.

표 13-3. 대조적인 두 가지 라이프스타일

	단순주의자	비단순주의자
가치전제	정신적 · 심리적 성장	물질적 성장
	자연에 속한 인간	자연을 능가하는 인간
	교화된 이기주의	경쟁적 이기주의
	협조적 개인주의	엄격한 개인주의
	이성적인 동시에 직관적	배타적 이성주의
사회적 특성	더 작고 단순한 생활	더 크고 복잡한 생활
	복잡성 감소	복잡성 증가
	적절한 기술	우주시대의 기술
	자기성찰의 정체성	소비의 정체성
	지역적인 결정의 증가	규제의 집중
	글로벌 기관의 출현	민족국가의 자주권
	통합된 직업 역할	전문화된 직업 역할
	세속과 종교의 균형	세속주의에 전념
	내구성 있는 특별 제품	대량생산되는 진부한 제품
	한정된 자원	무한한 자원
	문화적 다양성	문화적 동질성
	더 여유 있는 생활	더 긴장하는 생활
소비 형태	환경보호 중심	소비 중심
	삶의 질	생활 수준
	작을수록 선호	클수록 선호
	질 추구	양 추구
	필수품	사치품
	개인을 위한 소형 판매점 이용	개인과 관계없는 대형 판매점 이용

출처: Avraham Shama, "How Marketers Can Cater to 'Voluntary Simplicity' Segment", *Marketing News*, March 21, 1980, p. 3.

한 자원의 세상이라는 더 오래된 전통적 개념을 보유한 사람들과는 다른 독특한 라이프스타일을 정의하도록 만든다. 표 13-3에서 단순주의자(simplifier)와 비단순주의자(nonsimplifier)의 대조되는 라이프스타일 유형을 살펴보고, 그런 다음 마케터들이 각 유형의 소비자들에게 어떻게 반응해야 하는지도 알아보자.

최근 맥도날드는 양상추와 토마토를 넣은 햄버거 샌드위치에 새로운 포장을 도입했다. 바로 McDLT로 불리는 샌드위치인데, 그 포장은 칸 칸으로 나뉜 스티로폼 접시로 되어 있다. 한쪽에는 뜨거운 고기가 들어간 샌드위치를 넣고, 다른 한쪽에는 차가운 채소를 넣어 판매한다. 그 덕분에 '양배추의 질척거림과 토마토의 물기'를 효과적으로 방지할 수 있다. 이는 다소 정교하고 복잡한 포장 방법인 까닭에, 그들은 새로운 포장의 '기술적인' 측면을 강조하고 있다.

맥도날드의 경쟁사들 중 하나인 잭인더박스는 자사 제품의 종이 포장 햄버거와 샌드위치를 위해 간접 비교를 활용하는 광고 프로그램으로 재빨리 이동했다. 그들은 라디오와 TV 광고에서 타사 경쟁 제품의 무미건조하고 단조로운 특징에 관해 지적한다. 광고 속의 배우는 차라리 포장을 뜯어서 먹는 편이 낫겠다고 말하면서, 실제로 스티로폼 상자를 덥석 문다. 그리고 나서는 다 들리도록 퉤하고 크게 소리내며 뱉는다.

잭인더박스의 광고는 단순주의자의 라이프스타일을 가치 있게 생각하는 사람들에게 전달된다. 맥도날드 같은 경쟁사의 제품들은 완전히 가공된 상태로 나오는 반면, 자사의 제품은 신선하게 맞춤형으로 제작되고 있음을 넌지시 알린다. 또한 교묘하면서도 강력하게 플라스틱 포장을 공격한다. 경제성과 과잉 포장의 문제, 고형 폐기물에 의한 오염과 비생물분해성 오염물질을 우려하는 단순주의자들이라면, 이런 광고에 무의식적으로 영향받을 가능성이 크다.

VALS의 9가지 라이프스타일 유형

아널드 미첼과 SRI 인터내셔널이 고안하여 1980년에 실행에 옮긴 또 다른 심리통계 분석 시스템도 마케터들 사이에서 유명하다. '가치와 라이프스타일(Values and Lifestyles)'의 약어로 VALS라는 명칭을 사용한 서비스가 그것이다. 경험에 근거한 얀켈로비치 모니터 프로그램과 달리, VALS 시스템은 사회 계층과 심리 성숙도라는 두 가지의 개념 체계로부터 출발한다.

그림 13-1. VALS 유형 분류

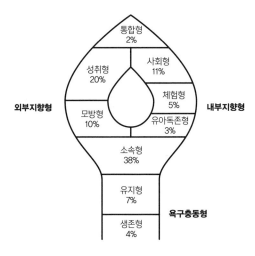

출처: Arnold Mitchell, *The Nine American Lifestyles: Who We Are and Where We Are Going*, New York: Macmillan, 1983 and Values and Lifestyles(VALS™) Program, SRI International, Menlo Park, California.

표 13-4. VALS 카테고리의 특징

VALS 명칭	심리통계적 유형	인구통계적 유형
통합형	범세계주의적이고, 심리적으로 성숙하다. 자아실현적이고, 관대하며, 좋은 균형 감각을 가지고 있다.	대부분 중년 이상의 연령이며, 소득과 교육 수준이 아주 높다. 다양한 직업과 거주지를 가지고 있다.
내부지향형		
사회형	사회적 욕구에 민감하고, 자신의 내적 성장에 관심이 있으며, 소박한 삶을 선호하는 단순주의자들이다.	소득과 교육 수준이 아주 높은 청년 및 중년층이다. 보통 전문직이나 기술직 종사자이며, 다양한 거주지를 가지고 있다.
체험형	활동적이고, 예술적이고, 참여적이다. 경험 자체를 추구하고, 그것을 가치 있게 생각하며, 인간 중심적이다.	젊고, 소득과 교육 수준이 높은 편이며, 다수가 전문직이나 기술직에 종사한다. 도시나 교외에 거주한다.
유아독존형	충동적이고, 드라마틱하고, 오만할 정도로 개인주의적이다. 변덕스럽고, 호언장담을 하기도 하며, 가끔은 실험적 시도를 한다.	거의 대부분 젊은이들이고, 다수가 독신이며, 부유한 집안 출신이 많다. 보통 학생 또는 신참 직원이며, 임시 주거지에서 생활한다.
외부지향형		
성취형	물질주의적이고, 효율적이고, 넉넉하고, 성과를 중시하며, 통상적으로 성공을 거둔다. 높은 인지도를 가지고 있으며, 리더십을 발휘한다.	주로 교외 거주자이며, 소득과 교육 수준이 아주 높다. 보통 기업체나 정부 또는 기타 조직의 리더들이다.
모방형	야심적이고, 경쟁적이며, 사회적 지위를 의식하고, 부단히 노력한다. 신분 상승을 꿈꾸고, 곧잘 이목을 끌며, 과시하는 경향이 있다.	대부분 젊은이들이다. 평균 수준의 교육을 받았으며, 소득이 상당히 높은 편이다. 보통 공예가 또는 기계공이거나, 성직에 종사한다.
소속형	위험을 회피하고, 순응하는 인습주의자들이다. 전통적이고, 형식적이며, 향수에 잘 젖는다. 실험과 혁신을 기피한다.	블루칼라 계층이 대부분이다. 보통 은퇴자이며, 소득과 교육은 평균 또는 그 아래의 수준이다. 대도시 외곽에 거주한다.

VALS 명칭	심리통계적 유형	인구통계적 유형
욕구충동형		
유지형	불안정하고, 의존적이고, 강박적이며, 안전과 안정에 관심이 있다. 세상 물정에 밝고, 결단력이 있다.	제대로 교육을 받지 못하고, 소득도 매우 낮으며, 보통 도시 및 시골 거주자들이다. 비정규직으로 고용되거나, 실직 상태이다.
생존형	소외되고 불신임을 받는 사회 부적응자들이다. 두려워하고, 조심스러우며, 오직 생존을 위해 몸부림친다.	보통 고령으로, 교육 수준이 아주 낮거나 아예 교육을 받지 못해서 글을 모르기도 한다. 극빈 상태로 하루하루를 살아가는 노숙자 또는 빈민가 거주자들이다.

출처: Arnold Mitchell, *The Nine American Lifestyles: Who We Are and Where We Are Going*, New York: Macmillan, 1983 and Values and Lifestyles(VALS™) Program, SRI International, Menlo Park, California.

그림 13-1과 표 13-4에 실린 VALS 모델은 낮은 사회경제적 수준으로부터 높은 사회경제적 수준에 이르기까지 하나가 아닌 두 개의 경로를 보여준다. '외부지향형' 소비자들은 전통적 유형이지만, '내부지향형'의 카테고리는 더 현대적이고 혁신적인 라이프스타일을 나타낸다. 한 가지 흥미로운 점은, 이 모델의 낮은 단계에서 더 높은 단계로 올라가는 동안 심리 성숙도 면에서 내부지향형이 외부지향형에 비해 더 성숙한 심리 발달 수준을 보인다는 것이다. 그러나 두 집단의 사회경제적 발달 수준은 거의 동일하다.

욕구충동형

욕구충동형(need-driven)에 속한 생존형(survivors)과 유지형(sustainers)은 VALS 모델에서 가장 낮은 단계에 위치하며, 많은 공통점이 있다. 두 집단은 모두 빈곤해서, 이들의 라이프스타일은 주로 빈곤과 필요에 의해 영향을 받는다. 이것은 선택의 문제가 아니다. 둘을 구분하는 것은 경제적 측면이 아니라 심리적 측면이다. 생존형은 의욕을 잃어버리고 경쟁에서 낙오되지만, 유지형은 그렇지 않다. 유지형은 희망의 끈을 놓지 않고, 필사적으로 버텨내려고 하기 때문에, 이들에게는 신분을 상승시킬 수 있는 일말의 기회가 남아 있다. 그러나 기껏해야 소속형 집단에 진입하기 위해 아등바등 애쓰는 정도일 뿐이며, 최악의 경우에는 절망의 나락으로 떨어져 생존형으로 전락할 수도 있다.

소속형

소속형(belongers)은 VALS 모델에서 가장 규모가 큰 라이프스타일 집단으로, 1980년대 미국 인구의 3분의 1 이상을 차지한다. 소속형은 신분 상승을 꿈꾸지 않으며, 자신의 현 위치에 만족한다. 보통은 작은 지역사회나 시골에서 생활하고, 스스로를 '세상의 소금'이자 '미국의 척추'라고 생각한다. 전통적이고 근면하며, 혁신과 변화를 그다지 좋아하지 않는다. 몇 가지 간단한 사치품들을 구입할 정도의 여유는 있지만, 수중에 돈이 많은 것은 아니다. 사실 이 사람들은 필요 이상으로 더 많은 돈을 원하지 않는다. 전통적인 미국의 가치와 사고방식에 매우 충실하기 때문에, 노동 윤리는 중시하지만 쾌락적인 경험은 의혹의 눈초리로 바라본다. 그리고 대체로 사정에 밝아서 변화에 대처할 필요가 없었던 '좋은 옛 시절'로 되돌아가고 싶어 하는 순응주의자들이다. 이들은 종종 세상이 지나치게 빠른 속도로 움직인다고 느끼며, '전문기술'과 관련된 것들에 대해서 가치가 있다고 생각하지 않는다. 또 자원의 한계와 소형화에는 특별한 관심을 보이지 않는다.

    소속형은 아주 부유하거나 세련되지 않기 때문에, 다수의 마케터는 소속형이 차지하고 있는 규모에도 불구하고 별로 얻을 것이 없다고 생각한다. 그러나 이것은 잘못된 생각이다! 패밀리 달러(Family Dollar)의 눈부신 성공을 살펴보자. 미국 남서부에 밀집해 있는 이 체인은 1980년대 중반에 1,000여 개에 달하는 매장을 보유했고, 빠른 속도로 타 지역에 확산되었다. 패밀리 달러의 매장들은 소속형의 중심지(대부분 15,000명 이하 인구수의 지역사회)에 위치해 있었는데, 당시 그곳의 소비자 가족의 소득은 대략 7,500달러로 전국의 중간치를 밑도는 수준이었다. 이 회사 매장의 입지 관련 전문가들은 소비자들에게 기름 자국이 있는지를 눈여겨보았다. 기름이 묻어 있다면, 그 당사자는 기름이 새는 낡은 자동차의 소유주일 것이기 때문이다. 월마트(Walmart)나 케이마트의 매장들과 비교해보면, 패밀리 달러의 매장은 규모가 큰 편이 아니다. 매장의 면적이 8,000평방피트를 넘지 않으며, 갖추고 있는 품목도 5,000개를 넘지 않는다. 상품 가격은 대부분 17달러 이하이며, 평균 판매가도 6달러에 불과하다. 따라서 일반적인 매출을 확보하려면, 소비자들의 발걸음이 많아야 한다. 또한 매장 직원들은 낯선 사람을 한눈에 알아볼 정도로 고객들과 아주 친밀한 관계를 유지한다.

    패밀리 달러의 창립자이자 CEO인 레온 러바인(Leon Levine)은 소속형 소비자를 잘 알고 있다. 그 역시 소속형 출신이기 때문이다(그러나 1980년대에 이미 1억 4천만 달러가 넘는 보유자산을 가지고 있었으므로, 그 대표성을 거의 잃어버렸다). 1960년경 자신의 첫 가게를 열기 위해 수중에 있던 6천 달러를 꺼냈을 때, 그는 노스캐롤라이나의 시골에서 어머니가 옷을 팔았던 구멍가게처럼 작고 소박한 가게를 운영하고 싶었다. 어머니의 가게는 그가 10대 시절에 처음으로 소매 경험을 한 곳이기도 했다.

패밀리 달러는 소속형의 사람들 사이에서 틈새시장을 발견했고, 그 결과 계속 번창해나갔다. 사세가 확장되던 시기에는 1년 동안 3억 7천 5백만 달러를 상회하는 매출과 약 7퍼센트의 수익률을 거두어들이면서, 다른 할인점들의 기운을 빠지게 했다. 그러나 이것은 이례적인 급성장이 아니었다. 이미 지난 10여 년간 연평균 20퍼센트 이상의 성장률과, 32퍼센트 이상의 수익을 기록해왔기 때문이다. 당연히 기업의 대차대조표에는 근면과 절약이라는 소속형의 전통적 가치가 반영되어 있다. 확장과 개선을 위한 자원 조달은 현금으로 이루어지며, 따라서 그들에게는 부채가 없다!

외부지향형

VALS 모델에서 외부지향형(outer-directed)은 모방형(emulators)과 성취형(achievers)이라는 두 라이프스타일 집단이 상당한 비중을 차지하고 있다. 그중 하나가 전통적인 라이프스타일이라면, 다른 하나는 더 현대적인 성격이라고 할 수 있다.

모방형: 모방형은 상당히 젊은 집단이며, 대부분 남성이다. 현실에 안주하지는 않더라도 어느 정도 만족해하는 소속형과 달리, 모방형은

분투하는 사람들이다. 이들은 주변에 있는 타인의 가치로부터 많은 자극을 받는다. 즉 모방형은 더 부유하고 성공한 성취형을 모방하고자 엄청나게 애를 쓴다. 그러나 종종 성취형의 성과에서 가장 두드러진 상징이나 신호만을 선택하게 되며, 실제로는 성취형의 성공한 라이프스타일의 핵심을 제대로 이해하지 못한다. 이들은 다수가 소속형 출신이지만, 가급적 그들과는 거리를 두고 싶어 한다. 모방형의 간절한 희망은 사회경제적 사다리를 올라가서, 자신이 집요하게 모방하려고 애쓰는 성취형의 대열에 합류하는 것이다.

모방형은 자신이 반드시 구매하고 이용해야 하는 것을 확실히 알려주는 광고에 매우 민감하다. 따라서 '성공하게 된다'가 아니라 '성공한다'라고 표현해야 한다. 다시 말해서 모방형을 위한 광고는 출세를 향해 어필하는 것이 아닌, 이미 출세한 것에 어필해야 한다. 모방형은 협력자이자 순응자이다. 그러므로 이들은 성공한 매력적인 성취형 모델을 이용하여 교감을 불러일으키는 광고에 잘 반응한다.

앤호이저-부시(Anheuser-Busch Companies, Inc.)는 『미즈Ms.』에 미켈롭 라이트 맥주를 광고하면서, 풀타임으로 일하는 모델과 파트타임으로 일하는 학생을 등장시켰다. 이 광고의 헤드라인은 '누가 당신이 모든 것을 가질 수 없다고 말하는가?'이며, 그 모델은 "친구들은 내가 이런 화려한 삶을 살고 있다고 생각하지"라고 말한다. 광고는 이어서 '왜 당신은 더 적은 것에 만족해야 하는가?'라는 물음으로 끝난다. 본질적으로 맥주 브랜드는 개인의 학구적인 삶이나 전문적인 삶과는 아무 관련이 없다. 그러나 모방형은 이런 사실을 까맣게 모르고 있다!

성취형: 성취형은 규칙에 따라 살며, 시스템을 만든다. 이 사람들은 시스템을 통제하면서 혜택을 누리는데, 대체로 행복해하지만 절대 '느긋한' 것은 아니다. 성취형은 다양한 집단으로 이루어져 있다. 그러나 서로 간에 많은 특징을 공유한다. 이들은 자립적이고, 부지런하고, 재능이 있고, 성공적이다. 또한 대단히 외부지향적이어서 주로 사회 규범과 동료들로부터 지침을 얻는다. 우호적이고, 편안하고, 부유하고, 보수적인 성향을 보이는 이런 소비자 세그먼트는 인구의 4분의 1 가량을 차지하고 있다. 즉 책임직—관리자, 경영자, 의사, 변호사, 기타 전문직 종사자들—에 종사하는 사람들의 경우 네다섯 명 중 한 명꼴로 성취형의 성향이 드러난다. 많은 신자를 거느린 주교와 목사, 성공한 예술가와 연예인, 교수와 교장, 다른 많은 조직과 단체의 리더도 성취형이다. 성취형은 흔히 자수성가한 사람들로서, 대다수가 성취형 집안에서 태어나지 않았으며, 부모의 소속형 라이프스타일로부터 '성취형으로 한 단계 올라선' 사람들이다.

성취형은 최신 기술의 열렬한 팬이다. 이 사람들은 대개 혁신적이고 낙관적이며, 제품과 서비스가 꾸준히 향상되고 있다고 생각한다.

퀘이사(Quasar)는 『포천』에 두 페이지 분량의 광고를 실었다. 적막한 배경을 바탕으로 '테키'(techie: 기술 애호가)가 기계를 바라보는 장면이다. 전체 광고문은 다음과 같다. '무관한 것에서 탈피한 TV를 상상해보십시오. 비디오 창으로서의 TV, 퀘이사가 해냈습니다. 그리고 델타를 창조했습니다. TV는 예술에 가깝습니다.' 또한 퀘이사는 '마음에서 벗어나 당신의 손안으로'라는 로고 태그를 사용하고 있다. 이 광고가 하이테크적인 어휘 구사와 혁신 추진을 강조하고 있음을 눈여겨보라. 성취형은 이런 장난감들을 가치 있게 생각한다. 그들은 그 제품들을 감당할 여유가 있고, 그래서 많이 구매하는 것을 망설이지 않는다.

내부지향형

내부지향형(inner-directed)의 소비자들은 외부지향형보다 더 성숙한 심리 발달을 보여준다. 그들은 외부의 규범과 역할 규정에 덜 민감한 반면에 자기 내면의 목소리, 취향, 기호, 가치와 경험에 아주 민감하다. 이 VALS 카테고리에 속한 3가지 라이프스타일인 유아독존형(I-Am-Me's), 체험형(experientials), 사회형(societally conscious)은 몇 가지의 공통점이 있다. 이들 모두는 혁신적이며, 현대적 트렌드를 지지한다. 또 모방형이나 성취형에 비해 사회적으로 더 자유롭고 진보적이다. 물질주의자가 아니기 때문에 돈은 별 의미가 없으며, 그보다는 사회운동과 대의에 더 관심을 가진다. 이들은 매우 열정적인 집단으로, 자기표현과 개인주의적 성향이 강하며 타인에게 관심을 보인다. 내부지향형을 다 합치면, 전체 인구의 약 5분의 1을 차지한다.

유아독존형: 이 라이프스타일은 다른 라이프스타일 유형에 비해 일시적이다. 외부지향적인 소속형 가족 안에서의 출생과, 내부지향형의

성숙한 성인의 삶 사이에서 나타나는 일시적 단계이기 때문이다. 유아
독존형은 대부분 전통적 가치를 노골적으로 거부하면서 때로는 떠들
썩하게, 또 때로는 몸부림치듯이 틀을 깨고 나오려고 하는 젊은이들이
다. 이들은 오르막과 내리막, 희열과 비극이 있는 삶을 살아간다. 불복
종의 원칙을 충실히 따르며, 자신의 개성화와 사회적 개성화가 주요한
동기이다.

사이어 레코드(Sire Records)의 스타인 마돈나는 유아독존형 라이프스
타일의 성향을 보여줄 뿐만 아니라, 이 집단에 속한 사람들 사이에서 완
벽한 본보기이다. 그녀는 자신의 이미지나 음악이 마냥 똑같다거나 상
투적이라는 비난을 받은 적이 없다. 소속형 부모들은 터무니없이 부적
절해 보이는 이런 조합에 소스라치며 놀란 기색을 보이지만, 그들의 유
아독존형 자녀들은 마돈나에 대해 '그녀는 무엇인가 다르다!'라는 생각
을 공유하고 있다.

체험형: 체험형은 명칭에 담긴 의미를 그대로 반영하고 있다. 즉 이
들은 직접적이고, 생생한 경험을 추구한다. 기본적으로 독립적이고
자립적이며, 새로운 것을 시도하는 실험에 열중한다. 다른 소비자들
에 비해 특히 이런 소비자들이 자신만의 기준과 가치와 기호에 이끌린
다. 이들은 타인의 행동이나 욕구에 그다지 관심을 보이지 않는다. 상
당히 젊고, 교육을 잘 받은 집단인 체험형은 전체 소비자의 약 15분의
1을 차지하고 있다. 이 사람들은 기술직과 전문직을 선호하며, 관대하

고 진보적인 태도가 특징이다. 성취형만큼 부유하지 않고, 리더십이 있는 것도 아니지만, 행복해하고 잘 적응한다. 한편으로는 스스로에 대한 통제에 자신감이 있다. 또한 조직은 이런 사람들을 그리 신뢰하지 않지만, 개개인은 이들을 상당히 신뢰한다. 체험형은 성장, 개인적인 성과, 경험적 성취에서 많은 만족감을 느낀다.

체험형은 건강식품과 각종 자기계발 프로그램 시장에서 높은 비중을 차지한다. 이들은 수프와 와인을 다량으로 소비하며, 때때로 흡연을 한다. 성취형이 운동장에 모여들거나 스키 리프트를 타기 위해 줄서서 기다리는 동안, 체험형은 크로스컨트리 코스에서 작은 그룹의 친구들과 함께 있는 경우가 많다. 이들은 혁신적인 성향으로 인해 새로운 레크리에이션 제품과 서비스에서 이상적인 목표 고객이 될 수 있다. 또 경쟁이 없는 운동을 선호하는 까닭에, 운동 장비의 주요 구매자가 될 수 있다. 이들 중 몇몇은 10대 소년들이 자동차에 대해 열띤 토론을 하듯이 더 린 머신(The Lean Machine), 토털 짐(Total Gym), 폴라리스(Polaris), 보디 메이트(Body Mate), 노틸러스(Nautilus), 디피 프로(DP Pro), 유니버셜(Universal), 아메렉(Amerec) 등과 같은 브랜드 제품을 놓고 갑론을박하기도 한다.

사회형: 이런 라이프스타일을 가진 내부지향적 소비자들은 외부지향적 성취형과 대응된다. 사회형은 성숙하고 성공적이며, 지역사회에서 영향력이 있다. 이들이 관심을 가지는 사회적 이슈와 트렌드와 사건들은 각양각색이지만, 몇 가지의 신념과 가치를 공유하기도 한다.

이런 소비자들은 인간이 자연을 지배하거나 정복하는 대신, 자연과 조화를 이루며 살아야 한다는 소신을 가지고 있다. 단순한 물질적 행복보다 삶의 비물질적인 측면들을 훨씬 더 가치 있게 생각한다. 세상을 바라볼 때에도 국가주의적 관점을 가지는 대신, 그것을 하나의 작고 연약하고 상호 의존적인 존재로 인식한다. 이들은 세상에 이바지하는 것을 개개인의 과업으로 여긴다. 다시 말해서 세상을 건설하기보다는 더 나은 상태로 남겨두기 위해 노력해야 한다고 생각한다.

내부지향적인 사회형은 사회 규범이나 동료의 압력보다 자신의 내면적 가치와 기준에 더 자극을 받는다. 심리학적으로 성숙하고, 매우 교양이 있으며, 정치 시스템에서 효율적으로 일한다. 또 적극적인 참여와 정신적인 성숙함으로 인해 다양한 공동체와 단체에서 영향력 있는 지위를 누리기도 한다. 사회형은 교육을 잘 받은 집단으로 그중 3분의 1 이상이 대학원에 진학하며, 절반 이상이 기술직이나 전문직에 종사하고 있다.

사회형의 구매자들은 제품 및 서비스의 상징이나 장식보다 본질적인 가치에 더 관심을 가지는 실속주의자이다. 또 건강식품 중독자라기보다는 '건강에 좋은' 식품에 열성적으로 행동하는 것뿐이다. 이 사람들은 고섬유질의 시리얼과 그래놀라 바, 자연식품(건포도, 건자두, 신선한 과일과 야채, 무가당 주스 등등)의 주요 구매자이다. 식품 가공업자들은 불필요한 방부제와 색소, 첨가제를 제거하는 방식으로 이런 고객들의 요구에 부응한다. 또 동물성 지방 대신 저콜레스테롤 식물성 지방을 사용하거나, 가공하는 동안 섬유질을 남겨두는 식으로 건강에 좋은 특별한 성분과 영양을 포함시키기도 한다.

　몇몇 슈퍼마켓 체인은 식료품을 사는 고객들이 직접 건조식품을 포장하고 가격표를 부착할 수 있도록 대용량 포장 용기를 진열하고 있다. 이런 판매 방법은 정교한 포장을 싫어하고, 전국적인 브랜드의 상징적 가치를 인정하지 않는 사회형에게 특히 인기 있다.

통합형

100명의 소비자 중 단 2명만 통합형(integrated)이다. 자아실현을 추구하는 통합형은 니즈의 최상위층에 위치한다. 성취형의 근면성과 사회형의 사회적 인식을 균형적으로 갖추고 있는 이 사람들은 두 가지의 라이프스타일 중 하나에서 통합형으로 진입한 것이다. 통합형은 지나치게 보수적이거나 진보적이지 않은 성숙하고 교양 있는 집단이다. 이들은 성장과 성취의 완벽한 본보기이며, 흔히 지역사회에서 명목상의 직책이 아니라 중요한 책임이 따르는 직책을 맡는다.

　마케터들은 다양한 방식으로 VALS 모델을 이용할 수 있다. 그들은 소비자 시장을 세분화하고, 목표로 정한 집단을 확인하고, 제품과 서비스를 설계하고, 유통 전략을 선택하고, 광고를 만들고, 효과적인 매체를 선정하는 데 이 모델을 활용할 수 있다. 무엇보다 중요한 목적은 시장에 내놓는 물건들과 소비자의 라이프스타일 사이에 유용한 접점을 찾는 것이다.

라이프스타일에 대한 전문적인 개별 연구

얀켈로비치 모니터 또는 SRI 인터내셔널의 VALS 모델처럼 라이프스타일에 대한 일반적인 연구는 많은 제품과 서비스에 적용이 가능하다. 그러나 마케터들이 이런 모델들만 활용하는 것은 아니다. 개별적인 심리통계 연구들 역시 특정 제품의 구매와 소비에 직접적이고 즉각적으로 적용되는 라이프스타일 유형을 확인하는 데 유용하기 때문이다. 마지막으로 이와 관련된 3가지 전문적인 심리통계 모델들과, 그 내용을 통해서 확인할 수 있는 라이프스타일을 살펴보자.

식품 소비 라이프스타일

표 13-5는 사람들이 식품을 선택하고 소비하는 방식에 근거한 4가지의 라이프스타일 유형을 설명하고 있다. 각 집단이 식료품을 평가하고 선택하기 위해 사용하는 기준과 동기가 서로 확연한 차이를 보인다는 점을 주목하라. 이런 심리통계 집단들은 서로 다른 방식으로 광고에 민감하게 반응하며, 서로 다른 제품을 원한다. 각 집단이 구매하는 몇몇 대표 식품도 표에 함께 실었다.

의류 구매 라이프스타일

표 13-6에 간추린 8가지의 의복 착용 라이프스타일은 두 개의 집단으로 나누어진다. 의류에 대해서 일종의 배당금을 지불하는 투자처럼 생각하는 집단과, 단순히 실용적인 필요성의 관점에서 바라보는 집단이

표 13-5. 4가지의 식품 소비 라이프스타일

쾌락주의형(hedonists): 전체 소비자 중 약 20퍼센트는 기분 좋은 삶을 원한다. 이 사람들은 즐거운 일들을 중요시하며, 간편하면서도 너무 비싸지 않은 맛있는 음식을 찾는다. 설탕, 소금, 지방, 콜레스테롤 따위는 걱정하지 않으며, 칼로리를 계산하지 않고, 식품에 함유된 방부제나 첨가제도 크게 걱정하지 않는다. 이들은 맥주와 청량음료를 많이 마시고, 껌을 씹으며, 가끔 사탕을 간식으로 먹는다. 그리고 마가린을 사용하고, 당분이 들어간 시리얼을 좋아한다.
예: 필즈베리의 하겐다즈 아이스크림, 새러리(Sara Lee)의 냉동 크루아상, P&G의 던컨 하인즈 소프트 쿠키, 페퍼리지 팜(Pepperidge Farm)의 제과, 르 메뉴의 냉동 앙트레

영양 기피형(avoiders): 전체 소비자 중 또 다른 20퍼센트는 많은 영양과 과도하게 높은 칼로리를 매우 염려한다. 이들은 설탕과 사탕을 피하며, 첨가제와 방부제가 다량 함유된 가공식품을 섭취하지 않으려고 조심한다. 지방과 콜레스테롤을 멀리하며, 와인과 주스와 디카페인 커피의 주요 소비자이다. 무염 버터와 옥수수유 마가린을 이용하며, 영양 강화 시리얼과 요구르트와 무가당 식품 및 음료를 선호한다.
예: 한센(Hansen)의 천연 청량음료, 퀘이커(Quaker)의 라이스 케이크, 하인의 천연 수프, 엘 몰리노(El Molino)의 밀가루, 헬스 밸리의 통조림과 포장 제품, 프리토레이(Frito-Lay)의 무염 과자

다이어트형(dieters): 전체 소비자 중 약 35퍼센트는 지방과 칼로리에 관심이 있다. 이들은 콜레스테롤과 소금과 설탕을 기피하지만, 간편식은 좋아한다. 또한 맛이나 영양적 가치를 딱히 의식하지 않으며, 방부제나 인공적인 성분이 들어갔다고 해서 단순히 그런 식품을 멀리하지도 않는다. 이들은 식품에 들어가 있는 성분보다 무엇이 들어가 있지 않은지를 더 중요하게 생각한다. 또한 다른 집단에 비해 다이어트용 청량음료와 아이스티, 다이어트용 마가린을 더 많이 섭취한다. 무가당 사탕과 껌도 좋아한다.
예: 스토우퍼스의 린 쿠진 앙트레, 웨이트 워처스의 앙트레와 디저트, 미시즈 폴의 라이트 앙트레, 카네이션 슬렌더(Carnation Slender)의 유동식, 뉴트라스위트의 감미료

중도주의형(moderates): 전체 소비자의 나머지 25퍼센트는 어느 모로 보나 보통의 수준이다. 중도주의형은 온갖 식품 및 음료에서 중간대의 소비율을 보인다. 어떤 한 가지 종류의 식품에 마음이 쏠린다거나, 식품 평가 시 하나의 기준에 의존하지 않는다. 기피 식품에 대해서도 특별한 관심을 가지지 않는다. 이 사람들은 맛과 편리성, 그리고 지방, 콜레스테롤, 설탕, 소금, 식품 첨가제와 방부제의 적절한 섭취에 대한 균형을 모색한다.
예: 썬키스트(Sunkist)의 과일 롤, 퀘이커 오츠(Quaker Oats)의 앤트 제미마 아침 식사, 랠스턴 퓨리나(Ralston Purina)의 혼합 스낵 첵스, 버즈 아이(Bird's Eye)의 냉동 채소, 포스터 팜스(Foster Farms)의 닭고기, 루이 리치(Louis Rich)의 칠면조 고기

출처: Edward M. Tauber, "Research on Food Consumption Values Finds Four Market Segments; 'Good Taste' Still Tops", *Marketing News*, May 15, 1981, p. 17.

표 13-6. 8가지의 의류 구매 라이프스타일

	투자 개념의 구매자	실용성 개념의 구매자
정가/수수한 취향	**옷에 대한 지나친 관심(clothes horse)** 성별과 직업에 상관없이, 특히 판매직 종사자들이 주요 구매자이다. 이 집단의 의류비 지출은 매우 높다.	**부모의 소득에 의존(daddy's dollars)** 보통은 학생들과, 다양한 형태의 소득을 가진 25세 이하의 남녀 젊은이들이 이 부류이다. 이들은 적절한 수준에서 의류비를 지출한다.
정가/참신한 취향	**간부나 중역의 위치(executive)** 높은 소득의 관리직이나 기술직 또는 전문직 종사자로, 여성보다 남성이 더 많다. 의류비 지출이 매우 높은 편이다.	**최신 유행 추구(trendy saver)** 이 집단은 주로 여성이며, 다양한 소득을 가진 18세부터 45세의 학생이나 주부 또는 사무직 종사자들이 대부분이다. 이들의 의류비 지출은 낮은 편이다.
염가/참신한 취향	**요령 있는 쇼핑객(savvy shopper)** 2만 달러 이상의 소득을 가진 25세 이상의 사무직 여성과 주부들이 이런 부류의 소비자들이다. 의류비 지출이 상당히 높은 편이며, 다른 집단에 비해 더 자주 쇼핑한다.	**마지못해 하는 쇼핑객(reluctant)** 다양한 소득을 가진 모든 연령대의 남성들이다. 특히 블루칼라 노동자와 은퇴자들이 주요 구성원이다. 쇼핑이 잦지 않으며, 의류비 지출도 낮은 편이다.
염가/수수한 취향	**합리적인 쇼핑객(sensible)** 3만 달러 이하의 소득을 가진 30세 이상의 주부나 사무직 종사자들이다. 이 집단의 의류비 지출은 매우 낮은 편이다.	**임시변통적 쇼핑객(make-do)** 중간 정도의 소득 수준에 가족을 거느린 중년의 남녀들이다. 노련한 장사꾼들 역시 주요 구매자이다. 이 집단의 의류비 지출은 매우 낮은 편이다.

출처: Rebecca C. Quarles, "Shopping Centers Use Fashion Lifestyle Research to Make Marketing Decisions", *Marketing News*, January 22, 1982, p. 18.

다. 의류 구매자들은 이 두 개의 넓은 카테고리 내에서 가격에 대한 민감성에 의해 구별되고, 참신한 옷과 수수한 옷에 대한 취향에서 다시 차이를 보인다. 심리통계 측면에서 서로 다른 집단들은 각각 다른 제품을 원할 뿐만 아니라, 서로 다른 매장에서 쇼핑할 가능성이 크다.

표 13-7. 7가지의 자동차와 운전자 라이프스타일

애호형(car lovers): 자동차 구매자의 약 30퍼센트는 자신의 자동차와 사랑에 빠져 있다. 그러나 일반적으로 그 연애 기간은 짧다. 이 사람들은 자동차를 자주 사고팔며, 수시로 모델을 바꾼다. 주요한 평가 기준은 스타일이며, 자동차가 자신의 라이프스타일을 반영한다고 생각한다. 개성 있고, 독특한 자동차를 선호한다.
예: GM의 캐딜락 엘도라도와 폰티악 피에로, 포드의 머큐리 쿠거, BMW 318i, 혼다 프렐류드

실속형(practical folks): 자동차 구매자의 약 18퍼센트는 다른 무엇보다도 충분한 가치와 신뢰성을 원하는 매우 합리적인 사람들이다. 스타일이나 주행 능력보다 현실적인 면들을 더 고려한다. 따라서 재정적으로 유리할 때, 즉 흥정을 잘할 수 있거나 그런 위치에 있을 때 자동차를 거래한다.
예: GM의 쉐보레 임팔라, 포드의 에스코트, 크라이슬러의 플리머스 릴라이언트, 닛산 센트라, 혼다 시빅

기술형(technical types): 자동차 구매자의 약 13퍼센트는 첨단 기술을 갖춘 장치들을 찾아다닌다. 이들은 멋진 바퀴와 터보과급기와 '최첨단' 기술의 특수 장치들을 좋아한다. 따라서 자동차를 평가할 때에는 미적 요소보다 공학적 설계를 중시한다. 이런 소비자는 다른 사람들보다 자신의 차에 대해서 더 많은 것을 원한다.
예: GM의 쉐보레 카마로 Z28, 크라이슬러의 레이저, 포드의 선더버드, 혼다 시빅 CRX, 포르쉐 944

질주형(road runners): 자동차 구매자의 약 12퍼센트는 운전 경험 자체를 가장 중시한다. 이들은 자동차에 대해 아주 해박하며, 열심히 운전한다. 스포츠카를 선택하기도 하며, 자동차 구입에 많은 돈을 지불할 용의가 있다. 자동차를 선택할 때 가장 중요하게 고려하는 사항은 핸들링과 주행 능력이다.
예: 아우디 5000, GM의 쉐보레 콜벳, 마쓰다 RX-7, 포르쉐 911과 928

지지형(biggie backers): 자동차 구매자의 또 다른 12퍼센트는 '최상급 대형' 세단의 호화로움과 편안함을 원한다. 이들은 자신의 거실만큼 안락한 내부를 원하고, 가격이나 연료의 소모 정도는 별로 신경쓰지 않는다. 대체로 어린 시절에 이상적으로 생각했던 것과 동일한 자동차 모델을 고수한다.
예: GM의 뷰익 엘렉트라와 올즈모빌 88 또는 98, 포드의 머큐리 그랜드 마퀴스, 크라이슬러의 피프스 애비뉴

호사형(fancy firsts): 자동차 구매자의 약 10퍼센트는 자동차와 관련하여 새롭고 독특한 것이라면 무엇이든지 찾아다닌다. 이 사람들은 신차 소유의 첫 번째 주인공이 되고 싶어 한다. 따라서 신차 모델이 나올 때마다 관련 정보를 연구하며, 소개 기간에 전시장을 방문한다. 그러나 한 가지 모델이나 업체를 고집하지 않으며, 금전적 여유만 있으면 거래에 나선다.
예: 포드의 선더버드, 크라이슬러의 레이저, 혼다 시빅 CRX, 닛산 펄사, 토요타 수프라

실용형(only utilities): 자동차를 오직 운송 수단으로만 여기는 사람들은 자동차 구매자의 5퍼센트에 불과하다. 고등교육을 받은 이런 유형의 사람들은 자동차와 관련하여 감정적으로 휘둘리지 않는다. 이들은 꼭 필요할 때에만 자동차를 거래하며, 광고나 선전에 영향을 받지 않는다. 소박할수록 더 좋아하기 때문에, 어떤 장식을 원하지 않는다.
예: 쉐보레 쉬베트, 포드의 에스코트, 크라이슬러의 플리머스 호라이즌, 닛산 센트라, 혼다 어코드, 폭스바겐 래빗

출처: "Our Autos, Ourselves", *Consumer Reports*, June 1985, p. 375.

자동차와 운전자 라이프스타일

표 13-7은 오하이오 주의 톨레도에 위치한 오피니언 서베이 센터 (Opinion Survey Center)에서 1985년에 1만 명의 응답자를 대상으로 조사한 내용이다. 그들은 전국적으로 실시한 이 조사를 토대로, 미국의 자동차 시장을 7가지의 라이프스타일로 구분했다. 각 집단에 속한 소비자들의 자동차는 생활의 핵심 요소로 자리잡고 있는 것에서부터 단순한 기계로만 생각되는 것에 이르기까지 각기 다른 역할을 한다.

일상생활에서 소비자들의 심리통계학적 유형

마케터들은 제품이나 서비스가 구매자에게 특별한 만족감을 주는 면이 어떤 것인지 자세히 살핀다. 또 그렇게 하는 것이 올바른 방법이기도 하다. 그러나 지나치게 시야를 좁히지 않도록 조심해야 한다. 다시 말해서 시야를 방해하는 눈가리개를 착용해서는 안 된다. 만약 소비자들이 특정한 욕구를 충족시키는 무엇인가를 원한다면, 그것은 전체적인 그림에 들어맞아야 한다. 즉 태도, 신념, 추측, 습관처럼 그들이 채택한 전반적인 라이프스타일에 알맞아야 한다. 전체적인 삶과는 관계없이, 오직 한 가지의 작은 측면에만 국한되는 제품들은 영향력을 미치지 못한다.

소비자들의 심리통계학적 유형은 그들이 구입해서 사용하는 제품과 서비스의 종류를 결정하는 데 도움이 된다. 또 그런 제품과 서비스를 배척하는 데에도 도움이 된다. 제품이 받아들여지기 위해서는 어떤 특징을 가져야 하는지도 라이프스타일의 형태에 의해 부분적으로 결정된다. 그러므로 라이프스타일 유형은 제품 및 서비스를 계획하고 창출하고 변경할 때에 큰 도움이 된다.

상이한 라이프스타일을 가진 소비자들은 서로 다른 매장에서 쇼핑하며, 일정한 특성이 있는 소매점에 더욱 의존하는 경향을 보인다. 심리통계 분석 역시 최적의 유통 전략을 찾아내는 좋은 방법이다. 소비자들의 심리통계학적 조건은 가격과 가치 인식에 대한 특정한 태도를 시사하며, 그들의 라이프스타일을 분석하는 것은 마케터가 가격에 대한 전략을 선택할 때 도움이 된다. 또한 광고 타깃(target audience)이 되는 소비자들의 라이프스타일은 흥미를 끌기 위한 전략이나 광고 매체 선정 등 판촉에 영향을 미친다. 그리고 판촉뿐만 아니라, 잠재구매자들의 라이프스타일에 따라서 제품 및 서비스가 결정된다. 결론적으로 심리통계학적 분석은 시장을 목표로 정하고 마케팅 프로그램을 관리하는 것, 이 두 가지 모두에 유용하다.

1. 라이프스타일이나 심리통계학적 분석은 마케터들에게 아주 중요하다. 그것이 소비자 각각의 집단에 대한 특성은 물론이고, 그들의 활동과 관심과 의견까지 나타내기 때문이다.

2. 얀켈로비치 모니터는 시간의 경과와 함께 나타난 40개의 서로 다른 사회적 트렌드를 추적한다. '개인화' 역시 얀켈로비치 모니터가 포함시킨 트렌드의 한 사례이다. 얀켈로비치 모니터는 단지 사회적 트렌드를 추적하는 것뿐만 아니라, 소비자들의 라이프스타일에 근거하여 시장세분화에 대한 이해도 제공한다.

3. 경험에 근거한 얀켈로비치 모니터 프로그램과 달리, VALS 시스템은 사회 계층과 심리 성숙도라는 두 가지의 개념 체계로부터 출발한다.

4. VALS 모델에는 통합형, 내부지향형(사회형, 체험형, 유아독존형), 외부지향형(성취형, 모방형, 소속형), 욕구충동형(유지형, 생존형)이 있다.

5. '외부지향형' 소비자들은 전통적 유형이지만, '내부지향형'의 카테고리는 더 현대적이고 혁신적인 라이프스타일을 나타낸다. VALS 모델의 낮은 단계에서 더 높은 단계로 올라가는 동안, 심리 성숙도 면에서 내부지향형이 외부지향형에 비해 더 성숙한 심리 발달 수준을 보인다. 그러나 두 집단의 사회경제적 발달 수준은 거의 동일하다.

6. 얀켈로비치 모니터 또는 SRI 인터내셔널의 VALS 모델처럼 라이프스타일에 대한 일반적인 연구는 많은 제품과 서비스에 적용이 가능하다. 그리고 개별적인 심리통계 연구들 역시 특정 제품의 구매와 소비에 직접적이고 즉각적으로 적용되는 라이프스타일 유형을 확인하는 데 유용하다.

7. 소비자들의 심리통계학적 조건은 가격과 가치 인식에 대한 특정한 태도를 시사하며, 그들의 라이프스타일을 분석하는 것은 마케터가 가격에 대한 전략을 선택할 때 도움이 된다. 결론적으로 심리통계학적 분석은 시장을 목표로 정하고 마케팅 프로그램을 관리하는 것, 이 두 가지 모두에 유용하다.

14

인구통계학적
변수들을 살펴라

DEMOGRAPHICS:
It's Just the Way
We Are

여자들이 자동차를 구입하는 동안 남자들은 식료품을 산다. 그 누구도 나이에 걸맞게 행동하는 것처럼 보이지 않는다. 미국의 가족들은 불안정하다. 교육의 양은 증가했지만 질은 떨어졌다. 어떤 생산직 종사자들은 사무직 종사자들보다 더 많은 급여를 받는다. 연구직 종사자들은 더 나은 보수를 받고 있다. 부유한 사람들은 할인매장에서 쇼핑하는 반면, 중간 소득자들은 고급 승용차를 찾아다닌다.

소비자 시장은 끊임없이 변하기 때문에, 마케터들의 인구통계학적 분석이 반드시 필요하다.

인구통계학적 변수는 소비자들의 기본적인 주요한 특징들을 측정하는 데 필수적이다. 특히 소비자 시장의 세분화와 타깃 세그먼트의 선정에서 인구통계학적 특징은 다른 무엇보다도 가장 일반적인 변수로 작용한다. 대개의 경우, 구매와 소비 유형은 하나의 인구통계학적 카테고리와 그다음 카테고리 사이에서 두드러진 차이를 보인다. 타깃 마케팅 분석의 기반이 되는 시장에 관한 인구통계 자료는 인구조사와 다른 정보원들을 통해 충분히 확보할 수 있다.

6가지의 기본적인 인구통계학적 변수

인구통계학적 변수는 매우 많지만, 그중에서 마케터들에게 가장 중요한 6가지의 변수부터 살펴보기로 하자. 그것은 바로 소비자의 연령, 성별, 가족, 교육, 직업, 소득이다. 일부 마케터는 소비자의 민족성,

종교, 주거 장소도 중요시한다. 우리는 마케터들이 인구통계학적 유형들뿐만 아니라, 개별적인 변수의 특성까지도 종종 고려한다는 점을 주목해야 한다.

시장에서의 소비자 연령

12장에서 언급한 것처럼 소비자들의 연령은 그들이 구매하고 이용하는 것에 영향을 미친다. 소비자의 연령은 다음의 3가지 중요한 방식으로 시장에서의 행동을 결정한다. 첫 번째, 몇몇 제품은 특정 연령대의 소비자에게만 적합하다. 그들이 특별한 니즈를 가지고 있기 때문이다. 두 번째, 취향과 선호와 '연령 역할 규정(age role prescription)'은 연령대마다 달라진다. 세 번째, 가처분소득과 소비 능력은 인생의 단계마다 차이가 난다. 마케터들은 종종 현재의 연령 분포뿐만 아니라, 연령 '트렌드'에 근거하여 계획을 세운다. 손쉽고 정확한 예측이 가능하기 때문이다.

청년 시장의 감소

베이비 붐 세대의 나이가 많아지면서 미국의 10대들을 위한 시장이 급속도로 줄어들고 있다. 1980년대 10년 동안 그들 집단의 규모는 20퍼센트 정도 감소했다. 그러나 현재 더 많은 10대가 고용되고 있으며, 하나의 집단으로서 그들의 소비력은 10대 인구수의 감소보다 더 빠른 속도로 증가하고 있다. 어떤 점에서 이 두 가지 요소는 상쇄되는 듯이 보이지만, 마케터들은 그렇게 생각하지 않는다. 오늘날 10대의 인구 수가 줄어들기는 했지만, 평균적으로 그들 각각은 더 많은 소비를 하기 때문이다. 개인당 안정적인 소비율을 보이는 10대들을 위한 소비재의 경우, 그 시장이 줄어들고 있다. 그러나 개인의 소비가 제한적이지 않은 '재량적 선택재(discretionary goods)'의 경우에는 잠재구매자의 수가 감소하고 있음에도 불구하고, 잠재적 부피의 측면에서는 성장하고 있다.

스킨크림 같은 화장품은 매우 안정적인 비율로 소비된다. 개개인이 본인에게 필요한 분량만큼만 사용하기 때문이다. 노그제마(Noxzema) 스킨크림, 메이크업 제품 커버걸(Cover Girl)의 제조사인 녹셀(Noxell)은 전통적으로 10대 시장에 어필했다. 그러나 베이비 붐 세대의 연령이 높아지자 녹셀도 그들을 따라가며 지금은 더 나이 든 집단에 어필하면서, 한정된 연령대의 좁은 영역에서 벗어나 그 폭을 넓히고 있다. 이와 유사하게 리처드슨-빅스(Richardson-Vicks)의 장수 제품인 클리어라실(Clearasil) 역시 브랜드 충성도가 높은 베이비 붐 세대 구매자들과 함께, 규모는 더 작지만 새롭게 등장한 10대 구매자들을 모두 챙기기 위한 시도를 했다. 그 결과로 이제는 성인용과 청소년용 제품을 동시에 출시하고 있다.

마케터들은 1인당 고정된 소비율을 가진 제품들뿐만 아니라, 이와는 대조적으로 10대를 위한 의류, 오락, 여행과 음반 등의 판매에서 감소하는 구매자의 수에도 그다지 압박감을 느끼지 않는다. 오늘날 10대들이 점점 부유해짐에 따라 이런 선택재들에 대한 1인당 소비율이 더 높아지

고 있기 때문이다. 그 덕분에 마케터들은 연령대 스펙트럼에서 동일한
영역에 계속 집중할 수 있다.

베이비 붐 세대의 노령화

1946년부터 1964년까지는 베이비 붐 시기였다. 이 기간에 태어난 사
람들이 1980년대 미국 전체 인구의 3분의 1을 차지한다. 베이비 붐 세
대의 거대한 규모와 엄청난 구매력으로 인해 소비재 마케터들은 그들
에게 관심을 쏟지 않을 수 없다. 그런데 베이비 붐 세대는 동질적인 집
단이 아니며, 마치 '돼지를 잡아먹은 비단뱀(a pig in a python)'과 같은 모
양의 인구통계 곡선을 그리면서 사회에 침투했다. 처음에는 조직들이
거의 한계점까지 팽창했으나, 나중에는 초과 생산력이라는 유산을 남
겼다. 시기상으로 베이비 붐 세대의 선두주자들은 수많은 집단 사이에
서 공간을 마련하기 위해 비집고 들어가야 했지만, 후발주자들에게는
대부분의 상황에서 충분한 공간이 주어졌다. 그 결과 초기 세그먼트와
후기 세그먼트는 다소 다른 사고방식을 가지게 되었다.

그러나 에너지와 부동산 가격, 경제 상황의 급격한 변동이 베이비
붐 세대의 후기 구성원들 사이에서 모종의 위기감을 불러일으키고 있
다. 더 나은 교육을 받고, 더 좋은 직업에 종사하고, 가족 중 노동자의
수가 더 많아졌음에도 불구하고 그들 대다수는 부모 세대만큼 만족스
럽게 살아갈 수 없다고 느낀다. 그들은 종종 과거와 동일한 제품 및 서
비스를 구입하고 싶어 하지만, 어쩔 수 없이 필요에 의해 더 작거나 더
저렴한 제품에 만족해한다.

초창기의 베이비 붐 세대가 구입하던 생애 첫 차는 보통 연비가 높은 수입산 소형차였다. 소비자들의 환멸감이 널리 확산되면서 미국의 자동차 회사들이 홀대받는 처지가 되었던 것이다. 그러자 미국의 자동차 산업은 소형차를 생산하는 방식으로 외국의 자동차 회사들과 경쟁하려고 했다. 그러나 베이비 붐 세대가 성인이 되어 부유해지자, 그들의 기호는 경제성과 실용성으로부터 개성과 자기표현으로 옮겨갔다. 따라서 그들의 차고에 있던 폭스바겐과 토요타와 닷선(Datsun)이 볼보와 사브와 아우디, BMW로 바뀌었다.

최근 들어 미국의 자동차 회사들은 베이비 붐 세대의 시장에서 패배하지 않기 위해 그들의 기호와 욕구와 예산에 맞게 조정된 새로운 모델들을 생산하고 있다. 크라이슬러가 생산한 르바론 GTS와 닷지 랜서, 포드의 링컨-머큐리 사업부가 독일 자회사에서 수입한 메르쿠르 XR4Ti, GM이 생산한 폰티악 그랜드 암, 올즈모빌의 칼라이스, 뷰익 서머싯 리갈 등이 그런 모델이다. 소비재 마케터들은 보통 특정 연령대에 맞게 판촉과 유통을 조정한다. 그러나 베이비 붐 세대는 그 집단을 만족시키기 위해 완전히 새로운 제품과 서비스의 개발에 나설 만한 가치가 있을 정도로 규모가 엄청나다.

부유한 중년 시장

베이비 붐 세대의 10명 중 약 9명의 소비자가 50세 이상이다. 이 사람들은 미국 전체의 재량적 구매의 절반과, 개인 금융자산의 4분의 3 이상을 점유할 정도로 매우 부유하다. 따라서 마케터들이 이 중년의 사람들에게 맹렬히 덤벼들 것이라고 생각하기 십상이다. 그러나 그들은 종종 베이비 붐 세대를 무시한다. 비중이 큰 이런 소비자 시장에 마케터들이 과감하게 직접적으로 접근하지 못하는 데에는 두 가지의 이유가 있다. 그들이 매우 다양한 집단으로 이루어져 있으며, 기분을 상하지 않게 하면서 그들을 상대하는 일이 힘들기 때문이다.

50~65세의 사람들과 65~75세의 사람들 간에는 확연한 차이가 존재한다. 은퇴 빈도, 고정 수입, 여가활동에 들이는 시간이 서로 다르기 때문이다. 게다가 조기 은퇴의 유행으로 더 젊은 소비자들의 많은 수가 은퇴자 카테고리에 들어서고 있다. 65~75세의 사람들과 75세 이상의 사람들 사이에도 단절이 존재한다. 75세를 넘어서면 활력과 운동성이 더욱 약해지기 때문이다.

중년 구매자들의 감정을 상하지 않게 하면서 그들을 상대하기 위해 클레롤은 '당신은 더 늙지 않을 겁니다. 오히려 더 나아질 겁니다'라는 슬로건으로 자사의 염색약을 홍보한다.

청년층 못지않게 중년층에도 관심을 보이는 맥도날드는 나이가 지긋한 배우인 존 하우스먼(John Houseman)을 대변인으로 활용한다.

캠벨은 노년층 사이에 독신이 널리 퍼지자, 그들의 기호를 맞추기 위해 수프-포-원(Soup-For-One)을 개발했다.

노인들이 크기가 작은 숫자를 보기 위해 종종 돋보기를 사용한다는 사실을 인지한 부로바(Bulova)는 그들에게 도움을 주고자 숫자를 크게 표기한 손목시계를 개발했다.

나이가 든 소비자들의 특정한 욕구에 대응하기 위해 화이자(Pfizer)는 그들을 위한 특별한 샴푸와 린스를 개발했다.

마케터들은 『모던 매추어리티*Modern Maturity*』, 『프라임 타임*Prime Time*』, 『50 플러스*50 Plus*』 같은 매체들을 이용하여 중년 소비자 시장에 접근하고 있다.

소비자들의 성별 격차

남성적인 소비자와 여성적인 소비자의 선택은 각기 다른 연령층의 소비자들처럼 다음의 세 가지 측면에서 차이를 보인다. 첫 번째로 그들이 하는 어떤 선택은 소비자의 성별과 직접적인 관련이 있다. 두 번째로 어떤 선택은 기호 또는 규정된 성역할의 영향을 받으며, 마지막으로 어떤 선택은 남성과 여성 간의 서로 다른 소득과 소비력에 기인한다.

남자와 여자의 1차 성징은 성별과 직접적으로 연관성이 있는 제품 및 서비스의 수요를 이끌어낸다. 과거에는 이런 제품의 홍보나 유통과 관련하여 많은 금기가 있었다. 예를 들어 생리대 마케터들은 오직 여자들만 상대하는 매체와 소매점을 제한적으로 이용했다. 그런가 하면 거의 남자들이 구매하던 콘돔은 카운터 뒤나 아래에서 남몰래 판매하는 품목이었다. 그러나 오늘날에는 성별을 대하는 태도가 더 자유롭고 너그러워졌다. 이제 마케터들은 남녀 모두 이용하는 매체와 소매점을 통해 이런 제품들의 홍보와 유통을 한다. 그렇지만 1차 성징과 관련된 제품들을 공개적으로 진열하는 것은 더 나이가 많고, 보수적인 소비자들 사이에서는 여전히 반감을 불러일으킬 수 있다.

분석가들은 1980년대 콘돔 구매자의 10명 중 4명이 여성일 것이라고 추정했다. 이 시기의 콘돔 매출은 해마다 10~15퍼센트씩 성장하여, 1980년대 중반에 이르자 약 2억 달러에 근접했다. 여성 시장은 건강상의 이유로 경구피임약을 포기한 여자들이 그 일부분을 차지하고 있다. 또한 성병—헤르페스 바이러스와 치명적인 에이즈—의 위험이 고조되면서 콘돔 매출이 급속도로 증가했다.

영스 드러그 프로덕츠(Youngs Drug Products)는 여성 소비자들의 매출을 장려하기 위해 자사의 트로얀(Trojan) 브랜드 포장에 젊은 커플의 사진을 넣었다. 슈미드(Schmid)는 최근에야 비로소 셰이크(Sheik) 콘돔 포장에 커플 사진을 넣기 시작했다. 그러나 포장과 광고만 변한 것이 아니다. 셰이크를 비롯한 여타 브랜드는 피임용 발포제를 사용하는 여성들에게 친숙한 살정(殺精) 윤활제를 포함시키는 식으로 제품 변경을 시도하고 있다.

털과 피부, 체형 같은 2차 성징과 관련된 제품들도 현대사회에서 성별의 구분이 모호해짐에 따라 그 장벽을 넘나들고 있다. 그러나 이것은 쉽게 무너뜨릴 수 있는 장벽이 아니다.

스킨케어 제품들이 좋은 예이다. 전에는 이 카테고리에 속한 모든 제품이 여성 전용이었다. 1980년대 중반 스킨케어 제품의 남성 시장은 약

3천만 달러 규모로, 1980년대 초에 비해 6배나 증가했지만 여성 시장에 비하면 여전히 미미한 수준이었다.

1976년 크리스마스 시즌에 크리니크가 미국의 북동부 도시들에서 남성 시장을 활성화하는 트렌드를 이끌기 시작했다. 그들의 전략은 브랜드 명칭이 의미하는 것처럼 화장품의 가치보다 건강과 보건을 강조하는 것이었다. 또한 명칭뿐만 아니라, 제품의 특징도 남성들이 수용할 수 있도록 신중히 고안되었다.

매끄러운 표면과 둥근 모서리는 여성을 암시하는 함축적인 의미가 담겨 있다. 여성용 비누가 둥근 모양이며, 여성의 손에 딱 맞는 크기인 것도 그 때문이다. 이와 대조적으로 남자들은 손가락이 아니라 손 전체로 비누를 움켜잡는다. 그래서 크리니크의 남성용 비누는 남성미를 강조한 벽돌 모양이다. 그리고 남자들은 여자들과 달리 강한 향기를 풍기는 제품을 좋아하지 않기 때문에, 크리니크는 향기를 없앤 제조법을 사용한다.

이와 더불어 포장과 관련된 모든 것—은백색과 회색, 제품 명칭, 라벨 등등—이 남성 구매자들의 관심을 끌도록 구성되었다. 크리니크의 잡지 광고에는 면도 용품, 남성의 몸단장용 보조 용품, 일련의 '화장품 아닌 화장품들'이 담긴 매우 남성적인 약품 수납 선반이 등장한다. 각각의 제품에는 독특한 크리니크 명칭이 새겨져 있다.

오늘날 크리니크 제품들은 전국의 백화점에서 독점으로 판매된다. 그러나 일반적인 예상과 달리, 남성 전용 코너가 아니라 여성 전용 코너에서 판매된다. 그곳에는 훈련된 스킨케어 컨설턴트들이 일종의 개별 판매를 하면서, 개개인의 피부 유형과 피부색에 적합한 제품들을 서비스한다.

간혹 '제품'은 하나의 성에서 다른 성으로 넘나들 수 있지만, 대체로 개별적인 '브랜드'는 그렇게 할 수 없다. 과거만큼 엄격하지는 않지만, 대다수의 소비자가 여전히 그러한 성역할에 충실하기 때문이다. 그나마 여성들의 경우에는 남성적인 브랜드를 쉽게 받아들이는 편이다. 그러나 남성들, 그중에서도 특히 나이가 지긋한 저소득층의 마초 성향이 강한 남자들은 여성 브랜드를 완강히 거부한다. 그러므로 하나의 성에 관련된 제품을 취급하는 마케터들이 남녀 모두에게 그 제품을 마케팅하고 싶다면, 성별에 의해 시장을 세분화하거나 혹은 동일한 기본 제품일지라도 제품 명칭을 달리할 필요가 있다.

오랜 기간 남성 스포츠 시청자들에게 면도기와 면도 크림을 광고하던 질레트가 여성용 면도기를 판매하기 시작했다. 그 면도기는 '데이지(Daisy)'나 '레이디 질레트(Lady Gillette)'와 같이 여성적인 브랜드 명칭을 가지고 있다. 여자들은 남성 브랜드를 수용할 수 있지만, 대다수의 남자는 여성 시장과 제품을 공유해야 할 경우에 그 제품을 거부한다. 이와 유사하게 파버지의 화장품들은 남성 소비자들이 도저히 받아들일 수 없는 것처럼 보이는 매우 여성적인 이미지를 가지고 있다. 그러나 그들의 남성용 제품은 가장 마초적인 남자들조차 반길 만한 브루트(Brut)라는 브랜드 명칭을 가지고 있다. 그들은 단순한 보습 크림도 남성미의 최후의 보루들 중 하나—면도 의식—와 결부시켰다. 알다시피 '진정한' 사나이는 향수나 보습제를 사용하지 않는다. 그러나 애프터셰이브 로션과 페이셜 수더는 사용한다.

소비자들의 가족 위상

9장과 12장에서 언급했듯이 소비자들의 결혼 및 가족의 위상이 그들의 구매와 소비 유형에 상당한 영향을 미친다. 또한 사회 내부에서 발생하는 가족 형성의 변화도 영향을 준다. 아마도 미국의 1970년대부터 1980년대까지 가장 두드러진 변화는 총노동인구에서 여성이 차지하는 비율의 증가일 것이다. 가족의 규모와 구성의 변화 역시 소비자들의 구매에 중요한 영향을 미치며, 앞으로도 계속 그러할 것이다.

일하는 여성

1980년대 중반 미국 가족의 약 42퍼센트는 2명이 돈벌이를 하고, 14퍼센트는 3명 이상이 돈벌이를 하며, 29퍼센트는 1명이 돈벌이를 했다. 미취학 아동을 둔 결혼한 여성들의 절반 이상이 일했는데, 그들 중 3분의 2는 자녀들이 모두 취학한 후에 노동인구에 합류했다. 여러 명이 돈을 버는 가족은 단 한 명이 돈벌이를 하는 경우보다 현저히 더 높은 수입과 소비력을 가진다. 1979년에 맞벌이 가족의 평균 소득은 외벌이 가족보다 45퍼센트나 더 높았다. 그리고 불과 5년 후인 1984년에는 맞벌이 가족의 소득이 31,700달러에 이르렀고, 이는 외벌이 가족보다 56퍼센트나 더 높은 소득을 보여주는 결과였다.

여성들의 역할이 변하고 경제적 자립이 증가하자, 가족의 구매 유형이 수십 년 전과는 확연히 달라졌다. 예를 들어 1980년에는 여성들이 신차 10대 중 4대를 구매했으며, 그들 중 약 3분의 2가 그 자동차를 출퇴근용으로 이용할 의향을 가지고 있었다. 자동차 제조업체들은 더 이상 남성 구매자들에게만 어필할 수 없었다. 그뿐만 아니라 가정 용품의 마케터들 역시 주부가 그들 시장의 대부분을 차지하고 있다는 선입견을 버려야 했다.

부부가 2명 모두 노동인구에 속하면, 이것이 가족 내의 역할 구조에 상당한 영향을 미친다. 예전에는 남편이 생계비를 벌고 아내는 거의 전적으로 가사를 책임지는 식으로 각자의 역할이 매우 한정되었지만, 오늘날에는 이런 구분이 현저히 줄어들었다. 1981년 10월 3일자 「마케팅 뉴스」에 실린 광고회사 벤턴 앤드 볼스(Benton & Bowles)의 조사에 따르면, 일하는 아내를 둔 남편들이 역할과 책임의 분담을 스스로 받아들이고 있다는 놀라운 사실이 드러났다.

거의 3분의 1의 남편이 가족이 먹을 음식을 쇼핑한다.
거의 절반의 남편이 가족을 위해 요리한다.
절반 이상의 남편이 가족을 위해 설거지한다.
10명 중 4명의 남편이 진공청소기로 집을 청소한다.

10명 중 8명의 남편이 어린 자녀를 돌본다.

　P&G는『페어런츠 매거진』을 비롯한 여러 잡지에 아기 옷 세탁용 비누인 아이보리 스노(Ivory Snow)를 광고하면서, 단정한 실내복 차림의 엄마 대신 젊은 블루칼라의 아빠가 아기를 안고 있는 컬러 삽화를 이용했다. 아동 용품 시장은 엄마뿐만 아니라, 점점 더 엄마와 아빠 모두에게 어필하는 방식을 취하고 있다.

더 늦어진 결혼과 더 작아진 가족

전통적으로 미국 사회에서 여자들의 결혼 적령기는 20~24세였다. 그러나 1970년대를 지나면서 이 연령대에서 미혼 여성의 비율이 14퍼센트 이상 증가했다. 1980년에는 이 연령대에서 결혼하지 않은 여성의 비율이 절반에 달했다. 1980년대를 넘어서자 이런 추세는 더욱 가속화되었는데, 1985년까지 미혼 여성의 비율이 8.5퍼센트나 더 증가했다. 오늘날에는 이 연령대의 여성 10명 중 거의 6명이 한 번도 결혼하지 않았다는 점이 아주 놀랍게 여겨진다. 그러나 사실 이 비율은 100년 전과 거의 비슷한 수준이다. 인구통계는 변동을 거듭하지만, 종종 순환의 형태로도 나타난다. 여기에서 예외적인 것이 있다면, 전례 없는 별거와 이혼 비율의 증가이다. 오늘날 30대 여자들 중 약 15퍼센트가 별거 또는 이혼 상태에 있다.

　사람들은 결혼을 더욱 지연시키고 있으며, 더 적은 수의 자녀들을 더 늦은 나이에 낳고 있다. 1970년부터 1984년까지 자녀가 없는 미국

가족의 비율은 3분의 1 정도 증가했으며, 한 명 또는 두 명의 자녀를 둔 가족의 비율은 약 18퍼센트 증가했다. 반면, 같은 기간에 세 명 이상의 자녀를 둔 가족의 비율은 무려 44퍼센트나 감소했다. 이런 흐름에 상응하여 30세를 넘겨 첫 임신을 하려는 경향을 가진 여성들이 빠르게 확산되는 추세이다. 그러나 30세를 넘긴 여성이 낳은 첫아이의 비율은 1980년대 들어 막 10퍼센트를 넘어섰을 뿐이다. 어쨌거나 30~34세의 여자들이 첫아이를 출산하는 비율은 1970년부터 1980년대 중반까지 15년간 세 배 이상 증가했다.

미국의 나이가 든 엄마들은 젊은 엄마들과 차이가 난다. 그녀들은 대체로 훨씬 좋은 교육을 받은 백인이며, 비교적 높은 수입이 있는 전문직에 종사한다. 그녀들의 가족이 물건을 구매하는 기호와 패턴은 다른 가족들과 동일하지 않다. 그녀들은 아기의 옷과 가구를 선택할 때 전통적이고 감상적이며 장식이 많고 은은한 색조가 있는 스타일보다, 대담하고 현대적인 디자인을 더 높이 평가한다. 또한 자녀들을 위해 구매하는 물건들의 다목적성과 휴대성도 가치 있게 생각한다. 그리고 더 활동적이고 건강을 의식하며, 쇼핑하거나 운동하거나 놀이를 하는 장소에서의 아동보호 서비스를 중요하게 여긴다. 그녀들은 두려움이나 감성에 어필하는 것보다, 과학적이거나 기술적으로 어필하는 광고에 더 민감하게 반응한다.

존슨앤드존슨의 아동발달 완구의 광고는 '놀이, 발견, 배움……. 이 모든 것이 함께 이루어집니다'라고 어필했다. 아울러 아기의 성장 단계별로 장난감들이 저마다 어떤 능력을 키워주는지 설명하는 일련의 놀이 방법과 학습 안내서도 제공했다. 이는 특히 중년의 교양 있는 부모들에게 더 큰 관심을 불러일으켰다.

유아식 브랜드인 비치-너트 스테이지(Beech-Nut Stages)는 소아과 의사와 영양학자들을 내세우면서, 젊은 부모와 그리 젊지 않은 부모 모두를 타깃으로 컬러풀한 잡지에 '비치-너트 스테이지, 올바른 성장 단계의 올바른 영양'이라는 광고를 실었다. 그들의 이러한 '과학적인' 접근 방식은 하나의 성분으로 만든 초기 유아식에서부터, 유아식을 끝마치고 조금씩 씹을 수 있는 아기들을 위해 여러 재료로 만든 강화식에 이르기까지 4단계로 구성되어 있다. 심지어 비치-너트는 유아 관리와 영양에 관한 정보를 제공해주는 수신자 부담의 상담 서비스 전화번호까지 알려주고 있다.

더 나은 교육을 받은 소비자들

미국에서는 '더 많은' 정규교육을 받는 것이 전반적인 추세이다. 그러나 미국인이 '더 나은' 교육을 받고 있는지의 여부는 아직까지 불확실하다. 전반적인 교육의 추세를 보여주는 적절한 지표로는 대학 교육을 받은 인구 비율을 살펴보는 방법이 있다. 1985년에 25세 이하의 사람들 중 19.4퍼센트가 대학을 졸업했다. 20년 전인 1965년과 비교해보면 10퍼센트가 상승한 것이고, 5년 전인 1980년과 비교해보면 약 2퍼센트가 상승한 것이다.

일반적으로 성인 소비자들이 젊을수록 더 나은 교육을 받았을 가능성이 크다. 그러나 표 14-1에서 볼 수 있듯이 남자들의 경우에는 꼭 그렇지만은 않다. 나이 든 집단부터 젊은 집단을 차례로 살펴보면 1980년에는 남자와 여자, 남녀 모두의 연령대에서 대학 졸업자의 비율이 증가했지만, 1985년에는 여자만 증가했다. 베트남 전쟁 당시에 군 복무를 했던 35~44세의 남자들 중 상당수가 대학 교육을 받았다. 그러나 그들보다 어린 25~34세의 남동생들은 훨씬 적은 수가 대학 교육을 마쳤다.

뚜렷하게 나타난 또 다른 추세는 여자들이 교육의 성별 격차를 점점 좁히고 있다는 것이다. 남성과 여성 가장의 교육 수준 차이가 갈수록 좁혀지자 부모와 자녀 모두에게서 성별에 근거한 제한이 약화되고, 공동으로 의사결정을 하고 책임과 역할을 분담하려는 경향이 더 강해지고 있다. 더 젊고 더 나은 교육을 받은 소비자들의 관심을 끌려면, 기본적인 교양을 갖춘 일반인들에게 초점을 맞추는 대중매체 광고가 효과적일 것이다. 그러나 이 시장에 속해 있는 소비자들은 자신과 자녀 모두에게 광고되는 제품들의 기술적, 과학적인 면을 어필하는 것에도 매우 민감하게 반응한다. 교육 수준은 가정용 개인 컴퓨터의 수용이나 거부와 관련해서도 중요한 지표가 된다. 일반적으로 아주 작고 제한적이며 저렴한 가정용 컴퓨터는 시장에서 실패했다. 반면에 성인과 아동을 위해 다양한 기능을 갖춘 더 비싸고 정교한 하드웨어와 소프트웨어는 더 부유하고 더 나은 교육을 받은 소비자 계층에서 살아남아 성공 가도를 달리고 있다.

표 14-1. 대학을 마친 성인 비율

연령	1980년			1985년		
	남	여	남녀 모두	남	여	남녀 모두
25세 이하	20.9%	13.6%	17.0%	23.1%	16.0%	19.4%
25~34세	27.5	20.9	24.1	25.2	22.5	23.8
35~44세	25.1	16.6	20.8	31.2	21.3	26.2
45~54세	20.5	11.0	15.6	23.3	14.2	18.6
55~64세	14.7	8.6	11.5	19.4	9.9	14.3
65세 이상	10.3	7.4	8.6	11.5	8.0	9.4

출처: *American Demographics*, January 1986, p. 29.

컴퓨터 세대 부모들을 위한 개인용 컴퓨터, 소프트웨어, 저장품과 부대 용품의 마케터들은 오직 이런 소비자들만을 위해 만들어진 최초의 잡지인『패밀리 컴퓨팅*Family Computing*』을 매우 전문적이고 선택적인 수단으로 활용하고 있다. 구독자는 40만 명에 지나지 않지만, 이 잡지는 매우 엄선된 집단과 연결되어 있다. 독자 10명 중 7명이 25~44세의 연령인 이 집단은 대학에 입학하거나 졸업했으며 25,000달러 이상의 소득이 있다.

『패밀리 컴퓨팅』에는 청소년들을 위한 워드 프로세싱 프로그램인 우드베리스 플레이라이트(Woodbury's Playwrite)를 알리는 전면 광고가 실려 있다. 비교적 성능이 좋은 IBM과 코모도어 64(Commodore 64)와 애플 컴퓨터를 위해 고안된 이 소프트웨어 패키지에는 두꺼운 책 커버와 부속물들이 포함되어 있다. 그 덕분에 아이들은 손수 자신만의 책을 만들 수 있다. 오로지 교육을 받은 부모들과 조숙한 아이들에게만 어필하는 이 광고의 삽화에는 컴퓨터와 함께 있는 소년과 소녀가 등장한다. 그 아이들의 머리 위에는 신기루 같은 이미지로 그들의 꿈과 염원이 그려져 있다. 소년은 야구 선수의 유니폼 차림으로 경기장에 있고, 소녀는 우주복 차림으로 달의 표면에 있다. 아마도 세련된 이런 독자들이라면, 성 규범에 그다지 충실하지 않으며, 자녀들에게 그것을 기대하지도 않을 것이다.

소비자들의 직업적 위상

직업은 종종 소비자들의 사회적 역할, 사회적 계층 또는 라이프스타일 유형에 영향을 미치거나 이에 상응한다. 7장, 10장, 13장에서 우리는 특정한 역할과 사회 계층과 라이프스타일을 보여주는 소비자들에 대한 마케팅의 다양한 사례를 살펴보았다. 이제 여기에서는 미국의 직업 현황 파악을 위해 직업과 관련된 주요한 환경과 동향을 알아보고자 한다.

경제적 부문별로 예상되는 고용 동향 중 일부는 표 14-2에서 찾아볼 수 있다. 이미 월등히 높은 비중을 차지하고 있는 서비스 생산 산업은 앞으로 더 많은 비중을 차지하게 될 것이다. 제품 생산 부문 중에서는 오직 건설업만이 총노동인구에서 비중이 더 커질 것으로 예상된다. 건설과 관련된 직업은 다른 제품 생산 부문의 직업에 비해 컴퓨터 기술로 자동화하는 것이 더 어렵기 때문이다. 서비스 생산 부문 중에서는 건강 관리, 교육, 법률과 비즈니스 서비스가 전반적으로 미국 경제에서 그 역할이 가장 증가할 것이다. 정부 부문, 교통, 통신과 공공시설 부문은 노동인구에서 차지하는 비중이 더 작아질 것이다. 그리고

표 14-2. 1982년부터 1995년까지 부문별 예상 고용 비율

	1982년	1995년	편차
제품 생산 산업	28.8%	27.8%	−1.0
농업	3.4	2.5	−0.9
광업	1.2	1.0	−0.2
건설업	4.2	4.9	+0.7
제조업	20.0	19.4	−0.6
서비스 생산 산업	71.2	72.2	+1.0
교통, 통신, 공공시설	6.1	5.8	−0.3
도매, 소매 거래	22.0	22.5	+0.5
금융, 보험, 부동산	5.8	6.0	+0.2
기타(건강, 교육, 법률, 비즈니스)	29.3	31.2	+1.9
정부	8.0	6.7	−1.3
총고용	100.0	100.0	

출처: *American Demographics*, April 1985, p. 50.

전반적으로 고용은 증가하겠지만, 부문별로 고용률의 편차가 더 커지는 직업이 생길 것이다.

표 14-3은 1960년대에서 1980년대 초반까지 직업적 위상별 고용의 주요한 추세를 보여준다. 화이트칼라 직업의 고용률은 빠른 속도로 증가한 반면, 블루칼라 직업의 고용률은 감소하고 있다. 농장 부문의 고용은 가파른 감소세를 보였지만, 서비스 영역 직업의 고용은 증가했다. 한 가지 흥미로운 점은 화이트칼라 카테고리 내에서 상위층으로의 이동이 있었다는 것이다. 한편 블루칼라의 수작업 노동자들의 비율이 눈에 띄게 감소했는데, 이는 부분적으로 컴퓨터 자동화가 증가했기 때문이다.

표 14-3. 직업적 위상별 노동자 비율

	1960년대[a]	1970년대[a]	1982년[b]
화이트칼라	41.9%	47.5%	53.8%
전문직과 기술직	11.0	14.5	17.0
관리직과 행정직	8.9	8.1	11.5
판매직	7.4	7.1	6.6
사무직	14.6	17.8	18.5
블루칼라	39.5	36.6	29.7
공예와 장사	14.7	13.9	12.3
수작업	19.0	18.0	12.9
육체노동(농장 제외)	5.8	4.7	4.5
서비스	12.2	12.8	13.8
농장	6.4	3.1	2.7
총비율	100.0	100.0	100.0

a. *Historical Statistics, Colonial Times to 1970*, pp. 602–617.
b. *Statistical Abstract of the United States*, 1984, p. 417.

소비자들의 소득과 소비력

잠재구매자들이 실제로 소비자가 되려면 두 가지가 필요하다. 하나는 '구매 의지'이고, 다른 하나는 '구매 능력'이다. 특정한 제품 및 서비스에 대한 수요는 대부분 시장을 찾는 사람들의 소득과 구매력에 의존한다. 따라서 가격 책정은 물론이고 제품 기획, 광고 전략과 유통 정책도 어느 정도 소비자의 소득에 의존한다. 고품질의 제품인 경우, 마케터들은 상층흡수 가격 정책(skimming price policy)을 선택할 수 있다. 그들은 오직 상위 계층에만 어필하면서 독점적인 소매점을 이용할 것이다. 한편 일반적인 품질의 제품인 경우, 마케터들은 침투 가격(penetration pricing)을 결정할 수 있다. 그들은 시장의 대다수 소비자에게 어필하면

표 14-4. 가족 소득의 예상 비율 분포(1982년 달러 가치 기준)

	1980년	1985년	1990년	1995년
10,000달러 이하	15.5%	14.6%	13.0%	11.6%
10,000~19,999달러	24.8	23.8	21.5	18.9
20,000~29,999달러	23.3	22.4	21.2	19.5
30,000~39,999달러	16.6	16.5	16.9	16.8
40,000~49,999달러	9.4	10.2	11.4	12.4
50,000달러 이상	10.4	12.5	16.0	20.8
가족 합계	100.0	100.0	100.0	100.0

출처: *American Demographics*, May 1984, p. 50.

서 가능한 한 모든 판매점을 통해 개방적 유통 경로를 이용할 것이다. 이런 방식들은 대개 소비자의 소득 수준에 따라 시장을 세분화하고 표적화한다.

풍요 속의 성장

지난 10여 년간 미국 가족의 평균 소득은 실질적으로(인플레이션을 제거한 기준) 증가했으며, 계속해서 증가할 것으로 예상된다. 표 14-4는 1980년부터 1995년까지 15년 동안 6가지 소득 계층에 속한 가족들의 비율을 보여준다. 소득이 30,000달러 미만의 하위 계층에 속한 가족들의 비율은 감소하고 있지만, 40,000달러가 넘는 상위 계층은 상대적으로 증가하고 있다. 한편 소득이 30,000달러에서 40,000달러 사이에 위치한 중간 계층의 가족 비율만이 전 기간에 걸쳐 일정한 수준을 유지하고 있다. 만약 앞으로도 이런 예상이 유효하다면, 마케터들은 미국의 소비자 인구가 점점 부유해지는 상황을 기대할 것이다.

표 14-5. 전업주부의 비율

연령층	비율(%)
16~24세	12
25~44세	25
45~64세	40
65세 이상	64

출처: *American Demographics*, July 1985, p. 4.

경제적 성장은 미국인들의 부의 증가에 중요한 역할을 한다. 가족의 부가 증가한 주된 이유들 중 하나는, 점점 더 많은 여성이 직장을 구함에 따라 돈벌이하는 가족이 증가했기 때문이다. 실제로 표 14-5의 분석에 나타난 것처럼, 전업주부는 65세 이상의 여성들의 경우에만 일반적인 라이프스타일이다. 1982년 기준으로 30,000달러 이상의 소득을 가진 가족들 중에 4분의 3의 비율로 한 명 이상의 가족이 돈벌이를 했다. 반면에 30,000달러 이하의 소득을 가진 가족들의 경우에는 그 비율이 3분의 1 미만이었다.

부유한 여행자들

소비재 마케터들은 선택권을 가지고 있어서 구매자를 좇거나, 또는 달러를 좇을 수 있다. 그러나 이 두 가지 방식의 목적은 동일하지 않다. 표 14-6을 보면, 소비자의 소비력과 재량적 구매력(discretionary spending power)은 대부분 소수의 부유한 미국인 가족에 의해 좌지우지되는 것을 알 수 있다. 1970년대에 가구의 수는 단 1퍼센트만 증가한 반면, 가처분소득은 그보다 3배 더 증가했다. 30,000달러 이상의 소

표 14-6. 1985년 미국인 가족의 재정 현황

가구 소득 계층	미국인 가구	가구 소득	가구 순자산	자산 소득
30,000달러 이하	70%	38%	36%	29%
30,000~49,999달러	20	29	24	27
50,000달러 이상	10	33	40	44
가족 합계	100	100	100	100

출처: *American Demographics*, July 1985, p. 4.

득을 가진 가족의 수도 총가구 형성 비율보다 거의 3배 더 증가했다. 그리고 이런 흐름은 1980년대 이후로 가속화될 것으로 예상되었다.

가족의 소득이 증가함에 따라 재량소득(세금과 기초생활비의 지출을 제외한 소득)은 한층 더 빠른 속도로 증가하고 있다. 예를 들어 가족의 소득이 10퍼센트 증가하면, 순수한 재량적 구매력은 2~3배 정도로 증가할 수 있다. 이것은 각 개인이나 가족이 고정적으로 지출하는 기초생활비가 많은 비중을 차지하기 때문이다. 소득이 이런 비용을 초과하기 시작하면 일부만 기초생활비에 더 들어가고, 나머지 소득은 대부분 소비자의 재량적인 제품 구매로 흘러간다. 그런 소득 중 일부는 주로 저축하거나 투자하고, 또 일부는 매우 실용적인 제품과 서비스를 위해 지출하지만, 상당 부분은 사치품과 장난감과 취미 등을 위해 지출한다. 따라서 이런 제품을 판매하는 사람들은 소비력이 조금만 증가해도, 그 결과로 그들의 시장이 급속히 커지는 것을 알게 된다.

통신판매 카탈로그를 살펴보자. 50세 이상의 사람이라면, 아마도 농장 가족들과 노동자 계층 도시인들에게 일반 상품을 제공하는 리워즈

(Leewards)나 시어스 로벅(Sears, Roebuck & Co.) 같은 전통적인 카탈로그 판매업자를 떠올릴 것이다. 그러나 오늘날 이것은 완전히 시대에 뒤떨어진 생각이다. 카탈로그 판매 방식의 업자들은 수입을 기준으로 그들의 시장을 세분화하고 표적화한다. 그리고 비중이 큰 계층에 중점을 두면서, 모든 소비자를 상대한다.

조스 에이 뱅크 클로시어스(JoS. A. Bank Clothiers), 탤벗츠(Talbots), 호초우(Horchow) 같은 대표적인 카탈로그 업체들은 40,000달러 수준의 소득을 가진 가족에게 어필한다. 이보다 한 단계 아래인 엘엘빈(L.L.Bean), 에디 바우어(Eddie Bauer), 랜즈 엔드(Land's End) 제품의 소비자들은 대체로 30,000달러 소득 수준의 가족 계층이다. 브룩스톤(Brookstone), 릴리언 버넌(Lillian Vernon), 슈피겔 제품의 구매자들도 비슷한 소득 수준이다.

해리엇 카터(Harriet Carter), 리워즈, 시어스, 제이시 페니는 20,000달러 미만의 소득을 가진 가족들에게 어필한다. 하밴드(Haband)나 허슈너스(Herrschners) 제품의 소비자들은 소득 수준이 조금 더 낮은 편이다. 레인 브라이언트(Lane Bryant)의 소비자들은 소득 수준이 약 15,000달러이며, 핑거헛(Fingerhut) 카탈로그의 구매자들은 이보다 소득 수준이 훨씬 더 낮다.

오늘날 카탈로그를 통한 구매는 단일한 소득 수준의 소비자들에게 국한되지 않지만, 카탈로그 판매업자들은 저마다 특정한 가족 계층을 목표로 삼는다.

표 14-7. 소득별 가구 수 증가

실질소득 (1982년 달러 가치 기준)		1969년	1983년	가구 수 증가	비율 변화
상위층	41,456달러 이상	8.2%	12.8%	+119%	+36%
상위 중산층	29,840~41,456달러	14.4	14.2	+40	−1
중산층	18,426~29,840달러	27.4	23.1	+19	−19
하위 중산층	11,055~18,426달러	20.6	18.6	+28	−11
하위층	11,055달러 이하	29.4	31.3	+51	+6

출처: *American Demographics*, January 1985, p. 21.

중산층의 붕괴

인구와 가족의 수가 증가하면서 상위층과 하위층이 중산층보다 더 빠른 속도로 증가하고 있다. 표 14-7은 1982년의 달러 가치를 기준으로, 1969년부터 1983년까지의 5가지 소득 수준을 가진 가족들을 백분율로 표시한 것이다. 가장 빨리 증가하는 가족 부류인 상위층 가족의 수는 가장 느리게 증가하는 가족인 중산층보다 100퍼센트 이상 증가했다. 상위층의 비율이 36퍼센트 증가하는 동안, 하위층의 비율은 6퍼센트가 증가했다. 그 사이에 상위 중산층은 14년 동안 거의 일정한 비율을 유지한 반면, 중산층은 감소했다.

상위 중산층이나 하위 중산층에 흡수되어 중산층이 감소함에 따라, 많은 마케터가 새로운 판매 경로를 선택하지 않을 수 없게 되었다. 마케터들 중 예전부터 대규모 중산층 시장을 위해 일하면서 계속 이런 대중을 목표로 삼으려고 시도한다면, 갈수록 진퇴양난에 처하게 되는 자신을 발견할 것이다.

20세기에 이미 거의 100년의 역사를 가진 제이시 페니는 1980년대 초 15억 달러를 투자하여 5년간 쇄신 작업에 착수했다. 그 목적은 수익성 좋은 의류와 화장품과 가구 시장에서 일류 백화점과 전문점을 대상으로 높은 점유율을 확보하는 것이었다. 타깃은 젊고 부유한 일하는 여자들, 즉 패션 제품에 돈을 아끼지 않는 소비자들이었다. 실제로 제이시 페니는 풍요의 흐름을 올라탄 소비자들의 뒤를 열심히 따라가고 있다. 그리고 이것이 효력을 발휘하고 있다! 새로운 판매 정책은 몇 년 전 제이시 페니의 매장을 처음 찾아왔던 고객들에게 놀라움을 안겨줄 것이다. 남겨진 문제는 새로운 타깃 시장에서 성공적으로 단골을 확보하여, 과거에 하위 중산층 시장에서 입은 손실을 얼마나 빨리 만회할 수 있느냐는 것이다.

100년이 넘는 역사를 가진 미국 최대의 소매업체인 시어스 로벅도 판매 정책 같은 기본적인 것부터 새로운 로고 같은 표면적인 것에 이르기까지 모든 면에서 이미지 쇄신을 꾀하고 있다. 50개 주에 위치한 800개 이상의 매장에서 약 4천만 명의 미국인 가족들이 새로운 활력을 발견하게 될 것이다. 100개를 웃도는 시어스의 '미래의 매장들'이 17억 달러의 자본을 이용해서 1980년대 초부터 시작된 개선 프로그램을 주도하고 있다.

시어스는 매해 1억 2천5백만 명 이상의 막대한 규모의 고객층—미국의 성인 4명 중 3명—에 영향을 미치고 싶어 한다. 고객의 수가 불어날 여지는 별로 없기 때문에, 그 목적은 기존 고객들로 하여금 매장을 더 자주 방문하여 더 많은 상품(운동용 양말부터 회사 주식에 이르기까지 온갖 종류의 제품)을 구매하게 만드는 것이다. 그러나 시어스는 현금이 어디에서 나오는지 잘 알고 있다. 그들은 상위층을 겨냥하는 동시에 중산층을 보유하고자 애쓰고 있다.

주체할 수 없는 과소비 충동

전통적인 중산층의 분화는 마케터들에게 머리가 깨질 듯한 두통을 안겨주지는 않을 것 같았다. 그러나 1980년대를 보내면서 소득 스펙트럼에서 '자신의 위치'를 잘 모르는 듯한 소비자들이 상황을 악화시키고 있다. 이 시기 이전의 10년 동안 소비자 열풍을 이끈 후보자를 뽑는다면, '과소비'가 강력한 경쟁자가 될 것이다. 이런 흐름이 다양한 방식으로 모든 소득 스펙트럼을 휩쓸고 지나갔기 때문이다.

가난한 사람들은 낡은 중고 클렁커(klunker) 자전거를 구입하고, 중산층 사람들은 중형 자동차를 몰고 다니며, 오직 부유한 사람들만이 고급 대형 승용차에 몰두하던 시절이 있었다. 그러나 오늘날의 젊은 베이비 붐 세대의 가족들은 오래된 가전제품이나 일찍 결혼하여 장만한 가구들을 몇 년 더 알뜰하게 잘 사용하면서도, 동시에 BMW나 볼보의 신차 구입을 위해 돈을 펑펑 쓸 수도 있다. 물론 집과 가구가 완전히 새것이면서 차고에는 반드시 구식 자동차가 있어야 하는 것은 아니다.

역사적으로 미국의 소비자들은 소득 한도를 넘기지 않고 지출을 상당히 잘하는 편이었다. 그러나 소비자들은 일상적인 구매에서 충동구매를 하는 성향이 강하다. 즉 그들은 때때로 구매의 분포도에서 급격한 상승 곡선을 그리는 과소비를 한다. 과소비에는 두 가지의 유형이 있다. 개인적인 과소비와 공개적인 과소비가 그것이다. 일부는 순전히 개인적인 사치를 위한 것이고, 또 다른 일부는 사실상 과시를 위한 것이다.

이렇듯이 '정상적인' 소득 수준으로부터 소비 유형을 일탈하게 만드는 성향이 발생하는 이유는 그 배후에서 몇 가지의 요소가 영향을 미치기 때문이다. 또 부분적으로는 부와 재량적 구매력이 증가했기 때문이다. 그러나 이것만이 전부가 아니다. 자신의 가족을 거느리고 있는 베이비 붐 세대는 풍요 속에서 성장했다. 그러나 대다수가 경제적 성장 속도를 계속 유지하는 것이 힘들다는 것을 알고 있다. 그들의 '굉장한 유산'은 종종 현실에 부합되지 않는다. 그렇다면 그들이 실망감을 덜기 위해 이를 '보상해주는' 과소비보다 더 나은 방법을 찾을 수 있을까? 설사 모든 것을 가질 수 없다고 하더라도, 과소비를 하면 최소한 '행복한 삶'을 시음하듯이 맛볼 수는 있을 것이다. 청년과 중년 사이에서 쾌락과 사치에 반대하는 문화적 금기도 완화되었다. 결론적으로 개인적인 즐거움을 주는 것들에 대한 과소비는 숨 가쁘게 돌아가는 생활의 압력에 대처하는 하나의 방법이다.

한때 새로운 소매 현상인 창고형 회원제 할인매장이 미국 전역에 우후죽순으로 생겨났다. 프라이스 클럽(Price Club)과 코스트코 홀세일 클럽(Costco Wholesale Club), 샘스 홀세일 클럽(Sam's Wholesale Club) 같은 대형 체인점들뿐만 아니라, 많은 소형 체인점과 개별적인 창고형 할인매장들도 기존의 할인점들보다 훨씬 더 낮은 가격에 다양한 상품들을 제공한다. 그러나 그들의 선반이 죄다 가장 저렴한 상품들로 채워진 것은 아니다. 평범한 제품들 사이에서 스토우퍼스, 페리에(Perrier), 시바스 리갈(Chivas Regal), 제니스(Zenith), 브라운(Braun), 미쉐린, 크리스티앙 디오르(Christian Dior) 같은 고급 상표들도 눈에 띄기 때문이다. 주차장에는 자주 보이는 아우디, BMW, 볼보, 사브 자동차뿐만 아니라, 간간이 메르세데스-벤츠나 재규어(Jaguar)를 가지고 와서 이런 판매에 상응하는 모습도 보인다. 이것 역시 여피족이 그들 나름의 이유를 가지고 경제적으로 과소비하는 하나의 방식이다.

만약 이런 기준으로 단일 매장이 성공할 수 있다면, 복합 쇼핑센터가 성공하지 못할 이유가 있을까? 실제로 1986년 말까지 이미 350여 차례 이상 성공을 거둔 쇼핑센터가 있다. 가장 최근에 등장한 소매 개념인 공장형 아웃렛 몰(factory outlet mall)들이 그것이다. 현대적이지만 인적이 드문 곳에 위치한 이런 쇼핑 매장들은 할인 물품을 찾아다니는 사람들에게 노다지나 다름없다. 상품들이 정가보다 무려 50퍼센트까지 저렴하기 때문이다. 기존의 공장형 직판점(factory outlet store)의 파생물인 이런 매장들은 깔끔하면서 기본적인 서비스만 제공하는 하나의 쇼핑센터에 모여 있다. 이곳에서 고객들은 유명 브랜드에 돈을 펑펑 쓰는 몽상에 빠질 수 있으며, 신경안정제 없이 비자나 마스터카드의 명세서를 열어볼 수 있다.

소비자들의 존재 방식 그대로
그들을 데려가라

다른 사람들과 마찬가지로 마케터들도 종종 지나친 단순화를 감추는 교묘한 용어에 이끌린다. 단순한 용어로 시장을 바라보는 것이 더 쉽기 때문이다.

여피족(yuppies), 그들 모두를 축복하라: 베이비 붐 세대의 5명 중 단 1명만 30,000달러 이상의 소득을 가진 상위층 전문직 종사자이다. 이와 비교해보자면 베이비 붐 세대의 평균 소득은 21,500달러이다. 여피족은 자신감 넘치는 노력형이며, 보통 사회적 관점은 진보적인 반면에 경제적 견해는 보수적이다. 그들은 규율을 지키는 행복한 집단으로, 종종 소비재에 대한 소비를 단순한 지출이 아닌 '투자'로 바라본다.

믿거나 말거나 그다음 차례는 머피족(muppies)이다: 뉴욕의 마케팅 광고회사 브레인－리저브(Brain-Reserve)의 사장인 페이스 팝콘(Faith Popcorn)은 가처분소득의 수준이 높지만, 일시적 유행에 민감하지 않은 45,000달러 이상의 소득을 가진 중년(35~48세)의 상위층 전문직 종사자들을 선호한다. 그들은 머피족으로, 부모 세대에 비해 더 자유로우며 물건 구입에 있어서도 죄책감이 덜하다. 또한 여피족보다 더 이상적이고 더 만족해하지만, 그들만큼 의욕적이지는 않다.

이제 우피족(woopies)을 위한 공간을 만들어라: 우피족은 50세 이상의 부유한 소비자로서, 전국 평균보다 20퍼센트 이상 높은 소득을 가지고 있으며, 소비자들이 사용하는 현금 중 40퍼센트 이상을 지출한다. 또한 고정비 지출이 적기 때문에 순수한 재량적 구매력에서도 큰 비중을 차지하고 있다. 그들 중 대다수는 자신이 원래 나이보다 10년쯤 더 젊다고 생각한다. 그들은 경제적으로 '외부'가 아니라 '상부'에 위치해 있을 가능성이 크다. 그들은 모든 영역의 제품들을 구매한다.

인구통계학적 분석은 여피족에게 이끌리는 것이 오직 부분적으로만 그럴 만한 가치가 있음을 알려준다. 진정한 이득은 기본으로 다시 돌아가는 것에 있다. 즉 시장세분화와 타깃 마케팅과 마케팅 믹스 관리의 기반이 되는 인구통계학적 자료로 되돌아가는 것이다.

소비자의 코드를 읽는 키워드 14

1. 소비자 시장의 세분화와 타깃 세그먼트의 선정에서 인구통계학적 특징은 다른 무엇보다도 가장 일반적인 변수로 작용한다. 기본적인 인구통계학적 변수 6가지는 소비자의 연령, 성별, 가족, 교육, 직업, 소득이다.

2. 개인의 소비가 제한적이지 않은 '재량적 선택재(discretionary goods)'의 경우에는 잠재구매자의 수가 감소하고 있음에도 불구하고, 잠재적 부피의 측면에서는 성장하고 있다.

3. 하나의 성에 관련된 제품을 취급하는 마케터들이 남녀 모두에게 그 제품을 마케팅하고 싶다면, 성별에 의해 시장을 세분화하거나 혹은 동일한 기본 제품일지라도 제품 명칭을 달리할 필요가 있다.

4. 부부가 2명 모두 노동인구에 속하면, 이것이 가족 내의 역할 구조에 상당한 영향을 미친다. 예전에는 남편이 생계비를 벌고 아내는 거의 전적으로 가사를 책임지는 식으로 각자의 역할이 매우 한정되었지만, 오늘날에는 이런 구분이 현저히 줄어들었다.

5. 남성과 여성 가장의 교육 수준 차이가 갈수록 좁혀지자 부모와 자녀 모두에게서 성별에 근거한 제한이 약화되고, 공동으로 의사결정을 하고 책임과 역할을 분담하려는 경향이 더 강해지고 있다.

6. 이미 월등히 높은 비중을 차지하고 있는 서비스 생산 산업은 앞으로 더 많은 비중을 차지하게 될 것이다. 정부 부문, 교통, 통신과 공공시설 부문은 노동인구에서 차지하는 비중이 더 작아질 것이다. 화이트칼라 직업의 고용률은 빠른 속도로 증가한 반면, 블루칼라 직업의 고용률은 감소하고 있다. 이는 부분적으로 컴퓨터 자동화가 증가했기 때문이다.

7. 소비자들은 일상적인 구매에서 충동구매를 하는 성향이 강하다. 과소비에는 두 가지의 유형이 있다. 개인적인 과소비와 공개적인 과소비가 그것이다. 일부는 순전히 개인적인 사치를 위한 것이고, 또 다른 일부는 사실상 과시를 위한 것이다.

15

실제 시장에서 통하는
소비자의 선택 법칙을 익혀라

CHOICE:
Picking at the
Material Landscape

'이것에 돈을 잃을지도 몰라.'

'아마 이것은 효과가 없거나, 기대한 대로 안 될지도 모르는데…….'

'이것은 좀 위험해 보이는데, 혹시 다치게 될지도 모르겠다.'

'이것을 사면 내 친구들이 어떻게 생각할까?'

'지금 이것을 사면 정말로 후회하게 될지도 몰라.'

만약 위와 같이 위험을 5가지 패턴으로 미리 생각하지 않는다면, 소비자의 구매 결정은 아주 쉬워질 것이다.

결과를 완벽하게 예측할 수 있다면, 소비자의 선택은 매우 간단해질 것이다. 그러나 이런 일은 불가능하다. 어떤 것들은 구매자의 기대 이상이고, 어떤 것들은 기대 이하이다. 그러므로 어떠한 종류의 소비재이든지 구매에는 어느 정도 위험이 따르기 마련이다. 소규모의 구매는 작은 위험을, 대규모의 구매는 큰 위험을 내포한다. 그러나 이 시점에서 우리가 관심을 가져야 하는 것은 구매에 내재된 실제적인 위험이 아니라, 진짜이든 아니든 간에 구매를 결정할 때 영향을 미치는 '구매자가 인식하는 위험'이다.

소비자가 감수하는 위험들

구매자가 구매 결정을 내릴 때에는 객관적인 위험과 주관적인 위험이라는 2개의 서로 다른 종류의 위험을 경험하게 된다. 구매자가 인식하는 위험의 특성을 알아냄으로써, 마케터들은 위험을 피하고 구매 저항을 최소화할 수 있다.

객관적 위험과 주관적 위험

무엇인가를 구입할 때 경험하는 객관적 위험이란 측정이 가능한 위험, 즉 외부의 기준으로 판단할 수 있거나 다른 구매자들도 경험하는 위험을 말한다. 어떤 소비자가 색깔이 화려한 옷을 샀는데 광고에 색상이 바래지 않는다고 나온 데다가, 물빨래도 가능하다고 라벨에 적혀 있다고 가정해보자. 구매자가 인식할 위험들 중 하나는 색상이 빨리 바랠지도 모른다는 것과, 같이 세탁한 다른 옷들까지 물들일지도 모른다는 것이다. 다른 사람들도 이와 같은 경험을 할 것이고, 부정적인 결과가 보기 흉해진 세탁물들과 새로 옷을 사는 데 드는 비용의 측면에서 모두 측정이 가능하므로, 우리는 이것을 객관적 위험이라고 부른다.

이런 경우에 마케터들은 구매자들이 경험하는 객관적인 위험을 감소시킬 수 있도록 여러 가지로 도울 수 있다. 재질이나 공정상의 불량에 대한 보증은 그러한 위험을 감소시키는 한 가지 방법이다. 한편 객관적 위험에 노출된 구매자들은 전문가로 인정받은 사람들로부터 나오는 신뢰할 만한 정보에 대단히 민감하다. 직접적 혹은 간접적 경험의 습득 또한 이와 같은 객관적인 위험을 피하게 해준다. 그리고 마지막으로 판매자나 브랜드의 지명도는 확신을 더해준다.

자동차 회사들이 내건 5년간 50,000마일 보증제는 잠재고객들에게

462

인식되는 객관적 위험을 감소시키는 수단의 한 예이다. 아메리칸 모터스(American Motors)가 이런 보증제에 대한 소비자의 관심도를 테스트했더니, 남자들보다 2배나 많은 수의 여자가 이런 보증제에 호감을 표시했다. 이것은 여성 운전자들이 스스로 자신의 기계적 신뢰성이 부족하다고 여기기 때문이다. 따라서 여성들은 기계류를 구입할 때, 위험을 더 크게 인식하는 경향이 있다.

잠재고객이 경험하는 주관적 위험은 측정 가능하며, 객관적인 결과에 대한 불확실성보다는 자기 자신의 개인적 반응이 어떻게 나올지에 대한 불확실성에 바탕을 둔다. 예를 들어 영화를 보러 가려는 사람은 어떤 영화를 볼 것인지의 선택에 직면하여, 상영 중인 영화들에 대한 자신의 반응을 예측하려고 한다. '내가 이 영화를 저 영화보다 더 좋아할까?' 이런 종류의 결정에 연관되는 객관적 위험은 거의 존재하지 않는다. 어떤 영화가 상영되더라도 상영 중에 끊기는 일은 발생하지 않을 것이고, 화면의 질도 모든 영화가 거의 동일할 것이며, 출연하기로 되어 있는 배우도 모두 나올 것이다. 그러나 다른 구성원들로 이루어진 관객들은 특정한 영화에 대해 다르게 반응할 것이다. 이처럼 반응은 완전히 주관적이다.

재질이나 공정상의 결함에 대한 보증제도 역시 주관적으로 인식되는 위험을 완화하는 데에는 아무런 도움을 주지 못한다. 주관적인 위험을 감소시키는 유일한 보장은 '완벽하게 만족하지 못할 경우에는 환불해주는 것'뿐이다. 주관적 위험에 직면한 소비자들은 전문가의 정보를 필요로 하지 않고, 그것을 원하지도 않는다. 권위 있는 전문가가 일반 소비자와 똑같은 개인적 취향을 가졌다고 볼 수 없기 때문이다. 그 대신에 마케터는 그 제품의 전형적인 구매자와 아주 유사한 사람들의 보증을 사용해야 한다. 대중은 비슷한 사람들이 자신과 비슷한 반응을 보인다는 사실을 잘 알고 있다. 앞의 예를 이어서 생각해보면, 영화비평가의 호의적인 영화평이 10대 학생 관객들에게 그들이 그 영화를 재미있게 볼지에 대해서 말해줄 수는 없다. 그 영화에 대한 다른 10대 학생들의 보증이 그들에게 인식되는 주관적 위험을 감소시키는 데 훨씬 효과적이다.

20세기에 들어서면서 시어스 로벅은 통신판매를 통해 팔리는 제품들에 대한 소비자 만족 보장제도를 실시했다. 구매자는 환불 시에 환불 사유를 밝히지 않아도 되었다. 그 후로 통신판매 등을 이용하는 대다수의 다이렉트 마케팅 업자들은 고객의 불만족이 있을 시, 환불 보장제도를 시행했다. 직접 물건을 살펴보고 만져볼 기회가 없었던 전화/우편 주문 구매자들은 주관적으로 인식되는 위험을 많이 느껴왔으므로, 잠재고객이 제품을 주문할 때 손해를 보지 않도록 도와주는 보장제도는 큰 효과가 있었다.

이러한 포괄적 반품 권리는 객관적 위험과 주관적 위험의 상당 부분을 제거 또는 감소시켰다. 그러나 반품 권리가 구매 후 일정 기간 이내로 한정되어 있을 경우에 주관적 위험은 완화될지라도, 시간을 두고 지켜보아야 하는 성능에 대한 객관적 위험은 거의 감소되지 않는다.

구매 시 소비자가 인식하는 5가지 위험 유형

구매 시 소비자가 인식하는 위험에 대해서 대다수의 사람이 금전적인 위험만을 떠올리지만, 이것은 구매자가 신경쓰는 5가지 위험 유형 중 하나에 불과하다. 이외에도 기능적 위험, 신체적 위험, 사회적 위험, 심리적 위험이 있다. 소비자가 인식하는 위험의 형태는 구매의 성질과 구매자의 특성에 따라 결정된다.

금전적 위험

우리가 가장 이해하기 쉬운 금전적 위험은 제품이나 서비스에 구매자가 자신이 지불한 금액만큼의 값어치가 없다고 판단하는 것이다. 제품 및 서비스가 흔하거나 전통적이고, 시장에 나온 지 오래될수록 구매자들은 금전적 위험을 덜 느낀다. 또한 여러 상점과 마케터들이 고수하는 '단일 가격' 정책도 금전적 위험을 감소해준다. 가격을 개인적으로 흥정해야 한다면, 구매자들은 바가지를 쓰지 않을까 하는 불안감을 가지게 될 것이다. 그래서 많은 백화점과 전문점은 소비자가 구매 시 인식하는 금전적 위험을 완화시키기 위하여, 소급 적용되는 세일 가격을 제공하기도 한다. 구입 후 일정 기간 내에 그 상품이 세일에 들어가면, 구매자는 구매 영수증을 제시하고 지불했던 금액과 세일 가격의 차이만큼의 돈을 되돌려받는 것이다.

　금전적 위험의 크기는 상품 가치에 대한 확실성이나 불확실성의 정도와, 구매의 크기에 달려 있다. 저가격 제품은 손해를 본다고 할지라도 금액이 얼마 되지 않으므로, 성인 소비자들에게 금전적으로 큰 위험을 수반하지 않는다. 그러나 집, 차, 가전제품, 가구, 해외여행, 성형수술, 학비 같은 대형 내구재와 고가의 서비스는 금전적 위험이 더욱 크다.

또한 구매자의 특성도 금전적 위험의 크기에 영향을 미친다. 금전적 '위험 자본'(risk capital: 심각한 결과를 초래하지 않고 소비할 수 있는 돈)을 대량으로 보유하고 있는 사람들은 그렇지 않은 사람들보다 금전적 위험을 적게 인식할 것이다. 부유한 구매자라면, 손해로 인한 별다른 고통없이 더 많은 기회와 실수를 시도할 수 있다. 예를 들어 어른들은 새로 나온 사탕을 먹어볼 때, 금전적 위험을 크게 인식하지 않는다. 맛이 없을 경우에는 쓰레기통에 버리고 잊어버리면 그만이기 때문이다. 돈 몇백 원 때문에 안타까워하지 않는 것이다. 그러나 같은 사탕이라도 아이들이라면 상황이 다르다. 아이는 사탕 판매대 앞에 서서 여러 가지 사탕을 보며, 머릿속으로 상대적 가치를 비교하면서 끙끙대며 고민할 것이다. 몇백 원이 그 아이에게는 쉽게 벌 수 없는 큰 돈이기 때문이다. 이처럼 위험 자본이 적다면, 인식되는 위험이 커진다.

기능적 위험

제품이나 서비스가 효과가 있는지, 또는 제대로 기능하는지는 금전적인 면에서 가격만큼의 가치가 있는지 없는지와는 근본적으로 다른 문제이다. 기능상의 오류는 상품의 본래 가격보다 훨씬 큰 비용을 발생시킬 수 있다. 예를 들어 수술대에서 환자가 사망한다면, 외과 의사가 수술비를 환불해주겠다는 약속은 그 환자가 인식하는 위험을 완화시키지 못한다. 이 일에서 중요한 것은 금전적 위험이 아니라, 기능적 위험이기 때문이다. 두통이 있는 사람이 진통제를 복용할 때에도 마찬가지이다. 그는 두통이 빨리 사라지는 것에만 관심을 둘 뿐, 진통제의 효과가 없을 경우에 얼마를 손해보게 될지는 걱정하지 않는다. 따라서 결과적으로 진통제의 판매량은 가격을 낮추어도 늘어나지 않는 경우가 많으며, 심지어는 가격이 오르더라도 소비자의 수용도가 올라가는 경우가 발생한다. 고통을 완화하려고 할 때에 중요한 것은 효과가 있느냐의 여부이지, 금전적인 고려가 아니기 때문이다.

인식되는 기능적 위험의 정도는 제품이나 서비스의 특성과 관계가 있으며, 잠재고객이 보유한 기능적 위험 자본의 양과도 관련 있다. 기능적 위험의 경우, 위험 자본은 니즈의 정도와 대체재의 입수 가능성의 관점에서 정의된다. 예를 들어 휴가 여행객들은 비즈니스 여행객들보다 스케줄에 유연성이 있다. 휴가 여행객들은 비행기의 출발이 지연될 경우, 더 많은 기능적 위험 자본을 가졌다고 할 수 있다. 그들이 예약해두었던 항공사가 예약을 초과로 받아서 좌석이 없다면, 다음 비행기를 타야 하는 불편은 있지만 그리 비극적인 일이 아니다. 그리고 항공사가 지연에 대한 보상으로 비행기의 티켓 값을 환불해주고 하루 더 공짜로 여행할 수 있게 해준다면, 금전적인 이익은 발생한 손해를 상쇄하고도 남을 것이다. 어쩌면 그들은 그런 일이 일어난 것을 기뻐할지도 모른다. 그러나 지정된 시간에 중요한 회의에 참석해야 하거나, 중요한 고객과 만나야 하는 비즈니스 목적의 승객은 더 적은 기능적 위험 자본을 가지고 있다. 그들은 절대 늦어서는 안 되며, 공짜 여행 따위로 보상을 받는다는 느낌을 가지지 않을 것이다. 그들의 경비는 어차피 회사 차원에서 지출되므로, 기능적 오류에 대한 개인적인 보상은 이루어지지 않는다.

USPS(United States Postal Service: 미국 우정 공사)는 속달우편 서비스로 보내는 편지와 소포의 바로 다음 날 배송을 보장한다. 소포가 제시간에 도착하지 않으면, 발송인은 전액 환불을 요구할 수 있다. 그러나 UPS(United Parcel Service)나 페덱스(FedEx Corporation)와 같은 민영기업들의 서비스도 여전히 번성 중이다. 이 회사들은 USPS의 속달우편보다 훨씬 높은 요금을 매기지만, 소포의 제시간 도착에 대한 보장이 더욱 철저하기 때문이다. 일반적으로 발송인에게는 기능적 위험이 금전적 위험보다 훨씬 더 중요하므로, 환불 보장제도가 USPS의 느린 배송에 대한 평판을 보상해주지 못한다.

신체적 위험

관련된 법적 책임은 차치하고서라도 구매자들이 인식하는 신체적 위험은 상품에 대한 소비자 수용도에 직접적으로 영향을 미치기 때문에, 마케터에게 아주 골치 아픈 근심거리이다. 인식되는 육체적 위험이 가장 높은 제품은 우선 건강과 안전에 직접적으로 관련을 맺고 있는 것들이다. 약품이나 치과 치료를 포함한 의료 서비스 또는 건강 관련 제품들이 바로 그러한 예이다. 또한 다양한 전자 제품이나 기계 제품들,

예를 들어 가전, 전동차, 운동과 오락을 위한 제품들 역시 사용자에게 부상을 입힐 수 있다고 여겨지기 때문에 육체적 위험이 높다.

소비자들이 소유하고 있는 신체적 위험 자본의 정도는 그들이 얼마나 튼튼한지, 또는 얼마나 허약한지에 달려 있다. 정상의 건강한 젊은 이들이라면, 스키 슬로프에서 별다른 신체적 위험을 인식하지 못할 것이다. 만약 사고가 나서 뼈가 부러지거나, 인대가 늘어나거나, 혹은 탈골이 되어서 깁스를 해야 한다고 해도, 비교적 빠른 시일 내에 완치될 수 있으리라고 믿는다. 반면에 나이가 든 사람들은 치료 속도가 느리고, 때로는 영구적으로 불구가 되는 경우도 생기는 등 사고의 결과가 심각할 수도 있기 때문에, 스포츠 활동을 신체적으로 위험하다고 생각한다.

왓킨스 매뉴팩처링 컴퍼니(Watkins Manufacturing Company)는 자사의 온천욕조 제품이 미국 보험업자 안전시험소(Underwriters Laboratories)로부터 인증받았다는 사실을 대대적으로 홍보하고 있다. 실내 온천욕을 즐기는 소비자들이 종종 이러한 전기 제품에 물을 채우고 몸을 담그는 것을 두려워하기 때문이다. 반면, 이 기관으로부터 인증을 받지 못한 경쟁사의 제품들은 훨씬 더 저렴한 가격에 판매된다. 잠재고객은 이런 제품에 존재하는 신체적 위험을 진지하게 고려하므로, 독립적인 안전 전문 기관에 의한 인증이 이러한 위험의 수준을 현저하게 낮추어주는 역할을 한다. 따라서 소비자들은 더 비싼 값을 치르더라도 안전한 온천욕조 브랜드를 선택한다.

사회적 위험

사회적으로 가시적인 모든 소비재와 서비스는 사회적인 위험을 포함하고 있다. 구체적으로 설명하자면, 사회적 위험이란 한 소비자가 특정 제품이나 서비스를 구매함으로써 사회적 지위나 소속을 잃게 되는 경우라고 할 수 있다. 즉 소비자들이 특정한 구매 행동으로 인해 타인으로부터 인기나 존경을 잃게 될 수도 있다는 뜻이다. 부정적인 측면에서 '질이 나쁜' 동네에 산다거나, '출시된 지 오래된' 차를 타거나, '맞지 않는' 의상이나 장신구를 착용하는 데에서 발생하는 손실은 매우 크다. 이와 반대로 '분위기가 좋은' 동네에 살고, '우수한' 학교를 다니고, '멋진' 옷을 입는 것은 다른 사람들의 눈에 보이는 자신의 사회적 위상을 높일 수 있다.

소비자들의 사회적 위험 자본은 그들이 이미 가지고 있는 사회적 지위와, 그들이 속한 집단의 질과 양에 의해서 좌우된다. 명예로운 위치에 있는 사람들, 개개인이나 타인들이 중요하게 여기는 그룹에서 인기가 있는 사람들은 사회적 위험 자본이 더 풍부하므로 선도적인 구매를 하는 위험을 감수할 여유가 있다. 자신의 이미지가 약간 나빠지거나, 또는 누군가가 자신을 거부한다고 해도 그들은 여전히 호의적인 사회적 지위에 머물러 있는 것이 가능하기 때문이다.

반면에 자신의 사회적 공동체 안에서 비천한 지위에 있는 사람들, 속해 있는 그룹에서 간신히 붙어 있는 사람들, 동료들 사이에서 인기가 없는 사람들은 구매하는 상품의 사회적 수용도에서 위험을 감수할 여력이 없다.

소속이나 지위에 대한 어필을 이용하면, 잠재고객들이 인식하는 사회적 위험이 줄어든다. '유명한' 사람들에 의한 보증은 존경이나 지위의 상실에서 오는 위험을 완화해준다. 한편 자신과 '비슷한' 사람들에 의한 보증은 사회적 수용도에 따른 위험을 해결해준다. 그러나 이 두 가지를 혼동하면 안 된다. 1장에서 소속에 대한 니즈와 위신에 대한 니즈를 조심스럽게 구분했던 것을 기억하기 바란다. 이 두 가지는 동일하지 않을 뿐만 아니라, 서로 정반대로 작용할 때도 있다.

또한 명성과 인기는 모두 소비자의 사회적 환경에 따라서 상대적이라는 사실도 명심해야 한다. 비교적 단순한 품팔이 노동자나 교육을 덜 받은 주부는 다른 노동자나 주부들의 관점에서 자신의 지위와 인기를 규정한다. 자신이 속한 포괄적인 의미에서의 사회적 위치와는 상관없이, 그들은 같은 사회적 무리에 속한 타인들에게 인기가 있고 존경을 받거나, 또는 인기가 없고 멸시를 받는다. 사회적 계층의 최상위에서도 마찬가지이다. 어떤 의사가 동네에서 존경받을지도 모르지만, 그 의사가 가진 사회적 위험 자본은 문외한의 관점이 아닌 다른 의사들과 전문가들의 관점에서 정의된다.

사람들은 보통 지위와 명성을 과시하기 위해서 손목시계가 엄청나게 고급스러운 보석 장신구처럼 보여야 한다고 생각한다. 반면에 과학 기구나 기술 장비처럼 보이는 시계라면 대단히 기능적이기는 하겠지만, 신분적 가치는 없다고 생각할 것이다. 롤렉스(Rolex) 시계가 바로 두 번째 경우에 해당했다. 사람들은 그 모양만 보았을 때에는 시계가 자크 이브 쿠스토(Jacques Yves Cousteau: 프랑스의 해양 탐험가)의 잠수복에 어울린다고 생각했을 뿐, 턱시도를 입은 오페라 가수 플라시도 도밍고(Plácido Domingo)의 팔을 빛내줄 수 있다고 생각하지 않았다.

롤렉스는 자사 브랜드에 신분적 가치를 심기 위해서 도밍고와 같은 슈퍼스타의 보증을 이용하는 광고를 『타운 앤드 컨트리』 같은 고급 잡지들에 실었다. 광고 카피의 3분의 2는 보증인의 명성을 화려한 수사로 찬양하는 내용이었다. 도밍고의 빛나는 경력들을 읊은 후에야 비로소 그의 선택은 롤렉스 시계라는 점이 언급되었다. 이렇게 조심스러운 이미지 관리를 통해 롤렉스는 스포츠 시계로나 적당했던 디자인을 가지고서 자사의 시계를 독특한 사회적 심벌로 변모시켰다.

심리적 위험

어떤 구매가 자신의 이미지를 망치거나 자부심을 위협할 가능성이 있음을 알아차린다면, 잠재고객들은 심리적인 위험을 인식한다. 이런 형태의 위험은 사회적 위험과 구분된다. 심리적 위험은 타인이 어떻게 생각하고 행동할지를 고려하지 않기 때문이다. 이것은 사회적인 것이 아닌 다분히 개인적인 것이며, 다른 사람들은 그 상품을 구입했다는 사실조차 모를 수도 있다. 우리는 육욕, 방종, 낭비, 태만과 같은 것들의 문화적 금기에 대해서 학습할 뿐만 아니라, 내면화하여 양심(또는 초자아)의 일부가 되게 한다. 만약 소비자가 금기를 깨뜨리거나 자신의 행동 기준에 반하는 일을 한다면, 그는 자긍심을 잃고 자책감에 빠질 수도 있다. 죄책감, 수치심, 후회, 무시, 무책임 등은 사람의 심리적 안정을 저해하는 불쾌한 감정이다. 잠재고객이 어떤 구매로 인해 이러한 감정이 유발될지도 모른다고 의심한다면, 그에게 인식되는 심리적 위험이 그 구매를 막을 가능성이 높다.

구매자가 스스로에 대해 가지고 있는 이미지가 긍정적일수록, 또 자부심과 자긍심이 강할수록 그는 더 많은 심리적 위험 자본을 가진 것이다. 자신의 이미지에 확신이 없고, 자긍심이 약한 사람들은 후회나 회한으로 쉽게 망가지곤 한다. 자신감이 있는 사람들은 똑같은 상황에서 머리를 흔든 후, 웃으면서 다시는 그러지 않으리라고 맹세하며 흘려버릴 수 있다. 이처럼 심리적 위험 자본의 정도는 개개인에 따라 편차가 크다. 혁신적인 상품의 구매자나 그 사용자인 혁신자를 나타내는 요소가 하나 있다면, 바로 '대담함'일 것이다. 그리고 대담함 밑에는 거의 예외 없이 강한 자부심과 자존심이 존재한다.

상품이 내구재에 가깝고 사치스러우며 비쌀수록 구매자가 심리적 위험을 경험할 가능성이 더 높아진다. 의류, 보석류, 가구류 등은 특히 이런 형태의 지각된 위험에 노출되기 쉽다. 이런 물건들은 구매자의 환경 속에서 언제나, 그리고 오래도록 존재하기 때문이다. 대부분의 사람은 충동이나 변덕 때문에 그런 물건을 구입하고 나서, 그것을 볼 때마다 후회한 경험이 있을 것이다. 이런 일이 있으면, 구매자는 다음번에 같은 종류의 상품을 구입할 때 심리적 위험에 지나치게 민감해진다.

레인 컴퍼니(Lane Company)는 고가구를 재현하는 자사의 셰이커 교도

(Shaker) 라인의 가구에 대해서 '박물관이 보증하는'이라는 헤드 카피로, 건축 잡지인 『아키텍처럴 다이제스트』에 광고를 실었다. 이어서 상세한 설명을 덧붙였다. '모든 아메리카 컬렉션 제품은 가보가 될 수 있습니다. 후손들에게 물려줄 가보를 지금부터 수집하십시오.' 레녹스 차이나 앤드 크리스털(Lenox China and Crystal)도 다음과 같은 슬로건을 같은 잡지에 실었다. '예술은 사치가 아닙니다.' 마브로(Marbro)도 우아하고 고급스러운 램프와 조명 광고를 이 잡지에 실으면서, 자사의 디자인을 '조명예술에 대한 현명한 투자'라고 주장했다. 또 우아한 작은 조각상을 제작하는 독일의 M. I. 훔멜(M. I. Hummel)은 '1871년 이래로 삶의 질을 제공하고 있습니다'라는 슬로건을 사용했다.

베이비 붐 세대는 상품의 구매를 지출이 아닌 투자로 볼 수 있다면, 또는 그것을 낭비가 아닌 삶의 질과 연결하여 생각할 수 있다면, 사치품일지라도 기꺼이 수용한다. 이때 사용되는 마케팅 방법들은 방종이나 낭비라는 느낌을 완화해서 소비자의 사회적 위험에 대한 잠재적인 인식을 감소시킨다.

소비자의 구매 결정 과정에서 마케터들은 때때로 경쟁 상품들과 비교해서 가격과 가치의 거래적인 면만 보는 식으로 지나치게 단순화된 관점을 취하고 싶은 유혹을 느낀다. 물론 소비자가 구매 결정을 내리는 동안에 인식하는 위험의 형태들을 모두 열거할 수는 없을 것이다. 그러나 인지하지 못한다고 해서 그러한 위험을 경험하지 않는 것은 아니다. 마케터들이 다음의 2가지를 자문해본다면, 많은 깨달음을 얻을 수 있을 것이다.

1. 우리 상품의 구매자들은 어떤 종류의 위험을 인식할까?
2. 이러한 위험을 완화하기 위해서 무엇을 해야 할까?

구매자들은 위험이 적어 보이는 상품에는 더 높은 가격을 지불할 용의가 있는 경우가 많다. 따라서 그들이 인식하는 위험을 경감해주는 마케터는 경쟁 우위를 가질 수 있다.

구매 결정 과정

구매 결정은 순식간에 일어나지 않는다. 1분 이하이든, 몇 주이든, 혹은 몇 달이든 간에 일반적으로 얼마간의 시간이 걸리기 마련이다. 그래서 결정권자가 거쳐야 하는 몇 가지의 단계가 있다는 뜻에서 '결정 과정'이라고 부른다. 물론 결정에 이르기까지 걸리는 시간과 구매에 쏟는 시간은 소비자에 따라 천차만별이다. 구매 결정 과정의 기간과 형태는 소비자가 어떤 식으로 구매를 하느냐에 달려 있다. 이번에는 장기간의 결정, 신중한 선택, 구매 원칙의 구성, 일상적인 구매, 충동 구매라는 5가지 종류의 구매 결정 과정을 살펴볼 것이다.

장기간의 결정 과정

자주 구입하지 않는 고가의 소비재를 구매하려는 잠재고객들은 신중하게 판단한다. 이런 종류의 구매에는 장기간의 결정 과정이 선행된다. 그러나 장기간의 결정이 반드시 이런 제품과 서비스에만 일어나는 것은 아니다. 소비자들은 상대적으로 작은 품목이라도 그 제품 및 서비스에 대해서 잘 알지 못할 때, 그것이 새롭고 혁신적일 때, 또는 구매의 결과가 중대할 때에 장기간의 결정 과정을 거친다.

장기간의 결정에 의한 구매를 다른 구매들과 구분하는 기준은 정보의 중요성과 비교의 정도, 대안의 평가이다. 장기간의 결정 과정은 보통 니즈의 인지와 함께 시작된다. 때로는 시장과 관련된 어떤 형태의 자극―광고, 낯선 제품이나 서비스의 발견, 신상품의 출시 등등―이 장기간의 구매 결정으로 유도하는 경우도 있다. 그러나 이보다는 소비자의 환경 변화가 구매로 만족될 수 있는 니즈의 인식을 촉발시킬 때가 더 많다. 예를 들어 자동차나 대형 가전제품이 고장나서 새것으로 바꾸어야 하는 경우나, 이사를 가면서 새집에는 새 가구가 더 어울리겠다고 느끼는 경우 등이 있다. 일단 소비자에게 니즈가 인지되면, 장기간의 결정 과정이 시작된다.

장기간의 결정은 광범위한 정보를 토대로 한다. 결정을 위해서는 두 종류의 정보가 필요한데, 내부 정보와 외부 정보가 바로 그것이다. 어떤 정보는 세월이 흐르면서 얻어지고, 현존하는 태도와 이미지의 형태로 기억 속에 보관된다. 그러나 보통은 그것만으로는 충분하지 않다. 잠재고객들은 그 이상을 필요로 하거나, 자신이 보유한 정보가 시의적절한지 확인하고 싶어 한다. 이 시점에 이르면, 그들은 외부 정보를 찾아나서기 시작한다.

구매 빈도가 적은 상품의 마케터들은 한꺼번에 2가지의 목표를 추구하는 경우가 많다. 그들은 상품에 대한 니즈가 없을 때, 비교적 오랫동안 소비자들의 마음속에 회사나 브랜드의 이름을 각인시켜야 한다. 이와 동시에 잠재고객들이 정보의 탐색을 시작할 때를 대비하여 외부 정보를 준비해야 한다. 이 2개의 목표는 성격이 아주 다르다. 하나는 '유지'가 목적으로써, 구매 행동이 시작되기를 기다리는 동안에 제품에 대한 인식과 긍정적 태도 및 이미지를 유지시키는 것이다. 또 다른 목적은 자사의 제품이 다른 대안 상품들보다 어떻게 우월한지에 대한 정보를 제공함으로써, 즉각적인 판매가 이루어지게 하는 것이다.

유지 프로모션은 주로 잠재고객들이 정기적으로 노출되는 미디어를 이용한 광고를 통해 이루어진다. 이런 광고는 브랜드나 회사 이름, 로고를 강조한다. 그리고 광고 카피는 구체적인 행동을 촉발시키기보다는 소비자들의 마음속에 이미지를 각인하고 포지셔닝할 수 있도록 만들어진다. 구매 프로모션은 이와는 아주 다르다. 개인적인 판매가 요구되는 경우가 많으며, 세일즈맨들은 호의적인 비교 정보를 제공할 수 있도록 훈련받는다.

평가 과정 동안 잠재고객들은 하나 이상의 상점을 방문하고, 여러 가지 대안을 검토한다. 상점들에서 타사의 경쟁 제품이나 브랜드를 취급하고 있다면, 그 상점의 판매원들은 마케터가 판매하려는 제품이나 브랜드를 광고하기 위한 인센티브를 요구할 수도 있다.

상점 안에 비치된 제품 브로슈어는 장기간의 결정 과정에 있는 소비자들에게 가장 잠재력이 있는 프로모션 도구들 중 하나이다. 그러나 한 편으로는 가장 무시되고 간과되는 프로모션 도구이기도 하다. 이 말이 의심스럽다면, 대형 가전제품 코너를 방문하여 판매 중인 수많은 제품과 브랜드의 브로슈어가 얼마나 되는지 확인해보라. 어떤 회사는 미디어 광고에 막대한 금액을 쏟아부으면서도, 브로슈어는 엉망으로 만든다. 또 어떤 회사는 능력 있는 광고회사가 만든 우아하고 효과적인 브로슈어를 준비해놓고도, 상점에 턱없이 적게 공급하거나 상점 내의 브로슈어들을 제대로 관리하지 못하기도 한다.

잠재고객들로 하여금 상점을 방문하여 정보를 구하도록 만드는 데에도 상당한 비용이 든다. 잠재고객이 문의해올 때, 곧바로 제품의 주된 장점과 판매 포인트를 설명하는 정보로 가득 찬 깔끔한 모양의 브로슈어를 주는 것은 진정한 경쟁 우위로 작용할 수 있다.

판촉용 브로슈어는 정보를 탐색 중인 소비자들에게 또 다른 효과적인 방식으로 제공될 수도 있다. 유지 광고, 특히 인쇄 매체를 통한 광고는 그 광고에 노출된 사람들이 장기간의 결정 과정에 들어서리라는 사실을 이용해야 한다. 광고의 목적들 중 하나는 문의를 유도하는 것이다. 소비자들이 수신자 부담 전화를 하거나, 제품 브로슈어나 심지어는 그 회사의 전 제품을 소개하는 카탈로그를 받기 위해 쿠폰을 보내도록 유도해야 한다. 만약 비용이 문제가 된다면, 다음번 구매에서 그 비용을 제하는 방식으로 약간의 요금을 부과하는 것도 생각해볼 만하다.

신중한 선택 과정

구매자들은 저가의 상품일지라도 자주 구입하지 않는 품목일 경우에는 신중하게 선택하는 경향이 있다. 예를 들어 싱크대 위에 놓는 주방용 전자 제품, 자잘한 가정 용품, 소형 가구, 실내 장식품과 같은 것들을 구매할 때에는 신중하게 선택하는 경우가 많다. 의류와 값싼 장신구도 흔히 가장 신중을 기해서 구입하는 품목이다. 신중한 선택과 장기간의 결정 과정을 구분하는 가장 큰 요소는 이러한 신중함이 대부분 구매 시점, 혹은 쇼핑을 위한 한 번의 외출에서 일어난다는 점이다. 쉽게 말하자면, 잠재고객이 상점에서 물건을 보기도 전에 이미 반쯤 팔린 상태라는 뜻이다. 이런 종류의 구매에서 비교와 평가는 직접 제품을 보고 구매하는 시점에 일어나기는 하지만, 일단 구매자는 대안을 세운다는 측면에서 제품, 브랜드, 서비스에 대해 미리 알고 있어야 한다.

신중하게 선택하여 구입한 물건들은 대개 환경의 변화나, 그 상품이 필요해지는 일이 발생하는 등의 니즈에 대한 인지를 바탕으로 한다. 예를 들어 옷은 낡아서 해어지고, 전자 제품은 고장이 나며, 물자는 줄어들기 마련이다. 결국 소비자는 더 이상 쓸 수 없게 된 물건들을 교체해야 하거나, 특별한 행사를 위해 새 옷을 구입해야 하는 등의 이따금 발생하는 니즈를 충족하기 위한 물건을 사야 할 필요가 있음을 깨닫는다. 일단 니즈를 인지하면 "이 니즈를 만족시키기 위해 무엇을 사야 할까?"라고 자문하게 된다. 제품, 브랜드, 서비스, 상점 등등 마음속에 떠오르는 가능한 대안들이 그 니즈를 충족하기 위한 상품들의 리스트를 구성한다. 이것들이 바로 대부분의 소비자가 그중에서 신중하게 비교한 후 최종적으로 골라낼 상품이 된다.

그러나 구매자가 상점 안에서, 혹은 구매 시점에 자신의 리스트에 포함되어 있지 않은 다른 구매 대안을 발견할 가능성도 있다. 만약 그렇다고 할지라도 대부분의 사람은 그것을 무시해버리거나, 아니면 좀 더 익숙한 물건을 구입하려고 할 것이다. 그러므로 니즈가 생겨서 인지되었을 때 마음속에 떠오르는 대안의 리스트에 이미 포함된 브랜드, 제품, 서비스들은 유리한 출발 조건을 가졌다고 할 수 있다. 일반적으로 심사숙고 끝에 구입하는 상품들을 프로모션하는 목적은 인지를 이끌어내고 유지하는 것과, 상품을 부분적으로 미리 파는 것이다. 즉 광고 메시지에 의해 상품이 소비자의 구체적인 니즈와 목적에 연결되어야 한다. 앞서 말했듯이 실제 비교와 평가는 아마도 구매 시점이나 한 번의 쇼핑에서 이루어질 것이므로, 마케터의 광고 메시지가 완전히 비교적일 필요는 없다. 다만 지속적인 인지와 호의적인 이미지를 유지하도록 힘써야 한다.

구매 원칙의 구성 과정

마케터가 무시하고 지나쳐버리기 쉬운 구매 결정의 한 형태가 바로 구매 원칙의 구성이다. 이것은 구체적인 선택을 직접 유도하거나, 대체품이 어떻게 평가될지를 규정해준다. 구매 원칙의 구성은 추상적인 가정과 격언—항상 이름 있는 상표로 사라, 무조건 제일 싼 것으로 골라라, 싼 것이 비지떡이다. 뜨내기 장사치에게서는 사지 마라—에서부터 구체적인 전략과 전술—○○ 브랜드의 휘발유를 구입할 때에는 항상 신용카드로 결제하라—에 이르기까지 매우 다양하다. 소비자의 구매 원칙은 일단 형성되고 나면, 장기간에 걸쳐 일련의 모든 구매 결과를 좌우하므로 마케터들에게 아주 중요하다. 게다가 구매 원칙은 생각 이상으로 소비자들의 구매에 광범위한 영향을 미친다. 다시 말해서 훨씬 크고 넓은 범위에서 소비자의 구매에 은근히 영향을 미친다!

소비자들이 다양한 종류의 소비재를 구입하면서 동일한 기본 구매 원칙을 적용하리라고 생각하면 오산이다. 예를 들어 어떤 소비자는 단순히 가장 싸다는 이유만으로 이름 없는 시리얼을 구입하면서도, 이와 동시에 브랜드와 가격 간에 커다란 차이가 있다는 가정하에 술만은 비싼 제품을 사는 것을 원칙으로 삼을 수 있다.

소비재 마케터가 고객들의 구매 원칙, 특히 대량 구매자들의 구매 원칙을 연구하고 평가해보는 것은 가치 있는 일이다. 각각의 브랜드를 선호하는 소비자 세그먼트의 구매 원칙들에는 대부분 상당한 일관성이 있다. 이러한 구매 원칙들이 발견되면, 왜 어떤 사람은 구매하고 어떤 사람은 구매하지 않는지 설명해줄 수 있을 것이다. 선호되는 상품들은 특정한 방식의 구매 원칙을 따르는 경향이 있다.

마케터가 마케팅 조사를 실시하여 소비자의 구매 결정 과정에서 구매 원칙이 중요하다고 나타나면, 그다음에는 2가지의 방향으로 선택을 할 수 있다. 소비자의 지배적인 구매 원칙에 맞게 제품, 유통, 가격, 프로모션의 마케팅 믹스를 조정하거나, 마케팅 믹스는 그대로 유지하면서 소비자의 수용도를 높이기 위해 구매 원칙을 고치도록 노력하는 것이다.

예를 들어 시장 안의 소비자 대부분이 가장 가까운 상점에서 제품을 구입하는 것을 원칙으로 삼고 있다고 가정해보자. 배타적 유통망을 통해서 팔리는 비교적 고품질에 고가격인 브랜드의 마케터는 2가지의 선택이 있다. 그 마케터는 방대한 유통망과 대중적인 광고를 이용하여 똑같은 브랜드명으로 저렴한 제품들을 판매하거나, 저가의 자매 브랜드를 출시할 수 있을 것이다. 또는 기존의 마케팅 믹스를 유지하면서 지배적인 구매 원칙을 따르지 않는 세부 시장에 집중하거나, 그 브랜드에 더 잘 어울리는 구매 원칙을 설정하여 시장의 다수를 설득하는 프로모션을 이용할 수도 있을 것이다.

일상적인 구매 과정

소비자들은 자주 구매하는 저가의 소모품인 음식, 음료, 화장품, 기타 가정용 소모품 등은 대개 일상적인 구매 과정을 거친다. 개인이나 가족은 매일매일의 니즈를 충족하기 위해서 일정량의 재고를 유지하는데, 재고가 모자라거나 바닥이 나면 다시 채워 넣기 위해서 같은 제품이나 대체품을 구입한다. 일상적인 구매 과정은 두 단계의 전형적인 방식으로 이루어진다. 한 제품이나 브랜드를 끊임없이 구매하다가 한두 번 그 방식에서 벗어나고, 그 이후로 다른 제품이나 브랜드를 일관되게 구매하는 방식이 생겨난다.

제품, 브랜드, 상점, 서비스 등에 대한 충성도는 똑같은 상품을 얼마나 오랫동안 구매하는지의 관점에서 정의된다. 이때 일관된 구매 흐름을 단절시키는 몇 가지 요소가 있는데, 그중에서 중요한 것들만 살펴보겠다. 먼저 구매 후, 또는 소비 후의 평가가 핵심적인 역할을 한다. 즉 구매자가 구매와 사용의 결과에 만족하면, 계속해서 구매할 가능성이 높다. 만약 품질이 나빠졌다든지, 눈에 띄는 차이가 있는 등 상품에 어떠한 변화가 생기면, 구매자는 다른 상품으로 바꾸고 싶어 할 수도 있다. 그러나 일상적으로 구매하는 특정 상품에 아무런 문제가 없다고 해서, 소비자가 앞으로도 계속 그 상품을 구매하리라고 예상하는 것은 잘못된 생각이다. 우리는 1장에서 사람들에게는 새로움과 다양함에 대한 니즈가 있다고 언급했다. 같은 상품을 여러 번 구입하다 보면, 어떤 소비자들은 싫증이 나서 다른 상품의 사용을 시도한다. 소비자가 일상적으로 구매하는 상품에 대한 만족도가 여전히 높은 경우에도 이런 일은 발생할 수 있다.

생활 환경의 변화 역시 구매자의 일관된 구매 흐름을 변화시킨다. 예를 들어 새집으로 이사한 후, 전에 잘 가던 슈퍼마켓이 너무 멀어져서 집 근처의 슈퍼마켓으로 바꿀 수 있다. 또는 새 차를 구입한 사람이 그 차에는 다른 브랜드의 휘발유가 더 맞는다고 생각해서 휘발유 브랜드를 바꾸는 경우도 있을 수 있다. 또한 일상에서 일어나는 상대적으로 경미한 변화도 일관된 구매 흐름에 변화를 초래할 수 있다.

일상적인 구매 과정의 충성도를 단절시키는 또 다른 중요한 요소는 시장의 상황이나 상품의 상황과 관련된다. 시장에서 제품 및 서비스, 포장, 가격, 프로모션, 유통의 변화가 충성도를 약화시키는 것이다. 그리고 상품에 변화가 생기면, 어떤 사람들은 완전히 다른 상품을 시도해보는 것으로 그러한 변화에 대처한다. 상품이 품절된 경우도 일관된 구매 흐름을 종결시킬 수 있다. 구매자들 중에는 그 상품이 다시 공급되기를 기다리거나, 다른 상점을 뒤져가며 찾는 사람도 있겠지만, 대다수는 진열대에 놓인 다른 제품이나 브랜드를 꺼낼 것이다. 재구매를 해야 할 때에는 예전에 좋아했던 그 상품을 다시 살 수도 있고, 지난번에 시도했던 다른 제품을 계속 구매할 수도 있으며, 혹은 일관된 구매 흐름으로 돌아가기 전에 여러 가지의 새로운 상품을 사용해 볼 수도 있다.

일상적인 구매의 일관된 흐름이 계속되는 동안, 대개 구매자들은 그저 일상적으로 처리할 뿐이며, 어떤 것을 고를지에 대해서는 구매 결정을 내리지 않는다. 이 기간 동안에 내리는 결정은 언제, 얼마만큼 구매할지에 대한 것뿐이다. 제품, 서비스, 브랜드, 상점 등을 선택하는 것은 보다 역동적이고 불안정한 기간에 일어난다.

일상적으로 구매되는 소비재를 맡고 있는 마케터들은 서로 간에 제품, 가격, 프로모션, 유통에 이르기까지 끊임없이 경쟁한다. 게임의 목적은 자사의 고객들을 유지하면서 경쟁사의 제품 및 서비스, 브랜드, 상점의 고객들을 기존의 구매 흐름으로부터 이탈시키는 것이다. '새로운', '더 좋아진' 상품을 제공하기 위한 제품 변경은 다반사이고, 포장 역시 주기적으로 바뀐다. 기본 가격은 자주 변하지 않지만, 새로운 고객들을 확보하기 위하여 스페셜 가격, 할인, 쿠폰, 할증 등과 같은 수법을 사용한다.

슈퍼마켓이나 약국 안에서는 상품의 진열 공간을 할당하는 것과 배치를 놓고 끊임없는 싸움이 벌어진다. 매체 광고는 직접적으로 비교하는 방법까지 동원하여 새로운 구매자들을 확보하는 것에 혈안이 되어 있다. 일상적으로 구매되는 상품의 시장점유율을 상승시키기 위한 싸움에서 마케터들은 한 번의 판매로부터 얻어지는 이익보다 훨씬 많은 금액을 신규 고객의 확보를 위해 쏟아붓기도 한다. 대부분의 고객이 일단 구매하고 나면 계속해서 동일한 브랜드, 상점, 또는 상품 등을 고집하기 때문이다.

이러한 시장에서는 경쟁사들의 움직임을 주시하는 것은 물론이고, 자사의 브랜드 충성도를 모니터할 필요가 있다. 이는 경쟁 제품들의 취약점을 찾아서 기회로 활용하는 동시에, 어떠한 반격을 가해서라도 자사의 시장점유율을 지키기 위해서이다.

충동구매 과정

계획이나 숙고, 평가 없이 한순간의 충동에 의해서 상품의 구매가 이루어지는 경우가 있다. 자동차, 가전제품, 가구 등 고가의 상품들을 충동적으로 구입하기도 한다지만, 보통 이런 형태의 구매 결정은 사탕, 과자, 껌, 음료수, 기념품, 작은 선물 같은 저가의 소모품에서 가장 흔하게 일어난다. 이러한 소비재의 구매에는 어떤 종류의 위험도 거의 존재하지 않으며, 이런 제품들은 구매자를 잠깐이나마 즐겁게 해주는 역할을 한다. 마케터들은 충동구매 과정이 구매 시점에 일어나며, 몇 초밖에 걸리지 않는다는 것을 잘 알고 있다. 따라서 포장과 구매 시점에 상품을 진열하여 광고하는 방법을 중시한다.

　　전체 사탕류 시장의 70퍼센트를 차지하는 허쉬와 마스 같은 회사들
이 판매대의 공간과 계산대 위의 공간을 확보하기 위해 전력을 다해 싸
우는 동안, 다수의 중소업체는 자사의 브랜드를 조금이라도 살리기 위
해서 엄청나게 매달리고 있다. 사탕류의 3분의 2가 순전히 충동적으로
구매되므로, 눈에 잘 띄는 판매 공간을 차지하기 위한 싸움은 실로 치열
하다. 사탕 제조업체들은 일단 소매상들에게 다양한 가판대를 제공한
후, '무단 침입'하려는 브랜드들로부터 자사의 진열 공간을 보호하기 위
해 애쓴다.
　　사탕의 구매자가 똑같은 사탕을 연속해서 두 번 사는 일은 거의 없기
때문에, 신제품 개발은 그만큼 활발히 이루어진다. 대형업체들은 비밀
리에 신제품을 개발하고, 보안을 위해서 펜타곤(Pentagon)보다 더 철통
같은 보안 시스템을 사용한다. 이 모든 일이 행해지는 까닭은 미국에서
만 연간 80억 달러가 넘는 시장 규모 때문이다! 그러나 사탕류의 시장은
전체 충동구매 시장의 아주 작은 부분에 불과하다. 따라서 각 기업들이
어마어마하게 큰 충동구매 시장의 점유를 노리면서, 사활을 걸고 싸움
을 벌이는 것은 너무나 당연한 일이다.

소비자들이 혁신을 받아들이는 과정

소비재 시장은 대단히 역동적이다. 빛의 속도로 새로운 상품들이 나왔

다가 이내 사라진다. 오늘날 소비재 마케터들의 젖줄과 같은 상품들 중 대부분은 10년 전에는 아예 존재하지도 않았다. 이런 의미에서 혁신을 받아들이는 소비자들이 전형적으로 취하는 5단계의 과정을 살펴보고자 한다.

인지(awareness): 소비자가 브랜드명과 제품의 특성을 학습하는 단계

관심(interest): 소비자가 제품의 편익을 자신의 니즈에 연결시키는 단계

평가(evaluation): 소비자가 제품을 기존의 대안들과 비교하는 단계

시도(trial): 소비자가 제품을 직접, 혹은 대리 경험하는 단계

채택(adoption): 소비자가 혁신을 영구적인 해결 방법으로 선택하는 단계

혁신이 급진적일수록, 상품이 소비자에게 중요하거나 비쌀수록, 위험에 대한 잠재고객의 혐오가 클수록 소비자의 수용 과정은 길어진다. 혁신을 갈구하는 마케터는 시장을 모니터해서, 소비자의 대다수를 포함하고 있는 단계에 맞추어 마케팅 프로그램을 조정할 수 있다.

첫 번째인 인지 단계에서는 넓은 유통망이 중요하며, 간결하고 자주 반복되는 메시지를 이용하여 브랜드명, 로고, 포장 등을 강조하는 집중적인 광고가 효과적이다. 두 번째인 관심 단계에서는 상품의 편익이 소비자의 구체적인 니즈와 연결되어, 그 상품이 시장과 소비자의

마음속에 포지셔닝되게 한다. 이어서 세 번째인 평가 단계에서는 제품이나 서비스를 다른 대안들과 비교해본다. 그다음으로 시도 단계에서는 샘플을 배포하거나, 대리 체험 또는 비슷한 성향의 타인들에 의해 추천이 일어날 수 있도록 유도하는 프로모션을 사용한다. 마지막으로 채택 단계에서의 결과(수용 또는 거부)는 상당 부분 시도 후에 내리는 평가에 달려 있다. 절대적 가격과 상대적 가격이 이 단계에 있는 소비자들에게 중요하다.

소비자들이 많이 사용하는 문제 해결법과 의사결정 및 선택의 과정을 이해하는 마케터는 그들이 유리한 선택을 하도록 도울 수 있다. 정보와 설득이 모두 필요하지만, 정보는 경시되는 반면에 설득은 과용되는 경향이 있다. 소비자들은 선택을 할 때, 다음의 2가지를 달성하려고 한다. 첫 번째, 어떤 대안이 가장 큰 기대 가치(expected value)를 보유하고 있는지 알고 싶어 한다. 두 번째, 실제 가치(actual value)가 기대 가치와 차이가 날 확률을 측정하고 싶어 한다. 요컨대 소비자는 자신에게 최선인 것을 선택하면서도 너무 위험하지 않기를 바란다. 따라서 기대 가치를 극대화시키는 동시에 위험은 감소시키는 마케팅 전술이 가장 효과적이다.

1. 소비자의 구매 행위 시에 마케터가 주의해야 할 것은 구매에 내재된 실제적인 위험이 아니라, 구매를 결정할 때 영향을 미치는 '구매자가 인식하는 위험'이다.

2. 마케터는 구매자가 경험하는 객관적 위험을 감소시키기 위해 재질이나 공정상의 불량에 대해서 보증하는 방법을 이용할 수 있다.

3. 주관적 위험을 감소시키는 유일한 보장은 '완벽하게 만족하지 못할 경우에는 환불해주는 것'뿐이다.

4. 구매 시 소비자가 인식하는 5가지 위험 유형
　　① 금전적 위험 ② 기능적 위험 ③ 신체적 위험 ④ 사회적 위험 ⑤ 심리적 위험

5. 자주 구입하지 않는 고가의 소비재, 특히 새롭고 혁신적인 제품을 구입할 경우 소비자들은 작은 품목이라도 장기간의 결정 과정을 거친다.

6. 구매자들은 저가의 상품일지라도 자주 구입하지 않는 품목일 경우에는 신중하게 선택하는 경향이 있다.

7. 소비자의 구매 원칙은 일단 형성되고 나면, 장기간에 걸쳐 일련의 모든 구매 결과를 좌우하므로 마케터들에게 매우 중요하다.

8. 소비자는 자주 구매하는 저가의 소모품들은 대개 일상적인 구매 과정을 거친다.

9. 마케터들은 충동구매 과정이 구매 시점에 일어나며, 몇 초밖에 걸리지 않는다는 것을 잘 알고 있다. 따라서 포장과 구매 시점에 상품을 진열하여 광고하는 방법을 중시한다.

10. 소비자들의 혁신 수용 과정: 인지 → 관심 → 평가 → 시도 → 채택

결론

소비자를 알면
마케팅이 즐겁다

소비자들과 그들의 구매 이유에 대해서는 평생을 배워도 다 알 수 없다. 만약 모든 것을 이해했다고 할지라도 그것을 적용할 때쯤에는 이미 낡은 지식이 되어버린다. 다행히도 세부적인 사항들까지 완전히 알지는 못하더라도, 굳건한 지지 기반을 다지기 위한 기본적인 이해력만 갖추면 어느 정도의 파악은 가능하다. 이는 효과적인 마케팅 전략과 전술을 구축하는 토대를 갖추어야 한다는 뜻이다.

올바른 질문을 던져라

올바른 질문은 올바른 대답만큼이나 중요하다! 소비자들이 왜 구매하는지 이해하기 위해서 그들에 대해 무엇을 알아야 할까? 우리가 이 책에서 논의한 주제에서 파생되는 질문과 주요 쟁점들을 다음과 같이 간략하게 정리해보았다.

니즈: 우리의 상품이 가장 적합하게 충족시킬 수 있는 니즈 단계는 어디인가? 수평적 니즈 카테고리 중 어느 것을 최고로 만족시킬 수 있는가?

동기: 어떤 의식적 동기, 또는 잠재의식적 동기에 어필할 수 있는가? 구매 동기는 무엇이고, 어떤 인센티브가 효과적일까?

성격: 어떤 가치 편향성이 우리의 상품에 가장 유리한가? 시장에서는 어떤 대인관계 스타일, 어떤 상호작용 스타일, 어떤 특별한 성격적 요소들이 전형적인가?

지각: 우리의 커뮤니케이션은 소비자의 지각 프로세스에 적합한가? 어떻게 소비자들의 오감에 어필하고, 그들의 인식을 방해하는 장애물들을 극복할 것인가?

학습: 우리의 상품과 소비자들의 니즈 사이에 어떤 연합을 만들어낼 수 있을까? 보상으로 조건화를 개선할 수 있을까?

태도: 우리의 상품에 대한 소비자 태도의 각 요소별 특성은 무엇인가? 그러한 태도가 소비자들에게 작용하는 주요 기능은 무엇인가?

사회적 역할: 우리의 상품은 어떤 사회적 역할들을 위해서 '소도구'가 되는가? 또 우리의 상품은 소비자들의 역할 채택 과정 중 어디에 가장 적합한가?

소속: 우리의 소비자들은 어떤 그룹에 속하며, 그 그룹은 구성원인 소비자에게 어떤 영향을 미치는가? 또한 소비자들에게 어떤 준거집단이 중요한가?

가족: 우리의 상품을 구입하는 사람들의 단위는 개인인가, 가족인

가? 어떤 가족 구조와 가족 구매 역할이 가장 전형적인가?

사회적 계층: 우리의 상품은 사회적 계층 사다리의 어디에 위치하는가? 우리가 타깃으로 정한 사회적 계층의 사고방식과 주된 관심사는 무엇인가?

문화: 어떻게 우리의 상품이 주요한 문화적 가치들과 조화를 이루는가? 상품의 구매와 소비에 영향을 미칠 것 같은 문화적 트렌드와 변화는 무엇인가?

생애 단계: 개인과 가족의 라이프사이클 중에서 어떤 단계에 우리의 주요 소비자들이 속해 있는가? 그들의 주요 니즈, 가치, 사정은 어떠한가?

심리통계: 소비자들은 일반적으로 어떤 가치와 라이프스타일 카테고리에서 상품을 구입하고 이용하는가? 어떻게 우리의 상품이 특정한 라이프스타일 유형에 잘 들어맞는가?

인구통계: 고객들의 특징과 관련하여 우리의 실제 고객과 타깃 고객은 누구인가? 어떤 인구통계학적 세그먼트가 최고의 타깃일까?

선택: 우리의 고객들은 어떤 유형의 선택을 가장 자주 사용하는가? 소비자가 상품 구매 시 인식하는 위험의 타입과 형태는 무엇이며, 그것은 상품 구매에 어떤 영향을 미치는가?

이 질문들에 대한 대답이 이후의 연구를 위한 바탕이 될 것이다.

마케터의 일은 아주 간단하다

마케팅 프로그램이란 회사가 생산하고 판매하는 것들과, 소비자의 니즈와 선호와 욕망 사이에 놓여진 다리라고 생각한다. 그 다리를 어디에, 어떻게 놓을지에 대한 결정이 마케터가 알아야 할 전부이다. 터무니없을 정도로 단순하게 들리겠지만, 이 2가지가 마케팅에서 가장 기본적인 사항이라고 할 수 있다.

소비자에게 다가가는 다리를 놓기 위해서, 즉 소비자의 마음을 사로잡기 위해서 마케터는 우선 시장을 세분화해야 한다. 그런 후에는 내적인 일관성과 전체적인 통일성을 유지하면서, 소비자 수용도를 높이는 방향으로 마케팅 믹스를 구조적 차원에서 이끌어야 한다.

소비자 시장 세분화하기

모든 사람을 만족시키려고 한다면, 결국 아무도 만족시키지 못하고 끝나버릴 것이다. 하나의 동질적이고 거대한 소비자 그룹인 매스 마켓이 존재했었다고 할지라도, 그것은 이미 오래전 이야기에 불과하다. 효과적인 시장세분화란, 분명히 서로 다르지만 하나 이상의 방식으로 내적 일관성이 있는 세그먼트를 찾아내는 것이다. 문제는 그 방식이 과연 어떤 것이냐는 점이다. 그것은 마케팅의 대상물에 따라 달라지겠지만, 우리가 여기에서 논의했던 많은 주제 역시 세분화에 유용한 잣대들이다. 사회적 계층, 생애 단계, 라이프스타일 등이 대표적이지만 꼭 여기에만 한정되지는 않는다. 왜 소비자가 그 상품을 필요로 하는지,

어떻게 그 상품을 사용하는지를 장기적인 관점에서 자세히 관찰해보면 어떤 것이 의미 있는 세분화의 기준이고, 어떤 것이 아닌지 알 수 있다.

일단 시장이 하나의 그림이 아니라, 개별적인 세그먼트로 보인다면 가장 잠재력이 큰 세그먼트를 골라야 한다. 오랫동안 시장에서 마케팅을 연구하고 경험한 결과, 우리는 방대한 시장에서 소의 꼬리 노릇을 하기보다는 한두 개의 세그먼트에서 닭의 볏이 되는 것이 낫다는 사실을 깨달았다. 타깃 시장의 선택은 어떤 세그먼트에 접근할 것인지를 결정하는 문제이다. 다시 말해서 마케팅의 다리를 어디에 놓을지 결정하는 것이다. 우리가 이 책에서 논의했던 주제들은 시장 쪽(마케팅 다리의 건너편)의 해안선을 확인하는 데 도움을 줄 것이다.

마케팅 믹스 다루기

제품, 가격, 프로모션, 유통 등의 마케팅 프로그램이 타깃 시장 내의 소비자들에게 정확하게 들어맞을수록 더욱 효과적이고 더 많은 수익을 낼 것이다. 지금까지 다룬 주제들 중 상당수는 제품 및 서비스의 어떤 속성과 특징들이 타깃 시장에 있는 사람들로부터 환영받을지, 그렇지 못할지를 보여준다. 또한 특정한 시장 세그먼트 내에 있는 사람들이 상품의 가격과 가치를 어떻게 받아들이는지, 그들이 돈을 지불할 능력과 의사가 있는지와 없는지를 보여주기도 한다. 우리가 논의한 주제들 중에는 다른 시장의 세그먼트 안에 있는 사람들이 유통 전략과 소매 판로에 대해 어떻게 생각하는지에 직접적으로 관계되는 것들도 있다. 이는 그들이 왜 다른 식으로 쇼핑을 하고, 다른 가게에 가는지와 관련된다. 이런 주제들은 타깃 세그먼트에 접근하는 효과적인 광고와 프로모션 등등의 수많은 전략과 전술을 제시한다.

물론 현실적으로 마케터들이 새로운 시장을 세분화하고, 초기 타깃을 설정하며, 완전히 새로운 마케팅 프로그램을 창조할 기회는 거의 없다. 설사 그런 기회가 온다고 하더라도 전권을 가지지는 못한다. 그러나 마케팅 프로그램의 성숙 단계와 상관없이 여러 수준에서 중대한 변화를 만들어낼 기회는 많다. 앞서 말했듯이 효과적인 마케팅 매니지먼트는 내적인 일관성과 전체적인 통일성을 유지하면서, 소비자 수용도를 높이는 방향으로 나아가야 한다. 따라서 소비자들에 대한 정보를 바탕으로, 최적의 마케팅 프로그램을 찾아내는 이상적인 시스템적 접근을 채택하는 것이 마케팅 믹스에 효과적인 경우가 많다. 그러기 위해서는 올바른 길을 골라서 향하기 전에, 우리가 어디로 가고 있는지부터 알아야 한다. 마케팅 프로그램을 조정할 기회가 올 때마다 현재의 프로그램이 어떠한지, 이상적으로는 어떠해야 하는지를 정리해보는 것이 실행의 지침서를 제공해주고 방향을 제시할 것이다.

소비자를 이해한다는 것은 이해하고 있다는 사실 자체가 아니라, 이해한 것을 기업의 마케팅 활동에 이용하는 데 진정한 가치가 있다. 마케터라면 모두 알고 있듯이 시장은 함정투성이이다. 수익으로 가는 황금 길은 움푹 파인 곳들이 생각 이상으로 많은 데다가 도로 표시도 제대로 되어 있지 않다. 따라서 당신에게 소비자 시장으로 가는 최적의 코스를 상세하게 담은 지도를 줄 수는 없다. 시장의 환경이 지나치게 복잡하고 빠르게 변하기 때문이다. 그러나 이전에는 잘 몰랐던 주요 이정표들을 이제는 알아볼 수 있으리라고 확신한다. 『소비의 심리학』에서 우리가 보여준 것처럼, 다른 마케터들이 소비자 시장으로 가는 코스를 어떻게 수정해왔는지 살펴보는 방법이 명확한 길을 제시해 줄 것이다.

모든 장점을 최대화하면서 모든 단점은 최소화하고, 또 모든 기회를 최대한으로 활용하는 절대적으로 완벽한 마케팅 프로그램은 아직까지 만들어지지 않았다. 그러나 우리가 자신의 목표를 달성했다면, 적어도 숨을 곳을 더 쉽게 찾아내고, 막다른 길은 더 잘 피해갈 수 있을 것이다. 게다가 아주 희망적인 사실은 정말로 좋은 기회들이 이전보다 훨씬 더 잘 보일 것이라는 점이다.

소비자,
마케팅의 시작과 끝

왜 대한민국의 며느리들은 때리는 시어머니보다 말리는 시누이를 더 미워할까? 2002년 16대 대통령 선거 당시, 정몽준 후보가 노무현 후보에 대한 지지를 철회했음에도 불구하고 이회창 후보가 낙선한 이유는 무엇일까? 연예인 홍석천이 동성애자라고 밝혔을 때 출연하던 방송에서 퇴출당한 반면, 트랜스젠더인 하리수의 인기는 왜 그리 높았을까? 전 세계 어느 곳에서나 업계 1위를 고수하는 맥도날드가 한국에서만큼은 롯데리아에 뒤지는 이유는 무엇일까? 리바이스 청바지와 나이키 운동화를 신고, 할리우드 영화를 보고, 스타벅스에서 커피를 마시는 사람이 반미 촛불시위에 참석하는 것이 과연 말이 될까?

소비자의 선택을 예측하기란 참으로 어렵다. 복잡한 과정을 거치기 때문에 이해가 안 될 때도 있고, 너무 단순해서 원인을 추적하는 사람들에게 허탈감을 안겨줄 때도 있다. 그럼에도 불구하고 우리는 소비자들의 생각과 행동을 정확히 이해하고 예측해야 한다. 소비자들의 감추어진 동기를 찾아내고, 그들의 의사 표현법을 알아야 한다. 20년 넘게 마케팅 일을 해온 나의 경험으로 봤을 때, 소비자만 제대로 이해한다면 전략 수립의 80퍼센트는 끝난 것이라고 해도 과언이 아니다.

그렇다면 우리는 소비자가 중요하다는 인식만큼이나 그들이 어떤 사람인지 제대로 알고 있을까? 만약 우리가 관심을 가지고 있는 목표 집단의 프로파일에 대해 설명한다면, 과연 몇 분 정도나 할 수 있을까? 그것을 A4 용지로 옮기면 몇 장 정도의 분량이 될까? 그 내용 중에 소비자에게 귀중한 가치를 제공할 수 있는 유용한 정보가 얼마나 있을까? 당신은 외교적인 수사로 가득한 소비자의 답변 속에서 그들이 제품을 구입하는 진짜 이유를 파악할 수 있는 방법과 감각을 갖추고 있는가? 무의미하고 관계없는 것처럼 보이는 사실들(facts)의 더미 속에서 새로운 가치를 발견할 만한 전략적 통찰력을 소유하고 있는가?

『소비의 심리학』은 이상과 같은 질문에 명쾌한 답변을 준다. 실험실 속의 인간을 설명하다가 끝부분에 가서 소비자의 이야기를 조금 끼워 넣는 유사한 제목의 책들과는 확실히 다르다. 이 책은 생활 속의 실제 소비자를 만나게 해준다. 거실에 어떤 그림이 걸려 있는지, 왜 하류층 사람들의 취침 시간이 빠른지, 왜 소득 분포에 따라 쇼핑 습관이 다른지 등등을 생생하게 묘사하고 있다. 그리고 저자들의 주의 깊은 관찰과 풍부한 상상력을 바탕으로 정리된 구체적인 마케팅 사례는 소비자에 대한 이해를 높이는 데 결정적으로 기여한다. 또한 소비자들과 관련된 각종 정보들이 어떻게 전략적으로 활용될 수 있는지를 보여줌으로써, 소비자의 구매 행위를 알아보고자 할 때 통찰력을 키울 수 있는 좋은 기회를 제공한다. 단, 다루어지는 예시가 미국의 사례이기 때문에 다소 생소한 회사나 브랜드도 있지만, 사례의 취지만 놓고 생각한다면 이해하는 것에는 전혀 지장이 없다.

마케팅 종사자로서 나는 이 책이 번역되어 소비자들을 이해하는 일에 목말라하는 사람들에게 일조하게 된 것을 대단히 기쁘게 생각한다. 『소비의 심리학』은 분명히 현업으로 마케팅에 종사하는 사람은 물론이고, 이론과 구체적인 실무의 결합을 필요로 하는 마케팅 및 광고 관련 전공자들의 교재로도 유용하리라고 믿는다.

끝으로 이 자리를 빌려 책이 나오기까지 물심양면으로 도움을 주신 여러분께 감사의 말을 전한다. 먼저 이 책이 나오기까지 여러모로 격려해주신 대홍기획의 김광호 대표님께 감사드린다. 그리고 사내 교육용으로만 생각하던 책을 번역·출판할 것을 권유하고, 번역 작업에도 도움을 주신 한림대학교의 손영석 교수님께도 감사드린다. 또한 초기 번역과 교정 작업에 참여해주신 대홍기획 마케팅컨설팅그룹의 김재훈 팀장을 비롯하여 여정하, 박찬호, 임채원, 성지연, 노희승 연구원들의 노고에도 감사를 표한다. 그리고 마지막으로 이 책의 출판과 관련해서 전문가적 조언과 함께 번역 작업에 자기 일처럼 헌신해주신 박정혁 씨와, 세종서적 관계자 여러분께 감사의 말을 전한다.

전 대홍기획 마케팅컨설팅그룹 본부장 정성희